## "信毅教材大系"编委会

| | |
|---|---|
| 主　　任 | 卢福财 |
| 副 主 任 | 邓　辉　王秋石　刘子馨 |
| 秘 书 长 | 廖国琼 |
| 副秘书长 | 宋朝阳 |
| 编　　委 | 刘满凤　杨　慧　袁红林　胡宇辰　李春根 |
| | 章卫东　吴朝阳　张利国　汪　洋　罗世华 |
| | 毛小兵　邹勇文　杨德敏　白耀辉　叶卫华 |
| | 尹忠海　包礼祥　郑志强　陈始发 |
| 联络秘书 | 方毅超　刘素卿 |

信毅教材大系·会计学系列

# 会计学（第二版）

Accounting

张 蕊 主编

复旦大学出版社

# 总 序

世界高等教育的起源可以追溯到1088年意大利建立的博洛尼亚大学，它运用社会化组织成批量培养社会所需要的人才，改变了知识、技能主要在师徒间、个体间传授的教育方式，满足了大家获取知识的需要，史称"博洛尼亚传统"。

19世纪初期，德国的教育家洪堡提出"教学与研究相统一"和"学术自由"的原则，并指出大学的主要职能是追求真理，学术研究在大学应当具有第一位的重要性，即"洪堡理念"，强调大学对学术研究人才的培养。

在洪堡理念广为传播和接受之际，英国的教育家纽曼发表了《大学的理想》的著名演说，旗帜鲜明地指出"从本质上讲，大学是教育的场所"，"我们不能借口履行大学的使命职责，而把它引向不属于它本身的目标"。强调培养人才是大学的唯一职能。纽曼关于"大学的理想"的演说让人们重新审视和思考大学为何而设、为谁而设的问题。

19世纪后期到20世纪初，美国威斯康星大学查尔斯·范海斯校长提出"大学必须为社会发展服务"的办学理念，更加关注大学与社会需求的结合，从而使大学走出了象牙塔。

2011年4月24日，胡锦涛总书记在清华大学百年校庆庆典上指出，高等教育是优秀文化传承的重要载体和思想文化创新的重要源泉，强调要充分发挥大学文化育人和文化传承创新的职能。

总而言之，随着社会的进步与变革，高等教育不断发展，大学的功能不断扩展，但始终都围绕着人才培养这一大学的根本使命，致力于不断提高人才培养的质量和水平。

对大学而言，优秀人才的培养，离不开一些必要的物质条件保障，但更重要的是高效的执行体系。高效的执行体系应该体现在三个方面：一是科学合理的学科专业结构；二是能洞悉学科前沿的优秀的师资队伍；三是作为知识载体和传播媒介的优秀教材。教材是体现教学内容与教学方法的知识载体，是进行教学的基本工具，也是深化教育教学改革,提高人才培养质量的重要保证。

一本好的教材,要能反映该学科领域的学术水平和科研成就,能引导学生沿着正确的学术方向步入所向往的科学殿堂。因此,加强高校教材建设,对于提高教育质量、稳定教学秩序、实现高等教育人才培养目标起着重要的作用。正是基于这样的考虑,江西财经大学与复旦大学出版社达成共识,准备通过编写出版一套高质量的教材系列,以期进一步锻炼学校教师队伍,提高教师素质和教学水平,最终将学校的学科、师资等优势转化为人才培养优势,提升人才培养质量。为凸显江财特色,我们取校训"信敏廉毅"中一头一尾两个字,将这个系列的教材命名为"信毅教材大系"。

"信毅教材大系"将分期分批出版问世,江西财经大学教师将积极参与这一具有重大意义的学术事业,精益求精地不断提高写作质量,力争将"信毅教材大系"打造成业内有影响力的高端品牌。"信毅教材大系"的出版,得到了复旦大学出版社的大力支持,没有他们的卓越视野和精心组织,就不可能有这套系列教材的问世。作为"信毅教材大系"的合作方和复旦大学出版社的一位多年的合作者,对他们的敬业精神和远见卓识,我感到由衷的钦佩。

王 乔

2012 年 9 月 19 日

# 目 录

**第一章 总论** ·········· 001
   第一节 会计的基本概念 ·········· 001
   第二节 财务会计 ·········· 007
   第三节 管理会计 ·········· 013
   第四节 财务会计与管理会计的关系 ·········· 018

**第二章 会计基本理论** ·········· 024
   第一节 会计要素和会计恒等式 ·········· 024
   第二节 会计的基本假设与会计信息质量要求 ·········· 035
   第三节 会计基础和会计核算的基本程序 ·········· 038

**第三章 会计核算的基本方法** ·········· 047
   第一节 会计的语言：会计科目与账户 ·········· 048
   第二节 会计记账方法：借贷记账法 ·········· 054
   第三节 会计记录环节：凭证与账簿 ·········· 065
   第四节 会计报告环节：财务报表 ·········· 092

**第四章 流动资产核算** ·········· 102
   第一节 货币资金与交易性金融资产 ·········· 102
   第二节 应收及预付款项 ·········· 113
   第三节 存货 ·········· 119

**第五章 非流动资产核算** ·········· 136
   第一节 对外投资形成的非流动资产 ·········· 137
   第二节 对内投资形成的非流动资产 ·········· 148

**第六章 负债核算** ·········· 169
   第一节 流动负债 ·········· 169
   第二节 非流动负债 ·········· 185

## 第七章 所有者权益核算 …… 194
- 第一节 所有者权益概述 …… 194
- 第二节 投入资本 …… 197
- 第三节 其他权益工具 …… 203
- 第四节 其他综合收益 …… 205
- 第五节 留存收益 …… 207

## 第八章 收入、费用及利润核算 …… 217
- 第一节 收入 …… 217
- 第二节 费用成本 …… 224
- 第三节 利润 …… 235

## 第九章 财务报表 …… 244
- 第一节 资产负债表 …… 244
- 第二节 利润表 …… 264
- 第三节 现金流量表 …… 273
- 第四节 所有者权益变动表 …… 280
- 第五节 财务报表分析 …… 281

## 第十章 决策分析 …… 292
- 第一节 成本性态分析 …… 292
- 第二节 本量利分析 …… 297
- 第三节 短期决策分析 …… 304
- 第四节 长期投资决策分析 …… 311

## 第十一章 预算控制 …… 321
- 第一节 预算的概述 …… 322
- 第二节 全面预算的编制 …… 325
- 第三节 预算控制的方法 …… 337

## 第十二章 责任会计 …… 344
- 第一节 责任会计概述 …… 344
- 第二节 责任中心 …… 347
- 第三节 内部转移价格 …… 355
- 第四节 责任预算、责任报告与业绩考核 …… 363

# 第一章 总 论

### 开篇案例

小明是一名大一的新生。小的时候,小明经常看到隔壁的李大叔拨着算盘在账簿上写着什么,李大叔说他是位会计。会计到底是什么?它只是单纯的算账吗?李大叔是一个小公司的职员,那么超市收银的王阿姨也是会计吗,上市公司财务部的王哥哥呢?王哥哥告诉小明他是名管理会计人员,而同部门的李姐姐是财务会计人员。这两者有区别吗?小明带着心中的疑惑选修了会计学这门学科,并开始慢慢地对会计的概念有了初步的了解,产生了更加浓厚的兴趣,对学好会计充满了信心。

## [学习目的与要求]

1. 深刻理解并掌握会计的基本概念,包括会计的含义、内容、目标和分类。理解并掌握会计的产生和发展,会计环境对会计的影响。
2. 理解并掌握财务会计的基本概念,包括财务会计的含义、财务会计的对象、财务会计的职能和方法。
3. 了解管理会计的基本概念,包括管理会计的含义、管理会计的对象、管理会计的职能和方法。

## 第一节 会计的基本概念

### 一、会计的产生与发展

(一)会计的产生

根据目前所拥有的已考证的史料记载来看,会计的产生可追溯到人类的史前时期,在一些文明古国,如中国、古巴比伦、埃及、印度、希腊等国都有类似于会计记录或会计活动的记载。中国的"书契"、埃及的"纸草文书"、古巴比伦的"黏土记录板"和印度的"贝多罗树叶记录",这些都标志着会计的产生。

应该说,会计产生的根本原因是人们对经济效益的追求,即以尽可能少的劳动消

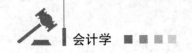

耗,尽可能节省的劳动费用,获得尽可能大的劳动成果。这是任何形态的社会都必须遵守的规律,不同之处只是在不同的发展时期,由于生产发展复杂程度的不同,人们对经济效益的核算要求不同。

(二)会计的发展

会计的发展历程可以划分为以下三个阶段:

1. 古代会计发展阶段

会计从其产生经过单式账簿记,演进到复式簿记开始运用这段时间,称为古代会计发展阶段。在古代会计发展阶段,受到生产力发展水平低下,商品经济不发达的制约,会计的发展比较缓慢,会计逐渐从生产力附带职能中脱离出来而由专门人员担任,这一阶段的会计还很不成熟。中国在该阶段会计的发展上曾作出过重要的贡献,并一直走在会计发展的前列。如这一阶段产生的"四柱清册"和"龙门账"是具有我国自己特色的复式簿记,在我国会计的发展中发挥了重要的作用。古代会计的发展为近代会计的发展奠定了基础。

2. 近代会计发展阶段

近代会计发展阶段是从运用复式簿记开始至20世纪50年代。复式记账法在理论上的总结和在实践中推广敲开了古代会计迈向近代会计的大门。

古代会计迈向近代会计的标志式重要里程碑的事件有两件:

(1) 1494年卢卡·帕乔利出版的《算术、几何、比及比例概要》一书。该书对当时流行的三种城市复式记账方法,即"佛罗伦萨式簿记""热那亚式簿记"与"威尼斯式簿记"的应用情况进行分析、总结以及对其原理进行研究的基础上,在第九章的第十一论《计算与记录要论》中,系统地介绍了复式记账法,并给予了理论上的阐述。之后,复式记账法在欧洲乃至全世界被推广运用。

(2) 1854年世界上第一个会计师协会——英国爱丁堡会计师公会成立。该工会是适应19世纪英国工业革命后,生产力高速发展,股份公司出现而引发的会计的迅速发展,包括扩大会计服务对象、增加会计的反映内容等而设立。自此之后,会计得到了迅速的发展。

近代会计发展阶段实现了两大根本转变:一是由单式簿记时代向复式簿记时代的转变;二是由簿记时代向会计时代的转变。这两个转变在会计发展史上具有重要的作用。

3. 现代会计发展阶段

现代会计是指20世纪50年代以后,当代资本主义会计的新发展阶段。

随着20世纪40年代新技术革命浪潮的到来,市场经济迅速朝着系统化、信息化与科学化的方向发展。从50年代起,传统的会计便开始朝着现在会计发展方向发展,逐渐形成了从对外提供企业经营信息为主的财务会计和对内提供管理决策信息为主的管理会计,为适应对会计监督的需要,设立了审计。

进入20世纪90年代以后,现代会计又面临着新的挑战:① 高技术产业的快速发展;② 人力资本在经营中越来越重要;③ 经济全球化;④ 循环经济发展模式的导入等,都需要会计不断地进行创新与改革,以适应时代的发展,从而使会计进入一个新的历史发展阶段。

## 二、会计环境

（一）会计环境的含义

由会计的产生与发展历史可见：会计是一种经济活动，这种经济活动受会计环境的影响与制约。所谓会计环境是指影响并决定会计的产生与发展的社会客观条件与特殊情况，包括会计思想、会计法制、会计理论、会计方法以及与之密切相关的审计等，它们是会计赖以生存与发展的基础。

（二）会计环境对会计的影响

会计环境对会计的产生和发展具有极大的促进、制约和引导的作用，它规定着会计发展的规模、速度、趋向和状态。会计的发展既不可能超越一定历史阶段中会计所处的环境，即产生超前的会计；也不可能使落后的会计思想和行为起主导作用。特定历史阶段，会计一定是与该阶段的会计环境相适应。一般而言，会计环境是朝着改善的方向发展，或是局部环境的改善，或是会计环境的改善。

（三）会计环境构成因素

会计环境由许多因素构成，这些因素分别从不同方向和不同角度来影响会计。从会计的产生和发展史中不难看出，影响会计发展的会计环境因素主要有社会经济水平、科学技术水平、文化教育水平以及政治与经济制度状况等：

1. 社会经济水平

会计思想的演进，会计理论与方法的发展首先取决于社会经济发展水平：低下的社会生产力，只需要简单的会计方法；而较高的社会经济发展水平，需要有较复杂的会计方法与之相适应。因此，会计的产生和发展首先取决于社会经济的发展水平。也正是因为如此，社会经济发展水平是会计环境中的第一因素。

2. 科学技术水平

会计的发展，离不开社会科学技术的进步。科学技术直接促进着会计的发展，这种促进作用日益突出和显著。一方面，科学技术通过转化为生产力，强有力地推动着社会经济的发展，进而推动着会计的发展；另一方面，科学技术的发展已直接影响到会计领域的拓宽，会计理论的发展、会计方法的改进。如计算机技术在会计中的运用，网络会计的产生与运用，云计算会计的产生等。因此，科学技术水平是决定和影响会计发展的另一重要因素。

3. 文化与教育水平

社会文化与教育的发展是人力文明进步的重要标志，对会计的发展产生着影响。社会文化与教育发展水平主要从会计思想、会计工作人员的素质和职业道德的方面来影响会计的发展。因为会计人员的会计思想和素质决定着会计理论研究的深度、广度，决定着会计的科学性及运用水平。

4. 政治与经济制度状况

会计的生存与发展，无不受到社会政治与经济制度的影响、制约。这种影响和制约是强制性的、具体的，它不仅要求会计必须符合一个国家政治、经济制度的基本要求，甚至还规定了会计实务处理的一些具体细节。

这一因素对会计的影响主要体现在以下三个方面：

（1）社会政治制度的变革，必将引起会计组织、会计法制和会计理论等方面的改革。

（2）国家经济制度的变革，不仅涉及会计基本理论、会计管理控制的变化，还影响到会计方式、方法的革新。

（3）国家的基本政策法规和具体政策法规的变化，必将影响法规政策、物价政策等变化，进而影响到会计制度的调整及会计事务具体处理方法的变化。

会计环境因素还包括经济危机、社会危机、通货膨胀等负面因素。为此，在分析会计演进史并揭示会计发展趋势时，应综合考虑各方面的因素。

## 三、会计的含义

（一）原始的会计含义

"会计"一词在我国最早起源于西周时代。按照《说文解字》的注释，"会"和"计"均有计量和汇总计算的含义，两者可以通用；清代学者焦循在《孟子正义》一书中称"零星算之为计，总合算之为会"，可见，会计就是包括了日常的零星核算和期终的总合核算。根据战国时代《周礼》一书中的记载，会计是用来表述对财物收支数量的计算、记录和考核。会计的原始含义就是记账、算账和报账。

（二）现代会计的含义

从十九世纪以后，特别是二十世纪以来，会计的内容、形式、方法和技术都发生了巨大的变化，已经成为一门较成熟的学科。由于人们对会计本质有着不同的认识，因此，会计的含义也不尽相同。

1. 信息系统论

信息系统论认为，会计是一个以提供财务信息为主的经济信息系统。在这一观点下，会计被定义为：为了提高微观经济效益，加强经济管理，而在企业（单位）范围内建立了一个以提供财务信息为主的经济信息系统。

2. 管理活动论

管理活动论认为，会计是一项管理活动。按照这一观点，会计被定义为对某单位的经济业务进行计量、记录、分析和检查，作出推测、参与决策、实行监督，旨在实现最优经济效益的一种管理活动。

3. 管理工具论

管理工具论认为，会计是一种管理工具或方法。在这一观点下，会计被定义为反映与监督生产过程，进行观察、计量、登记和分析的方法，是一种经济管理工具。

4. 艺术论

艺术论认为，会计是一种科学、技巧和经验相结合的艺术。为此，会计被定义为使一种文字和数字相结合的应用艺术，是用货币形式，对企业的交易事项进行记录、分析、汇总并解释由此产生结果的一门艺术。

我们认为：会计是以货币作为主要计量单位，运用专门的方法，对企业单位发生的经济活动进行确认、计量、记录和报告，向信息使用者提供连续、系统、完整的会计信息。以货币为主要计量单位、以凭证为基本依据以及提供连续、系统、完整的会计信息构成了会计的主要特点。

## 四、会计分类

### （一）按报告对象不同的划分

按其报告对象不同，会计可划分为财务会计（对外报告会计）和管理会计（对内报告会计）。

1. 财务会计

财务会计是向企业外部的信息使用者提供决策所需的会计信息。例如增加还是减少对公司的投资决策，是否拓展公司借贷规模的决策等。它是通过处理会计凭证、登记账簿、编制财务报表的方式，提供企业财务状况、经营成果和现金流量等方面的信息。财务会计信息反映的是过去一段时间内所发生的经济事项，具有历史性。此外，由于财务报表是公开发布的正式报告，为了使使用者读懂财务报表，财务报表的编制必须遵循权威机构制定的会计准则。

2. 管理会计

管理会计是为企业内部管理者，尤其是高层管理者提供控制、预测、决策所需的信息。由于管理会计信息是供企业内部管理者使用，因此，它们的编制不需要按照权威组织的准则，弹性较大，比较灵活。

### （二）按会计目的不同划分

按会计目的的不同，会计可划分为营利组织会计（企业会计）和非营利组织会计。

1. 营利组织会计（企业会计）

营利组织会计，即企业会计是指服务于企业单位的会计，主要反映企业的财务状况和经营业绩。

2. 非营利组织会计

非营利组织会计是提供资产、负债、基金或者净资产、收入、支出及结余方面信息的会计，以便为资产提供者（政府和捐赠者）考核组织是否按要求运作、管理和处置资产提供相关信息的会计。因为不以营利为目的，资产提供者不能获得财务上的好处，会计也就不能反映所有者权益，而是反映资产减负债的差额。

营利组织与非营利组织的概念不是按照某个单位组织活动的结果，而是按照其活动的目的划分，所以营利两个字不能写成"盈利"，因为"盈利"是指单位组织的总收入大于总支出的差额，它反映的是活动的结果而不是目的。从某个单位组织活动的目的而不是结果来划分营利组织和非营利组织，是研究非营利组织会计理论的出发点。

会计按对象的范围来划分，会计可分为宏观会计和微观会计。宏观会计是以整个社会经济活动作为会计的对象，而微观会计则以会计个体作为会计对象。上述的财务会计、管理会计，以及营利组织会计与非营利组织会计均属于微观会计。宏观会计主要包括社会会计、社会责任会计和环境会计(绿色会计)等。

然而,在所有会计分类中,按报表对象的不同来划分是最基本的,也是最主要的划分。因此,接下来的第二、第三节将主要介绍财务会计与管理会计的基本理论。

## 五、会计目标

### (一) 会计目标的含义

目标是人们希望达到的境地或想要实现的要求。会计目标是指会计信息使用者期望财务报告所提供的信息应达到的境地。会计目标是会计理论研究的逻辑起点,象征着会计理论的发展水平,在会计准则制定中起着重要作用,使会计准则的制定能够首尾一贯、连续、系统。

### (二) 会计的基本目标

根据国内外会计理论研究及实践经验的总结,会计的基本目标是:向会计信息使用者提供决策有用信息(体现的是决策有用观)和反映企业管理层受托责任履行情况(体现的是受托责任观)。

1. 决策有用观下的会计目标

决策有用观下的会计目标就是向会计信息使用者提供决策所需要的信息。这里的会计信息使用者主要包括投资者、债权人、职员、政府及其有关部门、社会公众和企业管理者等。投资者需要的是与投资决策相关的会计信息,债权人需要的是与贷款决策相关的信息,职员需要的是与企业持续发展相关的会计信息,税务部门需要的是与税收相关的信息,社会公众需要的是与就业机会、环境保护相关的会计信息,而企业管理者需要的是与内部经营管理决策相关的信息。所有这些信息均与企业未来的净现金流量相关,因此,提供有助于判断企业未来创造现金流能力相关的会计信息,构成了会计所应提供的基本信息,或基本目标。

2. 受托责任观下的会计目标

受托责任观下的会计目标是指两权分离条件下,企业管理层受所有者委托经营管理资产,并负有对受托资产保值增值的责任。所有者需要借助企业会计信息对企业管理者的这种受托责任的履行情况进行评价,以确认或解除管理者的受托责任,进而决定是否需要更换管理层或加强企业内部控制和其他制度建设。因此,提供有助于所有者判断管理履职情况的会计信息,包括企业财务状况与经营成果等,构成了会计的基本目标的重要内容。

### (三) 具体会计目标

由会计的基本目标可见:会计是为信息使用者的经济决策及管理者履行受托责任的评价提供相关的信息,这些信息主要包括:

1. 企业的财务状况及其变化

企业的财务状况是指在某一时点的资产及资金的分布状况,这种信息有助于使用者分析判断企业的盈利能力、偿债能力与财务弹性等。是投资者、债权人、职员、政府有关部门、企业管理层等进行投资决策及资产保值增值能力的评价所必需的信息。

2. 企业的经营业绩

企业的经营业绩是指企业在某一阶段所取得的经营成果,也即经营利润。这些信息有助于信息使用者判断企业的盈利能力。

3. 现金流量

现金流量反映企业在某一阶段的经营活动、投资活动及筹资活动所产生的净现金流,有助于评价企业的盈利质量及财务弹性等,是信息使用者进行经济决策和对管理层履职能力评价所必需的信息。

同时,使用者可根据上述信息的综合分析,对企业未来现金流进行预测,从而对企业的价值进行评估,为有关决策提供依据。

## 第二节 财务会计

### 一、财务会计的含义与特点

财务会计是现代会计的一个重要分支,与管理会计一起共同服务于市场经济条件下的现代企业;同时,财务会计也是企业会计的一个最重要的分支,主要服务于不参与生产经营而对企业有资源投入或者其他利害关系的外部单位与个人,因此,也称之为"对外报告会计",但财务会计在企业内部经营管理中也具有重要的地位与作用。财务会计属于狭义的企业会计范畴,与管理会计、税务会计等共同组成广义的企业会计。

(一)财务会计的含义

涉及财务会计的含义有:

(1) 1966 年,美国会计学会(AAA)在其发表的《基本会计理论说明书》中的第三章,将财务会计定义为"向外部信息使用者提供会计信息"。

(2) 1970 年,美国会计原则委员会(APB)发表的第 4 号说明书中认为"企业财务会计是会计的一个分支,它着眼于有财务状况与经营成果的通用报告即财务报表。""财务报表是一种媒介,财务会计通过它,将积累和处理的信息按期传递给使用者。借助财务会计程序,一个企业错综复杂的经济活动,便可据此积累、分析、定义、分类、记录、汇总并报告两种基本类型的信息:与某一时点有关的财务信息及与某一期间有关的财务状况的变动。"

(3) 1978 年,美国财务会计准则委员会在其概念公告第 1 号中指出:"财务会计关注的是企业的资产、负债、收入、费用、盈利等方面的会计"。

(4) 1995 年,中国注册会计师专门化系列教材《中级财务会计》一书中指出:"财务会计(Financial Accounting)以会计准则为主要依据,确认、计量、控制企业资产、负债、所有者权益的增减变动,记录反映营业收入的取得、费用的发生和归属,以及收益的形成和分配,定期以财务报告的形式,报告企业的财务状况、经营成果和资金流转,并分析报表,评价企业的偿债能力、获利能力等。财务会计报告既可满足投资者、债权人、政府管理部门等企业外部使用者的需要,也可满足企业内部管理部门的需要。"

(5) 1999年,葛家澍教授主编的《中级财务会计》中认为:"财务会计是在继承传统会计的基础上发展起来的一个重要的会计分支。它基本上是一个财务信息系统,立足于企业,面向市场。财务会计着重按企业外部信息使用者的需要(用于评估企业的业绩和做出多种经济决策),把企业视为一个整体,以各国(各地区)的财务会计准则或一般公认会计原则(GAAP)为指导,运用确认、计量、记录和报告等程序,提供有关于整个企业及其分部的财务状况、经营业绩、现金流量等方面的财务报表和有助于使用者做出决策的其他报告手段。对财务报表,应由独立公正的注册会计师进行审计,对其他财务报告,在必要时则由注册会计师或外部其他专家进行审阅,这都是确保财务会计信息质量的必要步骤。"

综上所述,财务会计可以定义为:以会计准则为依据,采用确认、计量、记录与报告等程序与专门的方法,对企业已发生的经济交易或事项进行全面系统的核算,并以财务报告的形式定期向各经济利益相关者(包括投资者、债权人、政府部门、职员、管理者和其他外部信息使用者)提供企业的财务状况、经营成果与现金流量等财务信息,以便决策。

(二) 财务会计的特点

从以上财务会计的定义中可以看出,财务会计具有以下几个特点:

1. 财务会计主要提供的是财务信息

财务会计所提供的信息主要包括:

(1) 企业期初与期末的财务状况;

(2) 企业在一定期间的经营、投资和理财所取得的经营业绩;

(3) 企业在一定期间的现金流量。

2. 财务会计全面、连续、系统和综合地提供有关企业已经发生的经济活动或事项的财务信息

财务会计是反映企业已发生或已完成的交易或事项,这些是企业经营活动的历史记载。因此,财务会计所提供的信息必然是历史财务信息。

同时,财务会计应对会计主体所发生的经济业务的来龙去脉不遗漏地予以完整、充分地揭示,对经济活动过程中发生的具体事项按照发生的时间顺序,自始至终不间断地加以反映,对财务信息的取得、加工、整理、汇总和提供是科学、有序且综合的。

3. 财务会计必须按统一的会计准则要求提供财务信息

为保护财务信息使用者的利益免受侵害,保证信息的客观、明晰、可比等,财务会计信息的产生和提供应以企业会计准则为依据。同时,财务报表必须经独立、客观、公正的注册会计师审计。

4. 财务会计有一套完整、统一的会计处理程序和方法

财务会计有一套比较科学、统一和固定的处理程序和方法。从处理的程序来看,依次要经过确认、计量、记录和报告;从方法来看,通常以一个会计主体为空间范围,以复式簿记系统为基础,以货币为主要计量单位,采用借贷记账法作为财务会计核算方法,

运用持有的事后计算方法,最后以财务报告的形式向信息使用者提供他们决策所需要的财务信息。

## 二、财务会计对象

### (一) 财务会计的对象的界定

财务会计对象是指财务会计核算的内容,即财务会计的客体。我国会计学者从各自对会计本质的认识出发,提出了不同的财务会计对象的观点,其中,具有代表性的观点有以下表1.1所列示的五种:

表1.1　　　　　　　　　　　　财务会计对象不同观点表

| 观　　点 | 提出人 | 主　要　内　容 |
|---|---|---|
| 资金运动论 | 邢宗江<br>葛家澍<br>管锦康 | 财务会计对象是再生产过程中的资金运动 |
| 价值运动论 | 葛家澍 | 财务会计对象是随经济活动而产生的价值运动,其表现为资金运动或资本运动 |
| 财产论 | 许义生 | 财务会计对象是再生产过程和处于其中的财产 |
| 经济活动论 | 吴水澎<br>赵玉珉 | 财务会计对象是再生产能够以货币表现的经济活动 |
| 经济效益论 | 陶世璞 | 财务会计对象是对经济效益预测、决策、分析和考核等 |

目前会计界较为一致的意见是将财务会计对象定位于"资金运动论",即财务会计的对象就是社会再生产过程中的资金运动,包括资金的投入、资金的运用(资金的循环与周转)、资金的退出。

资金的投入包括所有者投入的资金和向债权人借入的资金。前者构成企业所有者权益,后者形成企业的债权人权益,即企业的负债。投入的资金一部分形成企业的流动资产,另一部分形成企业的非流动资产。

资金的运用可划分为供应过程、生产过程、销售过程三个阶段。资金的形态随着物资流的变化而变化。以工业企业为例,为生产过程做准备,用货币购买材料等业务时,货币资金转化为储备资金;车间生产产品领用材料时,储备资金转化为生产资金;车间加工完毕的产品验收入库后,生产资金转化为成品资金;产成品出售后收回货币资金,成品资金又转化为货币资金。资金从货币形态依次转化为储备资金、生产资金、成品资金,最后又转化为货币资金这一过程成为资金循环与周转过程,即资金的运用。

资金的退出包括偿还各项债务、缴纳各项税金、返回投资者投资及向所有者分配股利或利润等内容,使得这部分资金离开企业,退出企业的资金循环与周转。

### (二) 财务会计对象的具体内容

不同类型的单位因性质的差异导致经济活动内容和资金运动形式有所不同,财务会计对象的具体内容也不尽相同。

1. 工业企业财务会计的对象

工业企业的财务会计对象指的是工业企业再生产过程中的资金运动。资金在供、产、销三个阶段不断的循环与周转。在供应过程中,企业以一定数量的资金购进材料,为生产过程进行物资储备,其资金形态从货币资金转化为储备资金。产品生产过程中,企业将储备的材料投入生产并加工成新品,生产的同时发生了如材料耗用、房屋机器等的折旧、工人工资的支付、水电费等各种生产费用,储备资金和一部分货币资金转化为生产资金。产品完工后,生产资金转化为产成品资金。销售过程是产品实现价值的过程,企业将产品销售取得销售收入,产成品资金又转化为货币资金,企业的一部分资金由于偿还贷款、上缴税金、向投资者分配利润等原因退出企业的经营过程,其余部分继续参加企业资金的周转。

2. 商品流通业财务会计的对象

商品流通企业的经营过程包括商品购进和商品销售两个部分。商品购进指的是采购商品,货币资金转化为商品资金;商品销售时商品资金又转化为货币资金。商业企业经营过程中消耗的人、财、物形成了商品流通费用。商品销售实现了企业经营成果。因此,商业资金的运动过程是指货币资金—商品资金—货币资金。

3. 行政、事业单位会计的对象

行政、事业单位会计包括行政事业单位预算会计和行政事业单位财务会计两个部分,其会计对象内容也不同。以行政事业单位预算会计对象是指预算资金运动。行政、事业单位一般来说没有或只有很少一部分业务收入,其资金来源主要是国家财政预算拨款。在日常业务活动中,消耗的人、财、物即为行政费用和业务费用。因此,行政、事业单位的经济活动包括两方面:按预算向国家财政取得拨入资金、以货币资金支付各项费用。资金的运动形式为预算收入、预算支出和预算结余。

## 三、财务会计的职能

职能是事物固有的功能,财务会计的职能是财务会计所固有的功能。财务会计具有反映、控制、评价、预测、决策五项职能;其中,反映与控制是财务会计的基本职能,而反映则是决定会计本质的首要职能。

### (一) 反映

财务会计的反映职能又称核算职能,是指以货币为主要计量单位,通过确认、计量、记录、计算、报告等环节,提供特定主体经营活动的财务信息的功能。

反映职能有两个特征:一是主要以货币为计量单位。在市场经济体制下,要有效地进行经济管理就必须采用多种计量形式,如数量方面,可采用实物量度、货币量度和劳动量度。主要以货币计价来综合反映各单位的经济活动情况是现代企业会计的一大特点。二是反映是完整、连续和系统的。完整指的是反映的内容必须完整地记录每一笔经济业务，不能遗漏；连续是指经济业务应当按照发生的顺序依次记录，不能中断；系统是指提供的数据是相互联系的。

（二）控制

财务会计的控制职能又称监督职能，是指在进行会计核算的同时必须对特定主体的合法性和合理性进行严格审查。合法性是为了保证经济业务符合国家的法律法规，杜绝违法乱纪的行为。合理性是指检查各项财务收支是否符合财务收支计划，是否实现了预算目标，是否违反内部控制制度要求等，从而严格执行增收节支，提高经济效益。

反映和控制这两项基本职能是相辅相成，辩证统一的关系。只有反映，没有监督，就难以保证信息提供的真实性和可靠性；只有监督，没有核算反映，则监督就失去了依据。

财务会计的评价、预测、决策的职能，都是在财务会计提供财务信息的基础上，通过信息使用者对财务信息的分析、比较以及综合运用才能体现和实现，这实际上是财务信息使用者对财务信息的理解和运用，因此，这些职能是派生的职能。

## 四、财务会计方法

财务会计方法是指用来反映和控制会计对象、实现会计职能、完成会计任务的手段。财务会计方法包括核算方法、分析方法和检查方法，其中财务会计核算方法是基本方法。

（一）财务会计核算方法

财务会计核算的方法是指对财务会计对象进行连续、系统、完整的反映和监督所应用的方法。主要包括以下几个方面。

1. 设置账户

设置账户是财务会计核算最基本的方法。主要是指对财务会计核算的具体内容进行分类核算和监督的一种专门方法。财务会计对象的内容是复杂多样的，要对其进行核算和监督，就必须对经济业务进行科学的分类，取得对应的财务会计指标。账户是记录财务会计对象的工具。账户的设置是为后续工作提供了依据。通过账户和科目，能系统、有序、分类地将经济业务的增减变动记入账户，从而提供各类财务会计信息供投资者、债权人等使用。

2. 复式记账

复式记账是指对每一项经济业务都以相等的金额在两个或两个以上相互联系的账户中同时登记的一种记账方法。复式记账方法能全面反映每一笔经济业务的来龙去脉。任何一项经济业务都至少在两个账户中进行登记。这样便可以防止差错和便于检查账簿记录的正确性和完整性，是一种比较科学的记账方法。

3. 填制和审核凭证

填制和审核会计凭证是指经济业务发生之后，依据设置的会计科目和账户、采用复式记账方法，填制会计凭证并由有关机构和人员进行审核，保证会计记录真实、准确、合法及合理的一种专门方法。会计凭证是记录经济业务、明确经济责任的书面证明,是登记账簿的依据,主要包括原始凭证和记账凭证。对已发生或已完成的经济业务都须由经办单位或人员填制原始凭证,并签名盖章。原始凭证审核后才能成为编制记账凭证和登记账簿的依据。正确填制和审核会计凭证,是核算和监督经济活动财务收支的基础,是做好会计工作的前提。

4. 登记账簿

登记账簿又称记账,是指运用复试记账原理,以审核无误的会计凭证作为依据在账簿中连续、完整、系统地记录各项经济业务的一种专门方法。账簿是保存会计数据资料的重要工具。在账簿记录中既要按账户归类反映出各项经济业务,也要序时地记录经济业务,并且定期结账和核对账目,计算出各项核算指标,从而保证账簿记录的准确性。账簿记录是重要的会计流程,也是进行会计分析、会计检查的重要依据。

5. 成本计算

成本计算是按照一定的成本对象归集和分配生产经营过程中发生的各种成本费用,以确定各对象的总成本和单位成本的一种专门方法。产品成本是综合反映企业生产经营活动的一项重要指标。准确地计算成本不仅可以确定企业盈亏和制定产品价格,而且可以考核生产经营过程的费用支出水平,为企业进行经营决策,提供重要数据。

6. 财产清查

财产清查是指通过对各项财产物资、货币资金进行实物盘点,对往来款项进行核对,以查明各项财产物资实有数额的一种专门方法。通过定期或不定期的财产清查能够保证会计记录的真实性和正确性。财产清查可以查明各项财产物资的保管和使用情况以及各种结算款项的执行情况,以便对积压或损毁的物资和逾期未收到的款项及时进行处理。如发现账实不符,应当分析原因并明确责任,调整账簿记录以保证信息的真实可靠。

7. 编制财务会计报表

编制财务会计报表是以财务会计报表的形式,定期向财务报告使用者反映企业、行政事业单位的经济活动情况的一种专门方法。同时,财务会计报表主要以账簿中的记录为依据,经过一定形式的综合、分析和加工形成一套完整的核算指标,是用来考核、分析财务计划和预算执行情况以及编制下期财务和预算的重要依据。

以上财务会计核算的七种方法相辅相成、密切相关,构成完整的财务会计核算方法体系。在财务会计核算中,应正确地运用这些方法。一般在经济业务发生后,按规定的手续填制和审核凭证,并应用复式记账法在有关账簿中进行登记;期末还要对生产经营过程中发生的费用进行成本计算和财产清查,在账证、账账、账实相符的基础上,根据账簿记录编制财务会计报表。其中,填制与审核凭证是开始环节,登记账簿是中间环节,编制财务报表是最终环节。会计核算七大方法的相互关系如图1.1所示。

(二)财务会计分析方法

财务会计分析方法是指利用财务会计核算所提供的财务信息,通过分析过去、预测

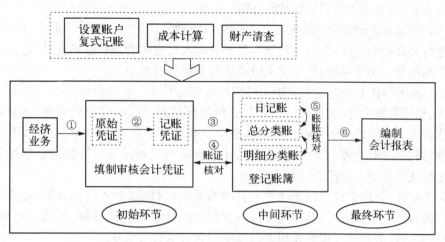

图 1.1　会计核算方法关系图

未来,制定出未来经济活动的计划、预算和方案。一般方法有:比率分析法、因素分析法、ABC 分析法、因果分析法、趋势分析法、本量利分析法、决策树分析法、差量分析法等。

（三）财务会计检查方法

财务会计检查方法,是依据会计核算资料,主要是会计凭证来检查各单位经济活动的合理性和合法性,以及会计记录的完整性和正确性的方法。其目的就是为了保证会计核算信息的客观公正。一般方法有:审阅法、控制计算法、核对法和分析法等。

# 第三节　管理会计

## 一、管理会计的含义及特点

（一）管理会计的含义

"管理会计"这一专门术语是由美国会计学家奎因斯坦在 1922 年首次提出的,而管理会计的雏形起源于泰罗、法约尔等创立的科学管理理论,在发展初期,它侧重于标准成本的应用、差异分析和预算控制。由于管理会计的历史较短,对于它的定义在国内外都没有达到统一。

（1）美国著名管理会计学家罗伯特·S.卡普兰教授(1997)认为:管理会计是一个为组织的员工和各级管理者提供财务和非财务信息的过程。这个过程受组织内部所有人员对信息需求的驱动,并能引导他们做出各种经营和投资决策。

（2）美国管理会计师协会(1997)定义为:管理会计是提供价值增值,为企业规划、设计、计量和管理财务与非财务信息系统的持续改进过程,通过此过程指导管理行为、激励行为、支持和创造达到组织战略、战术和经营目标所必需的文化价值。

（3）我国著名管理会计学家厦门大学余绪缨教授（1999）认为：管理会计是将现代化管理与会计融为一体，为企业的领导者和管理人员提供管理信息的会计，它是企业管理信息系统的一个子系统，是决策支持系统的重要组成部分。

（4）我国学者中央财经大学李天民教授（1996）认为：管理会计是通过一系列的专门方法，利用财务会计、统计及其他有关资料进行整理、计算、对比和分析，使企业内部各级管理人员能据此对各个责任单位和整个企业日常的和预期的经济活动及其发出的信息进行规划、控制、评价和考核，并帮助企业管理当局对保证其资源的合理配置和使用作出最优决策的一套信息处理系统。

综上所述，管理会计是以现代管理科学为依据，以加强企业内部管理、提高经济效益为目的，运用一系列专门的方式方法，通过确认、计量、归集、分析、编制与解释、传递等一系列工作，为企业管理者和相关信息使用者决策提供信息。

#### （二）管理会计的特点

作为与财务会计并列的相对独立的管理会计主要有如下几个特点。

1. 侧重于为企业内部经营管理服务

管理会计是围绕企业内部经营管理的需要，将财务会计提供的资料和其他资料进行整理、计算、对比和分析，并不定期地编制各种管理报表，向企业领导提供最优决策和有效经营的有用信息，以帮助他们正确地制定经营目标，预测经济前景，确定最优的经营和投资方案等，使企业的生产经营处于最优化状态，以谋求最大的经济效益。可见，管理会计主要为企业内部经营管理服务。

2. 侧重未来，控制现在

财务会计一般只反映企业实际已完成的经济事项，侧重于对企业生产经营活动历史信息的描述。管理会计则是能动地应用已发生的经济事项和有关资料等信息，预测和规划尚未发生的经济活动，控制现在的经济活动。管理会计的特点是面向未来，综合应用历史数据和各种与反映未来发展的预测、计划和目标有关的数据，并加以科学加工，以此帮助管理人员对未来的业务进行筹划。

3. 采用的核算方法灵活多样

财务会计核算时一般采用简单的算术方法；管理会计的任务主要是为管理者提供预测、决策控制、规划等所需资料，因此，核算方式上可不受公认会计准则或企业准则的限制。在工作中可以预测论、控制论、信息论和决策原理等现代管理理论作为指导，广泛应用多种高等数学和现代数学方法，如本量利分析法、最优组合分析、概率论进行预测分析与决策分析。

4. 计量尺度多样化

管理会计使用货币与非货币计量尺度，并且越来越多地使用非货币计量尺度，更全面、具体地解决管理中的问题。

5. 注重企业的整体，兼顾局部

管理会计涉及企业内部管理的各个方面，包括企业内部所有的经营环节、产品信息、人员信息等，因此，为了能更好地服务于企业的经营管理，既要注重企业的整体,也要兼顾局部,在提供信息时,可以以整个企业为会计主体,也可以把企业内部的局部区域或部门甚至一个环节作为会计主体,这样,才能保证各个层面的管理所需。

## 二、管理会计的对象

### (一)管理会计对象的含义

总的来说,管理会计的对象指管理会计观察或思考的客体或行为的目标。具体而言,管理会计对象有三种代表观点。

1. 现金流量论

在这种观点下,认为管理会计对象是企业的现金流动。这是因为现金流量贯穿管理会计的始终,是对管理会计内容的集中概括,它在预测、决策、预算、控制、考核、评价等各个环节发挥着积极的作用。同时,现金流量具有很强的综合性和敏感性,通过现金流量的动态分析,可以把企业生产经营过程中的资金、成本、利润等各个方面全面系统地反映出来。通过现金流量指标可以把企业生产经营的各个方面联系起来统一评价。现金流入和流出在数量和时间上的差别,最终会影响企业的经济效益,现金流量制约企业真实的盈利水平、资金运用水平和货币时间价值。

2. 价值差量论

价值差量论认为,管理会计的对象是价值差量,这首先是因为它是现代管理会计贯彻始终的基本方法,比如成本性态分析与变动成本计算、盈亏临界点与本量利分析、经营决策分析、成本控制、责任中心业绩评价等。其次,价值差量具有很大的综合性,既有价值差量,又包括实物差量和劳动差量,后者是前者的基础,前者是后者的表现。经过这一系列转换,在一定程度上可综合体现在企业盈利水平上。

3. 资金总运动论

持这一观点的人认为,管理会计与财务会计的对象从总体上是一致的,就是企业所属各级机构过去、现在和将来的资金总运动。这主要是因为管理会计与财务会计同属于会计范畴,应当有共同的研究对象,即资金运动。所不同的是,管理会计的对象涵盖了所有时空的资金运动,而财务会计对象仅包括过去的资金运动;但管理会计的对象在时间上侧重于现在以及未来的资金运动。

### (二)管理会计对象的内容

管理会计对象的具体内容在不同的管理层次需求的信息不同,而同一环节中不同时期所需要的信息也不相同,管理会计对象具体可以有以下几个部分。

1. 成本性态、变动成本和本量利分析的对象

在成本性态、变动成本和本量利分析中,它主要是对财务会计资料进行分类、加工、延伸和扩展,因此其对象是已经发生的资金运动。

2. 预测和经营决策的对象

在预测和短期经营决策中,其对象是已经发生的资金运动和未来的资金运动;在长期投资决策中,其研究对象是"现金流动"。

**3. 预算编制的对象**

在预算编制中,由于预算是决策的具体化、数量化和货币化,故全面预算编制的对象也是未来的资金运动和现金流动。

**4. 成本控制的对象**

成本控制,事前的成本控制是尚未发生的资金运动,事中的成本控制是正在发生的资金运动。

**5. 责任会计的对象**

在责任会计中,其研究对象是责任中心可控的资金运动。

可见,管理会计对象就是一般对象和具体对象的统一,一般对象存在于具体对象之中,具体对象则是一般对象的外延,尽管具体对象内容不尽相同,却没有超出资金运动这一内涵。

## 三、管理会计的职能

管理会计主要有预测、决策、组织、控制和评价等职能。

**(一)预测职能**

预测是根据历史资料,采用系统科学的方法推测事物未来发展状况的过程。管理会计的预测职能,就是按企业未来的总目标和经营方针,充分考虑经济规律的作用和经济条件的约束,选择合理的量化模型,有目的地预计和推测未来企业的销售、利润、成本及资金的走势和水平。预测是管理会计的基本职能之一。

在现代企业的生产经营活动中,管理会计需要对财务的,非财务的,计算的和估算的数据,采用各种特定手法和手段进行加工、处理、使它们成为企业预测未来经济活动变化趋势的特定数据资料和依据。

**(二)决策职能**

决策是在充分考虑各种可能的前提下,按照客观规律的要求,通过一定程序对未来实践的方向、目标、原则和方法做出决定的过程。从某种意义上说,管理就是决策,决策就是管理会计的核心职能。决策既是企业经营管理的核心,也是各级各类管理人员的主要工作。决策贯穿于企业管理的各个方面和整个过程的始终。

管理会计的决策职能,一方面是指其为决策者提供相关的信息,即根据管理决策的需要,收集、整理、加工包括财务会计信息及其他相关信息,为决策提供参考和依据;另一方面是指其直接参与决策,即帮助管理进行决策。企业许多重要的经济决策的具体方案往往是由管理会计的提出并进行方案可行性论证和选择,这实际上就是管理会计直接参与决策的职能。

**(三)组织职能**

管理会计的组织职能是指应用系统理论和行为科学的基本原理,并结合本企业的具体情况,设计和制定合理、有效的责任会计制度以及各项具体的会计处理程序,以便对整个企业的人力、物力、财力等有限资源进行最合理、最优化的配置和使用。

组织职能,首先,应根据单位的人、财、物以及相关环境的具体情况和各级管理者的实际需要，设计并制定出合理的、有效的责任会计和各项具体会计事务的处理程序；其次，要根据管理会计的一般原则和具体原则，特别是根据成本效益原则对人力、物力、财力等各项资源进行最优化的配置和使用。

#### （四）控制职能

控制职能是指通过一定的手段，根据实际已发生的各项经济活动发出的信息、反馈与收集、比较与分析、对企业实际经济活动偏离预期目标的活动施加影响，使之能够按预定目标进行的过程。

为了实现管理会计的控制职能，企业应建立完善的控制体系，确保该控制体系下所提供的与经济活动有关信息的真实、完整，确保控制体系能够适时、有效地调整计划与管理人员的行为。

#### （五）评价职能

评价职能主要是指在事后，根据各级责任单位所编制的业绩报告，将实际数据与预算数进行比较、分析，从而考核与评价各个责任单位履行经济责任的情况，保证经济责任的贯彻执行。

管理会计评价职能的作用发挥需要如下三个方面的保障：第一，应依据责、权、利相统一的原则，合理划分各部门的责任，形成不同的责任中心，并给予相应的权力；第二，应建立科学的业绩评价机制，正确制定各中心的考核指标，定期考核各中心的业绩与效果；第三，设立合理的激励机制，将业绩的评价与奖惩相结合，激励各部门充分挖掘潜力，不断改善经营管理，实现预期的目标，提高经济效益。

### 四、管理会计方法

相对于财务会计描述性的方法，现代管理会计所用方法，是属于分析性的方法，重点在于从动态上来掌握企业生产经营中形成的成本、利润以及现金流量等要素。这种方法尽管在不同的条件下具有多种不同的具体表现形式，但"差量分析"贯穿始终，如成本性态分析法、本量利分析法、边际分析法、成本效益分析法和折现现金流量法等。

#### （一）成本性态分析法

成本性态分析法是将成本表述为产量的函数，按照成本对产量的依存性，把全部成本区分为固定成本与变动成本两大类，依据成本与产量增减的动态关系进行差量分析。成本性态分析法构成了现代管理会计中一种基本方法。

#### （二）本量利分析法

本量利分析法是将成本、产量、利润这几个方面变动所形成的差量相互联系起来进行分析的一种方法。其核心是确定"盈亏临界点"，从动态上掌握有关因素变动对企业盈亏消长的规律性的联系。

#### （三）边际分析法

边际分析法是用来确定生产经营最优边际点的一种增量分析方法。它能使企业管理部门具体掌握生产经营中有关变量联系和变化的基本规律性，从而有预见地采取有

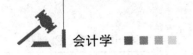

效措施，经济有效地运用企业的人力、物力和财力，实现各有关因素的最优组合，争取最大限度地提高企业生产经营的经济效益。

### （四）成本效益分析法

成本效益分析法是指通过成本与效益及其比较进行管理决策的一种分析方法。在经济决策中，适应不同的情况形成若干独特的"成本"概念，包括差别成本、边际成本、机会成本、沉没成本等，和相应的计量方法，以此为基础，对各种可供选择方案的"净效益"（总效益和总成本之差）进行对比分析，以判别各有关方案的经济性。

### （五）折现现金流量法

折现现金流量法是将长期投资方案的现金流出（投资额）及其建成投产后各年能实现的现金流入，按复利法统一换算为用同一时点的数值（现值、终值或年值）来表现，然后进行分析对比，以判别有关方案的经济性的一种分析方法。这种决策分析法使各方案投资效益的分析和评价建立在客观可比的基础上。

## 第四节　财务会计与管理会计的关系

财务会计与管理会计是现代会计的两大分支，同属于会计信息系统，两者既互相联系，又有明显区别。

### 一、财务会计与管理会计的区别

#### （一）性质、侧重点不同

管理会计是决策工具。其侧重点在于针对企业管理中遇到的特定问题进行研究分析，以便向企业内部各级管理人员提供有效经营和最优化决策的管理信息，其具体目标主要为企业内部管理者提供经营决策有用信息，因此管理会计又可称为"内部会计"。

财务会计是报告系统。虽然对内、对外能提供有关企业最基本的财务、成本信息，但主要侧重点在于向企业外部利益相关者。因此，报告企业的财务状况与经营成果，其具体目标主要是为企业外部的投资者、债权人、政府有关部门服务，财务会计又可称为"外部会计"。

#### （二）核算的主体不同

管理会计核算主体是多层次的，可以以企业的核算主体，提供整体情况的资料，也可以是企业内部各责任单位为核算主体，提供反映经济活动情况的资料。

而财务会计是以企业为会计主体提供反映整个企业财务状况、经营成果和现金流量的财务信息资料。

#### （三）核算方法不同

管理会计可选择灵活多样的方法对不同的问题进行分析处理，即使对相同的问题也可根据需要和可能而采用不同的方法进行处理，在信息过程中大量运用现代数学方法。核算完全服从管理的需要,核算程序及其表单是根据管理者需要自行设计。

财务会计的方法比较稳定,核算时往往只需要运用简单的数学方法,有一定的强制性和程序性。核算程序比较固定,具有一定强制性,表单有固定格式。

（四）核算原则不同

管理会计不受外部法规限制和严格约束,在工作中可灵活应用预测学、控制论、信息理论、决策原理等现代管理理论作为指导。

财务会计必须严格遵守"公认的会计原则",受有关法规制度的约束,要保证所提供的财务报表信息在时间上的一致性和空间上的可比性。

（五）核算目的不同

管理会计核算的目的,主要是利用已有的相关信息资料,对经济活动进行预测、决策、控制,属于过程管理的经营型会计。

财务会计的核算目的在于提供企业经营成果和财务状况等财务信息,属于结果反映的报账型会计。

（六）核算程序不同

管理会计的核算没有固定的程序,企业可以根据自己的实际情况自行设计其管理会计核算程序,因此,不同企业之间的管理会计工作的差异较大。

财务会计则是有一套固定的会计核算程序,从凭证到登记账簿、编制试算平衡表直至财务报表编制,必须按规定的核算程序依次进行,具有一定的强制性和程序性。因此,同类企业的财务会计工作程序基本相同。

（七）核算的成本构成不同

管理会计将生产成本费用依据成本与产量的关系,划分为固定成本和变动成本,并采用变动成本法计算产品成本。

财务会计是将生产费用根据计入产品成本的程序不同,划分为直接成本和间接成本,采用的是完全成本法计算产品成本。

（八）核算要求不同

管理会计核算主要是涉及未来信息,要求满足及时性和相关性。

财务会计核算主要是涉及过去已发生以价值尺度反映的经济活动的历史信息。因此,对可靠性的要求较多,数字必须平衡。

（九）信息的特征、载体不同

管理会计所提供的信息往往是为满足内部管理的特定要求而有选择的、部分的和特定期的管理信息。管理会计的信息载体大多为没有统一格式的各种内部报告,而且对报告的种类也没有统一规定,信息只能相对精确,它们往往不向社会公开发表,故不具有法律效力。

财务会计所提供的是安全的、系统的、连续的和综合的财务信息。财务会计的信息载体是有统一格式的凭证系统、账簿系统和报表系统。信息力求精确,往往要向社会公开,故具有一定法律效力。

### （十）计量尺度不同

管理会计虽然以货币为主，但也大量地的结合运用非货币计量单位，如实务度量、劳务度量和关系度量（只有率、增长率）。

财务会计几乎全部使用货币计量，这也是财务会计基本假设之一。

### （十一）报告的时间不同

管理会计的报表不受固定的会计期间，如年、季、月的限制，而是根据管理的需要编制反映不同影响期间的经济活动的各种报告，而时间可以按小时、天、月年甚至若干年编报。

财务会计则应按规定会计期间，如年、月、季编制报告。

### （十二）完善程度不同

管理会计体系尚未完善，正处在发展与不断完善的过程中，不同企业管理会计工作存在较大差异，缺乏统一性和规范性。

财务会计就其体系的完善程度而言，已经达到了相对的成熟和稳定，形成了通用的会计规范和统一的会计模式，具有统一性和规范性。

## 二、财务会计与管理会计的联系

管理会计是一门独立的学科，同财务会计相比，管理会计有许多自己的特点。但是，管理会计毕竟是从传统会计体系中分离出来的，在某些方面，它与财务会计又有一定的内在的联系。

### （一）起源相同

管理会计和财务会计同是在传统会计中孕育发展，并从传统会计中分离而来，它们相互依存、相互制约、相互补充，共同构成现代企业会计系统的有机整体。

### （二）终极目标相同

两者终极目标都是为企业提高经济效益，使企业获取最大利润。

### （三）基本信息同源

两者都是以经营信息作为信息来源。

### （四）服务对象交叉

它们都是为企业内部和外部的有关经济组织服务的，只是侧重点不同。内部外部使用者有时互享信息。

### （五）某些概念相同

如成本、收益、利润等在管理会计和财务会计中完全相同，管理会计是财务会计的延伸。

财务会计与管理会计在实际工作中，始终存在着"此中有彼，彼中有此"的紧密联系。管理会计所需要的各种基础数据都依赖于企业日常财务核算，离开财务会计的支持，就成了无源之水、无本之木；而知识、技术以及人力资源这些重要因素在企业的经营管理和投资决策中，无法通过财务会计进行反映，需要借助于管理会计提供。这些都使得财务会计和管理会计进一步进行融合。

# 本章小结

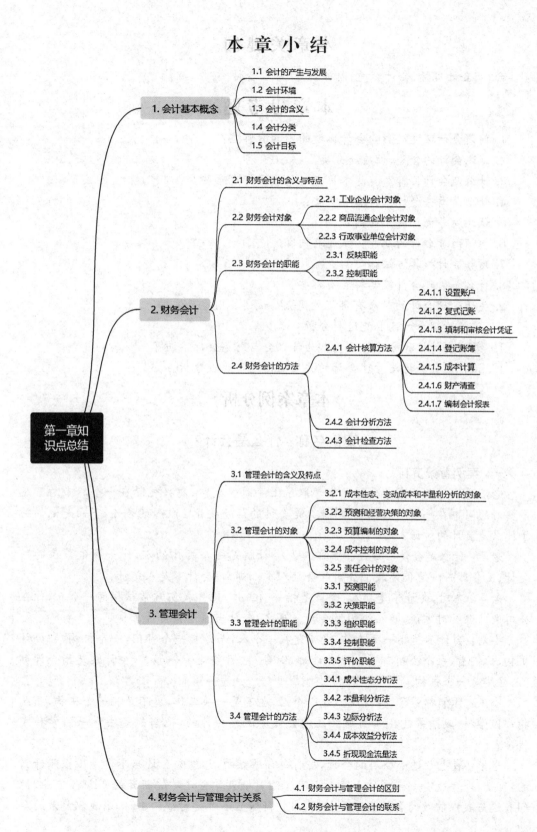

## 本章关键词

会计、会计目标、会计环境、财务会计、管理会计、对象、职能、方法

## 本章思考题

1. 何谓会计环境？影响会计环境的因素有哪些？
2. 试述会计的含义、性质与分类。
3. 什么是会计目标？其基本目标与具体目标有哪些？
4. 什么是财务会计？特点有哪些？
5. 试述财务会计对象的内容。
6. 何谓财务会计的职能？试述其内容。
7. 财务会计核算方法如何构成？
8. 什么是管理会计？其特点有哪些？
9. 关于管理会计的对象有哪几种观点？试述其内容及依据。
10. 试就管理会计的职能进行分析。
11. 管理会计核算方法有哪些？为什么会与财务会计不同？
12. 试就财务会计与管理会计的异同之处进行比较分析。

## 本章案例分析

### 案例名称：什么是会计？

**一、案例背景资料**

老张的小孩今年高考金榜题名考取了上海财经大学，高兴之际在一个周末约了几个要好的同事在一起喝酒，其间对什么是会计的话题展开了激烈的争论，下面是他们关于什么是会计的对话：

老李：什么是会计？这还不简单吗？会计就是一个具体的人，比如我们单位的刘会计、王会计……他们是我们公司的会计人员。那么，会计不是人是什么？

老吴：不对，会计不是指人，会计是指一项工作，比如我们常常这样问一个人，你在公司做什么？对方说，我在公司做会计。那么，会计当然是指会计工作了。

小刘：会计不是指一项工作，也不是指一个人，而是指一个部门，一个机构，即会计机构，你们看，每个公司都有一个会计部、财务科、财务处……那么，会计就是指会计部门，显然是一个机构。

小王：你们都错了，会计既不是一个人，也不是一项工作，更不是指一个机构，而是指一门学科，我弟弟就在江西财经大学会计学院学会计的，他当然是去学一门学科或科学。

老张：我也做过小公司的会计，当时是师傅教的，总感觉会计只不过是报报账什么的，可是，今年我有一亲戚的小孩考上了江西财经大学会计学院新开的CIMA专业，他问我这与我以前做的会计是不是相同，我觉得这只不过是时髦的名称，跟我以前做的会

计没什么不一样。

通过一番激烈的争论，结果谁也说服不了谁。

二、案例分析要点

在日常生活中，会计确实有多种不同的含义。老李、老吴、小刘、小王、老张五个人的看法都说明了会计含义的一部分，但又都不全面。

1. 亲爱的同学，如果让你来说什么是会计，你会怎么说呢？

2. 通过本章的学习，你知道老张做的是什么会计？CIMA专业真的只是一个时髦的名称吗？请说明理由。

# 参 考 书 目

[1] 吴榕.基础会计（非会计专业）[M].北京：中国经济出版社,2008.

[2] 刘永泽、陈文铭.会计学（第6版）[M].大连：东北财经大学出版社,2018.

[3] 张斌主.会计理论[M].镇江：江苏大学出版社,2008.

[4] 陈信元.会计学（第5版）[M].上海：上海财经大学出版社,2018.

[5] 黄珍文.财务会计（第3版）[M].成都：西南财经大学出版社,2008.

[6] 李瑞芬,刘国峰.财务会计学（第1版）[M].北京：中国林业出版社,2012.

[7] 夏冬林,秦玉照.会计学——原理与方法（第2版）[M].北京：中国人民大学出版社,2017.

[8] 陈兴滨.管理会计学（第4版）[M].北京：中国人民大学出版社,2016.

[9] 熊细银,熊晴海.管理会计[M].北京：清华大学出版社,2006.

[10] 张巧良.管理会计学（第2版）[M].北京：北京经济科学出版社,2013.

# 第二章 会计基本理论

### 开篇案例

老李在村口开了一家摩托车修理部,刚开始的时候,老李自己负责修理、进配件,夫人李嫂打杂并管账。为了知道修理店是赚钱还是亏损,李嫂的办法是将修理部的现金收支与家里其他的现金收支分开,月末将修理部一个月的现金收入减去现金支出的差额作为盈利。很快,老李修理部的生意红火起来,老李发现修理部不仅资金不足而且人手也不够,就邀请表弟小陈入伙,并招聘了两个修理工,现金的进出仍然由李嫂负责。通过一段时间的经营,生意兴旺,偷着乐的李嫂心里嘀咕……她知道修理部的现金必须与家里的现金严格区分管理,但不明白买来的修理用配件、购入的修理用工具、付给员工的工资、收到的修理费收入及村民赊账的修理费等,应该如何计算才可以把每个月的利润算出来?同学们,你们能解决李嫂的困惑吗?

**[学习目的与要求]**

1. 掌握会计要素的概念、特征及会计恒等式之间的关系。
2. 明白会计的四项基本假设的内容。
3. 理解会计的八个信息质量要求的意义。
4. 掌握两个会计核算基础的内容以及两者之间的区别。
5. 了解会计核算的基本程序及会计核算方法。

## 第一节 会计要素和会计恒等式

会计要素按照《企业会计准则》规定分为六大类:资产、负债、所有者权益、收入、费用和利润。会计要素之间不是彼此独立的,而是相互依存,他们之间的关系形成会计恒等式:资产=负债+所有者权益。它揭示了各个会计对象要素之间的联系,是会计记账、试算平衡及编制财务报表的理论依据。

## 一、会计要素

（一）会计要素的含义

会计要素是对会计对象所作的基本分类，是会计核算对象的具体化。会计要素也称为财务报告要素，是财务报告的具体内容。其中，资产、负债、所有者权益是反映财务状况的会计要素，应在资产负债表中披露；收入、费用和利润是反映经营成果的要素，应在利润表中披露。会计要素的确认和计量是会计核算的核心。因此，理解会计要素及其确认与计量是学习会计方法、阅读财务报告的基础。

（二）会计要素的内容

1. 资产

资产是企业过去的交易或事项形成的、由企业拥有或控制的、预期会给企业带来经济利益的资源。具体来说，资产具有如下特征：

（1）资产是一种预期能给企业带来经济利益的资源，即通过对它的有效使用，能直接或间接导致现金和现金等价物流入企业。预期不能带来经济利益的资源就不能确认为企业的资产。因此，这一特征使资产的内涵比财产大得多。例如，企业未来能够收取款项的权利（各种应收款项）、能为企业带来超额利益的独占权利（专利权、商标权等）都属于企业的资产。

（2）资产由企业拥有或控制，即企业享有某项资源的所有权，或者虽然不享有某项资源的所有权，但该资源能被企业所控制。通常情况下，企业要将一项资源作为资产确认的前提是企业要拥有其所有权。但对于一些特殊方式形成的资产，如融资租入的固定资产，虽然企业不享有其所有权，但根据实质重于形式原则，与资产所有权相关的风险与报酬能被企业实际控制，也应当将其确认为企业的资产。

（3）资产是由过去的交易或事项所产生的。预期在未来发生的交易或事项，如计划购买的存货，现在不得作为资产确认。

资产按其流动性分类可分为流动资产和非流动资产。凡在一年内或超过一年的一个营业周期内变现或耗用的资产称为流动资产，包括库存现金、银行存款、交易性金融资产、应收账款、预付账款、存货等；凡在一年或超过一年的一个营业周期以上变现或耗用的资产称为非流动资产，包括持有至到期投资、长期股权投资、固定资产、无形资产、商誉、长期待摊费用等。

2. 负债

负债也称为债权人权益，是指企业过去的交易或事项形成的、预期会导致经济利益流出企业的现时义务。负债具有如下特征：

（1）负债是由过去的交易或事项形成的现时义务。现时义务是企业在现行条件下已承担的义务。如由于企业的过去或现在赊购商品或接受劳务而形成的应付账款，应确认为负债。但是，未来发生的交易或事项形成的义务，如企业管理层决定今后购买资产，其本身并不产生现时义务，不应当确认为负债。

（2）负债预期将导致经济利益流出企业。无论负债以何种形式出现，最终负债的履行预期将导致经济利益流出企业。具体可表现为支付现金或转让其他资产、提供劳务，或将该项义务转换为股权等。

负债按其偿还期限的长短可分为流动负债和非流动负债。凡将在一年或超过一年的一个营业周期内偿还的债务称为流动负债，包括短期借款、应付账款、预收账款、应付职工薪酬、应交税费、应付利息、应付股利等；凡将在一年或超过一年的一个营业周期以上偿还的债务称为非流动负债，包括长期借款、应付债券和长期应付款等。

### 3. 所有者权益

所有者权益即是企业资产扣除负债后由所有者享有的剩余权益。股份制企业的所有者权益又称为股东权益。

所有者权益是所有者对企业净资产的要求权，所有者权益表明了企业的产权关系，即企业归谁所有。所有者权益的来源包括所有者投入的资本、直接记入所有者权益的利得和损失、留存收益等。具体来说，所有者权益的构成项目包括实收资本（或股本）、资本公积、盈余公积、未分配利润，这些项目应在资产负债表所有者权益下单独列示披露。所有者权益具有以下几方面特征：

（1）所有者权益是一种剩余权益。它是在保证资产偿还债权人权益之后的一种剩余权益，因此，又称净资产。

（2）所有者权益是一种永久权益。除非企业发生损失减资、破产清算，或者自然灾害毁灭等等，没有股东协商同意，企业不需要偿还所有者权益。

（3）所有者权益是一种无限权益。投资者能够参与利润的分配，凭借在企业所占份额享有利益分配权。

所有者权益的形成途径不同分为原始资本积累和留存收益。原始资本积累是指投资者投入的原始资本及其增值，如：实收资本（或股本）、资本公积。留存收益是指经营者通过经营过程产生的净收益的积累，如：盈余公积、未分配利润。

### 章内知识点衍生

表 2.1　　　　　　　　　　负债与所有者权益的特点比较

| 项目 | 负债 | 所有者权益 |
|---|---|---|
| 性质 | 债权人对企业全部资产的索偿权 | 企业投资者对企业净资产的索偿权 |
| 权限 | 债权人与企业只存在债权、债务关系，他们无权参与企业的管理。 | 所有者对企业的资产享有所有权，还享有管理企业或委托他人管理企业的权利。 |
| 权益要求权 | 借款性质的负债要还本付息，其他性质的负债只要支付债务额但不需要支付利息。 | 所有者具有对企业收益分红的要求权，其收益分红额的多少要看企业的经营状况。 |
| 资金成本 | 借款、债券的利息支出可计入成本费用，在税前扣减。 | 给投资者的收益分红不能作为费用从收入中扣除，应从税后利润中扣减。 |

(续表)

| 项目 | 负债 | 所有者权益 |
|---|---|---|
| 偿付期 | 负债一般都有事先约定的偿付期 | 所有者权益没有事先约定的偿付期 |
| 计量属性 | 每项负债都有明确的计价方法，并按其发生时间所规定的方法单独计价。 | 所有者权益不存在单独计价问题，它是企业资产总额扣除负债后的净资产。 |

4. 收入

收入是指企业在日常活动中形成的、会导致所有者权益增加的、与所有者投入资本无关的经济利益的总流入。与收入相区别的概念是利得。利得是指企业非日常活动形成的、会导致所有者权益增加的、与所有者投入资本无关的经济利益的总流入。收入具有以下特征：

(1) 收入是企业在日常活动中形成的经济利益的总流入。日常活动，是指企业为完成其经营目标所从事的经常性活动以及与之相关的活动。工业企业销售产品、商业企业销售商品、咨询公司提供咨询服务、软件开发企业为客户开发软件、安装公司提供安装服务、商业银行对外贷款、租赁公司出租资产等活动，均属于企业为完成其经营目标所从事的经常性活动，由此形成的经济利益的总流入构成收入。工业企业对外出售不需用的原材料、对外转让无形资产使用权，由此形成的经济利益的总流入也构成收入。

收入形成于企业日常活动的特征使其与产生于非日常活动的利得相区分。企业所从事或发生的某些活动也能为企业带来经济利益，但不属于企业为完成其经营目标所从事的经常性活动，也不属于与经常性活动相关的活动，例如，工业企业处置固定资产、无形资产，因其他企业违约收取罚款等，这些活动形成的经济利益的总流入属于企业的利得而不是收入。利得通常不经过经营过程就能取得或属于企业不曾期望获得的收益。

(2) 收入会导致企业所有者权益的增加。收入形成的经济利益总流入的形式多种多样，既可能表现为资产的增加，如增加银行存款、应收账款；也可能表现为负债的减少，如减少预收账款；还可能表现为两者的组合，如销售实现时，部分冲减预收账款，部分增加银行存款。收入形成的经济利益总流入能增加资产或减少负债或两者兼而有之，根据"资产＝负债＋所有者权益"的会计等式，收入一定能增加企业的所有者权益。这里所说的收入能增加所有者权益，仅指收入本身的影响，而收入扣除与之相配比的费用后的净额，既可能增加所有者权益，也可能减少所有者权益。

企业为第三方或客户代收的款项，如企业代国家收取的增值税等，一方面增加企业的资产，另一方面增加企业的负债，并不增加企业的所有者权益，因此不构成本企业的收入。

(3) 收入与所有者投入资本无关。收入只包括本企业经济利益的流入，不包括为第三方或客户代收的款项,如增值税、代收利息等。代收的款项,一方面增加企业的资产,一方面增加企业的负债,因此不增加企业的所有者权益,也不属于本企业的经济利益,不能作为本企业的收入。

企业可以从以下三方面取得收入:一是销售商品;二是提供劳务;三是让渡资产的所有权、使用权。根据这些收入在企业经营中的主次程度,收入可以分为主营业务收入和其他业务收入,统称营业收入;根据让渡资产所有权所获得的对外投资收入可分为投资收益和公允价值变动损益。

广义的收入还包括企业发生的与其日常活动无直接关系的各项利得,即营业外收入。

5. 费用

费用是指企业在日常活动中发生的、会导致所有者权益减少的、与向所有者分配利润无关的经济利益的总流出。费用具有以下特征:

(1) 费用是企业在日常活动中发生的经济利益的总流出。如前所述,日常活动是指企业为完成其经营目标所从事的经常性活动以及与之相关的其他活动。企业制造并销售产品、商业企业购买并销售商品、咨询公司提供咨询服务、软件开发企业为客户开发软件、安装公司提供安装服务、租赁公司出租资产等活动中发生的经济利益的总流出构成费用。企业对外出售不需用的原材料结转的材料成本,也构成费用。

费用形成于企业日常活动的特征使其与产生于非日常活动的损失相区分。企业从事或发生的某些活动或事项也能导致经济利益流出企业,但不属于企业的日常活动。例如,企业处置固定资产、无形资产等非流动资产,因违约支付罚款,对外捐赠,因自然灾害等非常原因造成财产毁损等,这些活动或事项形成的经济利益的总流出属于企业的损失而不是费用。

(2) 费用会导致企业所有者权益的减少。费用既可能表现为资产的减少,如减少银行存款、库存商品等;也可能表现为负债的增加,如增加应付职工薪酬、应交税费等。根据"资产=负债+所有者权益"的会计等式,费用一定会导致企业所有者权益的减少。

企业经营管理中的某些支出并不减少企业的所有者权益也就不构成费用。例如,企业以银行存款偿还一项负债,只是一项资产和一项负债的等额减少,对所有者权益没有影响,因此,不构成企业的费用。

(3) 费用与向所有者分配利润无关。向所有者分配利润或股利属于企业利润分配的内容,不构成企业的费用。

费用按其功能可分为营业成本、税金及附加、期间费用、资产减值损失以及所得税费用五大类。营业成本是指生产经营过程中与经营活动直接有关的费用成本开支,分为主营业务成本和其他业务成本;营业税金及附加是指企业经营活动应负担的相关的价内税费;期间费用是指企业报告期发生的直接计入当期损益的各项费用,包括管理费用、销售费用和财务费用;资产减值损失是指企业根据《资产减值准则》需要计提各项资产减值准备时所形成的或有损失;所得税费用是指企业经营利润应交纳的所得税。

此外,广义的费用还包括企业发生的与其日常活动无直接关系的各项损失,即营业外支出。

6. 利润

利润是指企业在一定会计期间的经营成果。利润包括收入减去费用后的净额、直接计入当期利润的利得和损失等。直接计入当期利润的利得和损失,是指应当计入当期损益,会导致所有者权益发生增减变动,与所有者投入资本或者向所有者分配利润无关的利得或损失。利润的特征为:

(1) 影响企业利润的因素除了收入与费用,还包括利得(营业外收入)和损失(营业外支出)。

(2) 收入大于费用,企业形成盈利;收入小于费用,企业形成亏损。

(3) 盈利增加所有者权益,亏损减少所有者权益。

利润按照形成过程分为营业利润、利润总额和净利润。企业在日常活动中取得的收入减去费用后的净额形成营业利润,即式(2.1):

$$营业收入-营业成本-税金及附加-期间费用-资产减值损失 \\ -信用减值损失 \pm 公允价值变动收益(或损失) \pm 投资净收益(或损失) \\ +资产处置收益+其他收益; \qquad (2.1)$$

利润总额是营业利润减去直接计入当期利润的利得和损失后的净额形成的利润,即式(2.2):

$$利润总额=营业利润+营业外收入-营业外支出; \qquad (2.2)$$

净利润是利润总额减去所得税费用后形成的利润,即式(2.3):

$$净利润=利润总额-所得税费用。 \qquad (2.3)$$

## 二、会计恒等式

会计恒等式揭示了各会计对象要素之间的联系,是复式记账、试算平衡及编制财务报表的理论依据。从数量上看,一个企业的资产总额与权益总额必定相等,有一定数额的资产,就必定有对等数额的权益;反之,有一定数额的权益,也必定有对等数额的资产。

(一) 会计恒等式的形成

任何一个企业要开展生产经营活动都必须投入一定数额的资金,而企业投入的资金都有其不同的存在形态和来源渠道。从资金的存在形态看,企业资金的存在形态就是资产;从资金的来源渠道看,企业的资金无非来源于企业所有者和债权人,其中,归属于债权人的权益是债权人权益,归属于所有者的权益是所有者权益。一个企业拥有的资产和权益,是同一资金的两个不同的侧面,是从两个不同的角度观察和分析的结果。因此,从数量上看,一个企业的资产总额与权益总额必定相等,有一定数额的资产,就必定有对等数额的权益;反之,有一定数额的权益,也必定有对等数额的资产。两者之间的关系用数学公式表示，如式(2.4)、式(2.5)及式(2.6)所示：

$$资产 = 权益 \tag{2.4}$$

$$资产 = 债权人权益 + 所有者权益 \tag{2.5}$$

$$资产 = 负债 + 所有者权益 \tag{2.6}$$

企业的生产经营活动是以盈利为目的的，企业开展生产经营活动一方面取得收入；另一方面，企业为了取得这些收入也将发生各种各样的耗费，这些耗费的货币表现就是费用。将取得的收入与发生的相应费用进行配比，全部收入减去全部费用的差额就是企业的利润。因此，企业在生产经营过程中又形成一定期间经营成果的平衡关系，如式(2.7)所示：

$$收入 - 费用 = 利润 \tag{2.7}$$

企业取得收入将会引起资产增加或负债减少，导致所有者权益随之增加。而费用会导致资产减少或负债增加，所有者权益随之减少。由于企业获得的经营成果在利润未分配前归所有者享有，所以在期末结账前，我们把利润看成是所有者权益中的一个组成部分，如果将利润从所有者权益中单独分离出来，将上述两个公式结合起来，则可以得到如下反映资产、负债、所有者权益、收入、费用和利润各会计要素之间相互关系的扩展会计恒等式，如式(2.8)、式(2.9)及式(2.10)所示：

$$资产 = 负债 + 所有者权益 + 利润 \tag{2.8}$$

$$资产 = 负债 + 所有者权益 + (收入 - 费用) \tag{2.9}$$

$$资产 + 费用 = 负债 + 所有者权益 + 收入 \tag{2.10}$$

在会计期末，收入、费用类账户一般无余额，企业利润按照法定程序经过分配后，此时会计恒等式又恢复到最基本的形式，与式(2.4)相同，即：

$$资产 = 负债 + 所有者权益 \tag{2.4}$$

**(二) 经济业务的发生对会计恒等式的影响**

1. 经济业务概念

企业在生产经营活动过程中发生的，能够引起会计要素增减变化的事项或交易称为经济业务或会计事项。经济业务一般分为两类：外部经济业务与内部经济业务。外部经济业务是指某一会计主体与其他会计主体之间发生的引起会计要素增减变化的会计事项，如向银行借款、上缴税金、接受投资、购入原材料及设备等。内部经济业务是指某一会计主体内部发生的引起会计要素增减变化的会计事项，如生产领用原材料、计提固定资产折旧、完工产品验收入库等。

2. 经济业务发生对会计恒等式的影响

企业的经济业务纷繁复杂，对基本会计恒等式[见式(2.4)、式(2.6)]产生的影响，不外乎四种类型(图2.1)、九种情况(表2.2)。

图 2.1 经济业务的四种类型

表 2.2　　　　　　　　　　经济业务变化对会计恒等式的影响

| 经济业务类型 | 业务序号 | 资　产 | ＝ | 负　债 | ＋ | 所有者权益 | 等式两边总额变化 |
|---|---|---|---|---|---|---|---|
| 类型Ⅰ | ① | 增加 | | | | 增加 | 同时增加 |
| | ② | 增加 | | 增加 | | | 同时增加 |
| 类型Ⅱ | ③ | 减少 | | | | 减少 | 同时减少 |
| | ④ | 减少 | | 减少 | | | 同时减少 |
| 类型Ⅲ | ⑤ | 增加/减少 | | | | | 不变 |
| 类型Ⅳ | ⑥ | | | 增加/减少 | | | 不变 |
| | ⑦ | | | 增加 | | 减少 | 不变 |
| | ⑧ | | | | | 增加/减少 | 不变 |
| | ⑨ | | | 减少 | | 增加 | 不变 |

（1）第一种经济业务类型：等式两边同增，增加的金额相等，资产总额增加。

有两种情况，即经济业务发生后：①引起资产和所有者权益的金额同时等额增加；②引起资产和负债的金额同时等额增加，如图 2.2 所示：

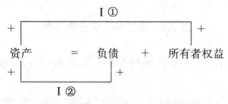

图 2.2　第一种经济业务类型

## 【小案例】

【案例 2.1】赣昌股份有限公司 2020 年 1 月份发生以下部分经济业务，试分析这些经济业务的发生对会计恒等式的影响。

【例 2.1.1】赣昌股份有限公司由三位股东共同出资成立，现收到全部投资款 200 000 元，存入银行。

该笔经济业务的发生，使赣昌股份有限公司作为一个会计主体，拥有 200 000 元银行存款，表明公司资产增加；三位股东作为投资者，拥有赣昌股份有限公司全部资产的所有权，即实收资本或股本为 200 000 元，表明公司所有者权益增加，属于Ⅰ①。

可将该业务的发生额简化记录为：银行存款＋200 000；实收资本＋200 000。

假定该公司是新成立的，则公司初始会计恒等式的金额均为 0，见式(2.11)

$$资产(0)=负债(0)+所有者权益(0) \qquad (2.11)$$

此时，由于经济业务的发生，会计恒等式左右两边的金额同时增加 200 000 元，资产总额为200 000元,由式(2.11)变化成式(2.12)。

$$资产(200\ 000) = 负债(0) + 所有者权益(200\ 000) \qquad (2.12)$$

【例2.1.2】赣昌股份有限公司向银行借入半年期借款50 000元,存入银行。

该经济业务的发生,使公司银行存款(资产)增加了50 000元,由于借款使公司的短期借款(负债)也增加了50 000元,属于Ⅰ②。

可简化记录为:银行存款＋50 000;短期借款＋50 000。

此时,会计恒等式左右两边的金额同时增加50 000元,资产总额增加至250 000元,由式(2.12)变化成式(2.13)。

$$资产(250\ 000) = 负债(0+50\ 000) + 所有者权益(200\ 000) \qquad (2.13)$$

(2) 第二种经济业务类型:等式两边同减,减少的金额相等,资产总额减少。

有两种情况,即经济业务发生后,① 引起资产和所有者权益的金额同时等额减少;② 引起资产和负债的金额同时等额减少,如图2.3所示:

图2.3　第二种经济业务类型

【例2.1.3】赣昌股份有限公司有某种原因,同意退还某投资者投资款10 000元,以银行存款支付。

该笔经济业务的发生,使公司的实收资本(所有者权益)减少10 000元,同时银行存款(资产)也减少了10 000元,则资产总额和所有者权益总额同时等额减少10 000元。属于Ⅱ①。

可简化记录为:银行存款－10 000;实收资本－10 000。

此时,会计恒等式左右两边的金额同时减少10 000元,资产总额减少至240 000元,由式(2.13)变化成式(2.14)。

$$资产\ (240\ 000) = 负债\ (50\ 000) + 所有者权益\ (190\ 000) \qquad (2.14)$$

　　　　　　　250 000－10 000　　　　　　　　　　200 000－10 000

【例2.1.4】赣昌股份有限公司以银行存款1 000元交纳所得税。

该笔经济业务的发生,使公司的应交税费(负债)减少1 000元,同时银行存款(资产)也减少了1 000元,则资产总额和负债总额同时等额减少1 000元。属于Ⅱ②。

可简化记录为:银行存款－1 000;应交税费－1 000。

此时,会计恒等式左右两边的金额同时减少1 000元,资产总额减少至239 000元,由式(2.14)变化成式(2.15)。

资产（239 000）= 负债（49 000）+ 所有者权益（190 000）　　　　(2.15)

　　240 000−1 000　　　　50 000−1 000

（3）第三种经济业务类型：等式左边一增一减，增减的金额相等，资产总额不变。

只有一种情况，即经济业务发生后，引起资产要素项目内部此增彼减，如图 2.4 所示。

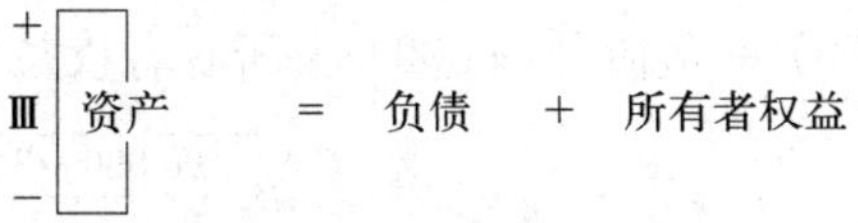

$$\text{Ⅲ}\begin{array}{c}+\\\text{资产}\\-\end{array} = \text{负债} + \text{所有者权益}$$

图 2.4　第三种经济业务类型

【例 2.1.5】赣昌股份有限公司从银行提取现金 2 000 元备用。

该笔经济业务的发生，使公司库存现金（资产）增加了 2 000 元，银行存款（资产）减少了 2 000 元，但资产总额没有发生变化，属于Ⅲ。

可简化记录为：库存现金＋2 000；银行存款−2 000。

此时，会计恒等式左右两边的金额不变，资产总额仍为 239 000 元，式(2.15)不变。

资产（239 000）= 负债（49 000）+ 所有者权益（190 000）　　　　(2.15)

　　239 000＋2 000−2 000

（4）第四种经济业务类型：等式右边一增一减，增减的金额相等，资产总额不变。

有四种情况，即经济业务发生后，① 引起负债要素项目内部此增彼减；② 所有者权益要素项目内部此增彼减；③ 负债增加所有者权益减少；④ 负债减少所有者权益增加，如图 2.5 所示。

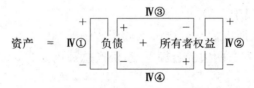

图 2.5　第四种经济业务类型

【例 2.1.6】赣昌股份有限公司从银行借入两年期借款 50 000 元归还到期的短期借款。

该经济业务的发生，使公司长期借款（负债）增加了 50 000 元，短期借款（负债）减少了 50 000 元，但负债总额没有发生变化，属于Ⅳ①。

可简化记录为：长期借款＋50 000；短期借款−50 000。

此时，会计恒等式左右两边的金额不变，资产总额仍为 239 000 元，式(2.15)不变。

资产（239 000）= 负债（49 000）+ 所有者权益（190 000）　　　　(2.15)

　　　　　　49 000＋50 000−50 000

【例2.1.7】赣昌股份有限公司董事会决定,将30 000元资本公积转增为实收资本。

该笔经济业务的发生,使公司的所有者权益内部结构发生变化,即资本公积(所有者权益)减少30 000元,实收资本(所有者权益)增加30 000元,但所有者权益总额未发生变化。这笔业务使会计恒等式资产总额和权益总额保持不变,属于Ⅳ②。

可简化记录为:资本公积-30 000;实收资本+30 000。

此时,会计恒等式左右两边的金额不变,资产总额仍为239 000元,式(2.15)不变。

$$\text{资产}(239\,000) = \text{负债}(49\,000) + \text{所有者权益}\underbrace{(190\,000)}_{190\,000+30\,000-30\,000} \quad (2.15)$$

【例2.1.8】赣昌股份有限公司因某种原因,经董事会同意,退还一股东投资款5 000元,并于下月支付该投资款。

该笔经济业务的发生,使公司的实收资本(所有者权益)减少5 000元,其他应付款(负债)增加5 000元,属于Ⅳ③。

这笔业务使会计恒等式资产总额和权益总额保持不变。可简化记录为:实收资本-5 000;其他应付款+5 000。

此时,会计恒等式左右两边的金额不变,资产总额仍为239 000元,式(2.15)变化成式(2.16)。

$$\text{资产}(239\,000) = \text{负债}\underbrace{(54\,000)}_{49\,000+5\,000} + \text{所有者权益}\underbrace{(185\,000)}_{19\,000-5\,000} \quad (2.16)$$

【例2.1.9】赣昌股份有限公司的一股东为公司偿还二年期借款20 000元,董事会决定这笔偿还款作为该股东对公司投资的增加。

该笔经济业务的发生,使公司的长期借款(负债)减少20 000元,实收资本(所有者权益)增加20 000元,属于Ⅳ④。

可简化记录为:长期借款-30 000;实收资本+30 000。

此时,会计恒等式左右两边的金额不变,资产总额仍为239 000元,式(2.16)变化成式(2.17)。

$$\text{资产}(239\,000) = \text{负债}\underbrace{(34\,000)}_{54\,000-20\,000} + \text{所有者权益}\underbrace{(215\,000)}_{195\,000+20\,000} \quad (2.17)$$

可见,任何时点,企业的所有资产,无论其处于何种形态(如库存现金、银行存款、固定资产等),都必须有相应的来源。或者是借入的,或者是所有者投入的,或者是经营过程中所赚取的。换言之,企业的所有资产都必定有相应的来源,这样,"资产=负债+所有者权益"这一等式,在任何情况下,其左右平衡的关系都不会被破坏。企业发生的任何经济业务,只会引起会计等式的左边或右边某一会计要素内部有关项目等额增减或者某一会计要素增加另一会计要素等额减少,或者引起会计等式左右两边同时发生等额的增减变化,但无论如何都不会破坏会计等式,始终保持会计等式的左右平衡关系。

## 第二节 会计的基本假设与会计信息质量要求

会计的基本假设亦称会计的前提，是企业确认、计量、记录和报告的前提，是对会计核算所处时间、空间环境等所作的合理设定。会计的前提主要有四大假设：会计主体假设、持续经营假设、会计分期假设和货币计量假设。

会计信息质量要求是对企业财务报告中所提供会计信息质量的基本要求，是使会计信息使用者（如投资者）能够进行有效决策所应具备的基本特征，它主要包括：真实性、相关性、可理解性、可比性、实质重于形式、重要性、谨慎性和及时性等。

### 一、会计的基本假设

会计的基本假设，又称会计核算基本前提，是指为了保证会计工作的正常进行和会计信息的质量，对会计核算的范围、内容、基本程序和方法所作的限定，并在此基础上建立会计原则。只有企业面临的现实与这些基本前提相符，会计准则中规定的方法才可以被采用。如果企业面临的现实情况和约定的基本前提不相符，就不适宜采用会计准则中规定的方法，而应该用其他的程序和方法来进行会计核算。我国《企业会计准则——基本准则》规定的四个会计核算基本前提是：会计主体、持续经营、会计分期和货币计量。

（一）会计主体

会计主体指会计活动为之服务的特定单位或组织，它是对会计活动的空间范围所作的限定。《企业会计准则——基本准则》规定："企业应当对其本身发生的交易或者事项进行确认、计量和报告。"组织核算工作首先应明确为谁核算的问题，会计核算的对象仅是该主体自身的财务活动，要将该主体与其他经济实体、所有者、内部职工之间的财务活动严格区分开。会计主体明确了会计核算的立场及空间活动，是从空间上对会计核算范围进行有效界定。只有首先从空间上对会计工作的具体核算范围予以界定，资产、负债、所有者权益、收入、费用及利润等会计要素才有了归属空间，才能独立反映特定主体的财务状况和经营成果，才可能从会计记录和财务报表中得出有意义的会计信息，从而作出正确决策。

应该注意的是，会计主体作为一个经济实体，与企业法人不是一个概念。当然，一个法人的经营和财务必然是独立的，因而一个法人必然是一个会计主体，但是构成会计主体的并不一定都是法人。例如，会计主体可以是法人主体之下的分公司，也可以是多个法人主体组成的企业集团。

（二）持续经营

持续经营是指企业在可以预见的将来，如果没有明显的证据，就可认为其不会面临破产和清算，将会持续不断地经营下去。《企业会计准则——基本准则》明确规定："企业会计确认、计量和报告应当以持续经营为前提。"持续经营这一基本前提明确了会计

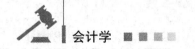

核算的时间范围,核算主体是持续不断地经营的,也就是假设它所拥有的资产,将在正常的经营中被耗用或被出售,而它所承担的债务,也将在正常的经营过程中被清偿。企业只有在持续经营这一基本前提下,会计方法和程序才可能建立在非清算的基础上,而不是采用合并、破产清算等处理方法,这样才能保持会计信息处理的一致性和稳定性。只有有了持续经营这一假设,才有必要进行会计分期,为采用权责发生制奠定基础,也为固定资产、无形资产等长期资产在其预期的受益期分期摊销提供依据。

当然,持续经营基本前提并不意味着企业将永久存在,更不排除企业因经营不善等原因而导致破产或清算的可能性。在有充分证据表明企业无法持续、正常经营的情况下,财务会计报告就不能按照建立在持续经营基本前提下的会计准则来编制,而应采用合并、破产清算等特殊会计程序、方法来组织核算。

(三) 会计分期

会计分期是指会计把持续不断的经营过程划分成若干个相等的期间,以便定期为使用者提供会计信息。会计分期是由持续经营和及时提供会计信息的要求决定的。由于有了会计分期,才产生了本期与非本期的区别,出现了收入、费用是按权责发生制还是按收付实现制为基础进行确认和计量的区别,进而出现了应收、应付、待摊、预提等会计处理方法。

我国《企业会计准则——基本准则》明确规定:"企业应当划分会计期间,分期结算账目和编制财务会计报告。会计期间分为年度和中期。"其中,中期是指短于一个完整的会计年度的报告期间,一般又包括半年、季度、月份等会计期间。同时,我国会计期间是按公历年度划分的,会计法明确规定:"会计年度自公历1月1日起至12月31日止。"

(四) 货币计量

货币计量指会计主体在会计核算过程中采用货币作为主要计量单位,记录、反映企业的经营情况。货币计量是会计核算的关键所在,是会计记录和会计报告的前提。货币计量基本前提包括两个含义:一是会计以货币作为主要的计量单位(记账本位币);二是假定作为计量单位的货币的价值是稳定或相对稳定的。我国《企业会计准则第19号——外币折算》规定:"记账本位币,是指企业经营所处的主要经济环境中的货币。企业通常应选择人民币作为记账本位币。"同时,对业务收支以人民币以外的货币为主的企业,也允许选用某种外币作为记账本位币,但是,编报的财务报表应当折算为人民币。

运用货币作为计量单位时,必须以假定货币本身的价值是稳定或相对稳定为前提,只有这样会计核算才可能对不同时期的经济业务作出一致的记录和比较。当然,如果发生通货膨胀或通货紧缩,单位货币所包含的价值将随着现行价格的波动而变化,基于货币稳定假设条件的货币计量就不能反映真实的财务状况和经营业绩,这时就应该改用特殊的物价变动会计程序和方法来组织核算。

## 二、会计信息质量要求

要实现会计信息决策有用性的目的,就必须保证会计提供的信息要符合一定的质量标准,满足一定的质量要求。根据《企业会计准则——基本准则》的规定,我国会计信息质量要求方面的会计原则有：真实性、相关性、可理解性、可比性、实质重于形式、重要性、谨慎性、及时性八项。

### （一）真实性原则

真实性原则是指会计核算应当以实际发生的交易或者事项为依据进行确认、计量和报告，如实反映符合确认和计量要求的各项会计要素及其他相关信息，保证会计信息真实可靠、内容完整。真实性是对会计信息最基本的质量要求。

### （二）相关性原则

相关性原则又称为有用性原则，是指会计信息应当与信息使用者的经济决策需要相关，有助于信息使用者对企业过去、现在或者将来的情况作出评价或者预测。相关性原则是会计信息质量的核心原则。

### （三）可理解性原则

可理解性原则是指会计信息应当清晰明了，便于信息使用者理解和使用。会计信息的主要作用是为信息使用者进行决策提供帮助，而会计信息的可理解性是有效使用的前提条件。

### （四）可比性原则

可比性原则是指一个企业与其他企业的同类会计信息、同一企业不同时期的会计信息应尽量做到口径一致，相互可比。当然，由于经济环境的变化，为了提供更相关、客观的会计信息，企业可以变更会计政策，并同时在财务会计报告附注中说明变更的内容、原因，以及变更对企业财务状况和经营成果的影响。

### （五）实质重于形式原则

实质重于形式原则是指会计核算应当按照交易或事项的经济实质进行确认、计量和报告，不应仅以交易或者事项的法律形式为依据。由于企业经营业务的复杂性和会计核算的多样性，有些经济业务会计核算形式或法律含义可能与其所反映的经济内容的实质不一致。会计信息要想真实反映企业的经济业务，就必须根据它们的实质和经济现实进行核算，而不应仅仅根据它们的法律形式进行核算。

### （六）重要性原则

重要性原则是指应该根据会计信息对于使用者决策的影响程度来决定会计核算的精确程度及财务报表内容的详略程度。相同的经济业务，在不同的企业，其重要程度是不一样的。判断某项会计事项是否具有重要性，在很大程度上取决于会计重要性原则，需要根据会计人员的职业判断来确定。

### （七）谨慎性原则

谨慎性原则亦称稳健性原则，是指在具有不确定性的情况下，应保持应有的谨慎，不得高估资产或收益，同时不得低估负债或费用。企业的经营环境充满着各种风险和不确定性，当会计人员在对具有不确定性的某一会计事项有多种不同的处理方法可供选择时，谨慎性原则要求选择一种不导致高估资产或收益，不低估负债或费用的方法，以免损害企业的财务实力，防止信息使用者对企业的财务状况与经营成果持盲目乐观的态度。然而，企业不能漫无边际地滥用谨慎性原则，否则将严重影响会计信息的客观性。

### (八)及时性原则

及时性原则是指企业的会计核算应当及时进行,不得提前或延后。会计信息不仅要求真实相关,而且要及时提供给信息使用者。如果信息提供过晚,导致决策者在作决策时无法使用该信息,必将使信息的决策有用性大打折扣甚至完全丧失。

## 第三节 会计基础和会计核算的基本程序

当前的会计基础主要有两种:权责发生制和收付实现制。企业会计的确认、计量、记录和报告应当以权责发生制为基础。会计的基本程序,是指会计数据处理与会计信息加工的程序。本节主要介绍两种会计基础以及会计核算的各个程序。

### 一、会计基础

会计基础是指会计事项的记账基础,是会计确认的某种标准方式,是企业收入、支出和费用确认的标准。对会计基础的不同选择,决定企业取得收入和发生支出在会计期间的配比,并直接影响到企业工作业绩和财务成果。

#### (一)权责发生制

权责发生制原则,是指会计核算中应以权利责任的发生来决定收入、费用的归属期间。企业会计的确认、计量、记录和报告应当以权责发生制为基础。按照权责发生制原则,凡是本期已经实现的收入和已经发生或应当负担的费用,不论其款项是否已经收付,都应确认为当期的收入和费用;凡是不属于当期的收入和费用,即使款项已经在当期收付,都不应确认为当期的收入和费用。

权责发生制是用以确认收入和费用归属期的原则,其产生的基础是持续经营原则和会计分期原则,只有在会计分期的基础上才需要划分收入、费用的归属期。在企业核算中遵循权责发生制的原则,才能正确合理的确认各个会计期间的收入和费用,进而正确确定各个会计期间的损益。

#### (二)收付实现制

收付实现制又称现金制或实收实付制,是以现金收到或付出为标准,来记录收入的实现和费用的发生。按照收付实现制,现金收支行为在其发生的期间全部记作收入或费用,而不考虑与现金收支行为相连的经济业务实质上是否发生。在现金收付的基础上,凡在本期实际以现款付出的费用,不论其是否在本期收入中获得补偿,均应确认为本期的费用;凡在本期实际收到的现款收入,不论其是否属于本期,均应确认为本期的收入;反之,凡本期还没有以现款收到的收入或没有用现款支付的费用,即使它归属于本期,也不确认为本期的收入或费用。

【案例 2.2】假设赣昌股份有限公司本月份发生以下经济业务:

(1)支付上月份电费 10 000 元;

(2)收回上月的应收账款 20 000 元;

(3) 收到本月的营业收入款 16 000 元;
(4) 支付本月应负担的办公费 1 800 元;
(5) 预付下年度保险费 14 400 元;
(6) 应收营业收入 50 000 元,款项尚未收到;
(7) 预收客户货款 10 000 元;
(8) 负担本月已经预付的保险费 1 200 元。

要求:通过计算比较权责发生制与收付实现制对收入、费用和盈亏的影响。

根据上述业务,可列表比较其对盈亏的影响,如表 2.3 所示:

表 2.3　　　　　权责发生制与收付实现制对收入、费用和盈亏的影响

| 业务号 | 权责发生制 | | 收付实现制 | |
| --- | --- | --- | --- | --- |
| | 收入 | 费用 | 收入 | 费用 |
| (1) | | | | 10 000 |
| (2) | | 20 000 | | |
| (3) | 16 000 | | 16 000 | |
| (4) | | 1 800 | | 1 800 |
| (5) | | | | 14 400 |
| (6) | 50 000 | | | |
| (7) | | | 10 000 | |
| (8) | | 1 200 | | |
| 合计 | 66 000 | 3 000 | 46 000 | 26 200 |
| 盈亏 | 66 000－3 000＝63 000 | | 46 000－26 200＝19 800 | |

可见,采用不同的会计基础对收入、费用和利润的影响是非常明显的。

相对于权责发生制,收付实现制是目前我国行政单位会计所采用的会计基础,它是以收到或支付现金作为确认收入和费用的依据。事业单位会计除了经营业务可以采用权责发生制外,其他业务均采用收付实现制,而企业会计统一要求以权责发生制为会计基础。

### 章内知识点衍生

表 2.4　　　　　权责发生制与收付实现制会计处理比较

| 类型 | 举例 | 权责发生制 | 收付实现制 |
| --- | --- | --- | --- |
| 第一种情况 | 企业出租仓库,1 月份收到一年的租金收入 | 1 月份,租金收入为半年收入的 1/6,其余部分在 1 月份来看为预收收入,不应列为 1 月份收入 | 全部作为 1 月份的收入 |

(续表)

| 类型 | 举 例 | 权责发生制 | 收付实现制 |
|---|---|---|---|
| 第二种情况 | 本年12月份把预定下年度的报刊费一次付讫 | 本年12月份预定下年的报刊费,不应由本年负担,不能记入本年费用 | 全部作为12月份的费用 |
| 第三种情况 | 与购货单位签订合同,分别在1、2、3月份销售三批产品,货款于三月末一次结清 | 分别作为1、2、3月份的收入;1、2月份应收而未收的收入为应记收入 | 全部作为3月份的收入 |
| 第四种情况 | 1月份向银行借入的为期3个月的短期借款,利息到期即3月份一次偿还 | 分别作为1、2、3月份的费用;1、2月份应付而未付的费用为应预计费用 | 全部作为3月份的费用 |
| 第五种情况 | 本期内收到的款项就是本期应获得的收入,本期内支付的款项就是本期应负担的费用,按权责发生制和收付实现制确认收入和费用的结果是完全相同的 | | |

## 二、会计核算基本程序

会计的基本程序,是指会计的数据处理与加工信息的程序。随着企业生产经营活动的不断进行,伴随而来的是各种各样经济活动的发生,会计要能从无数的经济数据中辨认出含有会计信息的数据,使之能够进入会计信息系统,通过加工处理,转换成有助于决策和与之相关的其他信息,再输送给财务信息的使用者。会计的基本程序包括:确认、计量、记录与报告。

(一) 会计确认

所谓会计确认,是指依据一定的标准,辨认哪些数据能否输入、何时输进会计信息系统以及如何进行报告的过程。会计确认有狭义和广义之分。广义的会计确认包括了会计记录、计量和在财务报表上的表述这三个过程。狭义的会计确认只包括是否与何时应当记录和报告的问题。关于是否应当记录和报告的问题,可根据会计六要素,即资产、负债、所有者权益、收入、费用和利润的定义来判断,凡可以具体化六要素的,并符合它的定义和特性的,都可以进入会计信息系统,这也是确认是否进入会计信息系统最基本的标准。至于何时进入会计信息系统,有两种基础可供选择:一是收付实现制,对于收入和费用的确认,均以现金的流入或者现金流出的时间为标准;二是权责发生制,对于收入和费用的确认,均以权利已形成或义务已发生为基础。

之所以产生以上两种处理方法,是因为经济业务的发生时间与相应的现金收支行为发生的时间常常不一致,从而发生一些应收未收、应付未付的经济事项,这时就产生收入和费用的确认,是以现金的流入、流出的时间为标准,还是以权利和义务的形成所发生时间为标准的问题。企业的确认一般选择权责发生制作为时间确认的基础。

（二）会计计量

会计计量是为了将符合确认条件的会计要素登记入账并列报于财务报表而确定其金额的过程。企业应当按照规定的会计计量属性进行计量，确定相关金额。从会计角度，计量属性是会计要素金额的确定基础，主要包括历史成本、重置成本、可变现净值、现值和公允价值等。不同的计量属性会使相同的会计要素表现为不同的货币数量。例如，某一设备它既可以按照最初取得价格（历史成本）进行计价，也可以按现在取得该设备的重置成本（即现行成本）计价，还可以按现在出售它的售价（可变现净值）计价。一般，现行的会计核算是根据经济业务发生之时的实际交易价格，即取得资产的最初成本（历史成本）进行计量的。采用历史成本计量具有其他计量所没有的独特优点：历史成本代表资产取得时实际资金耗费，并有客观凭证作为依据，因而其真实、可靠性程度高。所以，现在世界各国会计实务通行的是历史成本的计量属性，并用会计原则加以规定。当然，企业在特定的情况下，也可能采用上述其他计量属性。

### 章内知识点衍生

表 2.5　　五种计量属性的比较

| 计量属性 | 对资产的计量 | 对负债的计量 |
| --- | --- | --- |
| 历史成本 | 按购买时的金额入账 | 按承担现时义务的金额入账 |
| 重置成本 | 按现时购买的金额入账 | 按现时偿还的金额入账 |
| 可变现净值 | 按现在销售时的金额入账 | 无 |
| 现值 | 按将来时的金额折现入账 | |
| 公允价值 | 按公平交易的价值入账 | |

（三）会计记录

会计记录，是指对资金的运动过程中，经过确认而可以进入会计信息系统处理的某项数据，运用预先设计的账户和有关文字及金额，按复式记账的要求，在账簿上加以登记的过程。它是会计核算中一个重要环节，形成会计核算的一个子系统——复式簿记系统。通过会计的记录，既对资本的运动进行详细的描述与量化，又对数据进行分类、汇总及加工，只有经过这一程序，会计才能生成有助于经济决策的财务信息。

（四）会计报告

会计报告，是指把会计所形成的财务信息传递给信息使用者的手段。通过记录生成的信息量多且分散，不易系统的理解与把握，必须进一步的提炼和概括，使其成为财务指标体系，从而便于信息使用者的使用。财务报表不是把簿记所形成的资料重新罗列一次，而是对账簿形成的资料再加工，这也就存在着那些数据应如何进入财务报表的问题，这是另一意义的确认与计量，有人称之为第二次确认和第二次报告。因此，会计就有了编制财务报表这一专门方法。

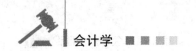

## 章后知识点总结

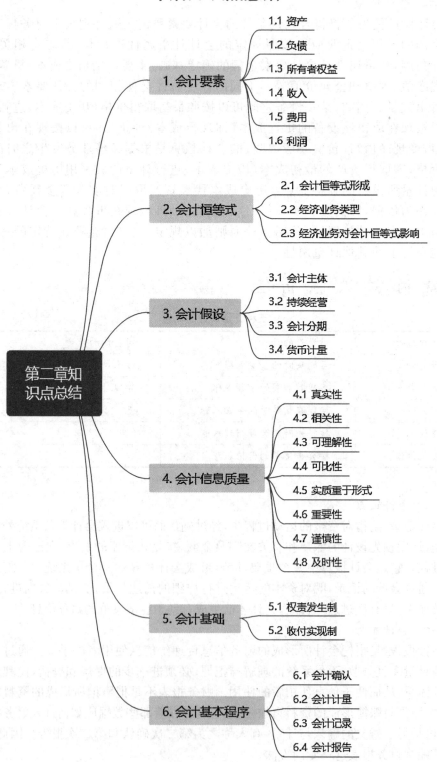

## 本章关键词

会计要素 资产 负债 所有者权益 收入 费用 利润 会计恒等式 经济业务类型 会计假设 会计主体 持续经营 会计分期 货币计量 记账本位币 会计信息质量 会计基础 权责发生制 收付实现制 会计确认 会计计量 会计记录 会计报告

## 本章思考与练习

### 一、思考题

1. 会计要素包括那哪些内容?
2. 简述各会计要素有何不同的特征?
3. 企业的利润是如何形成的?
4. 企业的会计恒等式有哪几种形式?
5. 经济业务的变化有哪几种类型,它们的变化对会计恒等式有何影响?
6. 会计核算的基本假设有哪些? 它们之间有什么关系?
7. 会计信息质量有哪些要求?
8. 什么是权责发生制,什么是收付实现制,两者的主要区别?
9. 会计核算的基本程序有哪些?
10. 会计计量属性有哪些?

### 二、小练习

(一) 练习会计要素的划分

资料:洪都企业 2019 年 10 月 1 日资产项目合计为 500 000 元,负债项目合计为 100 000 元,所有者权益项目合计为 400 000 元。该企业 2019 年 10 月份发生下列经济业务:

1. 购入材料一批已入库,金额 8 000 元,货款暂欠。
2. 购入材料一批已入库,金额 6 000 元,款项以银行存款支付。
3. 国家投入设备一台,价值 20 000 元。
4. 从银行借入为期三个月的借款 30 000 元,存入银行。
5. 收回前所欠货款 20 000 元,存入银行。
6. 以银行存款 20 000 元偿还长期借款。
7. 用银行存款 20 000 元支付广告费用。
8. 以现金 500 购买办公用品。
9. 从银行提取现金 2 000 元。
10. 将盈余公积 20 000 元,转增资本。

要求:

1. 逐项分析上述经济业务发生后对资产、负债和所有者权益三个要素增减变动的影响,资产总额与权益总额之间的平衡关系是否被破坏;
2. 月末,计算资产、负债和所有者权益三个要素的总额,并列出会计等式。

(二) 练习会计假设的具体运用

资料:某公司对最近发生的下列经济业务进行了会计处理:

1. 林刚给自己的孩子购买了800元的学习用品,并到公司报销。财务人员将其作为公司的管理费用核算。理由是林刚是公司的投资者,公司是属于林刚的。

2. 公司成立于2019年2月18日,会计人员将2019年2月18日至2020年2月18日作为一个会计年度编制会计利润表。

3. 为降低公司的利润,自2019年10月份将公司固定资产的折旧方法由从前的平均年限法改为加速折旧法。

4. 2019年12月份预付后两年的房屋租金600 000元,将其作为2019年12月份的管理费用核算。

要求:该公司上述会计处理是否正确?如有错误,违背了哪项会计假设或者会计原则?

(三) 填空题

赣昌股份有限公司2020年6月发生经济业务:

1. 购买商品20 000元,用银行存款支付10 000元,余款尚未支付。
2. 销售产品100 000元,收到货款60 000元元,存入银行,余款尚未收到。
3. 预付下半年度房屋租赁费50 000元。
4. 本月支付三季度短期借款利息15 000元,其中已计提利息10 000元。
5. 本月分配工资费用与实际支付的工资均为100 000元。
6. 收回外单位前欠应收账款20 000元。

要求:分别按照权责发生制和收付实现制原则分析A公司2019年6月份的收入与费用的情况,填入下面表格中:

| 经济业务序号 | 权责发生制 | | 收付实现制 | |
| --- | --- | --- | --- | --- |
| | 收 入 | 费 用 | 收 入 | 费 用 |
| 1 | | | | |
| 2 | | | | |
| 3 | | | | |
| 4 | | | | |
| 5 | | | | |
| 6 | | | | |
| 合计 | | | | |
| 盈亏 | | | | |

# 章 后 案 例

### 案例名称:经济业务与会计恒等式的关系

一、案例背景资料

光明工厂2020年2月份发生的五笔经济业务列示在以下等式里:

|  | 资产 | | | | 负债 | 所有者权益 |
| --- | --- | --- | --- | --- | --- | --- |
|  | 库存现金＋ | 银行存款＋ | 固定资产＋ | 原材料＝ | 应付账款＋ | 实收资本 |
| 期初： | 500 | 8 000 | 2 800 | 7 000 | 1 300 | 17 000 |
| 业务1： |  | −1 200 |  |  | −1 200 |  |
| 业务2： | +500 | −500 |  |  |  |  |
| 业务3： | +1 000 | +8 000 |  |  |  | +9 000 |
| 业务4： |  |  | +10 000 |  | +2 000 | +8 000 |
| 业务5： |  | +7 200 |  |  | +7 200 |  |

### 二、案例分析要点

1. 试据上述资料，描述并分析光明工厂发生的每笔经济业务的内容，说明其对资产、负债及所有者权益的影响。

2. 请计算这五笔经济业务发生后的资产、负债及所有者权益，检查其是否影响会计恒等式的关系。

## 案例名称：东方娱乐中心能否持续经营？

### 一、案例背景资料

江伟是一单位公务员，年薪 40 000 元。一年前他辞去公职，个人投资 150 000 元，创办了东方娱乐中心，主要经营宴席、酒会、随意小吃等饮食业务，同时兼营舞会、宴会等场地出租。该娱乐中心一年来的经营情况汇总如下：

1. 提供饮食服务收入 450 000 元。
2. 出租场地租金收入 50 000 元。
3. 各种饮食的成本支出共计 200 000 元。
4. 支付广告费用 30 000 元。
5. 支付雇员工资 180 000 元。
6. 耗用清洁卫生用品等共计 4 000 元，水电费 6 000 元。
7. 其他杂费 2 000 元。

### 二、案例分析要点

1. 试确定江伟一年来的经营成果；
2. 评定其辞职搞个体经营是否更有利可图？即能否持续经营？

## 案例名称：如何辨析会计要素？

### 一、案例背景资料

李春和夏天是一对非常要好的朋友，他们两人决定开一家公司。经过市场调查之后，两人决定搞小吃食品加工，于是两人开始紧锣密鼓筹办公司的开办事宜。首先要解决资金问题，李春的父亲为公司投入 20 000 元，委托两人进行管理，李春和夏天各出资 40 000 元。此外，两人又从银行借入三年期、利率为 4％、到期还本付息的款项一笔 20 000 元，所有资金均存入公司开立的银行账户。款项到位后，首先花 35 000 元租了门市用房,然后用12 000元购进两辆货运三轮车,赊购一台价款18 000元的机器设备;又从光明公司购入一批材料,价款2 000元。公司开始营业后,经营状况非常好,截止到第一个月末,公司就售出商品20 000包,价款10 000元,收回6 000元存入银行,4 000元客户暂欠。此时,公司还存有客户订单55 000元,公司开始体现人手不足,招聘了一名员工,协议月工资3 000元,下月初上班。

二、案例分析要点

1. 本案例中涉及资产、负债、所有者权益的项目各包括哪一些?请列示出来。
2. 计算到第一个月末该公司的资产总额、负债总额、所有者权益总额。
3. 指出资产、负债、所有者权益的关系。

## 参 考 书 目

[1] 财政部.中华人民共和国会计法(修订)[S],2017.
[2] 财政部.企业会计准则[M].北京:中国财经出版社,2006.
[3] 郭道扬.中国会计史稿(上册)[M].北京:中国财政经济出版社.1982.
[4] 郭道扬.中国会计史稿(下册)[M].北京:中国财政经济出版社.1988.
[5] 夏冬林,秦玉熙.会计学——原理与方法(第2版)[M].北京:中国人民大学出版社,2017.
[6] 陈信元.会计学(第5版)[M].上海:上海财经大学出版社,2018.
[7] 刘永泽,陈文铭.会计学(第6版)[M].大连:东北财经大学出版社,2018.
[8] 张蕊.会计学原理(第6版)[M].北京:中国财经出版社,2019.
[9] (美)安东尼,(美)布赖特纳著.会计学精要[M].陈国欣译.北京:电子工业出版社,2003.

# 第三章　会计核算的基本方法

### 开篇案例

　　有五个好朋友决定合资投资一个有限责任公司，注册资金为1 000万的综合性百货大楼，主要经营家用电器、服装、百货和超市等。现已租入大楼一幢，一楼经营家用电器，二楼经营服装，三楼经营百货超市，四楼经营快餐，房租按月计算，年初预缴。现已经办妥了开业手续，也在银行开立了单位账户。开业前购入了货架、柜台、音响、空调、照明设备等商场基础设施，库存商品以及运营汽车二辆。面对所投入的注册资金像流水一样花去，没有一点会计知识的五个股东在一次聊天时道出了心中的焦虑和疑惑：我们如何才能了解所投入资金的安全？！怎样才知道企业是盈利还是亏损？坐在一边的会计小李听后笑着说：各位股东不要担心，不是有我吗？我们公司每一笔业务的发生都要取得合法的原始凭证——然后我们会按照会计准则的要求编制记账凭证——再根据审核无误的会计凭证连续、系统、完整地登记账簿（包括日记账、明细账、总账等）——最后在每一个月末我们都会根据账簿记录来编制财务报表，财务报表中会给各位提供企业的资产、负债、所有者权益、成本、费用和利润等数据，你们就放心去经营企业吧！听了会计小李的一席话，五个股东豁然开朗，笑着说：有小李给我们管家，就无后顾之忧哦！

　　请结合课程思政内容谈谈你对如下问题的看法：需要遵守会计准则是财务会计还是管理会计？

　　（注：课程思政指以构建全员、全程、全课程育人格局的形式将各类课程与思想政治理论课同向同行，形成协同效应，把"立德树人"作为教育的根本任务的一种综合教育理念。习近平总书记在全国高校思想政治工作会议上强调，要用好课堂教学这个主渠道，各类课程都要与思想政治理论课同向同行，形成协同效应。）

### [学习目的和要求]

1. 掌握会计科目的含义、设置原则以及分类。
2. 了解会计账户的基本结构，明确会计科目与会计账户之间的区别和联系。
3. 掌握借贷记账法的原理及具体运用。
4. 掌握会计凭证、账簿的编制与登记方法。
5. 了解财务报表的作用、种类。
6. 了解凭证、账簿与报表之间的关系。

## 第一节 会计的语言：会计科目与账户

### 一、会计科目

为了系统、全面地反映和监督企业的经济活动,我们将会计对象划分为一定的会计要素即资产、负债、所有者权益、收入、费用和利润六要素。为了能正确反映由各项经济业务引起的会计要素有关项目的增减变动情况,通过对各会计要素的增减变动来确认、计量、记录和报告全部经济业务,就需要先确定会计科目、设置账户,从而全面、系统地反映和监督资金运动,有效地控制和管理企业的经济活动。

#### (一) 会计科目含义

会计科目是按照经济业务的内容和经济管理的要求,对会计要素的具体内容进行分类核算的项目。每一个会计科目都明确地反映其特定经济内容,例如,固定资产和原材料虽然都属于资产,但是它们的经济内容、在经济活动中的消耗方式和所起的作用各不相同。又如,应付账款和长期借款,虽然都是负债,但它们的形成原因和偿付期限也各有不同。

#### (二) 会计科目的设置原则

在实际工作中,会计科目是通过会计制度预先规定的,它是设置账户、处理账务所必须遵循的规则和依据,是正确组织会计核算的重要依据。据此,在设置会计科目时应遵循以下原则。

**1. 必须结合会计对象的特点,全面反映会计对象的内容**

会计科目作为对会计对象具体内容进行分类核算的项目,其设置应能够全面、系统地反映会计对象的全部内容,不能有任何遗漏。同时,会计科目的设置必须反映会计对象的特点。除各行各业的共性会计科目外,还应根据各行各业会计对象的特点设置相应的非共性会计科目。

**2. 既要满足对外报告的要求,又要符合内部经营管理的需要**

企业的会计核算应能满足各方面的需要:满足政府部门加强宏观调控、制定方针政策的需要;满足投资人、债权人及有关方面对企业经营和财务状况做出准确判断的需要;满足企业内部加强经营管理的需要。因此,在设置会计科目时要兼顾对外报告信息和企业内部经营管理的需要,并根据需要提供数据的详细程度,分设总分类科目和明细分类科目。

**3. 既要适应经济业务发展的需要,又要保持相对稳定**

会计科目的设置要适应社会经济环境的变化和本企业业务发展的需要。例如,随着商业信用的发展,为了反映和监督商品交易中的延期付款或延期交货而形成的债权债务关系,核算中应单独设置"预收账款"和"预付账款"科目,即把预收、预付货款的核算从"应收账款"和"应付账款"科目分离出来。再如,随着技术市场的形成和专利法、商标法的实施,对企业拥有的专有技术、专利权、商标权等无形资产的价值及其变动情况,有必要专设"无形资产"科目予以反映。但是会计科目的设置应保持相对稳定,以便在一定范围内综合汇总和在不同时期对比分析其所提供的核算指标。

4. 做到统一性与灵活性相结合

所谓统一性,指在设置会计科目时,应根据提供会计信息的要求,按照《企业会计准则》,对一些主要会计科目的设置及其核算内容进行统一的规定,以保证会计核算指标在各个部门乃至全国范围内综合汇总,分析利用。所谓灵活性,指在保证提供统一核算指标的前提下,各企业可以根据本企业的具体情况和经济管理要求,对统一规定的会计科目做必要的增补或兼并。例如,统一规定的会计科目,未设"废品损失"和"停工损失"科目,企业如果需要单独核算废品损失和停工损失,可以增设"废品损失"和"停工损失"科目。

5. 会计科目要简明、适用

每个会计科目都应有特定的核算内容,在设置会计科目时,对每一个科目的特定核算内容必须严格、明确地界定。会计科目的名称应与其核算的内容相一致,并要含义明确、通俗易懂。科目的数量和粗细程度应根据企业规模的大小、业务的繁简和管理的需要而定。

(三)会计科目的层次

会计科目按其所提供信息的详细程度不同可分为总分类科目和明细分类科目。

1. 总分类科目

总分类科目又称一级科目,是指对会计要素的具体内容进行总括分类的项目。它是对会计对象不同经济内容所做的总括分类,是进行总分类核算的依据,所提供的是总括指标。如"应收账款""原材料"等科目;总分类科目在我国原则上由财政部统一制定,且须有编号,如表3.1所示。

表3.1  会计科目名称及编号表(工商企业常用部分)

| 1 | 1001 | 库存现金 | 12 | 1401 | 材料采购 |
|---|------|---------|----|------|---------|
| 2 | 1002 | 银行存款 | 13 | 1402 | 在途物资 |
| 3 | 1012 | 其他货币资金 | 14 | 1403 | 原材料 |
| 4 | 1101 | 交易性金融资产 | 15 | 1404 | 材料成本差异 |
| 5 | 1121 | 应收票据 | 16 | 1405 | 库存商品 |
| 6 | 1122 | 应收账款 | 17 | 1406 | 发出商品 |
| 7 | 1123 | 预付账款 | 18 | 1407 | 商品进销差价 |
| 8 | 1131 | 应收股利 | 19 | 1408 | 委托加工物资 |
| 9 | 1132 | 应收利息 | 20 | 1411 | 周转材料 |
| 10 | 1221 | 其他应收款 | 21 | 1471 | 存货跌价准备 |
| 11 | 1231 | 坏账准备 | 22 | 1501 | 债权投资 |

(续表)

| 23 | 1502 | 其他债权投资 | 54 | 2502 | 应付债券 |
|---|---|---|---|---|---|
| 24 | 1503 | 其他权益工具投资 | 55 | 2701 | 长期应付款 |
| 25 | 1511 | 长期股权投资 | 56 | 2702 | 未确认融资费用 |
| 26 | 1512 | 长期股权投资减值准备 | 57 | 2711 | 专项应付款 |
| 27 | 1521 | 投资性房地产 | 58 | 2801 | 预计负债 |
| 28 | 1531 | 长期应收款 | 59 | 2901 | 递延所得税负债 |
| 29 | 1532 | 未实现融资收益 | | | 三、共同类（略） |
| 30 | 1601 | 固定资产 | | | 四、所有者权益类 |
| 31 | 1602 | 累计折旧 | 65 | 4001 | 实收资本 |
| 32 | 1603 | 固定资产减值准备 | 66 | 4002 | 资本公积 |
| 33 | 1604 | 在建工程 | 67 | 4003 | 其他综合收益 |
| 34 | 1605 | 工程物资 | 68 | 4101 | 盈余公积 |
| 35 | 1606 | 固定资产清理 | 69 | 4103 | 本年利润 |
| 36 | 1701 | 无形资产 | 70 | 4104 | 利润分配 |
| 37 | 1702 | 累计摊销 | 71 | 4201 | 库存股 |
| 38 | 1703 | 无形资产减值准备 | | | 五、成本类 |
| 39 | 1711 | 商誉 | 72 | 5001 | 生产成本 |
| 40 | 1801 | 长期待摊费用 | 73 | 5101 | 制造费用 |
| 41 | 1811 | 递延所得税资产 | 74 | 5201 | 劳务成本 |
| 42 | 1901 | 待处理财产损溢 | 75 | 5301 | 研发支出 |
| | | 二、负债类 | | | 六、损益类 |
| 43 | 2001 | 短期借款 | 76 | 6001 | 主营业务收入 |
| 44 | 2101 | 交易性金融负债 | 77 | 6051 | 其他业务收入 |
| 45 | 2201 | 应付票据 | 78 | 6101 | 公允价值变动损益 |
| 46 | 2202 | 应付账款 | 79 | 6111 | 投资收益 |
| 47 | 2203 | 预收账款 | | | 资产处置收益 |
| 48 | 2211 | 应付职工薪酬 | 80 | 6201 | 其他收益 |
| 49 | 2221 | 应交税费 | 81 | 6301 | 营业外收入 |
| 50 | 2231 | 应付利息 | 82 | 6401 | 主营业务成本 |
| 51 | 2232 | 应付股利 | 83 | 6402 | 其他业务成本 |
| 52 | 2241 | 其他应付款 | 84 | 6403 | 税金及附加 |
| 53 | 2501 | 长期借款 | 85 | 6601 | 销售费用 |

(续表)

| 86 | 6602 | 管理费用 | 90 | 6711 | 营业外支出 |
| 87 | 6603 | 财务费用 | 91 | 6801 | 所得税费用 |
| 88 | 6701 | 资产减值损失 | 92 | 6901 | 以前年度损益调整 |
| 89 | 6702 | 信用减值损失 | | | |

需要说明的是,在手工系统下,会计人员进行账务处理时,不得只有编号而无会计科目名称。在会计电算化系统中,应按会计准则的规定,在开始时设计"会计科目名称及编号表",以便对电算化的会计处理进行审查和监督。

2. 明细分类科目

明细类科目,又叫三级科目或明细科目,是对总分类科目所含内容再作详细分类的会计科目,提供详细指标或信息。在总分类科目与明细分类科目之间,企业也可以根据需要增设二级科目,即设置提供中间性核算指标的科目,所提供的指标或信息介于总分类科目和明细分类科目之间,又称之为类目,反映某一类经济资源的经济指标及会计信息。

可见,会计科目按其提供指标或信息的详细程度,一般可以分为三个层级科目:一级科目(总分类科目)、二级科目(类目)、三级科目(明细分类科目),其中三级科目实际上还可以按照实际需要继续细分,如四级科目、五级科目等。总分类科目统辖下属数个明细科目或总分类科目统辖下属数个二级科目,然后再在二级科目下设置数个明细科目。

实际工作中,大多数总分类科目下需要设置明细分类科目,主要满足企业内部经营管理的需要。因此,二级科目和明细分类科目的名称、核算内容,除少部分通过会计准则加以统一规定外,大部分均由企业根据其实际情况自行规定。如"库存商品"总分类科目,可根据企业实际情况,按其品种或规格、类别分设明细科目,以反映各类别商品的库存情况,如表 3.2 所示。

表 3.2　　　　　　　　　　会计科目按提供指标详细程度的分类

| 总分类科目(一级科目) | 明细分类科目 ||
| --- | --- | --- |
| | 二级科目 | 明细科目(三级科目) |
| 库存商品 | 食品类 | 大米<br>食油<br>⋮ |
| | 家电类 | 彩电<br>冰箱<br>⋮ |
| | 洗涤类 | 肥皂<br>牙膏<br>⋮ |
| | ⋮ | |

会计科目是对会计对象的组成内容进行科学分类而规定的名称,但它只对核算的范围做出规定,并不对其增减变动的情况和结果做出记录。

## 二、会计账户

(一) 会计账户的含义

会计账户就是用来记录经济交易或事项及其所引起的会计要素具体内容变动情况的一种工具。它是根据会计科目设置的、具有一定格式和结构的、用于分类反映会计要素增减变动情况及其结果的载体。

设置账户是会计核算的重要方法之一。它是对各种经济业务进行分类和系统、连续的记录,反映资产、负债和所有者权益增减变动的记账实体。会计科目的名称就是账户的名称,会计科目规定的核算内容就是账户应记录反映的经济内容,因而账户应该根据会计科目的分类相应地设置。

(二) 账户的分类

在实际工作中,设置账户与会计科目一样,从需要出发,根据总分类科目、二级科目和明细分类科目开设相应的账户,以便于分类、归集、总括和具体、详细地核算数据。

因此,账户可分为总分类账户和明细分类账户。总分类账户又称总账,是按总分类科目开设的,提供的是总括核算指标,对明细分类账户起控制和统驭的作用,一般只用货币计量;明细分类账户又称明细账,是按明细分类科目开设的,提供的是明细分类核算指标,对总分类账户起补充说明作用,除采用货币量度外,有时还采用实物量度作为其辅助计量。

(三) 会计账户的结构

会计账户的结构就是指账户的格式。企业的各项经济业务所引起会计要素的变化,虽然是千变万化的,但是从数量上看,无非是增加或减少两种情况。所以用来反映企业在某一会计期间内各种有关数据的账户,在结构上就应分成左右两方:一方用来登记增加数,另一方则用来登记减少数,至于到底哪一方登记增加,哪一方登记减少,则由其所采用的记账方法和所记录的经济内容决定。为了说明问题和方便学习,我们一般采用"T"形来表示简化的账户基本结构,如图 3.1 所示:

图 3.1 T 形账户的基本结构图

实际工作中,账户的格式并非如此简单,而是根据实际需要来设计账户的具体结构。一个完整的账户结构应包括以下内容:

(1) 账户名称；
(2) 记账日期及内容摘要；
(3) 会计凭证的种类及号数；
(4) 反映增加额、减少额及余额的部分。

我国实际工作中会计记账常用的账户基本格式如表 3.3 所示：

表 3.3　　　　　　　　　　账户基本格式

账户名称：　　　　　　　　　　　　　　　　　　　　　　　　　　页码：

| 20××年 | | 凭证 | | 摘要 | 借方 | 贷方 | 借或贷 | 余额 |
|---|---|---|---|---|---|---|---|---|
| 月 | 日 | 种类 | 号数 | | | | | |
| | | | | | | | | |
| | | | | | | | | |

注：表格中的借方和贷方代表增加数和减少数，至于哪方登记增加数，哪方登记减少数，详见本章第二节借贷记账法。

在会计账户的基本结构中可提供四个金额指标：期初余额（即旧管）、本期增加额（即新收）、本期减少额（即开除）和期末余额（即实在），也称为四个金额要素。期初余额是指上期（月、季、年）期末结转到本期的余额。每个账户的左方和右方在一定时期内所记载的金额合计，称为本期发生额。其中，一方所记载的增加额合计，称为本期增加发生额；另一方所记载的减少额合计，称为本期减少发生额。每个账户的期初余额和本期发生额相抵之后的余额就是期末余额。账户四个金额要素之间的关系如式（3.1）：

$$期末余额 = 期初余额 + 本期增加发生额 - 本期减少发生额 \tag{3.1}$$

（四）会计账户与会计科目的区别

会计对象的基本分类就是会计要素，会计要素的进一步分类则是会计科目。会计科目和会计账户是两个既有联系又有区别的概念。它们的联系在于：两者都是对会计对象具体内容进行科学分类，口径一致，性质相同，会计科目是账户的名称，也是设置账户的依据，而会计账户则是会计科目的具体运用，会计科目的内容就是会计账户应记录、反映的内容。实务中人们常常把会计科目与会计账户等同使用，当会计科目在账簿中，用来记录经济业务的增减变动及其结果时，会计科目就叫作会计账户，账户是根据会计科目开设的，会计科目是账户的名称。它们的区别在于：会计科目仅仅是账户的名称，不存在结构，而账户则具有一定的格式和结构；会计科目仅说明反映的经济内容是什么，而账户不仅说明反映的经济内容是什么，而且系统反映和控制其增减变化及结余情况，即四个金额要素；会计科目的作用主要是为了开设账户、填制记账凭证所运用，而账户的作用主要是提供某一具体会计对象的数据资料，为编制财务报表所运用。

## 第二节 会计记账方法：借贷记账法

### 一、记账方法及其种类

（一）记账方法含义

所谓记账方法，就是根据一定的记账原理和规则，运用特定的计量手段，利用文字和数字记录经济业务的一种专门方法。记账方法一般包括记录方式、记账原理与规则、记账符号、试算平衡公式及方法等。

（二）记账方法的种类

按记录方式的不同，记账方法可以分为单式记账法和复式记账法两大类。

1. 单式记账法的含义

单式记账法是最早使用的记账方法。单式记账法是指对发生的每一项经济业务，只在一个账户中单方面进行记录的记账方法。这种方法主要用于记载现金收付和债权债务结算业务，一般不登记实物的收付业务。因此，单式记账法存在以下不足：

（1）手段简便，账户设置不完整。单式记账法一般只设置现金账户、银行存款账户，以及债权、债务账户，没有一套完整的账户体系。

（2）账户之间的记录没有直接联系，也不能形成相互平衡的关系。

（3）单式记账法不能全面、系统地反映经济业务的来龙去脉，也不可能进行全面的试算平衡和检查账户记录的正确性和完整性。

2. 复式记账法的含义

复式记账法，是指对发生的每一项经济业务，都以相等的金额在相互联系的两个或两个以上的账户中进行登记的一种记账方法。复式记账法是由单式记账发展而来的，是一种科学的记账方法。与单式记账法相比有以下两个显著特点：

（1）对每项经济业务，都在至少两个相互关联的账户上进行记录，不仅可以全面清晰地反映出经济业务的来龙去脉，还能够全面、系统地反映经济活动的过程和结果。

（2）对每项经济业务都以相等的金额在有关账户中进行记录，可以对记录的结果进行试算平衡。

根据记录方式、记账原理与规则、记账符号、试算平衡公式及方法不同，复式记账法可分为：借贷记账法、增减记账法、收付记账法等。其中借贷记账法是历史上第一种复式记账法，也是当前世界各国普遍采用的一种记账方法，是现代会计中最具代表性的一种科学的复式记账法。我国《企业会计准则——基本准则》第十一条规定："企业应当采用借贷记账法记账。"

### 二、借贷记账法的基本内容

（一）借贷记账法的含义

借贷记账法是以"借""贷"为记账符号，以"有借必有贷，借贷必相等"为记账规则来记录会计要素增减变动情况的一种复式记账法。借贷记账法要求在每一项经济业务发生后记账,同时在相互联系的两个或者两个以上的账户中,按照借、贷相等的金额进行登记。

## 章 内 知 识 点 衍 生

从目前已掌握的资料来看,借贷记账法起源于13、14世纪的意大利,在商品交换中为了适应商业资本和借贷资本经营者管理的需要,逐步形成了这种方法。借贷记账法的"借"和"贷"两个字,最初是从借贷资本家的角度来解释的,具有实际的含义,它们分别代表了"借主"和"贷主"。借贷资本家吸收存款时,记在"贷主"的名下,即"欠人",表示债务;对外贷款时,记在"借主"的名下,即"人欠",表示债权。发展到后来,有实际含义的借和贷,已经不能准确地用于解释债权、债务往来以外的经济活动。因此,"借"和"贷"二字在实践中就慢慢失去其原来的含义,而变成一个纯粹的记账符号,用以表明记账的方向,成为会计上记账的专门术语。

(二)借贷记账法的结构

在借贷记账法下,任何账户都分为借方和贷方两个基本部分,通常左方为借方,右方为贷方。在会计教学中将其简化为"T"形账户的形式,它的基本结构如图3.2所示:

图 3.2　T形账户结构图

在借贷记账法下,所有账户的借方和贷方都要按相反的方向记录,即一方登记增加金额,另一方登记减少金额。至于哪一方登记增加金额,哪一方登记减少金额,则要根据各个账户所反映的经济内容来决定,即要由经济业务涉及的账户和账户性质而定。也就是说,根据会计等式左右两边的会计要素内容来决定,见第二章的式(2.3)、式(2.5)、式(2.7):

式(2.3):资产＝负债＋所有者权益

式(2.5):资产＝负债＋所有者权益＋利润

式(2.7):资产＋费用＝负债＋所有者权益＋收入

从式(2.3)、式(2.5)、式(2.7)可以看出:等式左边有"资产"和"费用"两个会计要素;等式右边有"负债""所有者权益""利润"和"收入"四个会计要素。

根据借贷记账法下"T"形账户左借右贷的基本约定,等式左边的"资产"和"费用"两个会计要素类账户的余额应在借方、等式右边有"负债""所有者权益""利润"和"收入"四个会计要素账户的余额应在贷方;结合余额通常在增加那一方的规律,左、右两边的账户结构如图3.3、图3.4所示:

| 借方 | 资产、费用类账户 | 贷方 |
|---|---|---|
| 期初余额×××<br>本期增加额×××<br>…… | | 本期减少额×××<br>…… |
| 本期借方发生额合计×××<br>期末余额××× | | 本期贷方发生额合计××× |

图3.3 等式左边(资产、费用类)账户结构图

| 借方 | 负债、所有者权益、利润、收入类账户 | 贷方 |
|---|---|---|
| 本期减少额×××<br>…… | | 期初余额×××<br>本期增加额×××<br>…… |
| 本期借方发生额合计××× | | 本期贷方发生额合计×××<br>期末余额××× |

图3.4 等式右边(负债、所有者权益、利润、收入类)账户结构图

对于等式左边的账户：借方记录期初余额和增加额，贷方记录减少额。在一个会计期间内(月、季、年)，借方记录的合计数额称作本期借方发生额，贷方记录的合计数额称作本期贷方发生额，如果有余额，一般应在借方。但是费用类账户除"生产成本"账户外，通常月末无余额。其计算公式如式(3.2)：

$$左边账户期末借方余额 = 期初借方余额 + 本期借方发生额 - 本期贷方发生额 \qquad (3.2)$$

对于等式右边的账户：贷方记录期初余额和增加额，借方记录减少额。在一个会计期间内(月、季、年)，贷方记录的合计数额称作本期贷方发生额，借方记录的合计数额称作本期借方发生额，如果有余额，一般应在贷方。但是收入类账户，月末无余额；"本年利润"账户，年末无余额。其计算公式如式(3.3)：

$$右边账户期末贷方余额 = 期初贷方余额 + 本期贷方发生额 - 本期借方发生额 \qquad (3.3)$$

综上所述，账户的结构可以概括为六类：资产类账户、负债类账户、所有者权益类账户、费用类账户、收入类账户和利润类账户。根据式(2.3)、式(2.5)和式(2.7)，其借方和贷方反映的会计要素增减变化及其结果的总结如图3.5所示：

$$资产 = 负债 + 所有者权益 \qquad (2.3)$$

$$资产 = 负债 + 所有者权益 + 利润 \qquad (2.5)$$

$$资产 + 费用 = 负债 + 所有者权益 + 收入 \qquad (2.7)$$

| 借 | 账户名称 | 贷 | 借 | 账户名称 | 贷 |
|---|---|---|---|---|---|
| 期初余额<br>增加数 | | 减少数 | 减少数 | | 期初余额<br>增加数 |
| 本期发生额<br>期末余额 | | 本期发生额 | 本期发生额 | | 本期发生额<br>期末余额 |

图 3.5　借方和贷方反映的会计要素增减变化及其结果汇总图

（三）借贷记账法的记账规则

1. 记账规则

经济业务有四种类型，依据复式记账法、借贷记账法和账户对应关系原理，结合图3.5，可得知借贷记账法的记账规则是："有借必有贷，借贷必相等"，如图 3.6 所示。

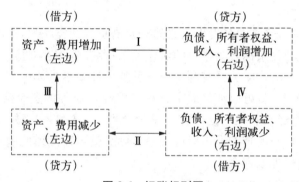

图 3.6　记账规则图

【例 3.1】以【例 2.1.1】—【例 2.1.9】为例，在借贷记账法下，可将其简化记录的表述如表 3.4 所示。

表 3.4　　　　　　借贷记账法下经济业务增减变化的记录

| 经济业务类型 | 业务序号 | 简　化　记　录 | 借贷记账法下表述 |
|---|---|---|---|
| 类型Ⅰ | 【例 2.1.1】 | 银行存款+200 000<br>股本+200 000 | 银行存款(借)200 000<br>股本(贷)200 000 |
| | 【例 2.1.2】 | 银行存款+50 000<br>短期借款+50 000 | 银行存款(借)50 000<br>短期借款(贷)50 000 |
| 类型Ⅱ | 【例 2.1.3】 | 银行存款−10 000<br>股本−10 000 | 银行存款(贷)10 000<br>股本(借)10 000 |
| | 【例 2.1.4】 | 银行存款−1 000<br>应交税费−1 000 | 银行存款(贷)1 000<br>应交税费(借)1 000 |
| 类型Ⅲ | 【例 2.1.5】 | 库存现金+2 000<br>银行存款−2 000 | 库存现金(借)2 000<br>银行存款(贷)2 000 |

(续表)

| 经济业务类型 | 业务序号 | 简 化 记 录 | 借贷记账法下表述 |
|---|---|---|---|
| 类型Ⅳ | 【例 2.1.6】 | 长期借款＋50 000<br>短期借款－50 000 | 长期借款(贷)50 000<br>短期借款(借)50 000 |
| | 【例 2.1.7】 | 资本公积－30 000<br>股本＋30 000 | 资本公积(借)30 000<br>股本(贷)30 000 |
| | 【例 2.1.8】 | 股本－5 000<br>其他应付款＋5 000 | 股本(借)5 000<br>其他应付款(贷)5 000 |
| | 【例 2.1.9】 | 长期借款－30 000<br>股本＋30 000 | 长期借款(借)30 000<br>股本(贷)30 000 |

2. 对应关系原理

在借贷记账法下，经济业务发生后必然涉及借贷方两类账户，这两类账户存在着应借、应贷的关系，这种关系称之为账户的对应关系；存在着相互对应关系的账户，称之为对应账户。掌握账户的对应关系有利于充分反映会计要素具体内容增减变化的来龙去脉；通过账户对应关系，就可以清楚地了解每一项经济业务的资金流动状况；通过账户对应关系，可以检查经济业务的处理方法是否合理。如【例 2.1.5】，"库存现金"账户的借方和"银行存款"账户的贷方发生对应关系，据此，就可以知道此项经济业务表示的具体内容是企业从银行提取现金。

（四）借贷记账法的记账公式

会计分录是将原始的经济业务翻译成"会计语言"的第一步，被称为"记账公式"，是指明每笔经济业务（会计事项）应登记的账户名称、方向及其金额的一种记录。会计上需要设置的账户很多（表3.1），发生的经济业务又复杂多样，为了准确地反映账户之间的对应关系与登记的金额，在各项经济业务登记到账户之前，都要运用借贷记账法的记账规则，编制会计分录，以确定应记账户的名称、方向和金额，这就是会计分录三要素。

会计分录可分为简单会计分录和复合会计分录两种。简单会计分录是指经济业务发生后，只涉及两个对应账户的会计分录，即"一借一贷"的会计分录，这种会计分录，其账户之间的对应关系简单明了便于检查。复合会计分录是指经济业务发生后，要涉及二个以上对应账户的会计分录。具体包括："一借多贷""一贷多借"及"多借多贷"等三种。企业编制复合会计分录，可以更加全面地反映经济业务的来龙去脉，并简化记账手续，提高工作效率。

【例 3.2】赣昌股份有限公司 2020 年 1 月发生下列经济业务，要求：根据以下经济业务编制会计分录。

（1）1 月 5 日，赣昌股份有限公司从顺风公司购入原材料一批，计价 30 000 元，材料已入库，货款尚未支付（此处不考虑相关税金问题）。

这是第Ⅰ种类型的经济业务，等式两边同增 30 000 元；它的发生，使等式左边的资产账户"原材料"增加，左边增加记借方；同时引起等式右边的负债账户"应付账款"增

加,右边增加记贷方。会计分录为:

借:原材料　　　　　　　　　　　　　　　　　　　　　　　　30 000
　　贷:应付账款　　　　　　　　　　　　　　　　　　　　　　　30 000

(2) 1月15日,赣昌股份有限公司开出转账支票80 000元,以银行存款偿付前欠顺达公司货款。

这是第Ⅱ种类型的经济业务,等式两边同减80 000元;它的发生,使等式左边的资产账户"银行存款"减少,左边减少记贷方;同时引起等式右边的负债账户"应付账款"减少,右边减少记借方。会计分录为:

借:应付账款　　　　　　　　　　　　　　　　　　　　　　　80 000
　　贷:银行存款　　　　　　　　　　　　　　　　　　　　　　　80 000

(3) 1月20日,赣昌股份有限公司收到顺水公司归还前欠货款40 000元,款项已存入公司开户银行。

这是第Ⅲ种类型的经济业务,等式左边此增彼减,增、减金额40 000元;它的发生,使等式左边的资产账户"银行存款"增加,左边增加记借方;同时引起等式左边的资产账户"应收账款"减少,左边减少记贷方。会计分录为:

借:银行存款　　　　　　　　　　　　　　　　　　　　　　　40 000
　　贷:应收账款　　　　　　　　　　　　　　　　　　　　　　　40 000

(4) 1月25日,赣昌股份有限公司向银行借入短期借款20 000元,直接偿付前欠顺利公司货款。

这是第Ⅳ种类型的经济业务,等式右边此增彼减,增、减金额20 000元;它的发生,使等式右边的负债账户"短期借款"增加,右边增加记贷方;同时引起等式右边的负债账户"应付账款"减少,右边减少记借方。其会计分录为:

借:应付账款　　　　　　　　　　　　　　　　　　　　　　　20 000
　　贷:短期借款　　　　　　　　　　　　　　　　　　　　　　　20 000

(5) 1月26日,赣昌股份有限公司销售商品取得销售收入190 000元,出售不需用的原材料10 000元,款项已存入银行(此处不考虑相关税金问题)。

这是第Ⅰ种类型的经济业务,等式两边同增30 000元;它的发生,使等式右边的损益类的收入账户"主营业务收入"和"其他业务收入"增加,右边增加记贷方;同时引起等式左边的资产账户"银行存款"增加,左边增加记借方。其会计分录为:

借:银行存款　　　　　　　　　　　　　　　　　　　　　　　200 000
　　贷:主营业务收入　　　　　　　　　　　　　　　　　　　　　190 000
　　　　其他业务收入　　　　　　　　　　　　　　　　　　　　　10 000

(6) 1月31日,结转1月份赣昌股份有限公司已销售商品的成本60 000元,出售不需用原材料的成本6 000元。

这是第Ⅲ种类型的经济业务,等式左边此增彼减,增、减金额66 000元;使等式左边的损益类的费用账户"主营业务成本"和"其他业务成本"增加,左边增加记入借方;同时引起使等式左边的资产账户"库存商品"和"原材料"减少,左边减少记入贷方。其会计分录为:

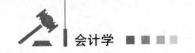

| 借：主营业务成本 | 60 000 |
| 　　其他业务成本 | 6 000 |
| 　贷：库存商品 | 60 000 |
| 　　　原材料 | 6 000 |

（7）1月31日，赣昌股份有限公司发生广告费24 000元，办公费用10 000元，款项均由银行存款支付。

这是第Ⅲ种类型的经济业务，等式左边此增彼减，增、减金额34 000元；使等式左边的损益类的费用账户"销售费用"和"管理费用"增加，左边增加记入借方；同时引起使等式左边的资产账户"银行存款"减少，左边减少记入贷方。其会计分录为：

| 借：销售费用 | 24 000 |
| 　　管理费用 | 10 000 |
| 　贷：银行存款 | 34 000 |

（8）1月31日，将本月"主营业务收入""其他业务收入"账户余额结转到"本年利润"账户。

这是期末结账业务，属第Ⅳ种类型的经济业务，等式右边此增彼减，增、减金额200 000元；它的发生，使等式右边的损益类的收入账户"主营业务收入"和"其他业务收入"减少（将收入账户结转到"本年利润"账户就意味着收入账户减少），右边减少记入借方；同时引起右边的所有者权益类的利润账户"本年利润"账户增加（将收入账户的金额——即全部收入结转到"本年利润"中，本年利润增加，意味着所有者权益增加），右边增加应记入贷方。其会计分录为：

| 借：主营业务收入 | 190 000 |
| 　　其他业务收入 | 10 000 |
| 　贷：本年利润 | 200 000 |

（9）1月31日，将本月"主营业务成本""其他业务成本""销售费用""管理费用"账户余额结转到"本年利润"账户。

这也是期末结账业务，但属第Ⅱ种类型的经济业务，等式两边同减100 000元；它的发生，使等式左边的损益类的费用账户"主营业务成本""其他业务成本""销售费用""管理费用"减少（将费用账户结转到"本年利润"账户就意味着费用账户减少），等式左边减少记入贷方；同时会引起等式右边的所有者权益类的利润账户"本年利润"账户减少（将费用账户的金额——即全部费用，结转到"本年利润"中，本年利润减少，意味着所有者权益减少），等式右边减少记入借方。其会计分录为：

| 借：本年利润 | 100 000 |
| 　贷：主营业务成本 | 60 000 |
| 　　　其他业务成本 | 6 000 |
| 　　　销售费用 | 24 000 |
| 　　　管理费用 | 10 000 |

（10）1月31日，计算本月实现的利润总额，假定不存在纳税调整，即应纳税所得额等于利润总额，按应纳税所得额的25％计算应交的所得税费用。

本月利润总额＝收入－费用＝200 000－100 000＝100 000(元)
应交所得税额＝应纳税所得额×所得税率＝100 000×25％＝25 000(元)

这是第Ⅰ种类型的经济业务,等式两边同增25 000元;它的发生,使等式左边的损益类的费用账户"所得税费用"增加,右边增加记入借方;同时引起等式右边的负债账户"应交税费"增加,右边增加记入贷方。其会计分录为:

借:所得税费用　　　　　　　　　　　　　　　　　　　　　　25 000
　　贷:应交税费　　　　　　　　　　　　　　　　　　　　　　25 000

(11) 1月31日,将本月"所得税费用"账户余额结转到"本年利润"账户。

这也是期末结账业务,但属第Ⅱ种类型的经济业务,等式两边同减25 000元;它的发生,使等式左边的损益类的费用账户"所得税费用"减少(将费用账户结转到"本年利润"账户就意味着费用账户减少),等式左边减少记入贷方;同时会引起等式右边的所有者权益类的利润账户"本年利润"账户减少(将费用账户的金额——即全部费用,结转到"本年利润"中,本年利润减少,意味着所有者权益减少),等式右边减少记入借方。其会计分录为:

借:本年利润　　　　　　　　　　　　　　　　　　　　　　　25 000
　　贷:所得税费用　　　　　　　　　　　　　　　　　　　　　25 000

上述会计分录中,(1)—(4)、(10)、(11)为简单分录,即一借一贷的会计分录;(5)—(9)为复合会计分录,如(5)和(9)属一借多贷、(7)和(8)属一贷多借、(6)属多借多贷的会计分录。

(五) 借贷记账法的试算平衡

所谓试算平衡,就是在全部经济业务登记入账以后,根据资产、权益之间的平衡关系和记账规则,来检查各类账户的记录是否正确、完整的一种验证方法。借贷记账法对每项经济业务都是根据"有借必有贷、借贷必相等"的记账规则,在两个或两个以上账户中进行记录,使得每一项经济业务所引起的借贷两方的发生额必然相等。因此,无论是定期汇总或是月末计算,全部账户的借方本期发生额合计数必然与全部账户的贷方本期发生额合计数相等。而全部账户的期末余额,又是在期初余额的基础上加、减本期增加发生额和减少发生额后得到的,所以,全部账户的借方期末余额合计数与贷方期末余额合计数也必然是相等的。

如果在记账过程中出现差错,就可能使借贷金额不平衡,使账户记录出现错误,最终导致以账户记录为依据而编制的财务报表出现错误。因此,必须定期进行试算平衡,以便检查账户记录是否正确,及时找出差错及原因,并予以更正,保证财务报表提供信息的准确无误。

借贷记账法的试算平衡有发生额试算平衡法和余额试算平衡法两种。

1. 发生额试算平衡法

发生额试算平衡法是用来检查全部账户的借贷方发生额是否相等的方法。当我们要检验所有账户在某一期间内对各项业务的记录是否正确时,可用这种方法。其计算公式如式(3.4)所示:

$$\text{全部账户本期借方发生额合计} = \text{全部账户本期贷方发生额合计} \tag{3.4}$$

2. 余额试算平衡法

余额试算平衡法是用来检查全部账户的借贷方期末余额合计是否相等的方法。当我们要检验所有账户记录的内容经过一个时期的增减变动之后,在某一时点上(期末)其结果是否正确时,可采用这种方法。其计算公式如式(3.5)所示:

$$\text{全部账户借方期末余额合计} = \text{全部账户贷方期末余额合计} \tag{3.5}$$

以上这两种试算平衡方法,一般是在月末结出总分类账户本期发生额和期末余额后,通过编制试算平衡表进行检验的。常用的试算平衡表编制如表3.5所示:

表 3.5　　　　　　　　总分类账户本期发生额和余额试算平衡表

年　月　　　　　　　　　　　　　　　　　　　单位:元

| 会计科目 | 期初余额 | | 本期发生额 | | 期末余额 | |
|---|---|---|---|---|---|---|
| | 借方 | 贷方 | 借方 | 贷方 | 借方 | 贷方 |
| | | | | | | |
| | | | | | | |
| 合　计 | | | | | | |

应当注意的是试算平衡只是在不平衡的情况下才能肯定平时记账有误,如果试算的结果是平衡的,但这并不能肯定记账就一定没有错误,因为某些记账错误并不破坏平衡关系。例如,用银行转账支票10 000元购买原材料,应记入"原材料"账户借方10 000元,同时应记入"银行存款"账户贷方10 000元,而记账员有可能把方向记反了,即:借:银行存款10 000元,贷:原材料10 000元。在这种情况下,虽然账的方向记错了,但并不影响其平衡关系,因为从记账规则的角度来说,它并没有违背"有借必有贷,借贷必相等"的规则。如果记账中借贷金额全部漏记、重记等诸如此类的错误发生后,也不能通过试算平衡来发现它们。因此,需要对一切会计记录进行日常或定期的复核,以保证账户记录的正确性。

【例3.3】赣昌股份有限公司的相关资料如下,

资料一:

赣昌股份有限公司2019年12月31日总分类账户余额如表3.6所示:

表 3.6　　　　　　　　**赣昌股份有限公司总分类账户余额表**

2019年12月31日　　　　　　　　　　　　　　金额单位:元

| 资　产 | 金　额 | 负债及所有者权益 | 金　额 |
|---|---|---|---|
| 银行存款 | 120 000 | 短期借款 | 200 000 |
| 应收账款 | 130 000 | 应付账款 | 100 000 |
| 原材料 | 100 000 | 股本 | 500 000 |

(续表)

| 资　产 | 金　额 | 负债及所有者权益 | 金　额 |
|---|---|---|---|
| 库存商品 | 150 000 | | |
| 固定资产 | 300 000 | | |
| 合　计 | 800 000 | 合　计 | 800 000 |

资料二：

赣昌股份有限公司 2020 年 1 月份发生的经济业务及所编制的会计分录见【例 3.2】。

要求：根据以下资料，编制 2020 年 1 月 31 日的试算平衡表。

试算平衡表的编制过程如下：

首先，将表 3.6 中的期初余额登入"T"形账户；

其次，根据【例 3.2】中的经济业务编制会计分录后登入"T"形账户；

再次，计算出各账户的本期发生额和期末余额，如图 3.7 所示：

| 借 | 原材料 | | 贷 |
|---|---|---|---|
| 期初余额　100 000 | | | |
| (1)　　　　30 000 | | (6)　　　　6 000 | |
| 本期发生额　30 000 | | 本期发生额　6 000 | |
| 期末余额　124 000 | | | |

| 借 | 银行存款 | | 贷 |
|---|---|---|---|
| 期初余额　120 000 | | | |
| (3)　　　　40 000 | | (2)　　　　80 000 | |
| (4)　　　200 000 | | (7)　　　　34 000 | |
| 本期发生额　240 000 | | 本期发生额　114 000 | |
| 期末余额　246 000 | | | |

| 借 | 应收账款 | | 贷 |
|---|---|---|---|
| 期初余额　130 000 | | | |
| | | (3)　　　　40 000 | |
| 本期发生额　— | | 本期发生额　40 000 | |
| 期末余额　90 000 | | | |

| 借 | 库存商品 | | 贷 |
|---|---|---|---|
| 期初余额　150 000 | | | |
| | | (6) 60 000 | |
| 本期发生额　— | | 本期发生额　60 000 | |
| 期末余额　90 000 | | | |

| 借 | 应付账款 | | 贷 |
|---|---|---|---|
| | | 期初余额　100 000 | |
| (2)　　　　80 000 | | (1)　　　　30 000 | |
| (4)　　　　20 000 | | | |
| 本期发生额　100 000 | | 本期发生额　30 000 | |
| | | 期末余额　30 000 | |

| 借 | 短期借款 | | 贷 |
|---|---|---|---|
| | | 期初余额　200 000 | |
| (4)　　　　20 000 | | | |
| 本期发生额　— | | 本期发生额　20 000 | |
| | | 期末余额　220 000 | |

| 借 | 固定资产 | | 贷 |
|---|---|---|---|
| 期初余额　300 000 | | | |
| 本期发生额　— | | 本期发生额　— | |
| 期末余额　300 000 | | | |

| 借 | 股本 | | 贷 |
|---|---|---|---|
| | | 期初余额　500 000 | |
| 本期发生额　— | | 本期发生额　— | |
| | | 期末余额　500 000 | |

| 借 | 主营业务收入 | 贷 | | 借 | 其他业务收入 | 贷 |
|---|---|---|---|---|---|---|
| (8) 190 000 | (5) | 190 000 | | (8) 10 000 | (5) | 10 000 |
| 本期发生额 190 000 | 本期发生额 期末余额 | 190 000 0 | | 本期发生额 10 000 | 本期发生额 期末余额 | 10 000 0 |

| 借 | 主营业务成本 | 贷 | | 借 | 其他业务成本 | 贷 |
|---|---|---|---|---|---|---|
| (6) 60 000 | (9) | 60 000 | | (6) 6 000 | (9) | 6 000 |
| 本期发生额 60 000 期末余额 0 | 本期发生额 | 60 000 | | 本期发生额 6 000 期末余额 0 | 本期发生额 | 6 000 |

| 借 | 销售费用 | 贷 | | 借 | 管理费用 | 贷 |
|---|---|---|---|---|---|---|
| (7) 24 000 | (9) | 24 000 | | (7) 10 000 | (9) | 10 000 |
| 本期发生额 24 000 期末余额 0 | 本期发生额 | 24 000 | | 本期发生额 10 000 期末余额 0 | 本期发生额 | 10 000 |

| 借 | 所得税费用 | 贷 | | 借 | 应交税费 | 贷 |
|---|---|---|---|---|---|---|
| (7) 25 000 | (9) | 25 000 | | | (10) | 25 000 |
| 本期发生额 25 000 期末余额 0 | 本期发生额 | 25 000 | | 本期发生额 — | 本期发生额 期末余额 | 25 000 25 000 |

| 借 | 本年利润 | 贷 |
|---|---|---|
| (9) 100 000 | (8) | 200 000 |
| (11) 25 000 | | |
| 本期发生额 125 000 | 本期发生额 期末余额 | 200 000 75 000 |

图 3.7  T形账户登记示意图

最后,根据图 3.7 账户登记的结果,编制试算平衡表,如表 3.7 所示。

表 3.7  **赣昌股份有限公司发生额和余额试算平衡表**

2020 年 1 月 31 日                                                金额单位:元

| 会计科目 | 期初余额 | | 本期发生额 | | 期末余额 | |
|---|---|---|---|---|---|---|
| | 借 方 | 贷 方 | 借 方 | 贷 方 | 借 方 | 贷 方 |
| 银行存款 | 120 000 | | 240 000 | 114 000 | 246 000 | |
| 应收账款 | 130 000 | | | 40 000 | 90 000 | |
| 原材料 | 100 000 | | 30 000 | 6 000 | 124 000 | |
| 库存商品 | 150 000 | | | 60 000 | 90 000 | |
| 固定资产 | 300 000 | | | | 300 000 | |

(续表)

| 会计科目 | 期初余额 | | 本期发生额 | | 期末余额 | |
|---|---|---|---|---|---|---|
| | 借方 | 贷方 | 借方 | 贷方 | 借方 | 贷方 |
| 短期借款 | | 200 000 | | 20 000 | | 220 000 |
| 应付账款 | | 100 000 | 100 000 | 30 000 | | 30 000 |
| 应交税费 | | | | 25 000 | | 25 000 |
| 股本 | | 500 000 | | | | 500 000 |
| 主营业务收入 | | | 190 000 | 190 000 | | |
| 其他业务收入 | | | 10 000 | 10 000 | | |
| 主营业务成本 | | | 60 000 | 60 000 | | |
| 其他业务成本 | | | 6 000 | 6 000 | | |
| 销售费用 | | | 24 000 | 24 000 | | |
| 管理费用 | | | 10 000 | 10 000 | | |
| 所得税费用 | | | 25 000 | 25 000 | | |
| 本年利润 | | | 125 000 | 200 000 | | 75 000 |
| 合 计 | 800 000 | 800 000 | 820 000 | 820 000 | 850 000 | 850 000 |

## 第三节 会计记录环节：凭证与账簿

### 一、会计凭证

(一) 会计凭证的含义、作用、种类

1. 会计凭证的含义

会计凭证是记录经济业务、明确经济责任、据以登记账簿的一种具有法律效力的书面证明文件。例如，购买材料应由供货方开具发票；支出款项要由收款方开出收据；接收材料入库要有收货单；发出材料要有领料单等；另外，会计人员对每项经济业务还需要运用专门方法填制记账凭证。上述发票、收据、收货单、发货单、领料单及记账凭证都是会计凭证。

填制和审核会计凭证，是会计工作的起点和基础。为了真实、完整地反映经济活动的过程，每发生一笔经济业务，都要由经办人员按规定的程序和要求办理凭证手续；同时，为了明确当事人的经济责任，有关单位和个人必须在填制的会计凭证上签名或盖章。所有的会计凭证必须经会计部门审核，只有审核无误的会计凭证才能作为登记各种账簿的凭据。

**2. 会计凭证的作用**

填制和审核会计凭证,是进行会计核算的一项重要内容,是对企业单位的经营活动进行如实反映和有效监督的重要手段,在经济管理中具有重要作用。主要体现在以下五个方面:

(1) 反映各项经济业务发生与完成情况。任何一笔经济业务的发生,都必须填制会计凭证。在会计凭证上记录着经济业务活动发生的时间、经济业务的内容(包括数量、单价及金额等)。通过认真填制和严格审查,保证经济业务如实地反映在会计凭证上。

(2) 提供记账的依据。会计凭证为账簿记录提供了真实、可靠地依据,使账簿记录与实际情况相符,保证了会计核算资料的真实性与准确性,并为分析、检查经济活动和财务收支情况提供确切可靠的原始资料。

(3) 监督、控制经济活动。通过审核凭证,可以检查每笔经济业务是否符合有关政策、法令、制度,是否执行了计划和预算,有无铺张浪费和违纪行为,从而保证了财产安全,起到会计监督和控制的作用。

(4) 明确经济责任,加强经济管理中的岗位责任制。由于每一项经济业务都要填制或取得会计凭证,并且在凭证上都要求有关经手人签名盖章,以明确在业务处理中所负的责任,这样就加强了有关部门和人员的责任感,促使他们在自己的职责范围内严格按照政策、法令、制度、计划和预算办事,保证企业经济业务的正常运行。而且一旦出现问题,还便于检查和分清责任,从而加强经济责任制。

(5) 提供审计证据。会计凭证必须妥善保存,这些会计凭证为经济案件的事后查处提供了有力的证据,也为会计机构审核经济业务提供了条件。会计机构取得了会计凭证,就能了解到经济业务发生的时间和内容,通过对其审核,就可检查经济业务是否合理、合法、合规,以发挥会计的监督作用,就可抵制违法乱纪行为,严肃财经纪律,保证财产物资的安全及合理使用。

**3. 会计凭证的种类**

会计凭证的种类多种多样,可以按照不同的标准进行分类。会计凭证按其填制程序和用途不同可分为原始凭证和记账凭证两大类。其具体分类如图 3.8 所示。

**(二) 原始凭证**

**1. 原始凭证的基本内容**

原始凭证是在经济业务发生或完成时由业务经办人员直接取得或填制的、用以记录业务的发生或完成情况并明确有关经济责任的一种凭证。它是进行会计核算的原始资料和重要依据。任何经济业务的发生,都应由有关经办人员向会计部门提供证明该项经济业务的发生或完成,能够明确经济责任的书面单据。

在实际工作中,由于各项经济业务的内容和经济管理的要求不同,各种原始凭证所记录的经济业务的内容是多种多样的,但无论哪一种原始凭证都应具有以下基本内容:

(1) 原始凭证的名称;

(2) 填制凭证的日期和编号;

(3) 填制凭证单位名称和填制人姓名;

(4) 接收凭证单位的名称;

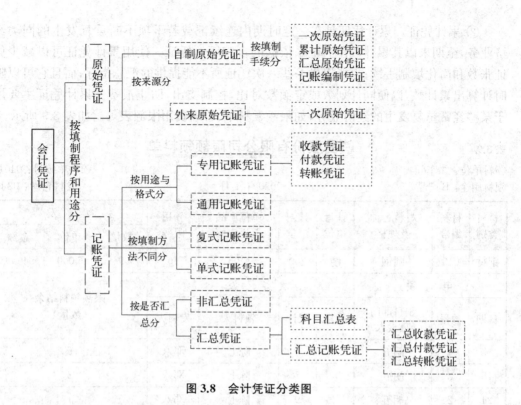

**图 3.8　会计凭证分类图**

（5）经济业务内容、数量、单价和金额；

（6）填制单位及有关人员签章。

2. 原始凭证的种类

原始凭证按其来源的不同可以分为自制原始凭证和外来原始凭证，如图 3.8 所示。

（1）自制原始凭证。也称内部原始凭证，是由本单位内部经办业务的部门或人员，在经济业务发生或完成时自行填制的原始凭证。自制原始凭证按其填制手续不同，分为一次凭证、累计凭证、汇总凭证及记账编制凭证。

① 一次凭证。一次凭证是只记录一项经济业务或若干项同类经济业务，并且填制手续是一次完成的原始凭证。其特点是每一张一次凭证不能重复使用，如发货单、银行结算凭证、收款收据和费用报销单等。如表 3.8 所示。

**表 3.8**　　　　　　　　　　　**赣昌股份有限公司领料单**

领料单位：一车间　　　　　　　　　　　　　　　　　　　　　　　　领料单编号：02543
领料用途：A 产品　　　　　　　　　　2020 年 1 月 16 日　　　　　　发料仓库：01 号

| 材料类别 | 材料编号 | 材料名称及规格 | 计量单位 | 数量 申领 | 数量 实发 | 单价 | 金额 |
|---|---|---|---|---|---|---|---|
| 钢材 | 012 | 角钢 | 吨 | 20 | 20 | 6 000 | 120 000 |
| 备注 | | | | | | 合计 | 120 000 |

记账：张一　　　　　　发料：王二　　　　　　审批：刘三　　　　　　领料：李四

② 累计凭证。累计凭证是在一定时期内连续记载若干项不断重复发生的同类经济业务，至期末以其累计数作为记账依据的自制原始凭证。使用累计凭证可以减少凭证张数和简化填制手续；也能提供一些一次凭证所不能提供的汇总指标；而且它可以随时计算出累计数，以便同计划数或定额数对比，控制支出，防止浪费。累计凭证主要用于某些经常重复发生的经济业务，如限额领料单、管理费用限额表等。如表3.9所示。

表 3.9

### 赣昌股份有限公司限额领料单

领料单位：二车间　　　　　　　　　　　　　　　　　　　　　　　领料单编号：04017
领料用途：B产品　　　　　　　　　2020年1月　　　　　　　　　　发料仓库：02库

| 材料类别 | 材料编号 | 材料名称及规格 | 计量单位 | 计划产量 | 单位产品消耗定额 | 领用限额 | 实发 | | |
|---|---|---|---|---|---|---|---|---|---|
| | | | | | | | 数量 | 单价 | 金额 |
| 钢材 | 013 | 圆钢 | 吨 | 200 | 0.05 | 10 | 9 | 6 000 | 54 000 |

| 申领 | | | 实发 | | | | 限额领料结余（数量） |
|---|---|---|---|---|---|---|---|
| 日期 | 数量 | 领料部门（负责人） | 数量 | 累计 | 领料人 | 发料人 | |
| 7 | 4 | 胡五 | 4 | 4 | 陈七 | 邓八 | 6 |
| 18 | 3 | 胡五 | 3 | 7 | 陈七 | 邓八 | 3 |
| 24 | 2 | 胡五 | 2 | 9 | 陈七 | 邓八 | 1 |
| | | | | | | | |

供应部门负责人：肖小　　　　　　生产计划负责人：石中　　　　　　仓库主管：王大

③ 汇总凭证。汇总原始凭证又称原始凭证汇总表，是指根据若干张反映相同经济业务的原始凭证汇总而另行填制的一种自制原始凭证，用以集中反映某项经济业务的总括发生情况。如发料凭证汇总表、工资结算汇总表、库存现金收入汇总表等。如表3.10所示。

表 3.10

### 赣昌股份有限公司发料凭证汇总表

2020年1月　　　　　　　　　　　　　　　　　　　　　　　　　　单位：元

| 用途 | 部门 | 材料 | 燃料 | 润滑剂 | 修理配件 | 合计 |
|---|---|---|---|---|---|---|
| 基本生产 | 一车间 | 30 000 | | | | 30 000 |
| | 二车间 | 20 000 | | | | 20 000 |
| 辅助生产 | 供电 | | 4 000 | | | 4 000 |
| | 供气 | | 6 000 | | | 6 000 |
| | 维修 | | | 200 | 1 800 | 2 000 |
| 车间一般消耗 | 一车间 | 800 | | | | 800 |
| | 二车间 | 200 | | | | 200 |

(续表)

| 用途 | 部门 | 材料 | 燃料 | 润滑剂 | 修理配件 | 合计 |
|---|---|---|---|---|---|---|
| 其他消耗 | 行政部 | | 1 000 | | 1 000 | 2 000 |
| | 工程部 | 20 000 | 5 000 | | | 25 000 |
| 合计 | | 70 000 | 17 000 | 200 | 2 800 | 90 000 |

会计主管：王红　　　　　　复核：李白　　　　　　制单：刘蓝

④ 记账编制凭证。记账编制凭证是根据账簿记录和经济业务的需要编制的一种自制原始凭证。它是根据账簿记录，把某一项经济业务加以归类、整理而重新编制的一种会计凭证。例如在计算产品成本时，编制的"制造费用分配表"就是根据制造费用明细账记录的数字按费用的用途编制的。如表 3.11 所示。

表 3.11　　　　　　　**赣昌股份有限公司制造费用分配表**

2020 年 1 月份　　　　　　　　　　　　　　　　　　　　金额单位：元

| 应借科目 | | 生产工时 | 分配率 | 分配金额 |
|---|---|---|---|---|
| 生产成本 | 甲产品 | 140 | 50 | 7 000 |
| | 乙产品 | 60 | 50 | 3 000 |
| 合计 | | 200 | 50 | 10 000 |

会计主管：张一　　　　　　审核：李二　　　　　　制单：陈三

（2）外来原始凭证。也称外部原始凭证，是本单位在与其他单位发生经济业务时由本单位经办人向相关外单位或个人取得的凭证。如购货时取得的发票，付款时取得的收据，银行的收款通知、出差人员出差期间所取得的火车票及企业的纳税税票等。外来原始凭证一般都是一次凭证。如企业的增值税专用发票如表 3.12.1 和 3.12.2 所示。

3. 原始凭证的填制要求

原始凭证是具有法律效力的证明文件，又是会计核算的原始依据，出具原始凭证的单位和个人必须认真填制。一般要求遵循以下要求：

（1）合法性。原始凭证所反映的经济业务必须合法，必须符合国家有关政策、法令、规章及制度的要求，不符合以上要求的，不得作为原始凭证。

（2）真实性。原始凭证上的内容和数字必须真实可靠，要符合有关经济业务的实际情况。

（3）完整性。原始凭证上的内容必须逐项填写齐全，不得遗漏，必须符合手续完备的要求，经办业务的有关部门和人员要认真审查，并签名盖章。

（4）规范性。原始凭证书写必须规范，必须按照会计工作规范的要求来书写。

4. 原始凭证的审核

原始凭证审核是指对接受的原始凭证的真实性、完整性、合法性和合理性的审核，常规检查的要点主要有：

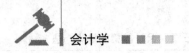

**表 3.12.1**

江西省增值税专用发票 记账联

No：000563867
开票日期：2019年1月20日

3600122140

第二联：记账联 购买方记账凭证

税总函[2017]××号×××印刷厂

| 购买方 | 名　　　称：赣昌股份有限公司 |
| | 纳税人识别号：370903576323389 |
| | 地址、电话：079188695166 |
| | 开户行及账号：中国银行高新办：01001338522 |

密码区

| 货物或应税劳务、服务名称 | 规格型号 | 单位 | 数量 | 单价 | 金额 | 税率 | 税额 |
|---|---|---|---|---|---|---|---|
| 角钢 | 015 | 吨 | 5 | 20 000.00 | 100 000.00 | 13% | 13 000.00 |

价税合计（大写）　人民币：壹拾壹万叁仟元整　　（小写）¥ 113 000.00

| 销售方 | 名　　　称：宏信公司 |
| | 纳税人识别号：370943584387389 |
| | 地址、电话：88354267 |
| | 开户行及账号：工商银行高新支行：10110067883 |

备注：赣昌股份有限公司 360123456789ABCDEF 发票专用章

销货单位（发票专用章）　　收款：李一　　复核：张二　　开票：陈三

**表 3.12.2**

3600122140

江西省增值税专用发票 抵扣联

No：000563867
开票日期：2019年1月20日

第二联：抵扣联 购买方扣税凭证

税总函[2017]××号×××印刷厂

| 购买方 | 名　　　称：赣昌股份有限公司 |
| | 纳税人识别号：370903576323389 |
| | 地址、电话：079188695166 |
| | 开户行及账号：中国银行高新办：01001338522 |

密码区

| 货物或应税劳务、服务名称 | 规格型号 | 单位 | 数量 | 单价 | 金额 | 税率 | 税额 |
|---|---|---|---|---|---|---|---|
| 角钢 | 015 | 吨 | 5 | 20 000.00 | 100 000.00 | 13% | 13 000.00 |

价税合计（大写）　人民币：壹拾壹万叁仟元整　　（小写）¥ 113 000.00

| 销售方 | 名　　　称：宏信公司 |
| | 纳税人识别号：370943584387389 |
| | 地址、电话：88354267 |
| | 开户行及账号：工商银行高新支行：10110067883 |

备注：赣昌股份有限公司 360123456789ABCDEF 发票专用章

销货单位（发票专用章）　　收款：李一　　复核：张二　　开票：陈三

(1) 原始凭证所具有的要素是否齐备,包括日期、单位、数量、金额等。
(2) 原始凭证所填写的文字、数字要清楚完整,更正方法要符合规定。
(3) 原始凭证所办理的审批传递手续要符合规定,有关人员要全部签字盖章,必须盖有财务公章或收讫付讫戳记。
(4) 自制原始凭证(包括证、券、单、表)要连续编号,其存根与所开具的凭证内容要一致等。
(5) 原始凭证中所反映的经济业务要符合相关的法规。

(三) 记账凭证

1. 记账凭证的内容

记账凭证,是指由会计人员根据审核无误的原始凭证或原始凭证汇总表,按照经济业务的内容归类整理,并据以确定会计分录而填制的,直接作为记账依据的一种会计凭证。

在日常经营管理中发生的经济业务比较繁杂,反映这些经济业务的原始凭证也千差万别、式样众多。由于原始凭证所记录的内容不能完全满足会计核算的需要,因而难以直接据以登记账簿。因此必须在审核无误的基础上,利用会计的专门语言——账户,借助借贷记账法,对原始凭证进行归类、整理,确定会计分录,然后填制记账凭证,然后根据审核无误的记账凭证进行会计账簿的登记。

为了概况地反映经济业务的基本情况,满足登记账簿的需要,记账凭证必须具备下列内容要素:

(1) 填制凭证的日期;
(2) 凭证的名称和编号;
(3) 经济业务的摘要;
(4) 会计分录(应记会计科目、方向及金额);
(5) 记账符号;
(6) 所附原始凭证的张数;
(7) 填制人员、稽核人员、记账人员和会计主管人员(收款凭证和付款凭证还应增加出纳人员)的签名或印章。

2. 记账凭证的分类及格式

记账凭证的分类见图 3.8,其格式因分类不同而异。

(1) 记账凭证按其用途和格式不同,可以分为专用记账凭证和通用记账凭证两类。

① 专用记账凭证。专用记账凭证是专门用来记录某一特定种类经济业务的记账凭证。按其所记录的经济业务是否与现金、银行存款收付有关,分为收款凭证、付款凭证和转账凭证三种,一般预先分不同颜色印制好三种空白凭证。

第一,收款凭证。这是为了反映库存现金、银行存款增加的经济业务而编制的记账凭证,其格式如表 3.13 所示。

第二,付款凭证。这是用来记录库存现金和银行存款付出业务的记账凭证,其格式如表 3.14 所示。

表 3.13　　　　　　　　**赣昌股份有限公司记账凭证**
　　　　　　　　　　　　　　收款凭证　　　　　　　　总第_____号
借方科目：_____　　　　　　　年　月　日　　　　　_____收字第___号

| 摘要 | 贷方科目 | | 记账 √ | 金　额 | | | | | | | | |
|---|---|---|---|---|---|---|---|---|---|---|---|---|
| | 一级科目 | 明细分类科目 | | 十 | 万 | 千 | 百 | 十 | 元 | 角 | 分 | |
| | | | | | | | | | | | | 附件　张 |
| | | | | | | | | | | | | |
| | | | | | | | | | | | | |
| | | | | | | | | | | | | |
| 合　计 | | | | | | | | | | | | |

会计主管：　　　记账：　　　出纳：　　　复核：　　　制单：

表 3.14　　　　　　　　**赣昌股份有限公司记账凭证**
　　　　　　　　　　　　　　付款凭证　　　　　　　　总第___号
贷方科目：_____　　　　　　　年　月　日　　　　　_____付字第___号

| 摘要 | 借方科目 | | 记账 √ | 金　额 | | | | | | | | |
|---|---|---|---|---|---|---|---|---|---|---|---|---|
| | 一级科目 | 明细分类科目 | | 十 | 万 | 千 | 百 | 十 | 元 | 角 | 分 | |
| | | | | | | | | | | | | 附件　张 |
| | | | | | | | | | | | | |
| | | | | | | | | | | | | |
| | | | | | | | | | | | | |
| 合　计 | | | | | | | | | | | | |

会计主管：　　　记账：　　　出纳：　　　复核：　　　制单：

　　值得注意的是，对于既可填制"收款凭证"，又可填制"付款凭证"的业务，为防止重复记账，按统一惯例，一律视为与付款有关的事项，只填制付款凭证。如将库存现金存入银行的业务，只能填制现金付款凭证；而从银行提取备用现金的业务，只能填制银行存款付款凭证。

　　第三，转账凭证。这是用来记录不涉及现金和银行存款收付的转账业务所编制的记账凭证，其格式特点是：应借应贷科目及金额全部记入栏框内，原因是各种"转账"业务的科目对应关系复杂，无法固定某个借方或贷方科目，如表 3.15 所示。

　　② 通用记账凭证。通用记账凭证，指一个企业不分业务种类，采用一种记账凭证格式记录各种经济业务的会计分录。它适合于所有经济业务，采用通用记账凭证，不再区分收款、付款和转账三类凭证，即无论是款项的收付业务还是转账业务，都采用统一格式的记账凭证。通常适合于规模不大、款项收付不多的中小型企业。其格式与"转账凭证"相似，如表 3.16 所示。

表 3.15　　　　　　　**赣昌股份有限公司记账凭证**
　　　　　　　　　　　　　转账凭证　　　　　　　　　　　总第＿＿＿号
　　　　　　　　　　　　　年　月　日　　　　　　　　　　转字第＿＿号

| 摘　要 | 科　目 | | 记账 √ | 借　方　金　额 | | | | | | | | 贷　方　金　额 | | | | | | | | |
|---|---|---|---|---|---|---|---|---|---|---|---|---|---|---|---|---|---|---|---|---|
| | 一级科目 | 明细分类科目 | | 十 | 万 | 千 | 百 | 十 | 元 | 角 | 分 | 十 | 万 | 千 | 百 | 十 | 元 | 角 | 分 | |
| | | | | | | | | | | | | | | | | | | | | 附件 |
| | | | | | | | | | | | | | | | | | | | | 张 |
| | | | | | | | | | | | | | | | | | | | | |
| | | | | | | | | | | | | | | | | | | | | |
| 合　　　计 | | | | | | | | | | | | | | | | | | | | |

会计主管：　　　　　记账：　　　　　复核：　　　　　制单：

表 3.16　　　　　　　**赣昌股份有限公司记账凭证**
　　　　　　　　　　　　　年　月　日　　　　　　　　　　　　第＿＿号

| 摘　要 | 科　目 | | 记账 √ | 借　方　金　额 | | | | | | | | 贷　方　金　额 | | | | | | | | |
|---|---|---|---|---|---|---|---|---|---|---|---|---|---|---|---|---|---|---|---|---|
| | 一级科目 | 明细分类科目 | | 十 | 万 | 千 | 百 | 十 | 元 | 角 | 分 | 十 | 万 | 千 | 百 | 十 | 元 | 角 | 分 | |
| | | | | | | | | | | | | | | | | | | | | 附件 |
| | | | | | | | | | | | | | | | | | | | | 张 |
| | | | | | | | | | | | | | | | | | | | | |
| | | | | | | | | | | | | | | | | | | | | |
| 合　　　计 | | | | | | | | | | | | | | | | | | | | |

会计主管：　　　　记账：　　　　出纳：　　　　复核：　　　　制单：

（2）记账凭证按其填制方法的不同，又可以分为复式记账凭证和单式记账凭证两种。

① 复式记账凭证。复式记账凭证又称多科目记账凭证，是指在每张凭证上填列一笔经济业务的全部账户名称和金额的凭证。复式记账凭证的格式如表 3.13、表 3.14、表 3.15、表 3.16 所示。

② 单式记账凭证。单式记账凭证又称单科目记账凭证，是指在每张凭证上只填列一个账户名称的凭证。填列借方账户的即为借项记账凭证，填列贷方账户的即为贷项记账凭证。单式凭证的格式如表 3.17、表 3.18 所示。

（3）记账凭证按其是否经过汇总，还可以分为非汇总凭证和汇总凭证两类。

① 非汇总凭证。非汇总凭证又称单一记账凭证，是依据原始凭证填制的只反映某项经济业务的记账凭证。前面介绍的表 3.13、表 3.14、表 3.15、表 3.16、表 3.17 和表 3.18 均属于非汇总记账凭证。

表 3.17　　　　　　　　**赣昌股份有限公司记账凭证**
　　　　　　　　　　　　　借项记账凭证
　　　　　　　　　　　　　　年　月　日　　　　　　　　　　　　第＿＿号

| 摘　要 | 一级科目 | 明细分类科目 | 金　额 | 记账√ |
|---|---|---|---|---|
|  |  |  |  |  |
|  |  |  |  |  |
| 合　　计 ||||  |

附件共　张

会计主管：　　　　记账：　　　　出纳：　　　　复核：　　　　制单：

表 3.18　　　　　　　　**赣昌股份有限公司记账凭证**
　　　　　　　　　　　　　贷项记账凭证
　　　　　　　　　　　　　　年　月　日　　　　　　　　　　　　第＿＿号

| 摘　要 | 一级科目 | 明细分类科目 | 金　额 | 记账√ |
|---|---|---|---|---|
|  |  |  |  |  |
|  |  |  |  |  |
| 合　　计 ||||  |

附件共　张

会计主管：　　　　记账：　　　　出纳：　　　　复核：　　　　制单：

②汇总凭证。汇总凭证是对一定时期内所有分录凭证按总分类科目汇总借、贷方金额后填制的,记录各科目借方汇总金额和贷方汇总金额的记账凭证。现有的会计簿记系统为了保证会计记录的准确无误,要求对发生的经济业务既要记入总分类账又要记入明细分类账。其中,明细分类账应以单一记账凭证为依据(部分是以原始凭证为依据)逐笔登记,而总分类账则可根据单一记账凭证逐笔登记,也可以定期将所有单一记账凭证汇总填制汇总记账凭证,以汇总记账凭证为依据登记。按汇总方法不同,又可分为科目汇总表和汇总记账凭证两种。

第一,科目汇总表。科目汇总表又称记账凭证汇总表,是指将一定期间所有的单一记账凭证全部汇总在一张表中。按汇总时间和记账次数不同又有两种格式,如表 3.19、表 3.20 所示。

表 3.19　　　　　　　　　**科 目 汇 总 表**
　　　　　　　　　　　　　　　　　　　　　　　　汇字第＿＿＿＿号
　　　年　月　日至　日　　　　　　　　　记账凭证起讫号：　号至　号

| 科　目 | 总账页码 | 借方金额 | 贷方金额 | 记账√ |
|---|---|---|---|---|
|  |  |  |  |  |
|  |  |  |  |  |
| 合　计 |  |  |  |  |

会计主管：　　　　记账：　　　　复核：　　　　制单：

表 3.20　　　　　　　　　　　科 目 汇 总 表
　　　　　　　　　　　　　　　　　年　　月　　　　　　　　　　　　汇字第_____号

| 科目 | 总账页码 | 1—10日 凭证号： | | 11—20日 凭证号： | | 21—31日 凭证号： | | 本月合计 | | 记账√ |
|---|---|---|---|---|---|---|---|---|---|---|
| | | 借方 | 贷方 | 借方 | 贷方 | 借方 | 贷方 | 借方 | 贷方 | |
| | | | | | | | | | | |
| | | | | | | | | | | |
| 合计 | | | | | | | | | | |

会计主管：　　　　　记账：　　　　　复核：　　　　　制单：

表 3.19 所示格式的科目汇总表汇总天数不固定，可据业务量大小灵活掌握，科目汇总表每填制一次记账一次。表 3.20 所示格式的科目汇总表一般固定每旬汇总填列一次，月末加总全月数后一次记总账。在实际工作中，企业可以根据自身业务量的大小和核算的要求进行选择。

第二，汇总记账凭证。汇总记账凭证，是根据一定时期内的收款凭证、付款凭证、转账凭证按一定的方法加以汇总而重新填制的凭证，包括"汇总收款凭证""汇总付款凭证""汇总转账凭证"三种。汇总记账凭证一般 5 天或 10 天汇总填列一次，月末结出各次汇总金额的全月合计数后一次记入总账。其格式如表 3.21、表 3.22 和表 3.23 所示。

表 3.21　　　　　　　　　　　汇 总 收 款 凭 证
借方科目：库存现金或银行存款　　　　　年　　月　　　　　　　　　　汇收字第_____号

| 贷方科目 | 金　　额 | | | | 总账页码 | 记账√ |
|---|---|---|---|---|---|---|
| | 1—10日 凭证号： | 11—20日 凭证号： | 21—31日 凭证号： | 合计 | | |
| | | | | | | |
| | | | | | | |
| 合计 | | | | | | |

会计主管：　　　　　记账：　　　　　复核：　　　　　制单：

表 3.22　　　　　　　　　　　汇 总 付 款 凭 证
贷方科目：库存现金或银行存款　　　　　年　　月　　　　　　　　　　汇付字第_____号

| 借方科目 | 金　　额 | | | | 总账页码 | 记账√ |
|---|---|---|---|---|---|---|
| | 1—10日 凭证号： | 11—20日 凭证号： | 21—31日 凭证号： | 合计 | | |
| | | | | | | |
| | | | | | | |
| 合计 | | | | | | |

会计主管：　　　　　记账：　　　　　复核：　　　　　制单：

表 3.23　　　　　　　　　　　汇总转账凭证

贷方科目：　　　　　　　　　　年　　月　　　　　　　　汇转字第_____号

| 借方科目 | 金　额 | | | 合　计 | 总账页码 | 记账√ |
|---|---|---|---|---|---|---|
| | 1—10日凭证： | 11—20日凭证： | 21—31日凭证： | | | |
| | | | | | | |
| | | | | | | |
| 合计 | | | | | | |

会计主管：　　　　　记账：　　　　　复核：　　　　　制单：

　　汇总转账凭证根据转账凭证的贷方科目设置，即汇总期间的转账凭证涉及多个贷方科目时就要填多张汇总转账凭证。为了方便汇总，平时填制转账凭证时，只能填制一借一贷或多借一贷分录，即只能一个贷方科目与一个或多个借方科目对应。

　　3. 记账凭证的填制要求

　　记账凭证是登记账簿的直接依据，除了应严格遵守前述填制原始凭证所要求的真实可靠、内容完整、填制及时、书写清楚以外，还应注意遵守以下几点基本要求：

　　（1）以原始凭证为依据；

　　（2）摘要的填写；

　　（3）分录正确；

　　（4）连续编号；

　　（5）凭证附件齐全；

　　（6）错误更正；

　　（7）空行处理；

　　（8）符合复式记账原理；

　　（9）现金与银行存款之间的转存以付款业务为主；

　　（10）盖章审核。

　　4. 记账凭证的审核

　　记账凭证是根据审核无误的原始凭证填制的，是登记账簿的依据。记账凭证在填制完毕以后，必须由专人进行严格认真的审核，以保证账簿记录的正确性。审核的内容主要有以下几个方面：

　　（1）是否附有原始凭证；

　　（2）凭证中会计科目是否正确；

　　（3）记账凭证的内容是否齐全；

　　（4）检查记账凭证所反映的经济业务是否合法合规。

　　在审核中如发现记账凭证的记录有错误，应查明原因，并按规定的方法及时进行更正或重新填制。只有经过审核无误的记账凭证，才能作为记账的依据。

### （四）原始凭证与记账凭证的主要区别

1. 填制的程序不同

原始凭证是在每一项经济业务发生或完成时填制的,而记账凭证是以会计人员根据审核无误的原始凭证为依据,来确定应记账户、记账方向和应记金额后填制的。

2. 填制人员不同

原始凭证一般是由业务经办人员负责填制,而记账凭证一律由本单位的会计人员填制。

3. 填制内容不同

原始凭证用于记录并证明经济业务发生的时间、内容、数量和金额,而记账凭证要依据会计科目对已经发生的经济业务进行归类。

4. 凭证格式不同

原始凭证多种多样,其形状、大小、格式、填写内容因经济业务的不同而不同,而记账凭证则有较固定的格式和填写内容。

5. 发挥作用不同

原始凭证是填制记账凭证的依据,而记账凭证是登记会计账簿的依据。

### （五）会计凭证的传递与保管

1. 会计凭证的传递

会计凭证的传递,是指会计凭证从填制或取得起,到归档保管止,按一定的传递程序和时间,在有关部门和人员间传递的全过程。

会计凭证的传递,是会计工作的一个重要组成部分,由于各种会计凭证所记载的经济业务内容不同,所涉及的部门和人员不同。因此,各单位应根据自身的具体情况,确定每一种凭证的传递程序和方法。

会计凭证的传递主要包括以下几点:① 确定凭证的传递程序;② 规定凭证的传递时间;③ 制定会计凭证传递过程中的衔接手续。

2. 会计凭证的保管

会计凭证的保管是指会计凭证记账后的整理、装订、归档存查工作,它是会计档案管理工作的一个重要方面。会计凭证在完成经济业务手续和记账后,就成为企业重要的会计档案和历史资料,是企业或上级机关日后了解经济活动情况,检查工作,明确责任的证明。因此,必须妥善保管,切实防止散失、毁损。

## 二、会计账簿

### （一）会计账簿含义、作用及种类

1. 会计账簿的含义

在会计核算中,对每一项经济业务都必须取得和填制原始凭证,然后根据所取得的原始凭证编制记账凭证,以便及时反映和监督企业所发生的每一笔经济业务的情况。由于会计凭证数量多,且比较分散,难以全面、系统、连续、综合地反映一个企业在某一特定时间内企业资产、负债及所有者权益增减变动情况。因此就有必要把会计凭证中所反映的大量而分散的经济业务内容加以分类、整理,分门别类地登记到有关的账簿中去,以提供经济管理所需的数据资料。

会计账簿亦称账册,是由具有一定格式的、相互联系的若干张账页组成,用于序时地、分类地记录和反映各项经济业务的簿籍。簿籍是账簿的外表形式,而账户记录是账簿的主要内容。设置和登记账簿是会计核算的一种专门方法,也是会计工作的重要环节。

2. 会计账簿的作用

(1)账簿可以提供全面、系统、连续、综合的会计信息。通过账簿的设置和登记,可以把分散在会计凭证上的资料加以归类整理,以便全面、系统、连续、综合地反映在某一特定时间内一个企业的成本、费用、财务状况和经营成果的增减变动情况。

(2)为编制财务报表提供资料。编制财务报表所需要的数据资料,绝大部分来源于会计账簿。账簿记录及时性、真实性、全面性直接影响财务报表的质量。所以正确地设置和登记账簿是连接会计凭证与财务报表的一个重要环节,是编制财务报表的依据和质量保证。

(3)有利于会计检查与会计分析。会计账簿是汇总加工会计信息的工具,企业的一切经济活动都反映在账簿中。因此,可以利用会计账簿提供的资料,对企业的经济活动进行会计检查与会计分析,从而保证企业财产的安全与完整。

### 章 内 知 识 点 衍 生

#### 帐(账)的应用考析

近年来,在"帐"与"账"的应用方面出现了一种新的趋向,首先是国家语言文字研究与管理机构倾向"帐"与"账"用法分工,凡说明银钱货物的记载与债务关系主要用"账"字,"帐"字虽然亦可用于这方面,但从长远讲,将最终达到统一使用"账"字。本文试图通过对"帐""账"二字的起源及应用的考析,阐述对"帐"与"账"在财务会计事项应用方面的看法。

一、"帐簿"之"帐"的起源与应用考析

"帐"字由过去表示帷幕或床帐之"帐"演化用以表示会计帐目、帐簿之"帐",起源于魏晋南北朝时期。那时候,皇帝与达官显贵热衷于巡游,每次巡游都要耗费大量人力与财力。通常沿着巡游路线每隔一定距离便要设置一帏帐,为了保持日常的奢侈生活,帏帐内贵重精良之物一应俱全,故为了保管好这些财产,一般每一帏帐委派一专人进行记录。记录官于巡游之前先一一登记帏帐内的财物,在巡游结束之后进行盘点清算,并将结果报告给上级主管官员。久而久之,这种做法既成为一种制度,也成为一种惯例。从财务核计方面讲,登记帏帐之内的财物,简称为"记帐",做成的书面记录称为"帐"。

幕帐之"帐"用于"记帐、户籍"方面有着更早的历史。据《后汉书·西域传》记载:"更立阿罗多为王,仍将卑君还敦煌,以后部人三百帐别属役之,食其税。帐者,犹中国之户数也。"当时,那些地处于边远地带的游牧民族,按帐篷计算人户,一般一户一帐,引文中的"三百帐"便是三百个纳税户。其后,隋朝乃至唐宋之记帐、户籍制度,或按人丁户数,或按田土,或按人户与田土的结合确定编制记帐,作为赋税征纳之依据,其精神与基本做法也大体上是一致的。尤其是到唐朝时,"租庸调制,以人丁为本",下至基层所编"乡帐"与上至中央汇总编制记账,"帐"字的用法余用处已是家喻户晓。

"帐"字在官厅会计核算中的应用亦盛行于唐代。唐时"薄"与"帐"在应用中既相互关联,而又有一定区别。那时候,通常称会计帐册为"薄帐",唐代对民间所用会计簿册统称为"私簿",而言称"薄帐"之处极少,只有在涉及具体帐目时才用到"帐"字。

至宋代,无论官方还是民间,"帐"字的应用十分普遍,也很直接,如钱帐、粮帐、粮草帐、杂物帐等都是指会计所记帐册,而户帐、丁帐、地步帐等则是指统计帐册。到明清时代,"薄帐"的说法日渐消失,而"帐簿"则渐渐成为统称。这时"帐"字的用处、用法已很多,如简称会计事项为"帐",简称盈利分配为"分帐",把往来帐目称为"赊帐"等等。值得注意的是,在宋代,"帐"字的用法又回归到人们的日常生活之中,成为新方言俗语形成的出处,如宋时把管闲事叫做"管闲帐",把人亡称为"了帐",以及把某某人不讲理斥为"混帐"等等。直到新中国建立之前,"帐"字一直是作为语言文字应用及经济用语、财务会计用语中的一种被人们公认的规范性用字。

## 二、"账"字的起源与应用考析

据初步考证,"账"字的出现起源于明代后期,具体时间大约是在嘉靖至万历年间,而且这个"账"字最初应用于民间而非官厅。16世纪中叶至17世纪初之间,资本主义经济关系开始在中国产生萌芽,这时工场手工业在中国出现,并在雇工操作方面初具规模。同时,商业的发展已使部分商业资本开始向生产领域扩张,不少商人在土地方面的投资逐渐减少,而开始转向兼营手工业,或直接向控制手工业方面发展。那时候,在货币流通中,白银已成为币制中的主流,在市场上基本遵循着"大数用银,小数用钱"的原则。对此,官方还规范了银钱兑换的比价。在频繁的商品交换与货币收受支付关系处理中,人们对货币越来越重视,并从中日益领悟到它的重要作用,"账"字正是在这一经济环境发生重要变化及人们思想发生相应变化的基础上产生的。

"账"字的出现与其字形和结构也有着密切的关系,众所周知,"贝"是人类最早使用的一种货币,所以,自古以来,一些与经济事项有关的字大体上都以"贝"为偏旁,诸如财、货、资、贮、贡、费、贩、购、赚、赔,以及贪、贿、赂、赃等皆是。这些字在商业及会计账务处理中使用频繁,书写次数更多,故很容易使人同"帐"字联系在一起作比较,于是,"账"字便在这种思想支配下被民间的一些人创造出来了。

值得注意的是,至今未发现"账"字在明代官方文件中出现。康熙五十五年(1716年)印行之《康熙字典》中也未收入"账"字。中国社会科学院语言研究所编的《现代汉语词典》1986年版本,以"帐"为正字,列示两大不同之处,而将"账"字列示其下,作为它的俗字,以保持历史原貌。

"帐"字引申应用到会计方面,有着特定的历史成因及其应用的悠久历史,"账"字的出现比"帐"要晚一千余年。了解"帐"与"账"的演变历史对了解我国会计发展史具有一定的意义。

资料来源:郭道扬,《帐(账)的应用考析》,《会计研究》,1998年第11期

### 3. 会计账簿的种类

账簿的种类和形式很多,为了正确地使用各种账簿,需要对账簿进行分类,账簿的分类一般有三种方法,如图3.9所示:

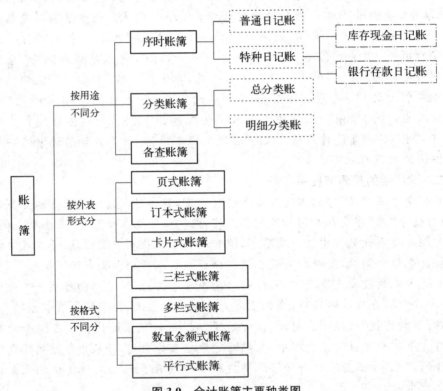

图 3.9  会计账簿主要种类图

(1) 账簿按其用途分类。账簿按不同的用途,可分为序时账簿、分类账簿和备查账簿。

① 序时账簿。序时账簿也称日记账簿,是按照经济业务发生或完成时间的先后顺序,逐日逐笔登记的账簿。如"库存现金日记账"和"银行存款日记账"等。利用序时账簿可以序时地反映库存现金和银行存款的收、付、存情况。

② 分类账簿。分类账簿是对全部经济业务按总分类账户和明细分类账户进行分类登记的账簿。总分类账簿,简称总账,是按照总分类科目开设账户,用于记录提供经济业务总括情况的账簿。明细分类账簿,简称明细账,是根据总账科目设置,并按总分

类科目所属明细分类科目开设的账户,用于记录某一类资产、负责、所有者权益的增减变动情况,成本、费用的发生情况以及利润的形成和分配情况的分类账簿。

③ 备查账簿。备查账簿,又称辅助账簿,是对某些未能在序时账簿和分类账簿中进行登记的经济事项进行补充登记的账簿,如"租入固定资产登记账簿"等。备查账簿可以对某些经济业务的内容提供有参考价值的资料,但一个单位是否设置备查簿应根据实际需要来确定。

(2) 账簿按其外表形式分类。账簿按其外表形式不同,可以分为订本式账簿、活页式账簿和卡片式账簿。

① 订本式账簿。订本式账簿是指在未启用前,将具有账户基本结构并顺序编号的若干张账页,固定地装订成册的账簿。使用订本式账簿可以避免账页散失,但不便于分工记账。此外,由于订本式账簿的账页固定,不便于根据需要增减账页,容易出现账页的余缺,从而造成浪费并影响连续记账,因此,必须预先估计账页的需要总数。但总分类账簿和库存现金、银行存款日记账簿必须采用订本式账簿。

② 活页式账簿。活页式账簿是指由会计人员将若干零散的账页放置在活页账夹内,日常使用中可以随时增减账页,采用活动式装订成册并自行按顺序编页码,年终结束时再固定装订的账簿。采用活页式账簿便于分工记账,在记账时可根据需要增减账页。但采用活页式账簿,账页容易散失和被抽换。因此,在使用时应当连续编号,并由记账人员在账页上盖章。更换新账时,把已登记过的账页装订成册,妥善保管。活页式账簿主要适用于各种明细账。

③ 卡片式账簿。卡片式账簿是指由许多具有一定格式的卡片组成的,存放在卡片箱中可随时存取的账簿。卡片式账簿的优缺点同活页账簿,还有耐用的优点。卡片式账簿可随取随放,登记方便。但在更换新账时,不需再继续登记,可以跨年使用,但也要装订成册,妥善保管,主要适用于记录内容比较复杂,日常登记较少的财产明细账,如固定资产明细账一般采用卡片式账簿。

(3) 账簿按其账页格式分类。账簿按其账页格式分类,可分为三栏式账簿、多栏式账簿、数量金额式账簿和平行式账簿。

① 三栏式账簿。三栏式账簿是设有借方、贷方和余额三个基本栏目的账簿。总分类账、日记账、债权债务及资本的明细分类账一般采用三栏式账簿,其格式见表 3.24、表 3.25、表 3.26 和表 3.27 所示。

② 多栏式账簿。多栏式账簿是在账簿的两个基本栏目借方和贷方按照需要分设若干专栏的账簿。收入、费用明细分类账一般采用多栏式账簿,其格式如表 3.29 所示。

③ 数量金额式账簿。数量金额式账簿是在三栏式账簿基础上,在基本栏目借方、贷方和余额三栏的基础上再分设数量、单价、金额三小栏,借以反映财产物资的实物数量和价值。如"原材料""库存商品"等明细分类账一般采用数量金额式账簿,其格式如表 3.28 所示。

④ 平行式账簿。平行式账簿(横线登记式账簿)的结构特点是一张账页设一个账户,账户分左右两栏,左边栏设时间、凭证、摘要、借方金额栏,右边栏设时间、凭证、摘

要、贷方金额栏。其特点是将前后密切相关的经济业务在同一横线格登记,发生时登记左边栏,核销时登记右边栏,本月未核销的逐笔转入下月。这种格式主要适用于"在途物资、材料采购"等的明细账。需要时,应收账款、应付账款的明细账也可采用此格式的账簿。其格式如表3.30所示。

(二)账簿的基本格式

1. 账簿的基本格式

(1)日记账(序时账)。日记账主要有普通日记账和特种日记账两类,目前我国的日记账主要采用特种日记账,实际工作中特种日记账主要有"库存现金"日记账和"银行存款"日记账二种。其格式如表3.24、表3.25所示,也可以采用多栏式,其格式略。

表3.24　　　　　　　　　　　　**库存现金日记账**(三栏式)　　　　　　　　　　第　页

| 年 | | 记账凭证 | | 摘　要 | 对方科目 | 收入 | 支出 | 余额 |
|---|---|---|---|---|---|---|---|---|
| 月 | 日 | 字 | 号 | | | | | |
| | | | | | | | | |
| | | | | | | | | |
| | | | | | | | | |

表3.25　　　　　　　　　　　　**银行存款日记账**(三栏式)　　　　　　　　　　第　页

| 年 | | 记账凭证 | | 结算凭证 | | 摘　要 | 对方科目 | 收入 | 支出 | 余额 |
|---|---|---|---|---|---|---|---|---|---|---|
| 月 | 日 | 字 | 号 | 种类 | 号数 | | | | | |
| | | | | | | | | | | |
| | | | | | | | | | | |
| | | | | | | | | | | |

(2)分类账。分类账包括总分类账和明细分类账两大类。其格式如表3.26、表3.27、表3.28、表3.29和表3.30所示:

表3.26　　　　　　　　　　　　**总分类账**(三栏式)　　　　　　　　　　　　第　页

会计科目:

| 年 | | 记账凭证 | | 摘　要 | 借方 | 贷方 | 借或贷 | 余额 |
|---|---|---|---|---|---|---|---|---|
| 月 | 日 | 字 | 号 | | | | | |
| | | | | | | | | |
| | | | | | | | | |
| | | | | | | | | |

**表 3.27**                      **明细分类账**（三栏式）

明细分类科目：                                                      第   页

| 年 | | 记账凭证 | | 摘要 | 借方 | 贷方 | 借或贷 | 余额 |
|---|---|---|---|---|---|---|---|---|
| 月 | 日 | 字 | 号 | | | | | |
| | | | | | | | | |
| | | | | | | | | |
| | | | | | | | | |

**表 3.28**                      **明细分类账**（数量金额式）                 第   页

编号：                    名称：                  规格：

计量单位：             储备地点：            库存定额：

| 年 | | 凭证 | | 摘要 | 收 入 | | | 支 出 | | | 结 存 | | |
|---|---|---|---|---|---|---|---|---|---|---|---|---|---|
| 月 | 日 | 字 | 号 | | 数量 | 单价 | 金额 | 数量 | 单价 | 金额 | 数量 | 单价 | 金额 |
| | | | | | | | | | | | | | |
| | | | | | | | | | | | | | |
| | | | | | | | | | | | | | |

**表 3.29**                **制造费用明细分类账**（多栏式）               第   页

车间名称：

| 年 | | 记账凭证 | | 摘要 | 借 方 | | | | | 贷方 | 余额 |
|---|---|---|---|---|---|---|---|---|---|---|---|
| 月 | 日 | 字 | 号 | | 薪酬 | 折旧费 | 材料费 | 水电费 | 办公费 | | |
| | | | | | | | | | | | |
| | | | | | | | | | | | |
| | | | | | | | | | | | |

**表 3.30**               **在途物资明细分类账**（平行式）               第   页

材料名称：            规格：            计量单位：

| 年 | | 凭证 | | 摘要 | 供应单位 | 借方金额 | 年 | | 凭证 | | 摘要 | 收货仓库 | 贷方金额 |
|---|---|---|---|---|---|---|---|---|---|---|---|---|---|
| 月 | 日 | 字 | 号 | | | | 月 | 日 | 字 | 号 | | | |
| | | | | | | | | | | | | | |
| | | | | | | | | | | | | | |
| | | | | | | | | | | | | | |

（三）总账与明细账的关系及平行登记

1. 总分类账与明细分类账的联系与区别

总分类账与明细分类账二者的联系主要表现为以下两个方面：

(1) 二者所反映的经济业务内容相同。总分类账与明细分类账二者的内在联系，体现在所反映的经济业务内容相同。如"原材料"总分类账户与所属的 A 材料、B 材料等明细分类账户都是用来记录原材料的收入、发出、结存情况的。

(2) 两者记账的原始依据相同。总分类账与明细分类账都根据审核无误的原始凭证和记账凭证来登记的。如据以登记"库存商品"总分类账中的"转账凭证"和"产品入库单"，同时也是登记各种库存商品明细分类账的依据。

总分类账与明细分类账二者的区别主要表现为以下两个方面：

(1) 二者反映经济业务详细程度不同。总分类账户提供某科目增减变化的总括情况，而明细分类账户提供该总账科目所属的明细科目增减变化的详细情况。总分类账户只反映价值量指标，有的明细分类账不仅要反映价值量指标还要反映实物量指标。

(2) 二者的作用不同。总分类账所核算的数据资料是所属明细分类账户所核算数据资料的综合，总分类账户对所属明细分类账户起统驭作用；明细分类账户的核算是对总分类账核算的补充，起补充和详细说明的作用。

2. 总分类账户与所属明细分类账户的平行登记

(1) 平行登记的含义。所谓平行登记，指一项经济业务发生后，以会计凭证为依据，一方面要在相关总分类账户登记，另一方面又要在该总分类账户所属的明细分类账户中登记。平行登记规则是由总分类账与明细分类账的关系所决定的。

(2) 平行登记的要点。平行登记的要点如下：

第一，同期登记。同一项经济业务，应依据会计凭证在同一期间记入相关的总分类账户和该总分类账户所属明细分类账户。

第二，方向相同。一项经济业务，如果在某总分类账户记入借方，则在其所属相关明细分类账户也记借方；反之，一项经济业务如在总分类账户记入贷方，则在相关明细分类账户也记贷方。

第三，金额相等。每一笔经济业务，记入某相关总分类账户的金额必须与记入该账户所属各有关明细账户的金额之和相等。即记入总分类账户的借方金额应与记入所属各明细账户借方金额之和相等，记入总分类账贷方的金额应与记入其所属明细账户贷方金额之和相等。

由于总分类账户与所属明细分类账户必须平行登记，因而总分类账户与其所属各明细分类账户的金额之间存在下列关系：

总分类账户期初余额＝所属各明细分类账户期初余额之和；

总分类账户本期借方发生额＝所属各明细分类账户本期借方发生额之和；

总分类账户本期贷方发生额＝所属各明细分类账户本期贷方发生额之和；

总分类账户期末余额＝所属各明细分类账户期末余额之和。

现以"原材料"账户核算为例说明总分类账户与所属明细分类账户的平行登记的关系。

【例 3.4】赣昌股份有限公司 2020 年 5 月 1 日"原材料"总分类账余额为 8 640 元。其中，所属的甲材料明细账期初结余：数量为 182 千克，每千克单价为 20 元，金额为

3 640 元；乙材料明细分类账期初结余：数量为 200 千克，每千克单价为 25 元，金额为 5 000 元。本月发生的经济业务如下：

(1) 5 月 10 日购进甲材料 1 000 千克，每千克单价 20 元；购入乙材料 2 000 千克，每千克单价 25 元。但货款已于 5 月 5 日用银行存款支付，材料今日验收入库。根据以上经济业务做材料入库的会计分录如下：

  借：原材料——甲材料           20 000
      ——乙材料           50 000
   贷：在途物资——甲材料         20 000
       ——乙材料         50 000

(2) 5 月 15 日生产产品领用甲材料 600 千克，每千克单价 20 元；领用乙材料 1 000 千克，单价 25 元。根据以上经济业务做发出材料的会计分录如下：

  借：生产成本              37 000
   贷：原材料——甲材料          12 000
       ——乙材料         25 000

根据以上资料及所编制的会计分录登记"原材料"的总分类账和明细分类账，见表 3.31、表 3.32 和表 3.33 所示：

**表 3.31**           **总 分 类 账**

会计科目：原材料                         第  页

| 2014 年 | | 记账凭证 | | 摘 要 | 借方 | 贷方 | 借或贷 | 余额 |
|---|---|---|---|---|---|---|---|---|
| 月 | 日 | 字 | 号 | | | | | |
| 5 | 1 | | | 期初余额 | | | 借 | 8 640 |
| | 10 | 转 | 8 | 购入材料 | 70 000 | | 借 | 78 640 |
| | 15 | 转 | 16 | 生产领用材料 | | 37 000 | 借 | 41 640 |
| | 31 | | | 本期发生额及余额 | 70 000 | 37 000 | 借 | 41 640 |

**表 3.32**           **明 细 分 类 账**

名称：甲材料        计量单位：千克        金额单位：元       第  页

| 2014 年 | | 凭证 | | 摘 要 | 收 入 | | | 支 出 | | | 结 存 | | |
|---|---|---|---|---|---|---|---|---|---|---|---|---|---|
| 月 | 日 | 字 | 号 | | 数量 | 单价 | 金额 | 数量 | 单价 | 金额 | 数量 | 单价 | 金额 |
| 5 | 1 | | | 期初余额 | | | | | | | 182 | 20 | 3 640 |
| | 10 | 转 | 8 | 购入材料 | 1 000 | 20 | 20 000 | | | | 1 182 | 20 | 23 640 |
| | 15 | 转 | 16 | 生产领用 | | | | 600 | 20 | 12 000 | 582 | 20 | 11 640 |
| | 31 | | | 本月发生额及余额 | 1 000 | 20 | 20 000 | 600 | 20 | 12 000 | 582 | 20 | 11 640 |

表 3.33　　　　　　　　　　　　　明 细 分 类 账
名称：乙材料　　　　　　计量单位：千克　　　　　　金额单位：元　　　　　第　页

| 2014年 | | 凭证 | | 摘要 | 收入 | | | 支出 | | | 结存 | | |
|---|---|---|---|---|---|---|---|---|---|---|---|---|---|
| 月 | 日 | 字 | 号 | | 数量 | 单价 | 金额 | 数量 | 单价 | 金额 | 数量 | 单价 | 金额 |
| 5 | 1 | | | 期初余额 | | | | | | | 200 | 25 | 5 000 |
| | 10 | 转 | 8 | 购入材料 | 2 000 | 25 | 50 000 | | | | 2 200 | 25 | 55 000 |
| | 15 | 转 | 16 | 生产领用 | | | | 1 000 | 25 | 25 000 | 1 200 | 25 | 30 000 |
| | 31 | | | 本月发生额及余额 | 2 000 | 25 | 50 000 | 1 000 | 25 | 25 000 | 1 200 | 25 | 30 000 |

从【例 3.4】中可以看出，由于总分类账和明细分类账是采用平行登记的方法进行登记的，最后得出：

总分类账户期初余额 8 640＝所属各明细分类账户期初余额之和（甲 3 640＋乙 5 000）；

总分类账户本期借方发生额 70 000＝所属各明细分类账户本期借方发生额之和（甲 20 000＋乙 50 000）；

总分类账户本期贷方发生额 37 000＝所属各明细分类账户本期贷方发生额之和（甲 12 000＋乙 25 000）；

总分类账户期末余额 41 640＝所属各明细分类账户期末余额之和（甲 11 640＋乙 30 000）。

在实际工作中，为了检查总分类账户和明细分类账登记的正确性，可以通过编制"总分类账户与明细分类账户发生额及余额对照表"来验证。"总分类账户与明细分类账户发生额及余额对照表"的格式与内容如表 3.34 所示：

表 3.34　　　**总分类账户与明细分类账户发生额与余额对照表**　　　金额单位：元

| 账户名称 | 月初余额 | | 本月发生额 | | 月末余额 | |
|---|---|---|---|---|---|---|
| | 借方 | 贷方 | 借方 | 贷方 | 借方 | 贷方 |
| 甲材料明细账户 | 3 640 | | 20 000 | 12 000 | 11 640 | |
| 乙材料明细账户 | 5 000 | | 50 000 | 25 000 | 30 000 | |
| 原材料总分类账户 | 8 640 | | 70 000 | 37 000 | 41 640 | |

（四）账簿的登记要求与规则

1. 账簿启用的规则

为了保证会计账簿记录的合法和完整，明确记账责任，使每一本账簿的登记、审核、保管责任到人，要求会计人员在启用新账簿时在账簿的扉页填写账簿经营人员一览表及账户目录等，账簿启用及账簿经营人员一览表及目录的格式如表 3.35.1 和表 3.35.2 所示：

表 3.35.1　　　　　　　**账簿启用和经管人员一览表**

账簿名称：　　　　　　　　　　　　　　　　　单位名称：
账簿编号：　　　　　　　　　　　　　　　　　账簿册数：
账簿页数：　　　　　　　　　　　　　　　　　启用日期：
单位负责人(盖章)　　　　会计主管(盖章)　　　　记账人员(盖章)

| 移交日期 | | | 移　交　人 | | 接管日期 | | | 接　管　人 | | 会计主管 | |
|---|---|---|---|---|---|---|---|---|---|---|---|
| 年 | 月 | 日 | 姓名 | 盖章 | 年 | 月 | 日 | 姓名 | 盖章 | 姓名 | 盖章 |
| | | | | | | | | | | | |
| | | | | | | | | | | | |
| | | | | | | | | | | | |

表 3.35.2　　　　　　**账户目录表（科目索引表）**

| 页码 | 科目 | 页码 | 科目 | 页码 | 科目 | 页码 | 科目 | 页码 | 科目 |
|---|---|---|---|---|---|---|---|---|---|
| | | | | | | | | | |
| | | | | | | | | | |
| | | | | | | | | | |

（1）设置账簿的封面封底。除订本式账簿不设封面以外，其他各种活页式账簿都应设置封面与封底，并登记单位名称、账簿名称和所属会计年度。

（2）填写账簿启用及经管人员一览表。在启用新会计账簿时，应首先填写在扉页上印制的账簿启用及账簿经营人员一览表中的启用说明，其中包括单位名称、账簿名称、起止日期、单位负责人、主管会计、审核人员和记账人员等项目，并加盖单位公章。在会计人员发生变更时，应办理交接手续并填写账簿经营人员一览表作交接说明。

（3）填写账户目录。总账应按照会计科目顺序填写科目名称及启用页号。在启用活页式明细分类账簿时，应按照所属会计科目填写科目名称和页码，在年度结账后，撤去空白账页，加上封面并装订成册。

2.账簿登记的规则

账簿记录是会计工作的一个重要环节，为了使账簿记录正确、及时、完整、清晰，以确保后续会计工作的正确性，会计人员应根据审核无误的会计凭证认真做好账簿的登记工作。

（1）账簿必须根据审核无误的会计凭证连续、系统地登记，不能错记、漏记和重记，并将会计凭证的编号记入账簿，在记账时必须使用会计科目、子目、细目的全称，不得简化。

（2）登记账簿时必须使用钢笔，用蓝黑墨水登记，不能使用圆珠笔和铅笔，红墨水只能在结账划线、改错和冲账时使用，以防篡改。

（3）各种账簿必须按照事先编定的页码连续登记，不能隔页、跳行，如果不慎发生类似的情况,应在空白页或空行处用红墨水画对角线注销。并注明此页或此行空白,而且要加盖记账人的印鉴,不得任意撕毁或抽换账页。

(4) 登账时或登账后发现差错,应根据错误的具体情况,按照更正错账的方法进行更正,不得刮擦、挖补、涂改和用褪色药水更改字迹,应保持账簿和字迹清晰、整洁。

(5) 摘要栏的文字应简明扼要,并采用标准的简化汉字,不能使用不规范的汉字;金额栏的数字应该采用阿拉伯数字,并且对齐位数,注意"0"不能省略和连写;数字和文字一般应占行的1/2宽,为更正错误留有余地。

(6) 每登满一页账页,应该在该页的最后一行加计本页的发生额和余额,在摘要栏中注明"过次页",并在下一页的首行记入上页的发生额和余额。在摘要栏内注明"承前页",以便对账和结账。

(五) 错账更正

会计人员必须认真、细致地做好记账工作。如果出现登账错误,如账户名称即会计科目记错、借贷方向记错、金额记错以及重记、漏记等,必须遵循一定的规则进行更正,不得任意刮、擦、挖补、涂抹等。错账更正方法有三种:划线更正法、红字更正法和补充登记法。

1. 划线更正法

划线更正法,适用于在结账前发现账簿记录中文字、数字有错误,而其所依据的记账凭证并无错误的情况。划线更正法的具体更正方法是:在错误的文字或数字上画一条红线,以示注销,然后将正确的文字或数字填写在被注销的文字或数字上方,并由更正人员在更正处盖章,以明确责任。对于错误的数字,应整个划销,不得只划销其中个别数字,另外,对注销的文字或数字,应当能辨认出原有字迹,不得涂改,以备查考。例如,记账凭证无误,记账时将5 978.35误写为5 987.35,此时并没有结账,可采用划线更正法进行更正。具体步骤是:应在5 987.35数字上居中画一条红线,然后将正确数字填在正上方,并在更正处盖章。又如误将"应收账款"误写为"应付账款",更正方法是:在"付"字上居中画一条红线,然后将正上方填写"收"字,并在更正处盖章。

2. 红字更正法

又称红字冲销法,适用于以下两种情况:第一,记账凭证中会计科目、记账方向有误而造成账簿登记出现错误;第二,记账凭证中会计科目、记账方向正确,但所记金额大于应记金额,导致账簿登记金额出现错误。更正方法是:对于第一种情况,应用红字填制一张内容与原凭证完全相同的记账凭证,在摘要栏中注明更正某月某日的错账,并据以用红字登记入账,冲销错账;再用蓝字填制一张正确的记账凭证,同样注明更正某月某日,并据以登记入账。对于第二种情况,只需将多记的金额,用红字填制一张会计科目、借贷方向及金额与原记账凭证一样的记账凭证并以红字登记入账即可。

【例3.4】月末分配结转制造费用5 000元,已入账的记账凭证中会计分录误记为:

借:库存商品　　　　　　　　　　　　　　　　　　　　　　5 000
　　贷:制造费用　　　　　　　　　　　　　　　　　　　　　　5 000

更正时,用红字填制一张与原错误转账凭证完全一样的转账凭证,并据以用红字登记入账。

借：库存商品 5 000
　　贷：制造费用 5 000

然后，再填制一张正确的转账记账凭证，并登记入账。

（注：☐表示红字。）

借：生产成本 5 000
　　贷：制造费用 5 000

**【例3.5】** 若上例期末分配结转制造费用时，转账记账凭证中会计科目、借贷方向均无错误，只是误将金额填写为50 000，并已入账，即原记录为：

借：生产成本 50 000
　　贷：制造费用 50 000

更正时，只需将多记金额用红字冲销即可，为此，用红字填制一张与原记账凭证同样会计科目，金额为红字45 000元的转账凭证并入账，即可更正错误记录。如下所示：

借：生产成本 45 000
　　贷：制造费用 45 000

3. 补充登记法

适用于记账凭证中会计科目、记账方向正确，但所记金额小于应记金额，导致账簿登记金额出现错误。更正方法是：将少记金额，用蓝字填制一张会计科目、借贷方向与原记账凭证相同的记账凭证，并据以入账即可。

**【例3.6】** 若【例3.4】中误将金额填写成500元，并已入账，即：

借：生产成本 500
　　贷：制造费用 500

更正时，填制一张金额为4 500元的蓝字记账凭证，其会计科目、借贷方向与原记账凭证相同，即：

借：生产成本 4 500
　　贷：制造费用 4 500

并据以入账，即可将少记金额补充登记入账。

（六）账簿对账与结账

1. 账簿对账

账簿对账，通俗地说就是核对账簿。在日常的会计核算中，发生诸如登账、过账、算账等各种差错，有时是难免的，同时由于各种客观因素还会导致账款不符、账实不符等现象的存在。如各种商品物资受温度、湿度等各种自然条件的影响以及自身性质的改变往往会发生短缺或者升溢；又如银行存款由于企业和银行的入账时间差异会产生未达账项等。当然也有一些是由于主观原因造成的，如会计人员业务不熟，仓库保管人员工作失职，或者违法人员从中作弊，从而导致会计资料失真和物资财产遭受损失等。

因此，为了确保会计资料的真实、可靠，为编制财务报表提供可靠依据，通常在结账前，必须核对各种账簿记录，做到账证相符、账账相符、账实相符。另一方面，通过对账，我们还能发现会计工作中的薄弱环节。同时，对账也是加强企业内部控制制度，保护货币资金、存货等各种资产不受侵占的一项有效措施。所以，对账是会计核算过程的一个重要环节,各级管理人员、财务会计人员都必须明确对账的内容和掌握对账的基本技能及方法。对账的主要内容包括以下三个方面：

(1) 账证核对。将原始凭证、记账凭证与账簿中所对应的经济业务进行核对,以查明其内容、数量、金额与会计科目是否相符。可以逐笔进行核对,也可以抽查核对。

(2) 账账核对。账账核对是指将各种账簿之间的有关数字核对,这种核对至少在每月末进行一次,其相应的核对方法主要有如下四点：

第一,检查总分类账的记录。

第二,总分类账户与明细分类账户之间的核对。

第三,财产物资的明细分类账与保管账之间的核对。

第四,库存现金和银行存款日记账的本期发生额及期末余额与库存现金、银行存款的总分类账相应数字核对相符。

(3) 账实核对。这里指各种物资财产的账面余额与实存数相核对,这一工作其实就是财产清查的盘点法。主要内容包括：库存现金日记账的账面余额同实际库存数额应该相互核对；银行存款日记账的账面余额应该同银行对账单核对相符；财产物资明细分类账的结存数应该与实存数量相核对。

各种债权、债务明细分类账的余额,应与相应的债务人债权人核对相符。债权、债务明细分类账的余额与债务人、债权人的核对,通常采用函证法。其具体做法是：首先检查本单位各项债权、债务的账簿记录是否完整和正确,当确定无误后,再编制函证单,寄发对方单位。函证单应按明细账户记录,将账目逐笔摘抄给对方,一式两联；其中有一联作为回单,经对方核对相符,加盖印章后退回；如发现账目金额不符,应将不符的情况在回函上说明,或者另抄一张函证单后一并退回,以使单位进一步加以核对。对于函证后未达账项双方均应进行调整。

2. 账簿结账

为了总结某一会计期间(如月度和年度)的经营活动情况,必须定期进行结账。结账就是把一定时期内发生的经济业务在全部登记入账的基础上,将各种账簿记录结出"本期发生额"和"期末余额",为根据账簿记录,编制会计报表做好准备。结账的具体做法为：

(1) 结账前。必须将本期内所发生的各项经济业务全部登记入账。

(2) 结账时。应当结出每个账户的期末余额。需要结出当月发生额的,应当在摘要栏内注明"本月合计"字样,并在下面通栏划单红线。需要结出本年累计发生额的,应当在摘要栏内注明"本年累计"字样,并在下面通栏划单红线；12月末的"本年累计"就是全年累计发生额。全年累计发生额下面应当通栏划双红线。年度终了结账时,所有总账账户都应当结出全年发生额和年末余额。

(3) 年终时。要把各账户的余额结转到下一会计年度,并在摘要栏注明"结转下年"字样；在下一会计年度新建有关会计账簿的第一行余额栏内填写上年结转的余额,并在摘要栏注明"上年结转"字样。

(七) 账簿的更换与保管

1. 账簿的更换

为了保持会计账簿资料的连续性,在每一会计年度结束,新的会计年度开始时,应按会计制度规定,进行账簿的更换。

(1) 总账、日记账的更换。这类账簿需要每年更换一次。年初,将旧账簿中各账户的余额直接记入新账簿中有关账户新账页的第一行"余额"栏内。同时,在"摘要"栏内加盖"上年结转"戳记,将旧账页最后一行数字下的空格画一条斜红线注销,并在旧账页最后一行"摘要"栏内加盖"结转下年"戳记。在新旧账户之间转记余额,可不必填制凭证。在年度内更换新账,与年初更换新账的手续相同。

(2) 明细账的更换。明细账的更换有两种情况:大部分明细账反映的是债权债务的应收账款和应付账款,应当和总账、日记账一样,每年更换一次;但是也有一部分如固定资产明细账等因年度内变动不多,年初可不必更换,但要在"摘要"栏内加盖"结转下年"戳记,以划分新旧年度之间的金额。部分明细账,如固定资产明细账等,年度内变动不多,年初可不必更换,但仍需进行年度结账。

2. 账簿的保管

会计账簿、会计凭证和会计报表等都是企业重要的经济档案和历史资料必须妥善保管,不得任意丢失和销毁。年末结账后,会计人员应在活页账簿前面加放"账簿启用表""经管账簿人员一览表"及封面,然后装订成册,统一编号后,与各种订本账一并归档。各种账簿应按年度分类归档,编制目录,妥善保管。既保证在需要时能迅速查阅,又保证各种账簿的安全和完整。各种账簿的保管年限和销毁的审批程序,应按会计制度的规定严格执行。

按现行规定,会计账簿必须按保管期进行保管,保管期满可以销毁,销毁时应事先书面申报并附销毁清册,经批准后由会计部门与档案管理部门共同办理。销毁清册应永久保存。

## 章内知识点衍生

### 企业和其他组织会计档案保管期限

| 序 号 | 档案名称 | 保管期限 | 备 注 |
| --- | --- | --- | --- |
| 1 | 会计凭证类 | | |
| (1) | 原始凭证 | 30年 | |
| (2) | 记账凭证 | 30年 | |
| (3) | 汇总凭证 | 30年 | |
| 2 | 会计账簿类 | | |
| (1) | 总账 | 30年 | 包括日记总账 |
| (2) | 明细账 | 30年 | |
| (3) | 日记账 | 30年 | |
| (4) | 固定资产卡片 | | 固定资产清理报废后保管5年 |
| (5) | 辅助账簿 | 30年 | |

(续表)

| 序 号 | 档案名称 | 保管期限 | 备 注 |
|---|---|---|---|
| 3 | 财务报表类 | | 包括各级主管部门汇总财务报告 |
| (1) | 月、季度财务报告 | 10年 | 包括文字分析 |
| (2) | 年度财务报告(决算) | 永久 | 包括文字分析 |
| 4 | 其他类 | | |
| (1) | 会计移交清册 | 30年 | |
| (2) | 会计档案保管清册 | 永久 | |
| (3) | 会计档案销毁清册 | 永久 | |
| (4) | 银行存款余额调节表 | 10年 | |
| (5) | 银行对账单 | 10年 | |
| (6) | 纳税申报表 | 10年 | |

资料来源：《会计档案管理办法》(中华人民共和国财政部　国家档案局令第79号)。

## 第四节　会计报告环节：财务报表

### 一、财务报表的含义和作用

**(一)财务报表的含义**

财务报表是对企业财务状况、经营成果和现金流量的结构性表述，是根据企业日常会计核算资料定期编制的，综合反映会计主体在某一会计期间财务状况、经营成果、现金流量和所有者权益变动情况的书面文件。它是会计工作的"最终产品"，也是企业对外提供财务会计信息的最主要形式。编制财务报表是会计核算的一种专门方法，是会计核算的最后一个环节，也是会计工作的一项重要内容。按照《企业会计准则第30号——财务报表列报》第二条规定：财务报表至少应当包括下列组成部分：资产负债表、利润表、现金流量表、所有者权益(或股东权益)变动表及附注五个部分。

企业在生产经营活动中，发生了大量的经济业务，会计部门应根据这些经济业务的发生取得合理合法的原始凭证，再根据这些原始凭证编制记账凭证；并运用复式记账法，根据所设置的科目，分门别类地登记到会计账簿的各个账户之中；然后再将分散在各会计账簿中的会计信息进行整理与分析后，定期编制财务报表。由此可见，会计信息的加工处理经过了三个阶段：取得与填制会计凭证——分类与归集登记账簿——提炼与浓缩会计信息的指标体系并编制财务报表。财务报表是能把企业最重要、最基本的会计信息集中地体现在几张表格中，能够使信息使用者在最短的时间内，最方便、最全面地了解企业的基本经济信息的一种必不可少的专门方法,也是会计工作的一个重要组成部分。财务报表的目标是向财务报表的使用者提供与企业财务状况、经营成果和现金流量等有关的会计信息,反映企业管理层受托责任履行情况,有助于财务会计报表使用者做出经济决策。

（二）财务报表的作用

在市场经济的环境下,市场竞争十分激烈,为了应对变化莫测的市场竞争,会计信息的使用者希望及时、准确地了解企业的财务状况和经营成果。那么采用什么方法就能满足上述信息使用者的需求呢？财务报表所提供的指标,比其他任何的会计资料（凭证、账簿）更为综合、系统与全面。因此,财务报表对企业的管理人员、内部职工、现有和潜在的投资者、银行和其他金融机构的债权人、供应商和其他商品债权人、政府有关部门、顾客及社会其他有关人员等都具有十分重要的意义。其作用主要体现在以下几个方面。

1. 有利于完善企业内部管理与提高经济效益

财务报表能为企业的生产经营与管理部门提供连续、系统、完整的会计信息资料,不仅可以使管理当局、生产与经营人员及时地掌握本单位的生产经营活动和财务成果的情况,而且可以掌握企业在执行国家的财政、税收、金融、价格等政策方面的情况。通过对本单位在生产、经营活动中的成本费用、利润等资料的分析,能够进一步巩固与发扬优点,发现与纠正存在的问题,提高企业经营管理和财务管理水平,从而达到完善企业内部管理、提高企业经济效益的目的。

2. 有利于投资者进行决策与分析

所有的投资者在进行投资时,最关心的是投资的风险与报酬。于是,他们在投资前都需要全面地了解与分析被投资企业的资金状况与经济活动情况。一旦确定了投资之后,他们始终都在关注自己资金的安全性与回报率。因此,利用财务报表所提供的会计信息来帮助他们了解企业的生产经营状况、财务收支情况,能为他们进行正确地投资决策与分析提供一个重要依据。

3. 有利于债权人评价企业的偿债能力与支付能力

企业的债权人（包括银行、其他金融机构、债券购买者等）在确定是否给予贷款或购买债券时,他们要借助于企业的财务报表,全面了解企业能否在规定的时间里按时支付贷款利息和归还本金的能力。也就是说,财务报表能为债权人提供企业的资金运转情况,以帮助债权人监督企业资金的使用状况,评价企业的偿债能力和支付能力,从而做出是否发放贷款或购买债券的决定。

4. 有利于各级政府部门制定经济政策与加强宏观调控

国家财政、税务、工商、价格等行政管理部门,在履行国家对企业的管理与监督职能时,通过财务报表可以检查企业是否严格遵守国家财经法规与政策;检查企业的资金使用、成本计算、利润的形成与分配以及各种税金的计算和缴纳的情况。同时,为国民经济综合管理部门提供相关的会计信息,便于国家制定经济政策,加强宏观调控,使我国国民经济正常运行。

5. 有利于各经济监督部门对企业经济活动进行监管

审计、证券管理等经济监督部门,可以根据财务报表所提供的信息,检查企业会计信息的真实性与可靠性，发现企业在生产与经营活动中是否存在违反法规的问题，从而保证市场经济秩序稳定与正常地进行，为我国经济的发展提供一个良好的社会经济环境。

## 二、财务报表的种类

作为财务会计报告核心内容的财务报表按不同的标志划分有不同的分类。

### （一）按照反映的经济内容不同

可以分为资产负债表、利润表、现金流量表和所有者权益（或股东权益）变动表四种。

资产负债表是总括反映企业在一定日期全部资产、负债和所有者权益情况的报表；利润表是总括反映企业在一定期间内利润（亏损）实现情况的报表；现金流量表是指企业在一定会计期间现金和现金等价物流入和流出的报表；所有者权益（股东权益）变动表是指反映企业年末所有者权益（或股东权益）变动情况的报表。这四张报表是企业财务报告体系中重要的组成部分，也是企业必须对外报告的报表。

### （二）按照财务报表编报的时间不同

可以分为年度财务报表和中期财务报表两种。

年度财务报表是企业最重要的、最详细的、最全面的报表，是反映企业财务状况和经营成果等情况的报表，是企业重要的经济资料；中期财务报表是指以中期的会计资料为基础编制的财务报表，这里的中期是指短于一个完整的会计年度的报告期间。因此，中期财务报表又可分为半年度、季度、月份财务报表。

### （三）按照财务报表反映资金运动状态的不同

可以分为静态财务报表和动态财务报表两种。

静态财务报表是指反映在某一时点上企业的资产、负债及所有者权益等财务状况的报表，一般是根据各个账户的"期末余额"填列，如资产负债表、应收款项附表、存货附表等。动态报表是指反映企业一定时期内（如一个月、一个季度、半年、一年）资金的来源与流向以及经营成果形成情况的报表，一般根据有关账户的"发生额"填列，如现金流量表、利润表等。

### （四）按照财务报表的编制主体的不同

可以分为个别财务报表、合并财务报表和汇总报表三种。

个别财务报表是指独立核算的基层单位，按照会计准则的规定，根据企业的会计核算资料编制而成的报表；合并财务报表是指用来反映母公司及其全部子公司形成的企业集团整体财务状况、经营成果、现金流量和所有者权益（股东权益）变动情况的报表；汇总财务报表是指由上级主管部门根据所属各单位上报的财务报表连同本级的财务报表经汇总后编制而成，能反映某一系统或某一地区财务状况和经营成果的报表。

### （五）按照财务报表的报送对象的不同

可以分为对外财务报表和对内财务报表两种。

对外财务报表是指根据《企业会计准则》的要求编制的,应该定期向企业以外的政府部门、投资者和债权人等报送的财务报表,如企业的资产负债表、利润表、现金流量表及所有者权益(或股东权益)变动表等都属于必须对外报送的财务报表;对内财务报表,是指根据企业内部管理的需要自行规定、自行设计的为企业内部管理者提供必要会计信息的报表。对内财务报表没有统一的格式和统一的指标体系,完全是按照企业自身管理的需要来编制的,如各种成本和费用报表、经济责任考核表及预测决策表等。这类报表属于内部保密资料,一般不宜对外公布。

## 三、资产负债表与利润表的编制

### (一)资产负债表

#### 1. 资产负债表的概念

资产负债表是指反映企业在某一特定日期(月末、季末、半年末或年末)全部资产、负债和所有者权益财务状况的报表。资产负债表主要由资产、负债和所有者权益三大会计要素组成,其编制的理论依据是:"资产=负债+所有者权益"的会计基本恒等式,它是反映企业静态财务状态的一种基本报表。

#### 2. 资产负债表的作用

资产负债表是企业、单位的一张主要报表,通过该报表提供的经济信息,能够反映企业在某一特定的时点所拥有的资产及其分布的状况;能够反映企业的支付能力、偿债能力和财务实力的情况;能够分析出企业财务状况的变化及发展趋势。因此,该报表对所有的信息使用者都具有十分重要的作用。资产负债表的具体作用主要表现在以下几个方面:

(1)能够反映企业资产的总量及其分布情况。通过资产负债表,可以使信息使用者了解与掌握企业的经济资源总量的多少及其各项资产分布的状况,据此可以分析企业的经营实力和各种资产构成比例的合理性。

(2)能够反映企业的财务实力和风险。通过资产负债表,可以了解企业举债经营的程度,所承担债务偿还时间的长短。投资者和债权人在对资产与负债的分析后可评价企业的支付能力和偿债能力,了解企业是否面临财务风险,从而做出正确的决策。

(3)能够反映企业所有者权益的总额及其形成的原因。通过资产负债表,能够反映企业所有者权益的大小及所有者权益形成的原因和分布情况。对于信息使用者来说,不仅要了解企业资产总额的多少,更要了解企业净资产的多少,因为净资产就是所有者权益,它是企业的资产总额减去负债总额差额,是反映企业偿债能力的一个重要标志。

(4)能够反映企业财务状况变化的趋势。通过资产负债表能够反映企业财务状况发展和变化的趋势,因为它所提供的数据不仅仅是一个孤立的时点数。按照新颁布的《企业会计准则》,资产负债表除了提供期末数外,还要提供当年的期初数,以便信息使用者进行期初与期末的对比分析。提供两个以上时点数据的报表,通常称为比较财务报表。其目的是通过不同时点数字的比较，来反映企业财务状况的变化趋势，以便信息使用者做出正确的决策，而资产负债表则可以满足这方面的比较分析。

3. 资产负债表的编制举例

【例3.7】现以表3.7中赣昌股份有限公司2020年1月31日的发生额和余额试算平衡表的有关资料编制资产负债表，如表3.36所示：

表3.36

### 资产负债表（简表）

编制单位：赣昌股份有限公司　　　　2020年1月31日　　　　　　　　　　单位：元

| 资产 | 金额 | 负债及所有者权益 | 金额 |
| --- | --- | --- | --- |
| 货币资金 | 246 000 | 短期借款 | 220 000 |
| 应收账款 | 90 000 | 应付账款 | 30 000 |
| 存货 | 214 000* | 应交税费 | 25 000 |
| 固定资产 | 300 000 | 股本 | 500 000 |
|  |  | 本年利润 | 75 000 |
| 资产总计 | 850 000 | 负债及所有者权益总计 | 850 000 |

\* 来源于表3.7或图3.7中的原材料期末余额124 000＋库存商品期末余额90 000＝214 000

（二）利润表

1. 利润表的概念

利润表，又称损益表或收益表，是反映企业在一定会计期间（月份、季度、半年度及年度）经营成果的财务报表。利润表可以反映企业一定会计期间的收入实现情况，包括营业收入、投资收益等；可以反映一定会计期间的费用耗费情况，包括营业成本、税金及附加和期间费用。将一定期间的收入与其同一会计期间相关费用配比，计算出企业一定时期的净利润（或净亏损）。利润表编制的理论依据是"收入－费用＝利润"这一基本会计恒等式，它是一张动态的财务报表。

2. 利润表的作用

（1）反映企业经营业绩和经营管理水平。利润表通过将收入、利得与相关费用、损失配比得出净利润，用来衡量企业在特定时期中所取得的成果，以及为取得这些成果所付出的代价。这有助于分析评价企业的经营成果和获利能力，同时也是评价企业管理绩效的主要手段。

（2）有助于企业进行经营决策。利润表是一张动态财务报表，与其他报表信息联系起来分析，可以反映出企业经营活动对同一期间资产负债表要素的影响，对投资者、债权人、政府部门以及其他会计信息使用者全面了解企业的经营业绩，分析评价企业的偿债能力，预测企业未来现金流量状况，具有十分重要的意义。

（3）是企业经营成果分配的重要依据。利润表中数据的大小直接影响企业各方利害关系人的利益，如国家的税收、股东的股利、职工的薪酬等。因此，企业公积金的提取、股利分配的政策等都必须以利润表为依据。

3. 利润表的编制举例

【例 3.8】现以表 3.7 中赣昌股份有限公司 2020 年 1 月 31 日的发生额和余额试算平衡表的有关资料编制利润表,如表 3.37 所示:

表 3.37

### 利润表(简表)

编制单位:赣昌股份有限公司　　　　　　2020 年 1 月　　　　　　　　　　　　单位:元

| 项　　　目 | 本 期 金 额 | 项　　　目 | 本 期 金 额 |
|---|---|---|---|
| 一、营业收入 | 200 000 | 加:营业外收入 | — |
| 减:营业成本 | 66 000 | 减:营业外支出 | — |
| 销售费用 | 24 000 | 三、利润总额 | 100 000 |
| 管理费用 | 10 000 | 减:所得税费用 | 25 000 |
| 二、营业利润 | 100 000 | 四、净利润 | 75 000 |

## 章后知识点总结

本章主要目的是让学生了解与掌握会计核算的基本方法:一要了解企业应如何设置以及熟练掌握和应用会计科目与账户;二要掌握借贷记账法及其应用;三要掌握凭证如何填制与审核;四要明白如何根据审核无误的会计凭证登记账簿,重点掌握总账与明细账的平行登记;五要了解如何根据相关的账簿记录编制简单的资产负债表和利润表;为以后各章节的学习奠定基础。

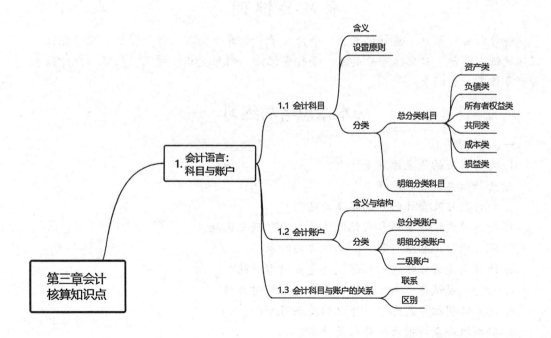

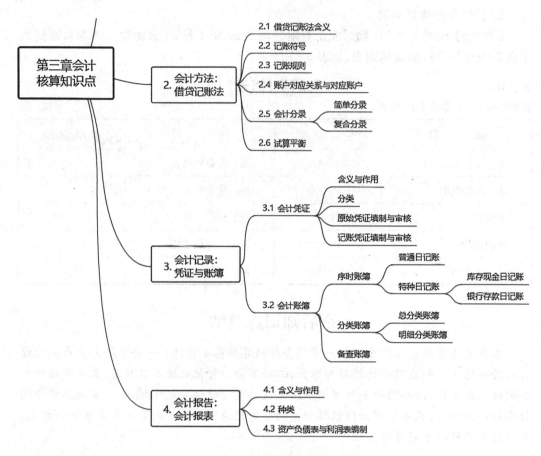

## 本章关键词

会计科目　账户　借贷记账法　会计分录　试算平衡表　会计凭证　原始凭证　记账凭证　账簿　日记账　分类账　平行登记法　错账更正　对账　结账　会计报表　资产负债表　利润表

## 本章思考与练习

### 一、思考题

1. 会计科目的设置原则是什么？
2. 为什么要设置会计账户？
3. 会计科目及会计账户的联系与区别？
4. 简述单式记账法与复式记账法的主要区别及优缺点？
5. 试述借贷记账法下账户结构设置的特点。
6. 试说明借贷记账法的记账规则是如何形成的？
7. 为什么说试算平衡不能保证账户记录绝对正确？
8. 总账与明细分类账平行登记的要点有哪些？
9. 编制财务会计报表的作用是什么？

10. 动态财务报表与静态财务报表的区别是什么？

## 二、小练习

（一）练习总分类账户试算平衡表的编制

1. 资料：东方公司 2019 年 10 月 1 日期初有关账户的余额如下表所示：

| 资　　产 | 金　　额 | 负　　债 | 金　　额 |
|---|---|---|---|
| 库存现金 | 47 000 | 短期借款 | 5 000 000 |
| 银行存款 | 12 500 000 | 应付账款 | 2 600 000 |
| 应收账款 | 6 320 000 | 应付职工薪酬 | 500 000 |
| 原材料 | 8 290 000 | 应交税费 | 120 000 |
| 生产成本 | 6 120 000 | 长期借款 | 20 000 000 |
| 库存商品 | 7 450 000 | **所有者权益** | |
| 固定资产 | 45 000 000 | 股本 | 50 000 000 |
| | | 盈余公积 | 7 507 000 |
| 合　　计 | 85 727 000 | 合　　计 | 85 727 000 |

2. 东方公司 2019 年 10 月份发生如下经济业务：

(1) 接收投资者投入资本 200 万元，存入银行。

(2) 购买原材料 50 000 元已验收入库，款项已用银行存款支付（不考虑进项税问题）。

(3) 以银行存款支付广告费 6 万元。

(4) 用银行存款 40 000 元，偿还前欠 A 公司的购货款。

(5) 以银行存款 100 万元购买不需要安装机器设备，已交付使用（不考虑进项税问题）。

(6) 以银行存款偿还到期的短期借款 100 万元。

(7) 本月对外销售商品的货款 300 万元，销项税为 51 万，款项已存入银行。

(8) 结转本月已销商品的成本为 240 万元。

(9) 以现金购买厂部办公室办公用品 200 元。

(10) 以银行存款支付本月短期借款利息 39 800 万元。

(11) 从银行提取现金 5 000 元备用。

(12) 将本月收入类账户结转到本年利润账户。

(13) 将本月费用类账户结转到本年利润账户。

(14) 计算出本月利润总额，并按 25% 的比例提取所得税费用。

(15) 将所得税费用账户余额结转到本年利润账户。

3. 要求：

(1) 开设"T"形账户，登记期初余额资料；

(2) 根据上述资料，编制会计分录；

(3) 根据所编会计分录登记有关"T"形账户，并结算出本期发生额和期末余额；
(4) 编制总分类账户试算平衡表；
(5) 编制简易的资产负债表与利润表。

(二) 练习账户的归类：对下列账户分别归类为：资产、负债、所有者权益、收入和费用，并说明各个账户的通常余额是在借方还是在贷方。

| 账户名称 | 账户类别 | | | | | 余额方向 | |
|---|---|---|---|---|---|---|---|
| | 资产 | 负债 | 所有者权益 | 收入 | 费用 | 借 | 贷 |
| 应付账款 | | | | | | | |
| 应收账款 | | | | | | | |
| 固定资产 | | | | | | | |
| 主营业务收入 | | | | | | | |
| 制造费用 | | | | | | | |
| 其他业务收入 | | | | | | | |
| 股本 | | | | | | | |
| 管理费用 | | | | | | | |
| 利润分配 | | | | | | | |
| 库存现金 | | | | | | | |

# 章 后 案 例

## 案例名称：试算平衡表是万能的吗？

### 一、案例背景资料

张媛从某财经大学会计学院毕业后，刚刚被聘任为某公司的会计员，今天是她来公司上班的第一天。财务科的同事们忙得不可开交，她一问才知道，大家正在月末结账。会计科科长想检验一下她的工作能力，就问："试算平衡表的编制在学校学过了吗？"张媛很自信地点点头。"那好吧，你先编一下咱们公司这个月的试算平衡表。"科长帮她找到本公司的总账账簿，让她开始工作。不到一小时，她就把试算平衡表完整地编制出来。看到表格上那三组相互平衡的数字，张媛激动的难以言表，兴冲冲地向科长交差。"呀！昨天销售的那批产品的单据还没有记到账上去呢，这也是这个月的业务啊！"会计员李丽说道。还没等张媛缓过神来，会计员小蒋又拿了些凭证凑了过来，对科长说："这笔账我核对过了，应当记入'应交税费'和'银行存款'账户的金额是 90 000 元，而不是9 000 元，账上的数字要更改一下。""试算平衡表不是已经平衡了吗？怎么还有错账呢？"张媛心中充满了疑惑。

### 二、案例分析要点

1. 谈谈你对上面案例的看法。

2. 为什么试算平衡表不是万能的?

### 案例名称:错账如何更正?

**一、案例背景资料**

李某在学校是学市场营销的,现在与家人合伙开办了一家食品加工厂,由于资金不太充裕,他没有聘请会计,而是决定自己来记账,他对会计知识略知一二,且认为只要有借有贷,借贷相等就可以了,于是他对本厂的业务是这样记录的:

(1) 赊购原材料,价值15 000元,用于加工产品。

借:生产成本　　　　　　　　　　　　　　　　　　　　　15 000
　　贷:应收账款　　　　　　　　　　　　　　　　　　　　15 000

(2) 向银行贷款60 000元,购买机器一台。

借:固定资产　　　　　　　　　　　　　　　　　　　　　60 000
　　贷:银行存款　　　　　　　　　　　　　　　　　　　　60 000

(3) 有一位朋友与李某约定5天后来加工一批产品,加工费2 000元,在产品完工后交付时结算。

借:应收账款　　　　　　　　　　　　　　　　　　　　　2 000
　　贷:主营业务收入　　　　　　　　　　　　　　　　　　2 000

(4) 业务招待花费现金700元。

借:财务费用　　　　　　　　　　　　　　　　　　　　　700
　　贷:库存现金　　　　　　　　　　　　　　　　　　　　700

(5) 李某父亲生病住院,李某从厂里拿了2 000元现金交了住院押金。他认为厂里的钱也是自己的钱,因此不需要记账。

**二、案例分析要点**

1. 错账更正方法有哪几种? 适用于什么情况?

2. 请向李某解释记录的错误,并选择正确错账更正方法的帮助其改正。

# 参考书目

[1] 财政部.中华人民共和国会计法(修订)[S],2017.11.
[2] 财政部.会计档案管理办法[S],2016.
[3] 郭道扬.中国会计史稿(上册)[M].北京:中国财政经济出版社.1982.
[4] 郭道扬.中国会计史稿(下册)[M].北京:中国财政经济出版社.1988.
[5] 夏冬林,秦玉熙.会计学——原理与方法(第2版)[M].北京:中国人民大学出版社,2017.
[6] 陈信元.会计学(第5版)[M].上海:上海财经大学出版社,2018.
[7] 刘永泽,陈文铭.会计学(第6版)[M].大连:东北财经大学出版社,2018.
[8] 张蕊.会计学原理(第6版)[M].北京:中国财经出版社,2019.
[9] (美)安东尼,(美)布赖特纳著.会计学精要[M].陈国欣译.北京:电子工业出版社,2003.

# 第四章 流动资产核算

> **开篇案例**
>
> 小明作为一名会计专业的大一新生,暑假去一家公司实习。在实习的过程中,他遇到了以下一些问题。
>
> (1) 这个月公司有一大笔资金到账,这些资金既有销售产品得到的收入,也有公司投资股票基金等金融产品得到的。小明知道这是企业资金来源的两大渠道,它们对企业的经营会产生不同的影响。但是按照企业会计制度的有关规定,应该如何对它们进行账务处理呢?
>
> (2) 企业在对库存商品进行管理的时候,除了直接材料和直接人工的费用外,还会发生一些不能直接计入产品成本的间接费用。企业应该如何区分它们,并且如何进行账务处理呢?
>
> 同学们,看到这个案例,你们的心中是否也存在着类似的疑问?希望通过本章的学习,能够解开大家心中的疑问。

## [学习目的与要求]

1. 理解货币资金的内容,日常管理及银行结算方式,各种应收及预付款项的含义。
2. 掌握银行存款余额调节表的编制方法,现金及银行存款收付款业务的会计核算。
3. 熟练掌握应收账款、应收票据、预付账款、其他应收款的基本核算范围和账务处理方法。
4. 熟练掌握存货的成本的确定、发出存货的计价方法、存货清查以及存货相关业务的账务处理。

## 第一节 货币资金与交易性金融资产

### 一、货币资金

货币资金是企业经营过程中以货币形态存在的资产,是可以立即投入流通用以购买商品或劳务,或用以偿还债务的交换媒介。按照现行企业会计制度规定,货币资金包括库存现金、银行存款和其他货币资金。货币资金是企业流动性最强的流动资产,在企业生产经营过程中,有大量的经济业务表现为货币资金的收付业务,收支频繁容易发生差错和意外损失,因此加强对货币资金的管理,组织好货币资金的核算,有着十分重要的意义。

(一) 库存现金

1. 库存现金概述

现金是货币资金的重要组成部分,是通用的支付手段,具有通用性和无限制性。现金的概念有广义和狭义之分。我国企业会计核算上的现金是狭义上的概念,它仅指库存现金,即企业为了满足经营过程中零星支付需要而保留的现金。

## 小贴士

### 现金管理制度

前已述及,现金既是企业的一种流动性最强的资产,同时也是最容易出问题的资产,所以加强对现金的管理对于保护企业财产的安全与完整,发挥现金资产的正常作用具有十分重要的意义。为此,国务院发布了《现金管理暂行条例》,中国人民银行也发布了《现金管理暂行条例实施细则》,对现金管理的有关问题做出了具体规定。其主要内容包括:

1. 库存现金的使用范围

企业可使用现金开支的支出项目包括:职工工资、津贴,个人劳务报酬;根据国家规定颁发给个人的科学技术、文化艺术、体育等各种奖金;各种劳保、福利费用以及国家规定的对个人的其他支出;向个人收购农副产品和其他物资的价款;出差人员必须随身携带的差旅费;结算起点(现行规定为1 000元)以下的零星支出;中国人民银行确定需要支付现金的其他支出。

2. 库存现金限额

为方便企业实际工作需要,允许企业保留一定数额的现金,一般为3天至5天的日常零星开支所需要的库存现金,边远地区和交通不便利地区的企业库存现金可以适当放宽,但最多不得超过15天日常零星开支。

3. 库存现金的日常收支管理

企业在经营活动中实现的现金收入,必须及时送存银行,不许自收自支。从自己收入的现金中直接用于支付的行为称为坐支。企业支付现金时,可以从企业库存现金限额中支付或从开户行提取。因特殊情况需要坐支现金的,应事先报经开户银行审查批准,由开户银行核定坐支范围和限额,坐支企业应定期向开户行报送坐支金额和使用情况。

库存现金的收支和保管,必须有专门负责办理现金收支和银行结算业务的出纳人员负责,非出纳人员不得经管现金。同时出纳人员不得兼管稽核、会计档案保管和收入、费用、债权、债务账目的登记工作。

## 2. 应设置账户

为了核算和监督库存现金的收入、支出和结存情况,应设置"库存现金"账户,该账户用以核算企业库存现金的收付变动及结存情况,属于资产类账户。收入现金时,记入借方;支付现金时,记入贷方;余额在借方表示库存现金实存数额。

企业应当设置现金日记账,现金日记账由出纳人员按业务发生的先后顺序,根据审核无误的收、付款凭证,逐日逐笔登记,计算当日现金收入、支出及余额,月末应结算现金日记账余额,并将现金日记账账面余额同现金实存额进行核对,做到账实相符。月份终了,"现金日记账"的余额应与"现金"总账的余额核对相符,保证账账相符。库存现金日记账应采用订本式账簿,一般采用三栏式账页。

## 3. 库存现金的会计处理

企业由于销售商品、提供劳务以及从银行提取现金等而发生现金收款业务时,出纳人员应根据审核无误的原始凭证收讫现金后,在有关的原始凭证上加盖"现金收讫"戳记,然后由会计人员根据原始凭证编制现金收款凭证或银行存款付款凭证(货币资金内部相互划转业务即从银行提取现金)。会计处理为:借记"库存现金"账户,贷记"银行存款""其他应收款"等有关账户。

企业日常发生现金支出业务时,出纳人员应根据审核无误的原始凭证支付现金后,在有关凭证上加盖"现金付讫"戳记,然后根据原始凭证编制现金付款凭证。常见的原始凭证有借据、工资结算单、报销单(支出凭证)、差旅费报销单、领款收据等。根据具体的付现情形借记相应账户,并贷记"库存现金"账户。如为行政管理部门付出现金、偿还购销款项、预付购销款项等,应分别借记"管理费用""应付账款""预付账款"等有关账户,贷记"库存现金"。

(1) 库存现金收入的会计处理。

**【例 4.1】** 2019 年 12 月 7 日,赣昌股份有限公司签发现金支票一张,从银行提取现金 5 000 元备用。

借:库存现金                5 000
 贷:银行存款               5 000

**【例 4.2】** 2019 年 12 月 7 日,赣昌股份有限公司职工张三出差回来报销差旅费 760 元,余款 240 元退回。

借:库存现金                240
  管理费用——差旅费          760
 贷:其他应收款——张三         1 000

(2) 库存现金支出的会计处理。

**【例 4.3】** 2019 年 12 月 5 日,赣昌股份有限公司用现金 770 元购买行政管理部门的办公用品。

借:管理费用                770
 贷:库存现金               770

**【例 4.4】** 2019 年 12 月 11 日,赣昌股份有限公司职工王五因出差向公司借款 2 000 元。

借:其他应收款——王五          2 000
 贷:库存现金               2 000

**【例 4.5】** 2019 年 12 月 11 日,赣昌股份有限公司行政管理部门报销市内交通费 500 元。
借:管理费用　　　　　　　　　　　　　　　　　　　　　　　　　　　500
　　贷:库存现金　　　　　　　　　　　　　　　　　　　　　　　　　　500

> **小思考**:企业每天的库存现金收入是不是无论多少都要存入银行?

4. 库存现金的清查

为了确保现金安全、完整,除实行钱账分管、正确组织现金凭证传递和审核外,还应定期对现金进行清查,现金清查的方法采用账实核对法。现金清查包括出纳人员每日进行的日清月结和组织清查小组定期或不定期对现金的清查,即将现金的实存数与账面数进行核对,保证账实一致。

清查中发现的现金短缺或溢余,应通过"待处理财产损溢"账户核算。属于现金短缺,应按实际短缺的金额,借记"待处理财产损溢——待处理流动资产损溢",贷记"库存现金";属于现金溢余,借记"库存现金",应按实际溢余的金额,贷记"待处理财产损溢——待处理流动资产损溢"。待查明原因后应视情况分别处理:

(1)如为库存现金短缺,应由责任人赔偿的,借记"其他应收款",将"待处理财产损溢——待处理流动资产损溢"冲回,即是贷记"待处理财产损溢——待处理流动资产损溢";属于无法查明的其他原因造成的,根据管理权限,经批准记入当期损益,即是借记"管理费用",贷记"待处理财产损溢——待处理流动资产损溢"。

(2)如为库存现金溢余,属于应支付给有关人员或单位的,借记"待处理财产损溢——待处理流动资产损溢",贷记"其他应付款";属于无法查明原因的现金溢余,经批准后记入营业外收入,即是借记"待处理财产损溢——待处理流动资产损溢",贷记"营业外收入"。

**【例 4.6】** 2019 年 12 月 1 日赣昌股份有限公司在现金清查时发现现金短缺 600 元,原因待查。
借:待处理财产损溢——待处理流动资产损溢　　　　　　　　　　　　600
　　贷:库存现金　　　　　　　　　　　　　　　　　　　　　　　　　　600
经查明,系出纳人员李四失职所致,应由出纳人员赔偿。
借:其他应收款——李四　　　　　　　　　　　　　　　　　　　　　　600
　　贷:待处理财产损溢——待处理流动资产损溢　　　　　　　　　　　600
若清查时发现现金溢余 300 元,则:
借:库存现金　　　　　　　　　　　　　　　　　　　　　　　　　　　　300
　　贷:待处理财产损溢——待处理流动资产损溢　　　　　　　　　　　300
经查,溢余现金原因不明,经批准应做如下会计处理:
借:待处理财产损溢——待处理流动资产损溢　　　　　　　　　　　　300
　　贷:营业外收入——现金溢余　　　　　　　　　　　　　　　　　　300

(二)银行存款

1. 银行存款概述

(1)银行存款及其账户开立。银行存款是企业存放在银行或其他金融机构的货币资金。按照国家现金管理和银行账户管理办法的规定,每个企业都要在银行开立账户,存款账户分为基本存款账户、一般存款账户、临时存款账户和专用存款账户。基本存款账户是存款人办理日常转账结算和现金收付的账户;存款人的工资、奖金等现金的支取,只能通过本账户办理。一般存款账户是存款人在基本存款账户以外的银行借款转存、与基本存款账户的存款人不在同一地点的附属非独立核算开立的账户;存款人可以通过本账户办理转账结算和现金缴存,但不能办理现金支取。临时存款账户是存款人因临时经营活动需要开立的账户;存款人可以通过本账户办理转账结算和根据国家现金管理的规定办理现金收付。专用存款账户是存款人因特定用途需要开立的账户。企业的银行存款账户只能用来办理本单位的生产经营业务活动的结算,企业不得出租和出借账户。企业与其他单位之间发生的往来款项,除允许用库存现金结算的,其余都必须通过银行划拨。

(2) 银行结算方式。根据中国人民银行有关支付结算办法规定,目前企业发生的货币资金收付业务可以用以下几种结算方式(表 4.1)通过银行办理转账结算。

表 4.1　　　　　　　　　　　　主要银行结算方式

| 结算方式名称 | 定　　义 | 付款期限 | 是否允许背书转让 |
| --- | --- | --- | --- |
| 支票 | 支票是由出票人签发,委托办理支票存款业务的银行或者其他金融机构在见票时无条件支付确定的金额给收款人或持票人的票据。主要包括现金支票和转账支票。 | 10 日 | 允许 |
| 银行汇票 | 汇款人将款项交存当地银行,由银行签发给汇款人办理转账结算或支取现金的票据。属于其他货币资金。 | 1 个月 | |
| 银行本票 | 申请人将款项交存银行,由银行签发给其凭以办理转账结算或支取现金的票据。属于其他货币资金。 | 最长为 2 个月 | 允许 |
| 商业汇票 | 收款人或付款人(或承兑申请人)签发,由承兑人承兑,并于到期日向收款人或背书人支付款项的票据。可分为商业承兑汇票和银行承兑汇票。前者是指由银行以外的付款人承兑的商业汇票;后者是指由银行承兑的商业汇票。 | 最长为 6 个月 | 允许 |
| 信用卡 | 商业银行向个人和单位发行的,凭以向特约单位购物、消费和向银行存取现金,具有消费信用的特制载体卡片。 | 透支期限最长为 60 天 | 不允许 |

> **小　贴　士**
>
> ### 其他银行存款结算方式
>
> 　　银行存款结算方式除了上述的支票、银行汇票、银行本票、商业汇票以及信用卡五种形式,还有其他的结算方式:汇兑、托收承付、委托收款、信用证。

汇兑是指汇款人委托银行将款项汇给收款人的一种结算方式。汇兑分为信汇和电汇两种。信汇是指汇款人委托银行以邮寄方式将款项划转给收款人；电汇则是指汇款人委托银行通过电报方式将款项划转给收款人。后者的汇款速度比前者迅速。

托收承付是指根据购销合同由收款人发货后委托银行向异地付款人收取款项，由付款人向银行承认付款的一种结算方式。托收承付结算起点为1万元。按划回方式的不同，托收承付分为邮寄和电报两种。

委托收款是收款人委托银行向付款人收取款项的结算方式。委托收款在同域、异地均可使用。委托收款按款项划回方式可分为邮寄划回和电报划回两种，企业可根据需要选择不同方式。

信用证是指开证银行依照申请人的申请开出的，凭符合信用证条款的单据支付的付款承诺。信用证结算适用于国际、国内企业之间商品交易的结算。只限于转账结算，不得支取现金。信用证的主要特点：开证银行负第一付款责任；它是一项独立的文件，不受购销合同的约束；信用证业务只处理单据，一切都以单据为准，信用证业务实质上是一种单据买卖。

2. 设置账户

为了核算企业银行存款的增减变动及结存情况，应设置"银行存款"账户，该账户属于资产类。借方登记银行存款的增加数；贷方登记银行存款的减少数，期末余额在借方，表示银行存款实有数。银行存款不仅需要总分类核算，还需要按照不同的币种设置明细账户进行明细分类核算以及序时核算。

银行存款序时核算，应设置"银行存款日记账"，由出纳人员按照业务发生的先后顺序逐日逐笔登记，每日终了时结出余额，并定期（一般是每月月末）同银行对账单核对相符。银行存款日记账必须是订本账，一般采用三栏式账页。

3. 银行存款的会计处理

（1）银行存款增加的会计处理。

【例4.7】2019年12月6日，赣昌股份有限公司向江时公司销售100件甲产品，单价150元，增值税税额2 550元，收到现金。

借：银行存款　　　　　　　　　　　　　　　　　　　　　　17 550
　　贷：主营业务收入　　　　　　　　　　　　　　　　　　　　15 000
　　　　应交税费——应交增值税（销项税额）　　　　　　　　　2 550

【例4.8】2019年12月11日，赣昌股份有限公司收到C公司银行汇票用于结算旧设备销售款104 000元。

借：银行存款　　　　　　　　　　　　　　　　　　　　　　104 000
　　贷：应收账款——C公司　　　　　　　　　　　　　　　　104 000

（2）银行存款减少的会计处理。

见【例4.1】以及以后各章节。

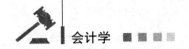

### 4. 银行存款的清查

货币资金的收支业务除少量可以按规定通过现金进行结算外，大部分的货币资金收支业务都是通过银行办理转账结算的，因而涉及企业和开户银行双方之间账目核对的问题。为了防止记账发生差错，正确掌握银行存款的实际余额，应该采取核对账目法，定期或不定期地对银行对账单与企业银行存款日记账的月终余额进行核对，以检查银行存款是否账实相符，确保银行存款的安全与完整。

实际工作中，银行对账单与企业银行存款日记账的月终余额往往不一致。其原因有二：一是双方记账有误，二是双方都有未达账项。所谓未达账项是指企业与银行间，由于传递单证需要时间、确认收付的口径不一致等原因，而造成存在同一笔款项收付业务，由于双方记账时间不一致，银行和企业中一方已经接到有关的结算凭证，确认收付并已登记入账，而另一方尚未接到有关的结算凭证，尚未入账的款项。如2019年11月29日，张三因出差预借差旅费2 000元，开出现金支票。企业会计处理为：

借：其他应收款——张三　　　　　　　　　　　　　　　　　2 000
　　贷：银行存款　　　　　　　　　　　　　　　　　　　　　　　2 000

企业银行存款日记账上的余额将因此减少2 000元；支票的有效期10天，如果当天因未带身份证，于12月1日从银行提现，则银行里的银行对账单上的余额在11月29日并未减少，11月30日，刚好是银行存款清查的日子，这样就导致企业一方已经登记入账而银行一方因未收到提现的结算凭证——支票尚未入账，即企业已付款入账、银行尚未付款入账的未达账项。

未达账项一般有四种情况：
（1）企业已收款入账，银行尚未收款入账。
（2）企业已付款入账，银行尚未付款入账。
（3）银行已收款入账，企业尚未收款入账。
（4）银行已付款入账，企业尚未付款入账。

以上四种情况，当发生(1)(4)两种情况时，企业银行存款日记账的账面余额将大于银行对账单余额；当发生(2)(3)两种情况时，企业银行存款日记账的账面余额将小于银行对账单余额。为了查明双方的账目是否有错漏，核对银行存款余额的实有数，企业收到银行对账单后，应以企业银行存款日记账的账面收支数与银行对账单的收支数逐笔核对，发现未达账款，应编制银行存款余额调节表（表4.2），调整求得企业在核对日银行存款应有的实际数额。

表 4.2　　　　　　　　　　　银行存款余额调节表

| 项　目 | 金　额 | 项　目 | 金　额 |
|---|---|---|---|
| 企业银行存款日记账余额 |  | 银行对账单余额 |  |
| 加：银行已收、企业未收款 |  | 加：企业已收、银行未收款 |  |
| 减：银行已付、企业未付款 |  | 减：企业已付、银行未付款 |  |
| 调节后的存款余额 |  | 调节后的存款余额 |  |

调节后的双方余额如果相等,一般表明双方记账没有差错;如果不等,表明记账有了差错,应进一步查明原因进行更正。银行存款余额调节表应定期编制,通常5—10天编制一次。

【例4.9】赣昌股份有限公司2019年6月末银行存款日记账余额558 000元,银行存款对账单余额为602 000元,经逐笔核对,存在以下未达账项:

(1) 企业委托银行办理代收货款73 000元,银行已收妥入账,企业尚未接到银行的收款通知。

(2) 企业开出银行转账支票24 000元,持票人尚未到银行进行转账。

(3) 银行代企业支付水电费31 000元,企业尚未收到银行的付款通知。

(4) 企业收到销售货款22 000元,已经入账,银行尚未入账。

根据上述资料编制赣昌股份有限公司2019年6月末银行存款余额调节表,如表4.3所示。

表4.3　　　　　　　　　　　　银行存款余额调节表

| 项　目 | 金　额 | 项　目 | 金　额 |
| --- | --- | --- | --- |
| 银行存款日记账余额 | 558 000 | 银行对账单余额 | 602 000 |
| 加:银行已收企业未收 | 73 000 | 加:企业已收银行未收 | 22 000 |
| 减:银行已付企业未付 | 31 000 | 减:企业已付银行未付 | 24 000 |
| 调整后余额 | 600 000 | 调整后余额 | 600 000 |

(三) 其他货币资金

1. 其他货币资金概述

其他货币资金是指除库存现金、银行存款以外的其他各种货币资金,其内容包括:银行汇票存款、银行本票存款、信用卡存款、信用证保证金存款、存出投资款、外埠存款等。本章只介绍外埠存款、银行汇票存款、银行本票存款。

(1) 外埠存款是指企业到外地进行临时或零星采购时,汇往采购地银行开立采购专户的款项。

(2) 银行汇票存款是企业为了取得银行汇票,按照规定存入银行的款项。

(3) 银行本票存款是企业为了取得银行本票,按照规定存入银行的款项。

2. 设置账户

为了正确、及时地对其他货币资金进行核算,企业应设置"其他货币资金"账户,它属于资产类账户,借方登记其他货币资金的增加额,贷方登记其减少额,余额在借方,反映企业实际持有的其他货币资金。并按其内容设置明细分类账户。

3. 其他货币资金的会计处理

企业取得其他货币资金时,应借记"其他货币资金"账户,贷记"银行存款"账户;使用其他货币资金时,应借记"原材料"等账户,贷记"其他货币资金"账户;如有多余款项,在退回时,应借记"银行存款"账户,贷记"其他货币资金"账户。

(1) 其他货币资金增加的会计处理。

【例4.10】赣昌股份有限公司发生如下有关其他货币资金的经济业务:

① 2019年12月1日，委托银行将400 000元存款汇往外地建立临时采购账户。
借：其他货币资金——外埠存款　　　　　　　　　　400 000
　　贷：银行存款　　　　　　　　　　　　　　　　　　400 000

② 2019年12月5日，申请办理银行汇票，将银行存款40 000元转为银行汇票存款。
借：其他货币资金——银行汇票存款　　　　　　　　40 000
　　贷：银行存款　　　　　　　　　　　　　　　　　　40 000

③ 2019年12月6日，申请办理银行本票，将银行存款50 000元转为银行本票存款。
借：其他货币资金——银行本票存款　　　　　　　　50 000
　　贷：银行存款　　　　　　　　　　　　　　　　　　50 000

（2）其他货币资金减少的会计处理。

**【例4.11】** 赣昌股份有限公司2019年12月发生如下有关其他货币资金减少的经济业务：

① 2019年12月15日，采购员以外埠存款购买A材料，共计3 000件，单价100元/件，材料款300 000元，增值税39 000元，共计339 000元。材料已验收入库。
借：原材料　　　　　　　　　　　　　　　　　　　300 000
　　应交税费——应交增值税（进项税额）　　　　　 39 000
　　贷：其他货币资金——外埠存款　　　　　　　　　339 000

② 2019年12月18日，企业用银行汇票购买不需要安装的非生产性设备，价款35 100元。
借：固定资产　　　　　　　　　　　　　　　　　　 35 100
　　贷：其他货币资金——银行汇票存款　　　　　　　 35 100

③ 2019年12月22日，企业用银行本票支付购买B材料200件，单价80元/件，价款16 000元，增值税2 080元。
借：原材料　　　　　　　　　　　　　　　　　　　 16 000
　　应交税费——应交增值税（进项税额）　　　　　  2 080
　　贷：其他货币资金——银行本票存款　　　　　　　 18 080

（3）其他货币资金退回的会计处理。

① 2020年1月6日，外埠采购结束，将外埠存款清户，余款49 000元已收妥入账。
借：银行存款　　　　　　　　　　　　　　　　　　 49 000
　　贷：其他货币资金——外埠存款　　　　　　　　　 49 000

② 2019年12月22日，收到银行汇票多余款项退回的通知，已收妥入账。
借：银行存款　　　　　　　　　　　　　　　　　　  4 900
　　贷：其他货币资金——银行汇票存款　　　　　　　　4 900

**4. 其他货币资金的清查**

企业应该开展其他货币资金的清查工作。对于外埠存款应查明采购地开户银行对账单的结余额与企业账面结存额是否相符，是否有挪用公款等非法行为发生。对于银行汇票存款和银行本票存款，也应按期核对，以防银行汇票和银行本票的丢失，并查明其付款的有效期限,防止逾期不能办理结算业务。对于信用卡存款也应该核实其余额,防止存款余额过低发生透支,并检验其具体用途,防止公款私用行为的发生。

## 二、交易性金融资产

(一) 金融工具概述

1. 金融工具及其分类

(1) 金融工具概念。金融工具,是指形成一方的金融资产并形成其他方的金融负债或权益工具的合同。

(2) 金融工具分类。金融工具包括基础性金融工具及衍生工具。

基础性金融工具包括:现金、存放于金融机构的款项、普通股、以及代表在未来期间收取和支付金融资产的合同权利或义务等,如应收账款、应付账款、其他应收款、其他应付款、存入保证金、存出保证金、客户贷款、客户存款、债券投资、应付债券等,即既包含金融资产,也包含金融负债。

衍生工具,是指属于《会计准则第22号——金融工具确认和计量》范围并同时具备下列特征的金融工具或其他合同:一是其价值随特定利率、金融工具价格、商品价格、汇率、价格指数、费率指数、信用等级、信用指数或其他变量的变动而变动,变量为非金融变量的,该变量不应与合同的任何一方存在特定关系。二是不要求初始净投资,或者与对市场因素变化预期有类似反应的其他合同相比,要求较少的初始净投资。三是在未来某一日期结算。常见的衍生工具包括远期合同、期货合同、互换合同和期权合同等。

可见,金融工具又可分为:金融资产、金融负债及衍生工具。这里只简要介绍金融资产。

2. 金融资产及其分类

(1) 金融资产概念。金融资产,是指企业持有的现金、其他方的权益工具以及符合下列条件之一的资产:第一,从其他方收取现金或其他金融资产的合同权利。第二,在潜在有利条件下,与其他方交换金融资产或金融负债的合同权利。第三,将来须用或可用企业自身权益工具进行结算的非衍生工具合同,且企业根据该合同将收到可变数量的自身权益工具。第四,将来须用或可用企业自身权益工具进行结算的衍生工具合同,但以固定数量的自身权益工具交换固定金额的现金或其他金融资产的衍生工具合同除外。

(2) 金融资产分类。金融资产的分类包括初始分类和重分类。

金融资产的初始分类是指企业应当根据其管理金融资产的业务模式和金融资产的合同现金流量特征,将金融资产划分为以下三类:第一类,以摊余成本计量的金融资产,包括货币资金、应收账款、其他应收款以及债券投资等。第二类,以公允价值计量且其变动计入其他综合收益的金融资产,包括其他债权投资和其他权益工具投资。第三类,以公允价值计量且其变动计入当期损益的金融资产,即为交易性金融资产。

金融资产的重分类,必须具备唯一的条件:管理金融资产的业务模式发生了变更,否则不得重分类。

有一种情况不得重分类：即在初始确认时，如果能够消除或显著减少会计错配，企业可以将金融资产指定为以公允价值计量且其变动计入当期损益的金融资产，即"交易性金融资产"。该指定一经做出，不得撤销，即不得重分类。

### （二）交易性金融资产的确认与计量

**1. 交易性金融资产的确认**

金融资产满足下列条件之一的，表明企业持有该金融资产的目的是交易性的：

（1）取得相关金融资产的目的，主要是为了近期出售。

（2）相关金融资产在初始确认时属于集中管理的可辨认金融工具组合的一部分，且有客观证据表明近期实际存在短期获利模式。

（3）相关金融资产属于衍生工具。但符合财务担保合同定义的衍生工具以及被指定为有效套期工具的衍生工具除外。

此时，便可确认为"交易性金融资产"。

**2. 交易性金融资产的计量**

交易性金融资产的初始计量和期末计量，均按公允价值计量。

### （三）交易性金融资产应设置账户

**1."交易性金融资产"账户**

该账户用来核算企业以公允价值计量且其变动计入当期损益的金融资产，以及企业拥有的指定为以公允价值计量且其变动计入当期损益的金融资产的增减变动及结存情况，并按照交易性金融资产的类别和品种，分别设置"成本""公允价值变动"等明细账户。该账户属于资产类账户，借方登记增加数，贷方登记减少数，余额在借方，表示交易性金融资产的公允价值。

**2."公允价值变动损益"账户**

该账户用来核算企业交易性金融资产期末计量时因公允价值变动而形成的应当计入当期损益的利得或损失；属于损益类账户，贷方登记因公允价值变动而形成的利得，借方登记因公允价值变动而形成的损失，月末，将其净收益或净损失结转至"本年利润"的贷方或借方，本账户月末结转后无余额。

**3."投资收益"账户**

该账户用来核算企业持有交易性金融资产期间取得的投资收益以及处置交易性金融资产时实现的投资收益或投资损失；属于损益类账户，贷方登记实现的投资收益，借方登记实际发生的投资损失，月末，将其净收益或净损失结转至"本年利润"的贷方或借方，本账户月末结转后无余额。

### （四）交易性金融资产会计处理

**1. 交易性金融资产增加的核算**

交易性金融资产的取得以购入方式为主，有时也可能以非货币性资产交换、债务重组、投资者投入等方式取得。

交易性金融资产以公允价值购入，其入账成本就是该交易性金融资产的购买价格。但由于购买交易性金融资产时，还需要支付交易费用（如印花税、手续费、佣金等），因而交易性金融资产的购买成本会大于交易性金融资产的入账成本。我国会计准则规定将支付的交易费用作为投资费用处理,直接借记"投资收益"。

因此,在购买交易性金融资产时,在会计处理上,应当将交易性金融资产的公允价值记入"交易性金融资产——成本"账户,发生的交易费用,记入"投资收益"账户的借方。

需要注意的是,交易性金融资产入账成本中若有已经宣告发放但未发放的股利或已到付息期尚未领取的债券利息,应通过"应收股利""应收利息"账户反映,在持有交易性金融资产以后期间收到已经宣告发放但未发放的股利或已到付息期尚未领取的债券利息时,借记"银行存款",贷记"应收股利""应收利息"。

2. 交易性金融资产持有期间会计处理

(1) 交易性金融资产在持有期间获得相关的股利或债券利息收入。持有交易性金融资产期间被投资单位宣告发放现金股利或在资产负债表日按债券票面利率计算利息时,借记"应收股利"或"应收利息"账户,贷记"投资收益"账户。实际收到股利或债券利息时,借记"银行存款""其他货币资金"等账户,贷记"应收股利""应收利息"账户。

(2) 交易性金融资产的期末计量。资产负债表日,交易性金融资产的公允价值高于其账面余额的差额,借记"交易性金融资产——公允价值变动"账户,贷记"公允价值变动损益"账户;公允价值低于其账面余额的差额,作相反的会计分录。

3. 处置交易性金融资产会计处理

出售交易性金融资产时,应按实际收到的金额,借记"银行存款"等账户,按该交易性金融资产的账面余额,贷记"交易性金融资产"账户,按两者的差额借记或贷记"投资收益"账户。同时,将原计入该交易性金融资产的公允价值变动损益转出,借记或贷记"公允价值变动损益"账户,贷记或借记"投资收益"账户。

> **小思考**:企业持有交易性金融资产期间收到的股利都计入"投资收益"账户吗?

## 第二节 应收及预付款项

在商业信用高度发达的市场经济条件下,企业之间的商品交易大多是建立在商业信用的基础上的,很难想象在没有赊销的情况下,货物和服务每天能有这么大量的销售。它是企业在日常生产经营过程中发生的各种债权,是企业重要的流动资产,包括:应收款项(应收票据、应收账款和其他应收款)和预付账款等。

### 一、应收票据

#### (一)应收票据概述

应收票据是指企业因向客户提供商品或劳务而收到的由客户签发在短期内确

定日期支付一定金额的书面承诺的商业汇票,是持票企业拥有的债权。与应收账款不同,应收票据需要依据在赊销业务中由债权人或债务人签发的表明债务人在约定时日应偿付约定金额的书面文件。因而,应收票据受到法律的保护,具有较强的法律约束力。在资产负债表上,按照变现能力的大小,应收票据一般列在应收账款之前。

（二）应设置账户

为了核算应收票据的取得、票款的收回等经济业务,企业应设置"应收票据"账户,该账户属于资产类账户,借方登记取得的应收票据面值和按票面利率计提的利息,贷方登记到期收回票款或到期前向银行贴现的应收票据账面价值,余额在借方,表明尚未到期收回的票据。本账户按照商业汇票种类设置明细账,并设置"应收票据备查簿",逐笔登记每一张票据的种类、号数、签发日期、票面金额、合同号、承兑人、被背书人的姓名或单位、到期日、贴现日、贴现率等。

（三）应收票据的会计处理

1. 增加的会计处理

企业因销售产品等收到已承兑的商业汇票时,借记"应收票据"账户,贷记"应收账款""主营业务收入""应交税费——应交增值税（销项税额）"等账户。

【例4.12】2019年12月5日,赣昌股份有限公司销售乙产品给江新公司,数量400件,单位售价400元,货款共160 000元,增值税20 800元,货已发出,收到江新公司交来的半年期限的商业承兑汇票一张,赣昌公司应做如下会计处理：

借：应收票据——江新公司　　　　　　　　　　　　　　　180 800
　　贷：主营业务收入　　　　　　　　　　　　　　　　　160 000
　　　　应交税费——应交增值税（销项税额）　　　　　　 20 800

2. 减少的会计处理

企业持有的商业汇票到期收回票款时,若为不带息汇票,应按票面金额借记"银行存款"账户,贷记"应收票据"账户;若为带息汇票,首先应计算票据到期值。按到期值收到票款时,借记"银行存款"账户,按票面金额贷记"应收票据"账户,按其差额贷记"财务费用"账户。

应收票据利息及到期值的计算如式(4.1)、式(4.2)所示：

$$应收票据利息 = 应收票据票面金额 \times 票面利率 \times 期限 \quad (4.1)$$

$$应收票据到期值 = 应收票据面值 + 应收票据利息 \quad (4.2)$$

【例4.13】承【例4.12】2020年5月5日,票据到期,收回款项187 200元,存入银行。根据收账通知做如下会计分录：

借：银行存款　　　　　　　　　　　　　　　　　　　　　187 200
　　贷：应收票据——江新公司　　　　　　　　　　　　　187 200

【例4.14】赣昌股份有限公司2019年12月1日销售甲产品200件给江新公司,单价150元/件,货款共30 000元,增值税3 900元,货已发出。收到江新交来的一张三个月到期、面额为35 100元的带息银行承兑汇票,票面利率为10%。

收到票据时：

借：应收票据——江新公司　　　　　　　　　　　　　　　　　33 900
　　　　贷：主营业务收入　　　　　　　　　　　　　　　　　　　30 000
　　　　　　应交税费——应交增值税（销项税额）　　　　　　　　3 900
年末：
　　　　2019年12月31日计提票据利息＝35 100×10％÷12＝292.5(元)
　　借：应收票据——江新公司　　　　　　　　　　　　　　　　　292.5
　　　　贷：财务费用　　　　　　　　　　　　　　　　　　　　　292.5
2020年3月1日，到期应收票据本息＝35 100×(1＋10％×3/12)＝35 977.5(元)，已计提财务费用292.5，三个月到期时将其余两个月的利息计入财务费用，即是借记"银行存款"，贷记"财务费用"，合并后的分录如下：
　　借：银行存款　　　　　　　　　　　　　　　　　　　　　　　35 977.5
　　　　贷：应收票据——江新公司　　　　　　　　　　　　　　　35 392.5
　　　　　　财务费用　　　　　　　　　　　　　　　　　　　　　585

> **小 贴 士**
>
> **应收票据的贴现**
>
> 　　应收票据的贴现是指企业将所持有的银行承兑汇票，在到期日前通过背书转让给银行，银行受理后，从票据中扣除按银行贴现率计算确定的贴现利息，然后将余款付给持票人的行为。也就是贴现银行作为受让方买入未到期的票据，预先扣除贴现日起至票据到期日止的利息，而将余额付给贴现者的一种交易行为。企业付给银行的利息称为贴现利息，银行计算贴现利息的利率称为贴现率。

> **小思考：** 应收票据账户只反映票面金额吗？

## 二、应收账款

### （一）应收账款概述

　　应收账款是指企业因销售商品、提供劳务等业务，应向购货单位或个人收取的款项，是企业因销售商品、提供劳务等经营活动所形成的债权。
　　应收账款的入账金额通常按全部的价款、增值税及代垫运杂费入账。

### （二）应设置账户

　　企业未来核算应收账款，应设置"应收账款"账户，并按付款单位，分别设置明细分类账，该账户的"借方"登记企业赊销商品或提供商业性劳务而应收的款项，"贷方"登记已收回的应收款项，其期末借方余额表示到期末为止，客户所欠的赊销金额总数。如果在赊销合同中规定采用商业汇票结算方式,销售单位应专门设置"应收票据"总分类账,并按付款单位设立明细账。

(三)应收账款的会计处理

1. 应收账款增加的会计处理

企业因销售商品而发生应收账款业务时,对全部应收取的款项借记"应收账款"账户,对于价款贷记"主营业务收入"账户,对于增值税贷记"应交税费——应交增值税"账户,对于代垫款项贷记"银行存款"等账户;企业改用商业汇票结算应收账款时,应借记"应收票据"账户,贷记"应收账款"账户。

【例4.15】2019年12月12日,赣昌股份有限公司赊销给江新公司一批乙产品,数量100件,单位售价400元,价款共为40 000元,增值税税额5 200元,另用库存现金600元代购买单位垫付运杂费。公司采用托收承付结算方式,已办妥托收手续。其会计分录为:

借:应收账款——江新公司　　　　　　　　　　　　　　45 800
　　贷:主营业务收入　　　　　　　　　　　　　　　　40 000
　　　　应交税费——应交增值税(销项税额)　　　　　　5 200
　　　　库存现金　　　　　　　　　　　　　　　　　　600

2. 应收账款减少的会计处理

收回应收款时,应借记"银行存款"等账户,贷记"应收账款"账户。

【例4.16】承【例4.15】2020年1月12日,赣昌股份有限公司收到江新公司货款。其会计分录为:

借:银行存款　　　　　　　　　　　　　　　　　　　47 400
　　贷:应收账款——江新公司　　　　　　　　　　　　47 400

## 小 贴 士

### 应收账款让售

应收账款让售是指企业将应收账款出让给专门收购应收账款为业的金融公司,从而取得资金的资金融通方式。具体操作为:企业在发货前,向金融公司申请贷款,金融公司根据客户的信用等级按应收账款净额的一定比例收取手续费,从预付给让售方的款项中抵扣。客户到期的应收账款,直接支付给融通公司,同时承担坏账风险。应收账款让售方式,由于融通公司要对客户进行资信调查,无形中为企业提供了专业咨询。且融通公司信息灵活、专业化程度高,有利于坏账的收回。另外,企业不要承担"或有负债"的责任。因此,此方式对企业而言是较好的一种融通方式。

小思考:应收账款与应收票据的区别是什么?

## 三、预付账款

### (一)预付账款概述

企业在购买材料物资的过程中,为了避免价格风险,或者受市场供应的限制,或者受生产季节的限制等原因,对于赣昌股份有限公司而言,有些材料物资有时需要采取预先订购的方式,即按照购货合同规定预付一部分货款,这部分预先付给供货单位的订货款就构成企业的预付账款。显然,预付账款必须以购销双方签订的购销合同为条件,按照规定的程序和方法进行核算。预付账款一般包括预付的货款、预付的购货定金。

### (二)应设置账户

为了反映预付账款的支出和结算情况,企业应设置"预付账款"账户。该账户属资产类账户,借方登记向供应单位预付的货款,贷方登记收到所购货物时应结转的预付账款;期末,余额一般在借方,反映企业向供货单位已预付尚未结算的款项。该账户按供货单位设置明细分类账户,进行明细核算。预付账款不多的公司,可以不设"预付账款"账户,将其并入"应付账款"账户核算。

### (三)预付账款的会计处理

**1. 预付账款增加的会计处理**

企业按照购货合同的规定向供货单位预付货款时,借记"预付账款"账户,贷记"银行存款"等账户。

【例4.17】2019年12月1日,赣昌股份有限公司根据购货合同,向南远公司预付50 000元材料货款。其会计分录为:

借:预付账款——南远公司　　　　　　　　　　　　　50 000
　　贷:银行存款　　　　　　　　　　　　　　　　　　　　50 000

**2. 预付账款减少的会计处理**

收到供货单位发来的货物时,根据发票账单等凭证载明的价款、税款等,借记"原材料""应交税费——应交增值税"等账户,贷记"预付账款"账户。

【例4.18】2019年12月15日,赣昌股份有限公司收到B公司发来的材料1 000千克,每千克45元,货款45 000元,增值税额5 850元。原已预付50 000元。其会计分录为:

借:原材料——B公司　　　　　　　　　　　　　　　45 000
　　应交税费——应交增值税(进项税额)　　　　　　　　5 850
　　贷:预付账款——B公司　　　　　　　　　　　　　　　50 850

**3. 预付账款的清算**

需要补付货款时,借记"预付账款"账户,贷记"银行存款"账户,如果是退回多余货款则做相反的账务处理。

【例4.19】2020年1月4日,赣昌股份有限公司补付货款850元。其会计分录为:

借:预付账款——B公司　　　　　　　　　　　　　　　850
　　贷:银行存款　　　　　　　　　　　　　　　　　　　　850

> **小思考**：上例中，若此时预付材料货款为 60 000 元，此时会计分录应如何处理？

## 四、其他应收款

（一）其他应收款概述

在企业的生产经营过程中，除了应收账款和应收票据之外，还会形成其他各种应收款项，如职工个人欠款、存出保证金、应收保险赔偿款、备用金等，它们都是由企业销售商品或提供劳务之外发生的各种应收、暂付款项。为了便于管理和分析，应将这类应收款项与应收账款和应收票据区分开来，单独设置账户进行核算，在期末资产负债表上，也应作为流动资产的单独项目加以反映。

（二）应设置账户

为反映和监督其他应收款业务，企业应设置"其他应收款"账户，用来反映其他应收款的增减变化和结余情况。该账户借方登记其他应收款的增加额，贷方登记其他应收款的减少额，余额在借方，表示尚未收回的款项。该账户可按其他应收款的项目分类，并按不同的债务人设置明细分类账户，进行明细分类核算。

（三）其他应收款的会计处理

1. 其他应收款的增加账务处理

企业发生其他应收、暂付款项时，应借记"其他应收款"账户，贷记"库存现金""银行存款""其他业务收入""待处理财产损溢""营业外收入"等账户。

【例 4.20】2019 年 12 月 1 日，赣昌股份有限公司租入包装物一批，以银行存款向出租方支付押金 40 000 元。其会计分录为：

借：其他应收款——存出保证金　　　　　　　　　　　　　　40 000
　　贷：银行存款　　　　　　　　　　　　　　　　　　　　　　40 000

2. 其他应收款减少的会计处理

收回其他应收、暂付款项时，借记"库存现金""银行存款"等账户，贷记"其他应收款"账户。

【例 4.21】承【例 4.20】2020 年 2 月 1 日，租入包装物按期如数退回，收到出租方退还的押金 40 000 元，存入银行。其会计分录为：

借：银行存款　　　　　　　　　　　　　　　　　　　　　　40 000
　　贷：其他应收款——存出保证金　　　　　　　　　　　　　　40 000

> **小思考**：其他应收款贷方期末余额可以在贷方吗？如果可以，则其表示什么含义？

## 第三节 存 货

存货是指企业在日常活动中持有以备出售的产成品或商品、处在生产过程中的在产品、在生产过程或提供劳务过程中耗用的材料或物料等,包括各类材料、商品、在产品、半成品、产成品以及包装物、低值易耗品、委托代销商品等。

存货的定义表明,存货最基本的特征是企业持有存货的最终的目的是为了出售(不论是可供直接出售,还是需经过进一步加工后才能出售),而不是自用或消耗。这一特征就使存货明显区别于固定资产等长期资产。

本书将着重介绍原材料、库存商品与存货清查。

---

**小 贴 士**

### 存货数量的盘存方法

**一、实地盘存制**

实地盘存制也称定期盘存制,指会计期末通过对全部存货进行实地盘点,以确定期末存货的结存数量,然后分别乘以各项存货的盘存单价,计算出期末存货的总金额,记入各有关存货账户,倒轧本期已耗用或已销售存货的成本。这一方法用于工业企业,称为"以存计耗"或"盘存计耗";用于商品流通企业,称为"以存计销"或"盘存计销"。

**二、永续盘存制**

永续盘存制也称账面盘存制,指对存货项目设置经常性的库存记录,即分别按品名、规格设置存货明细账,逐笔或逐日地登记收入和发出的存货,并随时记列结存数。通过会计账簿资料,就可以完整地反映存货的收入、发出和结存情况。在没有发生丢失和被盗的情况下,存货账户的余额应当与实际库存相符。采用永续盘存制,并不排除对存货的实物盘点。为了核对存货账面记录,加强对存货的管理,每年至少应对存货进行一次全面盘点,具体盘点次数视企业内部控制要求而定。

---

## 一、原材料

### (一)原材料概述

**1. 原材料及其内容**

原材料是指企业在生产过程中经加工改变其形态或性质并构成产品主要实体的各种原料、主要材料和外购半成品,以及不构成产品实体但有助于产品形成的辅助材料。原材料包括原料及主要材料、辅助材料、外购半成品(外购件)、修理用备件(备品备件)、包装材料、燃料等。

2. 原材料核算方法

原材料的日常收发及结存,可以按照实际成本计价核算,也可以按照计划成本计价核算。材料按实际成本的核算,是指材料的收发全部按照实际成本计价,这种方法,一般适用于规模较小、存货品种简单、采购业务不多的企业。采用计划成本核算方法的,一般适用于存货品种繁多、收发频繁的企业,或者在管理上需要分别核算其计划成本和成本差异的,也可采用计划成本核算。本书均采用实际成本法核算。

3. 原材料的计价

原材料的计价分收、发、存三个不同情况分别采用不同的计价方法。以购入材料为例,来说明不同情况下的原材料的计价。

(1) 取得原材料的计价。在实际成本法下,取得原材料的入账价值为采购材料的实际成本,即买价加采购费用,其中,采购费用是指企业在采购材料过程中所支付的各项费用,包括材料的运输费、装卸费、保险费、包装费、仓储费,以及运输途中的合理损耗和入库前的整理挑选费等。

(2) 发出材料的计价。实际成本法下,由于各种存货是分次购入或分批生产形成的,所以同一项目的存货,其单价或单位成本往往不同。要核算领用、发出存货的价值,就要选择一定的计量方法,企业会计准则规定,企业领用或发出存货,采用实际成本核算的,可以根据实际情况选择采用先进先出法、加权平均法、移动平均法、个别计价法四种方法确定其实际成本,它们各有自身特点,企业应根据具体情况选用。这里只介绍先进先出法、加权平均法。

① 先进先出法。先进先出法是假定先收到的存货先发出或先收到的存货先耗用,并根据这种假定的存货流转次序对发出存货和期末存货进行计价的一种方法。具体方法是:收入存货时,逐笔登记收入存货的数量、单价和金额;发出存货时,按照先进先出的原则逐笔登记存货的发出成本和结存金额。

【例 4.22】赣昌股份有限公司 2019 年 7 月 1 日结存 A 材料 100 千克,每千克实际成本为 79 元;7 月 10 日和 18 日分别购入该材料 300 千克和 200 千克,每千克实际成本分别为 80 元和 80.5 元,7 月 13 日厂部领用材料 100 千克,7 月 27 日领用材料 300 千克。按先进先出法核算时,则发出材料和结存材料的成本计算,见表 4.4。

表 4.4　　　　先进先出法下发出材料和结存材料成本计算表　　数量:千克　金额:元

| 2019年 | | 摘要 | 收入 | | | 发出 | | | 结存 | | |
|---|---|---|---|---|---|---|---|---|---|---|---|
| 月 | 日 | | 数量 | 单价 | 金额 | 数量 | 单价 | 金额 | 数量 | 单价 | 金额 |
| 7 | 1 | 结存 | | | | | | | 100 | 79 | 7 900 |
| 7 | 10 | 购入 | 300 | 80 | 24 000 | | | | 100<br>300 | 79<br>80 | 31 900 |
| 7 | 13 | 发出 | | | | 100<br>100 | 79<br>80 | 15 900 | 200 | 80 | 16 000 |
| 7 | 18 | 购入 | 200 | 80.5 | 16 100 | | | | 200<br>200 | 80<br>80.5 | 32 100 |

(续表)

| 2019年 | | 摘 要 | 收入 | | | 发出 | | | 结存 | | |
|---|---|---|---|---|---|---|---|---|---|---|---|
| 月 | 日 | | 数量 | 单价 | 金额 | 数量 | 单价 | 金额 | 数量 | 单价 | 金额 |
| 7 | 27 | 发出 | | | | 200<br>100 | 80<br>80.5 | 24 050 | 100 | 80.5 | 8 050 |
| 7 | 31 | 合计 | 500 | | 40 100 | 500 | | 39 950 | 100 | 80.5 | 8 050 |

有关分录如下：
借：管理费用　　　　　　　　　　　　　　　　　　　　　　　　　39 950
　　贷：原材料　　　　　　　　　　　　　　　　　　　　　　　　　39 950

采用先进先出法，发出存货成本按存货取得的先后顺序分别确认，其优点有三：一是符合实物的流转过程；二是使期末存货的成本比较接近现行的市场价值；三是使企业不能随意挑选存货计价以调整当期利润。其缺点有二：一是确认工作比较烦琐；二是与现行收入配比的不是现行成本而是最前期的存货成本。这样，当物价上涨时，会高估企业当期利润和库存存货的价值；反之会低估企业存货价值和当期利润。

② 加权平均法。加权平均法又称全月一次加权平均法，指以本月全部收货数量加月初存货数量，去除本月全部收货成本加上月初存货成本，计算出存货的加权平均成本，从而确定存货的发出和库存成本。计算公式如下：

$$存货企业成本 = \frac{月初结存金额 + 本月入库金额}{月初结存数量 + 本月入库数量} \tag{4.3}$$

【例4.23】承【例4.22】，采用加权平均法，计算其材料成本如下：

$$A\text{材料加权平均企业成本} = \frac{7\,900 + 24\,000 + 16\,100}{100 + 300 + 200} = 80(元)$$

$$本月发出材料的成本 = 500 \times 80 = 40\,000(元)$$

$$期末存货的成本 = 100 \times 80 = 8\,000(元)$$

期末时作有关分录如下：
借：管理费用　　　　　　　　　　　　　　　　　　　　　　　　　40 000
　　贷：原材料　　　　　　　　　　　　　　　　　　　　　　　　　40 000

采用加权平均法，只在月末一次计算加权平均单价，比较简单，而且在市场价格上涨或下跌时所计算出来的企业成本平均化，对存货成本的分摊较为折中。但是，这种方法平时无法从账上提供发出和结存存货的单价及金额，不利于存货的管理。

**(二) 应设置账户**

1. 采用实际成本核算

采用实际成本核算应设置"原材料"账户和"在途物资"账户。

"原材料"账户反映企业库存的各种材料的实际成本。"原材料"账户的借方登记企业验收入库的材料的实际成本；贷方登记发出材料的实际成本，余额在借方，反映企业期末库存材料的实际成本。"原材料"账户应按照材料的保管地点、材料的类别、品种和规格等进行明细核算。

"在途物资"账户反映企业采用实际成本进行材料、商品等物资的日常核算、已取得所有权但尚未验收入库的各项物资的采购成本。"在途物资"账户借方登记企业购入材料、商品应计入的采购成本的金额；贷方登记验收入库的材料、商品的采购成本；余额在借方，反映企业期末在途材料、商品的采购成本。"在途物资"账户可按供应单位和物资品种进行明细核算。

"应付账款"科目用于核算企业因购买材料、商品和接受劳务等经营活动应支付的款项。"应付账款"科目的贷方登记企业因购入材料、商品和接受劳务等尚未支付的款项，借方登记支付的应付账款，期末余额一般在贷方，反映企业尚未支付的应付账款。

2. 采用计划成本核算

材料按计划成本的核算，是指材料的收发和结存都按照各项材料的计划成本进行核算。采用计划成本核算时，"原材料"账户对于材料的收发和结存均按计划成本记录，同时还应另外设置"材料采购"和"材料成本差异"两个账户。

本书均采用实际成本法核算。

(三) 存货的会计处理

1. 原材料增加的会计处理

"原材料"账户会计处理示意图，如图4.1所示。

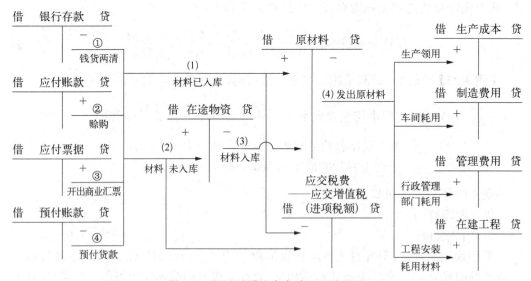

图 4.1 "原材料"账户会计处理流程图

(1) 已办理结算，材料已验收入库。对于结算凭证等单据与材料同时到达的采购业务，企业在材料验收入库时，应根据有关结算凭证，借记"原材料"和"应交税费——应交增值税(进项税额)"账户，贷记"银行存款"(或应付账款、应付票据、其他货币资金等)账户。

【例 4.24】2019 年 12 月 1 日，赣昌公司从南致公司购入 A 材料一批，数量 1 000

件，单位成本80元，价款80 000元，增值税税额为10 400元，另支付3 000元运杂费。全部货款都已转账支付，材料验收入库。其会计分录如下：

  借：原材料——A                    83 000
    应交税费——应交增值税（进项税额）       10 400
    贷：银行存款                   93 400

（2）已办理结算，材料尚未验收入库。对于结算凭证等单据已到达、材料尚未验收入库的采购业务，企业应先根据有关结算凭证，借记"在途物资"和"应交税费——应交增值税（进项税额）"账户，贷记"银行存款"（或应付账款、应付票据、其他货币资金等）账户；待材料到达并验收入库时，再借记"原材料"账户，贷记"在途物资"账户。

【例4.25】承【例4.24】如果材料尚未验收入库，则应做如下处理：

  借：在途物资                    83 000
    应交税费——应交增值税（进项税额）       10 400
    贷：银行存款                   93 400

2019年12月22日，材料到达并验收入库时：

  借：原材料——A                    83 000
    贷：在途物资                    83 000

（3）材料已验收入库，未办理结算。这种情况，往往是由于结算凭证传递的时间多于材料运送的时间造成的，一般在短时间内，发票账单都不能到达企业，所以平时可以不进行核算。只有到月末，结算凭证仍然未到达企业时，企业才按照材料的合同价格或计划成本暂估入账，借记"原材料"账户，贷记"应付账款"账户。

下月初，用红字金额做同样的记账凭证，予以冲回，以便结算凭证到达时，企业办理结算手续后，按正常核算程序，借记"原材料"和"应交税费——应交增值税（进项税额）"账户，贷记"银行存款"等账户。

【例4.26】2019年12月27日，赣昌股份有限公司从南静公司购进B材料一批，材料已验收入库，但结算凭证未到，货款未付。12月31日暂估价300 000元。其会计分录为：

  借：原材料——B                   300 000
    贷：应付账款——应付暂估价             300 000

2020年1月1日，用红字金额冲销12月31日所做处理：

  借：原材料——B                   300 000
    贷：应付账款——应付暂估价             300 000

2020年1月10日，收到上月末估价入账的材料的发票账单，增值税专用发票上注明的价款为300 000元，增值税税额为39 000元，并出银行承兑汇票承付。其会计分录为：

  借：原材料——B                   300 000
    应交税费——应交增值税（进项税额）       39 000
    贷：应付票据                   339 000

2. 原材料减少的账务处理

企业发出的材料，应根据材料的用途分别借记"生产成本""制造费用""委托加工物资""管理费用"等账户,贷记"原材料"账户。

【例 4.27】2019 年 12 月 31 日,赣昌股份有限公司根据"发料凭证汇总表"的记录,12 月份甲产品领用 A 材料 2 000 件,B 材料 50 千克;乙产品领用 A 材料 40 件,B 材料 200 千克;车间管理部门领用 A 材料 20 件;企业行政管理部门领用 A 材料 4 件;其中 A 材料单价为 80 元/件,B 材料单价为 200 元/千克。其会计分录为:

| | |
|---|---:|
| 借:生产成本——甲产品 | 170 000 |
| ——乙产品 | 43 200 |
| 制造费用 | 1 600 |
| 管理费用 | 320 |
| 贷:原材料——A | 165 120 |
| ——B | 50 000 |

> **小思考:** 材料采购、在途物资与原材料有什么区别?

## 二、库存商品

### (一)库存商品概述

库存商品是指企业已完成全部生产过程并已验收入库,合乎标准规格和技术条件,可以按照合同规定的条件送交订货单位,或可以作为商品对外销售的产品以及外购或委托加工完成验收入库用于销售的各种商品。

库存商品按取得的来源不同分为自制和外购两种。自制库存商品由制造业企业生产完工入库而增加;外购商品主要是由商品流通企业购买入库而增加。已完成销售手续但购买单位在月末未提取的产品,不应作为企业的库存商品,而应作为代管商品处理,单独设置"代管商品"备查簿进行登记。

库存商品的入账价值因取得的来源不同,其价值的构成内容也不同。以制造业自制产品为例,其入账价值由自制过程中实际发生的直接材料费、直接人工费、制造费用等构成,其中:直接材料费指生产中用于构成产品实体而耗用的原料、主要材料等;直接人工费是指企业直接从事产品生产工人的工资薪酬,包括工资、奖金、津贴、补贴、住房公积金、职工福利费、社会保险费、工会经费、职工教育经费、医疗保险费等;制造费用指企业各生产单位为组织和管理生产所发生的,应计入产品成本的各项间接费用。

本教材主要讲述自制库存商品的核算。

### (二)应设置账户

1. "库存商品"账户

为了核算企业库存的各种商品的增减变动及其结果,企业应设置"库存商品"账户。该账户属于资产类账户,借方登记验收入库的库存商品的成本,贷方登记发出的库存商品的成本,余额在借方,反映各种库存商品的实际成本。

## 2. "生产成本"账户

为了核算企业生产各种产品(如产成品、自制半成品、提供在产品等)、自制材料、自制工具、自制设备等所发生的各项生产费用的增减变动及其结果,并据以确定产品实际生产成本和在产品成本,企业应设置"生产成本"账户。该账户属于成本类账户,借方登记企业为制造产品发生的直接费用(如直接材料、直接人工)以及应由产品成本负担的间接费用分配数;贷方登记已经生产完成并验收入库的产品以及自制半成品等实际成本;期末借方余额,反映企业尚未加工完成的各项在产品的成本。本账户应按生产产品的种类设置明细账,进行明细分类核算。

## 3. "制造费用"账户

为了核算企业为生产产品和提供劳务而发生的各项间接费用(包括工资和福利费、折旧费、修理费、办公费、水电费、机物料消耗、劳动保护费、季节性和修理期间的停工损失等)的增减变动及其结果,应设置"制造费用"账户。该账户属于成本类账户,其借方登记各项间接费用的发生数;贷方登记分配计入有关成本计算对象的间接费用;期末除季节性生产外,该账户无余额。同时,本账户应按不同的车间、部门设置明细账,进行明细分类核算。

### (三) 库存商品的会计处理

自制库存商品因加工生产,需通过"生产成本""制造费用"账户反映其加工过程中所发生的生产成本,加工完成后经验收入库增加"库存商品"账户余额,库存商品的减少主要是销售导致的。其中:"生产成本""制造费用"和"库存商品"账户会计处理示意图,如图4.2所示。

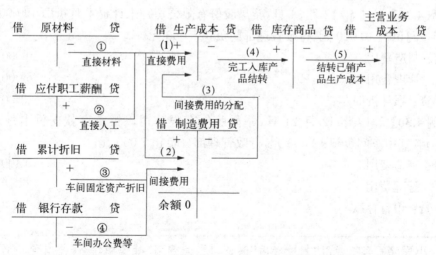

图4.2 "生产成本""制造费用"和"库存商品"账户会计处理示意图

### 1. 库存商品增加的核算

自制库存商品的增加,是产品在生产过程中加工完成并验收入库后形成的,因此,其核算必须通过"生产成本""制造费用"账户,核算内容包括在生产过程中耗费的直接费用(即直接材料和直接人工)、间接费用、完工产品成本的计算与结转,最后,根据计算的完工入库产品实际成本,借记"库存商品"账户,贷记"生产成本"账户。

(1) 直接材料。直接材料是指企业生产产品和提供劳务的过程中所消耗的、直接用于产品生产、构成产品实体的各种材料及主要材料、外购半成品以及有助于产品形成的辅助材料等。

例题见【例 4.27】。

(2) 直接人工。直接人工是指企业在生产产品和提供劳务过程中,直接从事产品的生产的工人的工资、津贴、补贴和福利费等。借记"生产成本",贷记"应付职工薪酬"。

【例 4.28】2019 年 12 月 31 日,根据工资分配表分配 12 月份工资,其中生产甲产品工人工资 60 000 元,生产乙产品工人工资 104 300 元,并发生车间管理人员的工资 8 000 元。

借:生产成本——甲产品　　　　　　　　　　　　　　　　60 000
　　　　　　——乙产品　　　　　　　　　　　　　　　　104 300
　　制造费用　　　　　　　　　　　　　　　　　　　　　　8 000
　贷:应付职工薪酬　　　　　　　　　　　　　　　　　　　172 300

(3) 制造费用。制造费用是指制造企业各生产单位(分厂、车间)为组织和管理生产所发生的各种间接费用,包括生产单位管理人员的工资和福利费、办公费、水电费、机物料消耗、劳动保护费、机器设备的折旧费、修理费、低值易耗品摊销等。

① 制造费用的发生。会计单位通常是先通过"制造费用"账户对这些费用进行归集,在每个会计期间终了,再按一定的标准(比如生产各种产品所耗的工时)将所归集的制造费用分配计入相关产品的生产成本之中。

【例 4.29】2019 年 12 月 31 日,赣昌股份有限公司月末计提本月折旧 15 000 元,其中生产车间负担 10 000 元,行政管理部门负担 5 000 元。

借:制造费用　　　　　　　　　　　　　　　　　　　　　10 000
　　管理费用　　　　　　　　　　　　　　　　　　　　　　5 000
　贷:累计折旧　　　　　　　　　　　　　　　　　　　　　15 000

【例 4.30】2019 年 12 月 21 日,赣昌股份有限公司以银行存款支付本月水电费 17 400 元,其中车间负担 10 400 元,行政管理部分负担 7 000 元。

借:制造费用　　　　　　　　　　　　　　　　　　　　　10 400
　　管理费用　　　　　　　　　　　　　　　　　　　　　　7 000
　贷:银行存款　　　　　　　　　　　　　　　　　　　　　17 400

> 小思考:间接费用"制造费用"账户与期间费用"管理费用"账户有何不同?

② 制造费用的归集与分配。"制造费用"账户的归集就是将本月发生的全部制造费用进行加总。"制造费用"账户的分配就是将归集的制造费用总额按一定的分配标准分配到各产品成本计算对象。常见的分配标准主要有:生产工人工时、生产工人工资、机器工时等。其分配的计算公式见式(4.4)和式(4.5):

$$制造费用分配率 = \frac{制造费用总额}{各成本计算对象的某一分配标准数之和} \quad (4.4)$$

$$某产品应分配的制造费用 = 该种产品分配标准 \times 制造费用分配率 \quad (4.5)$$

制造费用分配方法一经确定,不得随意变更。

**【例 4.31】** 2019 年 12 月 31 日,假定本月甲产品生产工时为 12 000 小时,乙产品生产工时为 6 000 小时。按生产工时标准,甲产品和乙产品应负担的制造费用如下:

由【例 4.27】至【例 4.30】业务的会计分录可知,归集"制造费用"账户借方的费用总额为 30 000 元(1 600+8 000+10 000+10 400)。则制造费用分配率的计算见式(4.6),甲、乙产品分别承担的制造费用如式(4.7)、式(4.8)所示:

$$制造费用分配率 = \frac{制造费用总额}{生产工人工时总额} = \frac{30\ 000}{12\ 000 + 6\ 000} = 1.666\ 67 \quad (4.6)$$

$$甲产品应承担的制造费用 = 1.666\ 67 \times 12\ 000 = 20\ 000(元) \quad (4.7)$$

$$乙产品应承担的制造费用 = 1.666\ 67 \times 6\ 000 = 10\ 000(元) \quad (4.8)$$

③ 制造费用的结转。"制造费用"账户的结转就是指月末将已分配的"制造费用"从贷方转入有关成本计算对象的"生产成本"账户。

借:生产成本——甲产品　　　　　　　　　　　　　　20 000
　　　　　　——乙产品　　　　　　　　　　　　　　10 000
　　贷:制造费用　　　　　　　　　　　　　　　　　　　　30 000

(4) 完工产品的计算与结转。会计期末,应对"生产成本"账户进行结算,计算出本月完工产品成本,并将其从"生产成本"账户贷方转入"库存商品"账户借方。

从"生产成本"账户内容中可知"生产成本"账户的四个指标的变换关系,如式(4.9)所示:

$$期初在产品成本 + 本期生产费用 \\ = 本期完工产品成本 + 期末在产品成本 \quad (4.9)$$

则本期完工产品成本的计算如式(4.10)所示:

$$本期完工产品成本 \\ = 期初在产品成本 + 本期生产费用 - 期末在产品成本 \quad (4.10)$$

**【例 4.32】** 2019 年 12 月 31 日,上述甲产品 3 700 件、乙产品 900 件本月全部完工并且期末无在产品,甲、乙产品期初在产品成本分别为 120 000 元和 112 500 元,结转其完工入库产品生产成本。

根据式(4.10),计算完工入库的甲、乙产品总成本,如式(4.11)、式(4.12)所示:

$$甲完工产品总成本 \\ = 120\ 000 + (170\ 000 + 60\ 000 + 20\ 000) = 370\ 000(元) \quad (4.11)$$

$$乙完工产品总成本 \\ = 112\ 500 + (43\ 200 + 104\ 300 + 10\ 000) = 270\ 000(元) \quad (4.12)$$

然后，根据甲、乙产品的总成本及完工数量计算，计算甲、乙产品的单位成本，如式(4.13)、式(4.14)所示：

$$甲产品单位成本 = 370\,000 \div 3\,700 = 100 \text{ 元/件} \quad (4.13)$$

$$乙产品单位成本 = 270\,000 \div 900 = 300 \text{ 元/件} \quad (4.14)$$

"库存商品""生产成本"的总分类账户和明细分类账户的登记如图4.3所示。

| 借 | 库存商品 | 贷 | | 借 | 生产成本 | | 贷 |
|---|---|---|---|---|---|---|---|
| 期初余额 | | | | 期初余额 | 232 500 | | |
| (4-35) | 640 000 | | | (4-30) | 213 200 | (4-35) | 640 000 |
| | | | | (4-31) | 164 300 | | |
| | | | | (4-34) | 30 000 | | |
| 本期发生额 | 640 000 | 本期发生额 | | 本期发生额 | 403 200 | 本期发生额 | 640 000 |
| 期末余额 | | | | 期末余额 | 0 | | |

| 借 | 生产成本——甲 | 贷 | | 借 | 生产成本——乙 | | 贷 |
|---|---|---|---|---|---|---|---|
| 期初余额 | 120 000 | | | 期初余额 | 112 500 | | |
| (4-30) | 170 000 | (4-35) | 370 000 | (4-30) | 43 200 | (4-35) | 270 000 |
| (4-31) | 60 000 | | | (4-31) | 104 300 | | |
| (4-34) | 20 000 | | | (4-34) | 10 000 | | |
| 本期发生额 | 250 000 | 本期发生额 | 370 000 | 本期发生额 | 407 500 | 本期发生额 | 270 000 |
| 期末余额 | 0 | | | 期末余额 | 0 | | |

图4.3　"库存商品""生产成本"账户登记示意图

借：库存商品——甲产品　　　　　　　　　　　　　　　370 000
　　　　　　——乙产品　　　　　　　　　　　　　　　270 000
　贷：生产成本——甲产品　　　　　　　　　　　　　　370 000
　　　　　　——乙产品　　　　　　　　　　　　　　　270 000

> **小 贴 士**
>
> **外购商品的账务处理**
>
> 外购商品的成本由买价、采购费用和税金三部分组成。买价即供货单位开出的发货票价款；采购费用主要包括运杂费、运输途中的合理损耗、入库前的整理挑选费用、购入存货应负担的税金和其他费用；税金即企业在采购物资时，除要支付买价和相关费用外，还要支付相关流转环节的税金。账务处理时，按成本借记"库存商品"账户，贷记相关账户。

**2. 库存商品减少的会计处理**

企业对库存商品领用或销售，应根据发出商品的用途，分别进行核算。销售库存商品时应在月份终了,企业结转当月销售产品成本,借记"主营业务成本"账户,贷记"库存商品"账户。具体详见第六章第二节。

> 小思考:生产成本期末是否会有余额?

## 三、存货清查

(一)存货清查概述

1. 存货清查的目的

存货的清查,是指对库存商品、原材料、在产品、产成品、低值易耗品等的清查。存货的清查一般采用实地盘点法或技术推算法。存货清查的目的:保护存货物资的安全完整、保证账实相符。

2. 存货清查的步骤

其清查的具体步骤为:

第一步:所有的清查人员与保管人员一同到现场对存货采用相应的清查方法进行盘点,确定其实存数。

第二步:对盘点的结果填制在"盘存单"中,并由盘点人员和保管人员共同确认并盖章。

第三步:实物盘点结束后,把"盘存单"与相应的存货会计账簿上的记录进行比对,若有差异的存货再填制"账存实存对比表"。

(二)应设置账户

设置"待处理财产损溢"账户,该账户可用于核算企业在存货清查过程中查明的各种存货盘盈、盘亏和毁损的价值。

(三)存货清查的会计处理

1. 存货清查盘盈的会计处理

盘盈的各种材料、产成品、库存商品等存货,借记"原材料""库存商品"等账户,贷记"待处理财产损溢"账户。经批准后盘盈的存货,借记"待处理财产损溢"账户,根据处理方法贷记"管理费用"等账户。

存货盘盈会计处理示意图,如图 4.4 所示。

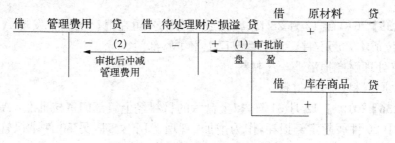

图 4.4 存货盘盈会计处理示意图

【例 4.33】2019 年 12 月 28 日,赣昌股份有限公司在财产清查中发现 B 材料盘盈 20 千克,单位成本 200 元/千克,盘盈金额为 4 000 元;又盘盈甲产品 10 千克,单位成本 450 元/千克,情况已上报给领导部门。

  借:原材料——B 材料                 4 000
    库存商品——甲产品              4 500
   贷:待处理财产损溢——B 材料            4 000
        ——甲产品             4 500

【例 4.34】2019 年 12 月 31 日,盘盈的存货经领导部门批准,B 材料和甲产品属于自然因素造成的盘盈,以上盘盈均批准作为冲减管理费用处理。

  借:待处理财产损溢——B 材料             4 000
       ——甲产品              4 500
   贷:管理费用                  8 500

2.存货清查盘亏的会计处理

盘亏的各种材料、产成品、商品等存货,借记"待处理财产损溢——待处理流动资产损溢"账户,贷记"原材料""库存商品"等账户。

盘亏的存货,按管理权限报经批准后处理时,按残料价值,借记"原材料"等账户;按可收回的保险赔偿或过失人赔偿,借记"其他应收款"账户;属于管理原因造成的,借记"管理费用"账户;属于非正常损失的,借记"营业外支出"账户。

存货盘亏会计处理示意图,如图 4.5 所示。

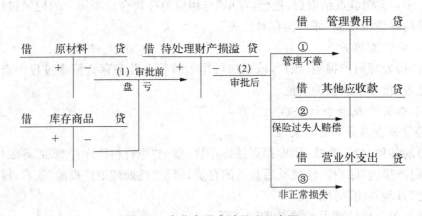

图 4.5 存货盘亏会计处理示意图

【例 4.35】2019 年 12 月 28 日,赣昌股份有限公司在财产清查中发现 A 材料盘亏 100 件,单位成本 80 元/件。以上情况已上报主管部门。

  借:待处理财产损溢——A 材料             8 000
   贷:原材料——A 材料               8 000

【例 4.36】2019 年 12 月 31 日,以上盘亏的材料经上级部门审核批准:A 材料盘亏 100 件,其中 20 件属超定额损耗,作为增加"管理费用"处理,另 80 件是保管员工作不认真造成,应由保管员赔偿。

| 借：管理费用 | 2 000 |
|---|---|
| 　　其他应收款——保管员 | 6 000 |
| 　贷：待处理财产损溢——A材料 | 8 000 |

> **小思考**：存货与库存现金发生盘盈时会计分录有什么不同？

## 四、存货期末计价

### （一）存货期末计价概述

存货期末计价是指企业在会计期末（通常指年末）编制资产负债表时，存货按何种价值列示。存货在期末的计价方法一般有三种，即成本法、市价法、成本与市价孰低法。我国《企业会计准则第1号——存货》规定，在资产负债表日，存货应当按照成本与可变现净值孰低计价。

成本与市价孰低法，是指在会计期末通过比较存货的成本与市价，取两者中较低的一个作为存货计价基础，即当存货成本低于市价时，按成本计价；当市价低于成本时，按市价计价。这里的成本指的是存货购入或生产时的实际成本，即存货的账面价值。与成本相比较的市价，并不是一般意义上的市场销售价格，一般多采用重置成本和可变现净值。其中，重置成本是指在现有条件下重新购买相同存货而应支付的全部费用，可变现净值是指在企业日常的生产经营活动中，以存货估计售价减去至完工时估计将要发生的成本、估计的销售费用以及相关税费后的金额。

### （二）应设置账户

1. "资产减值损失"账户

为了核算企业因资产减值很可能发生的损失，应设置"资产减值损失"账户，该账户属于损益类账户，借方登记因资产减值很可能发生的损失，贷方登记期末结转至"本年利润"账户的金额，本账户结转后无余额。

2. "存货跌价准备"账户

"存货跌价准备"账户用于核算企业提取的存货跌价准备。存货跌价准备是指在中期期末或年度终了，如由于存货遭受毁损、全部或部分陈旧过时或销售价格低于成本等原因，使存货成本不可以收回的部分，应按单个存货项目的成本高于其可变现净值的差额提取，并计入存货跌价损失。

### （三）存货期末计价会计处理

资产负债表日，如果企业存货发生跌价，应提取存货跌价准备，并计入存货跌价损失。会计处理为：借记"资产减值损失"账户，贷记"存货跌价准备"账户。

【例4.37】2019年12月31日，洪都公司的原材料A材料账面余额（即实际成本）为200 000元，可变现净值190 000元；其他存货的账面余额与可变现净值一致。因成本高于可变现净值，其差额应计入"资产减值损失"，会计分录为：

借：资产减值损失　　　　　　　　　　　　　　　　　10 000
　贷：存货跌价准备　　　　　　　　　　　　　　　　　　10 000

## 章后知识点总结

　　本章学习的是流动资产相关内容的核算，流动资产是企业资产中必不可少的组成部分，包含了货币资金、交易性金融资产、应收账款以及存货等。

　　货币资金按其形态和用途不同可分为库存现金、银行存款和其他货币资金。货币资金的会计处理主要涉及库存现金、银行存款和其他货币资金账户等资产类账户增加及减少的核算。货币资金的清查中出现短缺和溢余时先通过"待处理财产损溢"账户核算，待查明原因后根据不同情况进行核算。

　　应收票据是企业持有的尚未兑现的商业汇票，应收账款是指企业因销售产品、提供劳务等业务，应向购货单位或接受劳务单位收取的款项。预付账款是按照购货合同的规定，预付给供货方的购货定金或部分货款。其他应收款是除应收票据、应收账款和预付账款等以外，企业其他各种应收、暂付款项。应收票据、应收账款、预付账款、其他应收款等资产类账户主要的核算有增加及减少的账务处理。

　　存货是指企业在日常生产经营过程中为销售、生产或耗用而储备的各项有形资产，主要包括库存商品、产成品，为生产产品而持有的各种原料、在产品等。原材料的核算应设置"原材料"账户，主要涉及原材料的增加和减少的账务处理，由于原材料的结算与入库时间可能存在不一致，故应对原材料增加的核算分情况处理。自制库存商品成本的核算主要涉及"直接材料""直接人工""制造费用"账户，库存商品完工时"制造费用"的分配。存货清查的盘亏、盘盈及毁损先通过"待处理财产损溢"账户核算，待查明原因后分情况处理。

## 本章关键词

　　货币资金　应收账款　应收票据　存货

## 本章思考与练习

**一、思考题**

1. 什么是流动资产？它包括哪些内容？
2. 流动资产具有哪些特点？
3. 现金支付的范围有哪些？
4. 什么是应收票据贴现？
5. 其他应收款具体包括哪些内容？
6. 什么是存货？存货有哪些特征？试以你所了解的某个企业为例，具体说明哪些内容构成该企业的存货。
7. 存货盘存有哪几种计量方法？有什么区别？
8. 在什么情况下应计提存货跌价准备？
9. 存货盘盈、盘亏怎样进行核算？

## 二、小练习

1. 赣昌股份有限公司2019年7月发生如下经济业务：

（1）3日，王明报销差旅费1 200元，原预借现金1 500元，余款收回。

（2）7日，公司将100 000元汇往采购银行。

（3）10日，公司用现金购买办公用品计500元。

（4）15日，公司销售商品一批，价款1 000 000元，应收增值税销项税额130 000元。货款已收到并存入银行。

（5）21日，将15 000元现金收入存入银行。

（6）31日，进行现金清查，发现库存现金长款50元，待批准处理。

要求：根据上述业务进行账务处理。

2. 赣昌股份有限公司2019年12月31日银行存款日记账余额280 000元，同日银行对账单余额为245 000元，经核对存在下列未达账项：

（1）12月30日，企业已开出现金支票15 000元支付差旅费，但持票人尚未到银行提取现金。

（2）12月31日，企业收到转账支票40 000元，但银行尚未入账。

（3）12月31日，银行已收到外单位支付给本公司的货款25 000元，企业尚未收到收款通知。

（4）12月31日，银行从本企业存款中支付本月电费35 000元，尚未通知企业。

要求：根据上述资料编制12月份银行存款余额调节表。

3. 赣昌股份有限公司于2019年3月21日购入一批股票，作为交易性金融资产进行管理和核算，买入价400 000元，另支付相关交易费用3 000元，均以银行存款支付。次月，被投资单位宣告发放股利，该公司预计可收到股利20 000元。2019年4月30日该股票的市价为420 000元。假定不考虑其他因素。

要求做该公司的会计分录。

4. 赣昌股份有限公司2019年12月，用银行存款买入原材料一批，增值税专用发票注明的价款为100万元，增值税税额为13万元，开出商业汇票一张，期限4个月；另外，用银行存款支付运杂费（不考虑增值税）、保险费共5万元，原材料实际成本为105万元，材料已验收入库。

要求：根据上述经济业务做会计分录。

5. 赣昌股份有限公司2019年12月发生的预付货款的业务如下：

（1）预付三江公司C、D材料采购款600 000元，以存款支付。

（2）从三江公司购入C材料200 000元，增值税26 000元；同批购入D材料400 000元，增值税52 000元，已预付600 000元。

（3）以存款支付上述C材料和D材料运杂费6 000元，按材料买价分摊计入材料采购成本。

（4）上述C材料和D材料验收入库，结转其采购成本。

（5）以存款补付三江公司预付货款的差额。

要求：

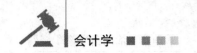

(1) 根据以上经济业务编制会计分录；
(2) 计算甲、乙材料的运杂费分配率，以及各自应负担的运杂费。

6. 赣昌股份有限公司 2019 年 12 月份生产丙、丁两种产品，制造费用按工人工资比例分配。本月与产品成本有关的业务数据如下：

(1) 共发出材料 90 000 元，其中丙产品直接领用 40 000 元，丁产品直接领用 32 000 元，车间管理领用 10 000 元，公司行政领用 8 000 元；
(2) 应发工资共 200 000 元。其中丙产品工人 80 000 元，丁产品工人 40 000 元，车间管理人员 20 000 元，行政人员 60 000 元；
(3) 固定资产折旧 34 000 元，其中车间负担 14 000 元，行政负担 20 000 元；
(4) 本月水电费 24 000 元，车间负担 10 000 元，行政负担 14 000 元。

要求：根据资料，完成以下各项计算并列出计算过程
(1) 计算本月制造费用分配率；
(2) 计算丙、丁产品制造费用分配额；
(3) 计算丙、丁产品本月发生的生产费用；
(4) 根据以上经济业务编制会计分录。

7. 赣昌股份有限公司生产的丙产品本月入库数量 4 000 件。该产品月初在产品 300 000 元（其中：直接材料成本 200 000 元，直接人工成本 60 000 元，制造费用 40 000 元），本月发生生产成本 1 700 000 元（领用材料 1 120 000 元，工人工资 480 000 元，分摊制造费用 100 000 元），月末无在产品。

要求：
(1) 计算丙产品本月已入库产品总成本、单位产品成本、单位产品的材料成本、单位产品的人工成本、单位产品的制造费用，并逐项列出计算过程；
(2) 编制完工入库产品生产成本的核算。

# 章 后 案 例

## 案例名称：货币资金的清查你会吗？

### 一、案例背景资料

赣江股份有限公司出纳员小丁由于刚参加工作不久，对于货币资金业务管理和核算的相关规定不甚了解，所以出现一些不应有的错误，有两件事情让他印象深刻，至今记忆犹新。

第一件事是在 2019 年 7 月 5 日和 15 日两天的现金业务结束后例行的现金清查中，分别发现现金短缺 100 元和现金溢余 10 元的情况，对此他经过反复思考也弄不明白原因。为了保全自己的面子和息事宁人，同时又考虑到两次账实不符的金额又很小，他决定采取下列办法进行处理：现金短缺 100 元。自掏腰包补齐；现金溢余 10 元，暂时收起。

第二件事是小丁经常对其银行存款的实有额心中无数，甚至有时会影响到公司日常业务的结算，公司经理因此指派有关人员检查一下小丁的工作，结果发现，他每次编

制银行存款余额调节表时,只根据公司银行存款日记账的余额加或减对账单中企业的未入账款项来确定公司银行存款的实有数而且每次做完此项工作以后,小王就立即将这些未入账的款项登记入账。

二、案例分析要点

1. 请指出小丁对上述两项业务的处理是否正确,并说明理由。
2. 请给出正确答案。
3. 请解释如何进行货币资金的清查。

# 参 考 书 目

[1] 全国人大常委会颁布.中华人民共和国会计法[M].北京:立信会计出版社,2018.

[2] 财政部.企业会计准则[M].北京:经济科学出版社,2019.

[3] 朱小平等.初级会计学[M].北京:中国人民大学出版社,2019.

[4] 王志红、周晓苏.会计学(第3版)[M].北京:清华大学出版社,2019.

[5] 陈少华.会计学原理(第5版)[M].厦门:厦门大学出版社,2019.

[6] 刘永泽,陈文铭.会计学(第6版)[M].大连:东北财经大学出版社,2018.

[7] 张蕊.会计学原理(第6版)[M].北京:中国财政经济出版社,2019.

[8] 张继英.会计学原理(修订版)[M].北京:中国经济出版社,2013.

[9] 财政部会计评价中心.初级会计实务[M].北京:经济科学出版社,2019.

[10] 全国会计专业技术资格考试领导小组办公室.初级会计专业技术资格考试大纲[M].北京:经济科学出版社,2019.

# 第五章　非流动资产核算

> **开篇案例**
>
> ### 王女士的咖啡店
>
> 王女士以前是从事教育工作的,由于紧张、高压的生活让其感到疲惫,于是改做咖啡店。通过阅读相关的书籍和参加培训,"蓝调咖啡店"在繁华的街角诞生。王女士最初投资了10万元,主要是购买咖啡机、磨粉机、水处理设备、桌椅等固定资产。经过王女士的精心经营,咖啡店的生意越来越红火,利润可观。自由、小资的生活让王女士感到欣慰,也让她看到了更大的商机。王女士意识到顾客通常喝咖啡时都会闲聊很久,于是她决定将店里的服务多元化——提供甜品。而制作甜品就需要购买全新的设备和聘请专业做甜品的师傅。这将是一项艰巨的任务。正当王女士焦头烂额时,学财务的女儿告诉她,街角附近的"布丁甜品店"开业不久,由于食材保鲜成本过高等原因导致资金周转困难,正在寻求方法突破经营瓶颈。王女士立即与该甜品店的老板进行协商,决定对其投资。最终,布丁甜品店接受了蓝调咖啡店的投资,成为其子公司。从购买设备到对甜品店进行投资,王女士的咖啡店进行了一系列运作,那么这些投资活动将如何通过会计分录反映在账面上呢?这将是本章我们将学习到的新知识。

## [学习目的与要求]

1. 熟悉长期股权投资的初始计量和持有期间的后续处理。
2. 熟悉债权投资的确定及会计处理。
3. 了解其他债权投资、其他权益工具投资的确定及会计处理。
4. 掌握固定资产入账价值,折旧的计算方法。
5. 掌握固定资产后续支出的核算。
6. 了解无形资产和其他资产的会计处理。

## 第一节 对外投资形成的非流动资产

### 一、对外投资概述

（一）对外投资概念

对外投资是指企业以购买股票、债券等有价证券方式或以现金、实物资产、无形资产等方式向企业以外的其他经济实体进行的投资。其目的是为了获取投资收益、分散经营风险、加强企业间联合、控制或影响其他企业。

（二）对外投资的原则

1. 效益性原则

企业在进行对外投资时，必须考虑到该项投资的经济效益，以及对企业整体经济效益的影响。

2. 安全性原则

企业必须在投资报酬和风险之间权衡利弊。所谓安全性原则就是投资能够按期收回本金和应得的投资收益。

3. 流动性原则

有的对外投资期限很长，一般不考虑在近期变现；有的对外投资，只是为了充分利用现有的闲置资金，这种投资就应当考虑其流动性，以便在将来需要现金时，能够及时变现。

4. 整体性原则

企业的对外投资活动是企业整体经营活动的一个重要组成部分，对外投资必须服从企业的整体经营活动，对外投资的目标应与企业总的经营目标相一致。

（三）对外投资的内容

1. 按投资方式划分

（1）股票投资，即以认购其他单位股票的形式，对其他单位所进行的投资；

（2）债券投资，即以购买债券的形式，对其他单位所进行的投资；

（3）其他投资，即除购买股票和债券等有价证券以外，以其他形式对其他企业进行的投资。

2. 按投资目的划分

（1）交易性金融资产。

（2）长期股权投资。

（3）以摊余成本计量的债权投资。

（4）以公允价值计量且其变动计入其他综合收益的其他债权投资、其他权益工具投资。

#### (四)对外投资形成的非流动资产

对外投资形成的资产是指企业因对外投资形成的交易性金融资产、长期股权投资、债权投资、其他债权投资、其他权益工具投资等。其中:交易性金融资产为对外投资形成的流动资产,长期股权投资、债权投资、其他债权投资、其他权益工具投资为对外投资形成的非流动资产。

## 二、长期股权投资

### (一)长期股权投资概述

**1. 长期股权投资的概念和特征**

长期股权投资是指投资方对被投资单位实施控制、重大影响的权益性投资,以及对其合营企业的权益性投资(CAS2 2014)。

长期股权投资的特征主要有:投资大、投资期限长、风险大以及能为企业带来较大的利益等。

**2. 长期股权投资的核算方法**

在取得长期股权投资时,按取得成本计价;在取得股权后,投资企业按占被投资企业权益资本比例不同,分别采取成本法和权益法计价,如表5.1所示。

表5.1　　　　　　　　　　　长期股权投资核算方法

| 方　式 | 持股比例 | 核算方法 |
| --- | --- | --- |
| 控　制 | >50% | 成本法 |
| 共同控制 | 20%—50% | 权益法 |
| 重大影响 | | |

### 小 贴 士

#### 相 关 规 定

长期股权投资的成本法适用于企业持有的能够对被投资单位实施控制的长期股权投资;权益法适用于投资企业对被投资单位具有共同控制或重大影响的长期股权投资,即对合营企业投资及联营企业投资。而投资企业持有的对被投资单位不具有控制、共同控制或重大影响,并在活跃市场中没有报价、公允价值不能可靠计量的权益性投资按《企业会计准则第22号——金融资产的确认和计量》处理,在此不做赘述。

### (二)按成本法计价的核算

成本法是指对长期股权投资的取得和增加、减少,其账面价值按实际成本计价的方法。长期股权投资采用成本法,增加股权投资时才增加股权投资的账面价值,减少股权投资时才减少股权投资的账面价值,被投资企业发生盈亏对投资企业的长期股权投资账面价值不产生影响。当被投资企业宣告发放现金股利时,投资企业直接确认为"投资收益"。

1. 账户设置

对长期股权投资进行核算应设置"长期股权投资""投资收益""长期股权投资减值准备"等账户。

2. 会计处理

成本法下,长期股权投资的计量因取得方式不同而不同,以购买股票为例,长期股权投资的入账价值为买价与相关税费之和,但不包括已宣告发放但尚未支取的现金股利。

成本法下"长期股权投资"账户会计处理示意图,如图 5.1 所示:

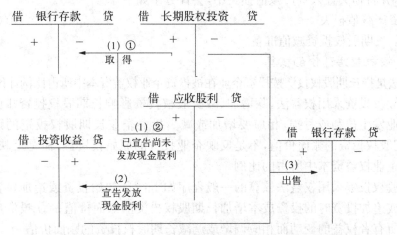

图 5.1 成本法下"长期股权投资"账户会计处理示意图

(1) 取得长期股权投资的账务处理。

【例 5.1】2019 年 1 月 1 日,赣昌股份有限公司购入甲公司普通股权 10 000 股,每股买价 10 元,占甲公司注册资本总额的 55%。

购买甲公司股权后,赣昌股份有限公司的银行存款减少了,长期股权投资增加了,分录如下:

借:长期股权投资　　　　　　　　　　　　　　　　　　　　　100 000
　　贷:银行存款　　　　　　　　　　　　　　　　　　　　　　　100 000

(2) 持有期间的账务处理。成本法下的长期股权投资,在持有期内的主要业务是被投资单位发放现金股利。

【例 5.2】承【例 5.1】2019 年 4 月 1 日,甲公司分配现金股利每股 0.3 元,2019 年 5 月 1 日,赣昌股份有限公司已收到并存入银行。

2019 年 4 月 1 日,甲公司分配现金股利时,赣昌股份有限公司应确认"投资收益",即"投资收益"增加了,同时"应收股利"也增加了,故分录如下:

借:应收股利　　　　　　　　　　　　　　　　　　　　　　　　30 000
　　贷:投资收益　　　　　　　　　　　　　　　　　　　　　　　30 000

2019年5月1日,将现金股利存入银行,赣昌股份有限公司的银行存款增加了,相应的其所得的应收股利减少了,分录如下:

借:银行存款　　　　　　　　　　　　　　　　　　　　　　　30 000
　　贷:应收股利　　　　　　　　　　　　　　　　　　　　　　　30 000

(3)期末计价。长期股权投资的期末计价方法是成本与可变现净值孰低法,当有迹象表明长期股权投资发生减值时,应计提减值准备,并确认资产减值损失。

【例5.3】承【例5.1】2019年12月31日,甲公司发生巨额亏损,该笔投资未来现金流折现确定的现值为60 000元。

赣昌股份有限公司长期股权投资的期末余额是100 000元,但由于甲公司发生巨额亏损,其资产的现值减少了40 000元(即100 000 – 60 000),则应计提减值准备40 000元,并将损失计入资产减值损失中,会计分录如下:

借:资产减值损失　　　　　　　　　　　　　　　　　　　　　40 000
　　贷:长期股权投资减值准备　　　　　　　　　　　　　　　　40 000

(三)按权益法计价的核算

权益法是指长期股权投资按投资企业在被投资企业权益资本中所占比例计价的方法。

长期股权投资采用权益法,除增加、减少股权投资影响长期股权投资账面价值外,被投资企业发生盈利或亏损,相应要增加或减少投资企业长期股权投资的账面价值。这样,长期股权投资的账面价值,不是反映企业投资的原始投资额,而是反映投资企业在被投资企业权益资本中所占的比例。

长期股权投资采用权益法核算的一般程序如下:① 初始投资或追加投资时,按照初始投资或追加投资时的投资成本增加长期股权投资的账面价值;② 投资后,随着被投资单位所有者权益的变动而相应调增或调减长期股权投资的账面价值。

长期股权投资采用权益法核算,会计上需要解决两个问题:① 投资后被投资单位实现净利润或发生净亏损的会计处理;② 被投资单位除净损益以外其他所有者权益变动的会计处理。

1. 账户设置

对长期股权投资进行核算应设置"长期股权投资""投资收益""长期股权投资减值准备"等总分类账户,其中,"长期股权投资"还应设置"成本""损益调整""其他权益变动""其他综合收益"等明细账户。

2. 会计处理

权益法下,长期股权投资的计量也因取得方式不同而不同,同时需要考虑取得时的实际成本与所占被投资企业可辨认净资产公允价值的份额两个因素,这里的实际成本是指买价与相关税费之和,但不包括已宣告发放但尚未支取的现金股利。

仍以购买股票为例,长期股权投资应分情况确认入账价值:

第一,当实际成本大于所占被投资企业的份额时,其入账价值为实际成本;第二,当实际成本小于所占被投资企业的份额时,其入账价值为所占被投资企业的份额;实际成本小于所占被投资企业的份额之差,计入"营业外收入"账户。

权益法下"长期股权投资"账户会计处理示意图,如图5.2所示:

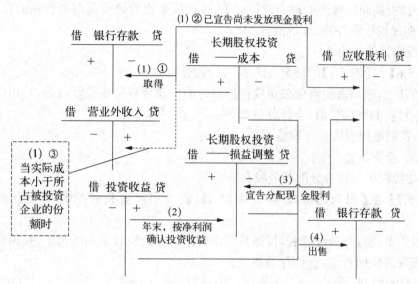

图 5.2 权益法下"长期股权投资"账户会计处理示意图

(1) 取得长期股权投资的账务处理。

【例 5.4】2019 年 1 月 1 日,赣昌股份有限公司以银行存款购入乙公司普通股权 200 000 股,每股 1.5 元,相关税费 20 000 元。占乙公司可辨认净资产公允价值 1 000 000 元的 30%。

取得时的实际成本和占乙公司可辨认净资产公允价值的份额的计算,如式(5.1)、式(5.2)所示:

$$\text{取得时的实际成本} = 200\,000 \times 1.5 + 20\,000 = 320\,000(\text{元}) \tag{5.1}$$

$$\text{占乙公司可辨认净资产公允价值的份额} = 1\,000\,000 \times 30\% = 300\,000(\text{元}) \tag{5.2}$$

因式(5.1)的金额大于式(5.2)的金额,故长期股权投资的入账价值为 320 000 元。

借:长期股权投资——成本　　　　　　　　　　　　　　320 000
　　贷:银行存款　　　　　　　　　　　　　　　　　　　　320 000

【例 5.5】假定【例 5.4】的其他条件不变,但占乙公司可辨认净资产公允价值 1 000 000 元的 35%。则占乙公司可辨认净资产公允价值的份额,如式(5.3)所示:

$$\text{占乙公司可辨认净资产公允价值的份额} = 1\,000\,000 \times 35\% = 350\,000(\text{元}) \tag{5.3}$$

此时,式(5.1)的金额小于式(5.3)的金额,故长期股权投资的入账价值为 350 000 元,式(5.1)的金额小于式(5.3)的金额之差 30 000 元(即 350 000－320 000),计入"营业外收入"账户。会计分录为:

借:长期股权投资——成本　　　　　　　　　　　　　　350 000
　　贷:银行存款　　　　　　　　　　　　　　　　　　　　320 000
　　　　营业外收入　　　　　　　　　　　　　　　　　　　 30 000

(2) 持有期间的账务处理。权益法下,被投资企业的盈亏及现金股利的发放,直接影响"长期股权投资"的账面价值。

① 投资损益的确认。

【例5.6】承【例5.4】2018年12月1日,乙公司盈利100 000元。

权益法下,赣昌股份有限公司应按所享有的份额计算所得投资收益,并相应地调整长期股权投资的账面价值,会计分录如下:

借:长期股权投资——损益调整　　　　　　　　　　　　　30 000
　　贷:投资收益　　　　　　　　　　　　　　　　　　　　30 000

② 被投资单位宣告分配现金股利。

【例5.7】承【例5.4】2019年3月21日,乙公司将盈利的70%向投资企业分派股利。

被投资单位宣告分配股利时,赣昌股份有限公司的应收股利增加了,并相应调减长期股权投资的账面价值,会计分录如下:

借:应收股利　　　　　　　　　　　　　　　　　　　　　21 000
　　贷:长期股权投资——损益调整　　　　　　　　　　　　21 000

【例5.8】2019年4月21日,收到乙公司发放的现金股利21 000元,存入银行。

此时,银行存款增加了,应收股利减少了,会计分录如下:

借:银行存款　　　　　　　　　　　　　　　　　　　　　21 000
　　贷:应收股利　　　　　　　　　　　　　　　　　　　　21 000

(3) 长期股权投资处置账务处理。出售长期股权投资时,应当结转与所售股权相对应的长期股权投资的账面价值,出售所得价款与处置长期股权投资账面价值之间的差额,应确认为处置损益。

采用权益法核算的长期股权投资,原计入资本公积中的金额,在处置时亦应进行结转,将与所出售股权相对应的部分在处置时自资本公积转入当期损益。

【例5.9】2019年4月30日,赣昌股份有限公司将持有的乙公司的全部股权出售,收到股权转让价款400 000元,存入银行。

出售股权时,所得价款使得银行存款增加了,相应结转股权投资的账面价值,两者的差额计入投资收益中,赣昌股份有限公司的会计处理如下:

借:银行存款　　　　　　　　　　　　　　　　　　　　　400 000
　　贷:长期股权投资——成本　　　　　　　　　　　　　　300 000
　　　　长期股权投资——损益调整　　　　　　　　　　　　9 000
　　　　投资收益　　　　　　　　　　　　　　　　　　　　91 000

---

**小知识:**

金融资产,是指企业的下列资产:

(1) 现金;

(2) 持有的其他单位的权益工具;

(3) 从其他单位收取现金或其他金融资产的合同权利；

(4) 在潜在有利条件下，与其他单位交换金融资产或金融负债的合同权利；

(5) 将来须用或可用企业自身权益工具进行结算的非衍生工具的合同权利，企业根据该合同将收到非固定数量的自身权益工具；

(6) 将来须用或可用企业自身权益工具进行结算的衍生工具的合同权利，但企业以固定金额的现金或其他金融资产换取固定数量的自身权益工具的衍生工具合同权利除外。其中，企业自身权益工具不包括本身就是在将来收取或支付企业自身权益工具的合同。

企业应当根据其管理金融资产的业务模式和金融资产的合同现金流量特征，将金融资产划分为以下三类：

(1) 以摊余成本计量的金融资产。

(2) 以公允价值计量且其变动计入其他综合收益的金融资产。

(3) 以公允价值计量且其变动计入当期损益的金融资产。

## 三、以摊余成本计量的金融资产

（一）以摊余成本计量的金融资产概述

金融资产同时符合下列条件的，应当分类为以摊余成本计量的金融资产：

(1) 企业管理该金融资产的业务模式是以收取合同现金流量为目标。

(2) 该金融资产的合同条款规定，在特定日期产生的现金流量，仅为对本金和以未偿付本金金额为基础的利息的支付。

（二）应设置账户

核算以摊余成本计量的金融资产应设置"债权投资"账户，并设置三个明细账户："债权投资——成本"反映债券面值；"债权投资——利息调整"反映债券折价溢价，以及佣金、手续费等相关交易费用；"债权投资——应计利息"主要在到期一次还本付息中采用。

（三）持有至到期投资会计处理

溢价购买下"债权投资"账户会计处理示意图，如图5.3所示。

折价购买下"债权投资"账户会计处理示意图，如图5.4所示。

1. 取得以摊余成本计量的金融资产的会计处理

借：债权投资——成本（面值）
　　　　　——利息调整（差额，也可能在贷方）
　　应收利息（实际支付的款项中包含的已宣告但尚未领取的利息）
　　贷：银行存款等

【例5.10】2019年1月1日，赣昌股份有限公司购入丙公司2019年1月1日发行的五年期债券，票面利率8%，债券面值100元，赣昌股份有限公司按110元的价格购

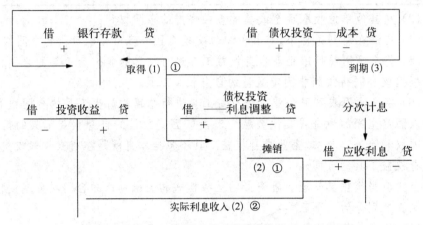

图 5.3 溢价购买下"债权投资"账户会计处理示意图

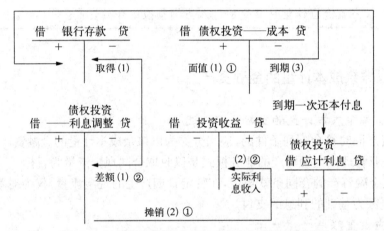

图 5.4 折价购买下"债权投资"账户会计处理示意图

入 900 张,该债券每年付息一次,最后一年还本金并付最后一次利息。企业管理该金融资产的业务模式是以收取合同现金流量为目标。此时,赣昌股份有限公司购买债券后,银行存款减少了,债权投资相应增加了,故分录如下:

借:债权投资——成本　　　　　　　　　　　　　　　　　　　　　90 000
　　　　——利息调整　　　　　　　　　　　　　　　　　　　　　 9 000
　贷:银行存款　　　　　　　　　　　　　　　　　　　　　　　　 99 000

2. 以摊余成本计量的金融资产持有期内账务处理

在以摊余成本计量的金融资产持有期内,主要涉及利息收入的核算。利息收入的核算因付息方式不同,所使用的会计账户也不同:如果是分次付息,则按月应收的利息款计入"应收利息"账户;如果是到期一次付息,则按月应收的利息款计入"债权投资——应计利息"账户。

企业应当采用实际利率法,按摊余成本对以摊余成本计量的金融资产进行后续计量。摊余成本是指该金融资产的初始确认金额经下列调整后的结果:第一,扣除已偿还的本金；第二，加上或减去采用实际利率法将该初始确认金额与到期日金额之间的差额进行摊销形成的累计摊销额；第三，扣除累计计提的损失准备。

企业应在以摊余成本计量的金融资产持有期间，采用实际利率法，按照金融资产账面余额乘以实际利率计算确认利息收入，计入投资收益。实际利率应在取得以摊余成本计量的金融资产时确定，实际利率与票面利率差别较小的，也可按票面利率计算利息收入，计入投资收益。

企业在资产负债表日计算利息时，其会计分录为：

借：应收利息（分期付息债权按票面利率计算的利息）
　　债权投资——应计利息（到期一次还本付息债权按票面利率计算的利息）
　贷：投资收益（以摊余成本计量的金融资产期初摊余成本和实际利率计算的利息收入）
　　　债权投资——利息调整（差额，也可能在借方）

3. 以摊余成本计量的金融资产减少的账务处理

以摊余成本计量的金融资产减少的会计处理，将在中级财务会计中学习。

4. 以摊余成本计量的金融资产减值的核算

在资产负债表日，如果发生减值，应计提债权投资减值准备，会计分录为：

借：信用减值损失
　贷：债权投资减值准备

## 四、以公允价值计量且其变动计入其他综合收益的金融资产

### （一）以公允价值计量且其变动计入其他综合收益的金融资产概述

金融资产同时符合下列条件的，应当分类为以公允价值计量且其变动计入其他综合收益的金融资产：

（1）企业管理该金融资产的业务模式既以收取合同现金流量为目标又以出售该金融资产为目标。

（2）该金融资产的合同条款规定，在特定日期产生的现金流量，仅为对本金和以未偿付本金金额为基础的利息的支付。

### （二）应设置账户

企业应当按照债务工具和非交易性权益工具分别设置"其他债权投资"和"其他权益工具投资"账户，此账户属于资产类账户，核算持有的以公允价值计量且其变动计入其他综合收益的金融资产的公允价值。

"其他债权投资"账户设置"成本""利息调整""应计利息""公允价值变动"等进行明细核算科目，其"成本"明细账户反映其他债权投资的面值；"利息调整"明细账户反映其他债权投资初始确认金额与其面值的差额以及按照实际利率法分期摊销后该差额的摊余金额，"应计利息"明细账户反映企业计提到期一次还本付息的其他债权投资应计未付的利息，"公允价值变动"明细账户反映其他债权投资公允价值的变动金额。

"其他权益工具投资"账户设置"成本""公允价值变动"等进行明细核算科目，其"成

本"明细账户反映其他权益工具投资的面值;"公允价值变动"明细账户反映其他权益工具投资公允价值的变动金额。以公允价值计量且其变动计入其他综合收益的金融资产账户会计处理。

以公允价值计量且其变动计入其他综合收益的"其他权益工具投资"账户会计处理流程图,如图5.5所示。

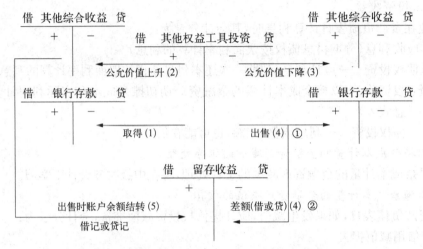

**图 5.5 "其他权益工具投资"账户会计处理流程图**

1. 以公允价值计量且其变动计入其他综合收益的金融资产增加账务处理

企业取得以公允价值计量且其变动计入其他综合收益的金融资产为非交易性权益性质的,应按其公允价值和交易费用之和,借记"其他权益工具投资——成本"账户,按支付的价款中包含的已宣告但尚未领取的现金股利,借记"应收股利"账户,按实际支付的价款,贷记"银行存款"等账户。

企业取得的以公允价值计量且其变动计入其他综合收益的金融资产为债券投资的,按其债券的面值,借记"其他债权投资——成本"账户,按支付的价款中包含的已到付息期但尚未领取的利息,借记"应收利息"账户,按实际支付的价款,贷记"银行存款"账户,按差额借记或贷记"其他债权投资——利息调整"账户。

【例5.11】2018年3月10日,赣昌股份有限公司按每股4.8元的价格购入B公司股票100 000股作为以公允价值计量且其变动计入其他综合收益的金融资产,并支付交易费用4 000元,股票购买价格中包含每股0.20元/股已宣告但尚未领取的现金股利。

赣昌股份有限公司购买股票作为以公允价值计量且其变动计入其他综合收益的金融资产,使得金融资产增加了,包含的尚未领取的现金股利使应收股利增加,同时支付时使得银行存款减少了,其相关会计分录如下:

借:其他权益工具投资——成本　　　　　　　　　　　　　　464 000
　　应收股利　　　　　　　　　　　　　　　　　　　　　　 20 000
　　贷:银行存款　　　　　　　　　　　　　　　　　　　　　　484 000

2. 持有以公允价值计量且其变动计入其他综合收益的金融资产账务处理

企业在持有以公允价值计量且其变动计入其他综合收益的金融资产期间,可能出现以下三种情况:

(1) 收到的属于取得以公允价值计量且其变动计入其他综合收益的金融资产支付价款中包含的已宣告发放的债券利息或现金股利。

其会计处理为:

借:银行存款
  贷:应收股利(或应收利息)

【例5.12】承【例5.11】,2018年4月10日,赣昌股份有限公司收到已宣告的现金股利,收到购买时尚未发放的现金股利,使得银行存款增加了,相应地应收股利减少了,作会计分录如下:

借:银行存款            20 000
  贷:应收股利           20 000

(2) 持有期内宣告发放的现金股利或应计利息。

① 持有期内宣告发放的现金股利。

借:应收股利
  贷:投资收益

② 持有期内应计利息。

分两种情况处理:

第一种情况:分期付息一次还本债务工具,应于付息日或资产负债表日做如下分录:

借:应收利息(按票面利率计算确定的应收未收利息)
  贷:投资收益(按其他债权投资摊余成本和实际利率计算的利息收入)
  贷(或借):其他债权投资——利息调整(其差额)

第二种情况:到期一次还本付息债务工具,应于资产负债表日做如下分录:

借:其他债权投资——应计利息(按票面利率计算的应收未收利息)
  贷:投资收益(按可供出售债券摊余成本和实际利率计算的利息收入)
  贷(或借):其他债权投资——利息调整(其差额)

(3) 收到持有期内宣告发放的现金股利和支付的利息。

借:银行存款
  贷:应收股利
    (或应收利息/其他债权投资——应计利息)

(4) 公允价值变动

资产负债表日,以公允价值计量且其变动计入其他综合收益的金融资产公允价值高于其账面余额的差额,借记"其他债权投资——公允价值变动"或"其他权益工具投资——公允价值变动",贷记"其他综合收益"账户,否则相反。

【例5.13】承【例5.12】,假设2018年12月31日,B公司股票收盘价为4.82元,则公允价值变动:$4.82\times10-46.4=1.8$(万元)。股票收盘价增加了,使得以公允价值计

量且其变动计入其他综合收益的金融资产增加,增加部分计入相应地计入其他综合收益中,作会计分录如下:

借:其他权益工具投资——公允价值变动      18 000
  贷:其他综合收益      18 000

3. 以公允价值计量且其变动计入其他综合收益的金融资产减少账务处理

处置以公允价值计量且其变动计入其他综合收益的金融资产时,对于债务工具应将取得的处置价款与该金融资产账面余额之间的差额,计入投资收益,同时,将原直接计入所有者权益的公允价值累计变动额对应处置部分的金额转出,计入投资收益。

对于非交易性权益工具,将取得的处置价款与该金融资产账面余额之间的差额计入留存收益。同时,将计入留存收益的金额转出计入其他综合收益。

金融资产的账面余额,是指金融资产的初始确认金额加上或减去资产负债表日累计公允价值变动后的金额,包括金融资产减值金额。

处置金融资产时,应按实际收到的金额,借记"银行存款"账户,按该金融资产账面余额,贷记"其他债权投资"和"其他权益工具投资"账户,按应从所有者权益中转出的公允价值累计变动额,借记或贷记"其他综合收益"账户,按其差额,债务工具贷记或借记"投资收益"账户;非交易性权益工具转入留存收益账户,贷记或借记"盈余公积""利润分配——未分配利润"账户。

【例5.14】2019年1月28日,赣昌股份有限公司将B公司所有股票出售,售价为410万元(已扣除交易费用)。出售股票时,所收到的价款使得银行存款增加,同时结转金融资产的账面价值,故分录如下:

借:银行存款      410 000
  盈余公积      7 200
  利润分配——未分配利润      64 800
  贷:其他权益工具投资——成本      464 000
    其他权益工具投资——公允价值变动      18 000
借:其他综合收益      18 000
  贷:盈余公积      1 800
    利润分配——未分配利润      16 200

## 第二节 对内投资形成的非流动资产

### 一、对内投资形成的非流动资产

(一)对内投资的概念

对内投资是指把资金投向企业内部,形成各项流动资产和非流动资产的投资。对内投资的形式是指将筹集的资金投资于企业内部生产经营活动所形成的各项经济资源的具体表现形式。

（二）对内投资的内容

从投资形式看，对内投资形成的流动资产主要包括：货币资金、应收及预付款项、存货；对内投资形成的非流动资产包括：固定资产、无形资产和其他资产等。本章主要介绍对内投资形成的非流动资产核算。

## 二、固定资产

（一）固定资产概述

1. 固定资产的概念和特征

固定资产（fixed assets）是指使用期限较长，多次使用仍保持原有实物形态的资产，是企业重要的劳动手段，代表着企业的生产经营能力。《企业会计准则第4号——固定资产》中，将固定资产定义为同时具有如下特征的有形资产：为生产商品、提供劳务、出租或经营管理而持有的；使用寿命超过一个会计年度。

从固定资产的定义看，固定资产具有以下三个特征：

（1）为生产商品、提供劳务、出租或经营管理而持有。企业持有固定资产的目的是为了生产商品、提供劳务、出租或经营管理，即企业持有的固定资产是企业的劳动工具或手段，而不是用于出售的产品。其中，"出租"的固定资产是指企业以经营租赁方式出租的机器设备类固定资产，不包括以经营租赁方式出租的建筑物，后者属于企业的投资性房地产，不属于固定资产。

（2）使用寿命超过一个年度。固定资产的使用寿命，是指企业使用固定资产的预计期间，或者该固定资产所能生产产品或提供劳务的数量。通常情况下，固定资产的使用寿命是指使用固定资产的预计期间，比如自用房屋建筑物的使用寿命表现为企业对该建筑物的预计使用年限。对于某些机器设备或运输设备等固定资产，其使用寿命表现为该固定资产所能生产产品或提供劳务的数量，例如，汽车或飞机等，按期预计行驶或飞行里程以估计使用寿命。

（3）固定资产是有形资产。固定资产具有实物特征，这一特征将固定资产与无形资产区别开来。有些无形资产可能同时符合固定资产的其他特征，如无形资产为生产商品、提供劳务而持有，使用寿命超过一个会计年度，但是由于其没有实物形态，所以不属于固定资产。

2. 固定资产的确认与计量

（1）固定资产的确认。在会计核算中对固定资产的确认，除了要符合其定义外，还必须同时满足下列条件：

第一，与该项固定资产有关的经济利益很可能流入企业；

第二，该项固定资产的成本能够可靠地计量。

企业在确认固定资产时，还应注意以下两种情况：

① 如果固定资产的各个组成部分具有不同使用寿命或者以不同方式为企业提供经济利益，适用不同折旧率或折旧方法，应当分别将各组成部分确认为单项固定资产。

② 与固定资产有关的后续支出,符合固定资产确认条件的,应当计入固定资产成本;不符合固定资产确认条件的,应当计入当期损益。

(2) 固定资产的计量。固定资产的初始计量原则上按实际成本计价。固定资产的实际成本的构成内容因取得固定资产的途径不同而相异。固定资产取得途径主要有接受投资、购入、自行建造、接受捐赠等,本节内容主要介绍因购入或自行建造而增加的固定资产。以购入不需要安装的、增值税可以抵扣的固定资产为例,其入账价值为"买价+相关税费",但不包括增值税。

3. 固定资产的分类

根据我国情况,固定资产主要有以下几种分类方法:

(1) 按经济用途分类:可以分为生产经营用固定资产和非生产经营用固定资产。生产经营用固定资产是指直接参加生产经营过程或直接服务于生产经营过程的各种房屋及建筑物、机器设备、运输设备、动力传导设备、工具器具和管理用具等。非生产经营用固定资产是指不直接服务于生产经营过程中的固定资产,如用于职工物质文化生活上的食堂、医务室、托儿所、职工宿舍和娱乐文化设施等。

(2) 按使用情况分类:可以分为使用中固定资产、未使用固定资产、不需用固定资产和租出固定资产。使用中固定资产是指正在使用的各种固定资产;未使用固定资产是指已完工尚未投入使用或者因进行改建、扩建等原因暂停使用的各种固定资产,不需用固定资产是指不适合本企业需要,准备出售处理的各种固定资产,租出固定资产是指在经营租赁方式下出租给外单位使用的固定资产。

(3) 按所有权分类:可以分为自由固定资产和租入固定资产。自有固定资产是指企业拥有所有权的各种固定资产,租入固定资产包括经营租入固定资产和融资租入固定资产,是指企业在租赁期间不拥有所有权但拥有实质控制权的各种固定资产。

这种分类有利于企业分析、考核固定资产的实用数额以及利用情况。

(二) 应设置账户

企业应设"固定资产""在建工程""工程物资"和"应交税费——应交增值税"账户进行固定资产核算。

1. "固定资产"账户

该账户属于资产类账户,用来核算企业持有的固定资产的原始价值,其借方登记资产增加的原始价值,贷方登记固定资产减少的原始价值,期末余额在借方,反映企业现有固定资产的原始价值,该账户可以按固定资产的类别的项目增设明细账户。

2. "在建工程"账户

该账户属于资产类账户,用来核算企业为建造或修理固定资产而进行的各项建筑工程、安装工程的工程成本,包括固定资产新建工程、改造扩建工程、大修理工程等发生的实际支出以及改扩建工程等转入的固定资产净值。其借方登记企业各项在建工程的实际成本,贷方登记完工工程转出的成本,期末余额在借方,反映企业尚未达到预定可使用状态的在建工程实际成本。

3. "工程物资"账户

该账户属于资产类账户,用来核算企业为基建、更新改造和大修理等在建工程所准备的各种物资的实际成本,包括为工程准备的材料、尚未交付安装的需要安装设备的实际成本,以及预付大型设备款和基本建设期间根据项目购入为生产准备的工具以及器具等的实际成本。其借方登记购入为工程准备的各种物资的实际成本,贷方登记工程领用的工程物资的实际成本,期末余额在借方,反映企业库存的各种工程物资的实际成本。

4."应交税费——应交增值税"账户

该账户属于负债类账户,用来核算企业应缴纳的各种税费,其贷方登记应缴纳的增值税金,借方登记已缴纳的增值税金,期末余额在贷方,表示企业尚未缴纳的税金,如果余额在借方,则表示尚未抵扣的税金。

"固定资产"账户会计处理示意图,如图 5.6 所示:

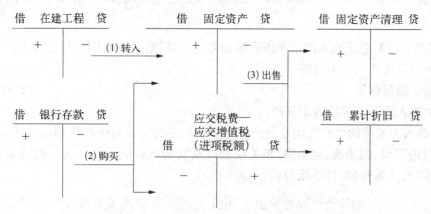

图 5.6 "固定资产"账户会计处理示意图

(三)固定资产增加账务处理

固定资产按照其取得方式的不同进行不同的会计处理。

1. 购入固定资产

按增值税条例规定,对于一般纳税人,如果购入生产性固定资产,其增值税可以抵扣;如果购入非生产性固定资产,如高管用汽车,其增值税不得抵扣。因此,其计量与核算也不同。

(1) 购入不需安装的固定资产。

① 购入不需安装的生产性固定资产。购入不需安装的生产性固定资产,其入账价值(即原始价值)见式(5.4):

$$固定资产原始价值 = 买价 + 相关税费(包括运杂费、装卸费、保险费、关税等) \quad (5.4)$$

即直接根据有关凭证注明的价款及支付的相关税金、包装费和运杂费等作为固定资产的原始价值登记入账,借记"固定资产""应交税费——应交增值税(进项税额)"账户,贷记"银行存款"等账户。

【例 5.15】赣昌股份有限公司 2019 年 12 月 8 日以银行存款购买了一台无需安装

的设备,已验收使用,增值税专用发票上注明的价款为 100 000 元,增值税额 13 000 元,另支付运杂费 5 000 元,包装费 2 000 元,购买不需安装的设备,使得固定资产增加,同时支付的价款使得银行存款减少了,故其会计处理如下:

借:固定资产——A 设备　　　　　　　　　　　　　　　　　107 000
　　应交税费——应交增值税(进项税额)　　　　　　　　　　13 000
　　贷:银行存款　　　　　　　　　　　　　　　　　　　　　120 000

② 购入不需安装的非生产性固定资产。购入不需安装的非生产性固定资产,其入账价值(即)见式(5.5):

固定资产原始价值
＝买价＋增值税(进项税额)＋相关税费(包括运杂费、装卸费、保险费、关税等)
(5.5)

承【例 5.12】,假定购入的是不需安装的非生产性固定资产,则会计处理为:

借:固定资产——A 设备　　　　　　　　　　　　　　　　　120 000
　　贷:银行存款　　　　　　　　　　　　　　　　　　　　　120 000

(2) 购入需要安装的固定资产。

① 购入需安装的生产性固定资产。企业购入需要安装的生产性固定资产,应按其实际支付的买价、包装费、运杂费、相关税金以及安装调试成本等作为所购固定资产的实际成本,其入账价值(即原始价值)见式(5.6):

固定资产原始价值＝买价＋相关税费＋安装费　　　　　　(5.6)

同时,通过"在建工程"账户归集固定资产构建支出,借记"在建工程""应交税费——应交增值税(进项税额)"账户,贷记"银行存款"等账户,待安装完成达到预定可使用状态时,再转入固定资产,借记"固定资产",贷记"在建工程"账户。

【例 5.16】赣昌股份有限公司 2019 年 12 月 10 日购入需要安装的设备,买价为 100 000 元,增值税为 13 000 元,包装费及运输费为 1 000 元,安装费 5 000 元,均用银行存款支付。安装完成后即交付使用。

购入需要安装的设备时,先计入"在建工程"账户,会计处理如下:

Ⅰ. 购入设备:

借:在建工程——B 设备　　　　　　　　　　　　　　　　　101 000
　　应交税费——应交增值税(进项税额)　　　　　　　　　　13 000
　　贷:银行存款　　　　　　　　　　　　　　　　　　　　　114 000

Ⅱ. 设备投入安装,并支付安装费:

支付安装费,计入在建工程,同时银行存款减少了,故分录如下:

借:在建工程——B 设备　　　　　　　　　　　　　　　　　5 000
　　贷:银行存款　　　　　　　　　　　　　　　　　　　　　5 000

Ⅲ. 设备安装完毕交付使用:

安装完毕结转至固定资产,使得固定资产增加,在建工程减少了,故分录如下:

借：固定资产——B设备　　　　　　　　　　　　　　　　　　106 000
　　　　贷：在建工程——B设备　　　　　　　　　　　　　　　　　106 000
　② 购入需安装的非生产性固定资产。因增值税不得抵扣，其入账价值（即原始价值）的计算见式(5.7)：

$$固定资产原始价值 = 买价 + 增值税（进项税额）+ 相关税费 + 安装费 \quad (5.7)$$

承【例5.16】，假定购入的是需安装的非生产性固定资产，其会计处理如何？

### 2. 自行建造固定资产

自行建造固定资产是指企业为了新建、改建、扩建固定资产而由企业自己建造的固定资产。企业设"工程物资"账户，核算企业为在建工程准备的各种物资的价值，包括工程材料、尚未安装的设备以及为生产准备的工具、器具等。

假定，自行建造的固定资产，其增值税不得抵扣，则企业建造生产线等领用外购原材料、自产产成品时，不需要对增值税做特殊处理；但建造厂房等不动产领用外购原材料、自产产成品时，则需要将原材料购入时的进项税额转出、对产成品按计税价格计算增值税销项税额。

（1）企业为建造固定资产准备的各种物资应当按照实际支付的买价、运输费、保险费等相关税费作为实际成本。用于建造生产设备的工程物资，其进项税额可以抵扣；

（2）建造固定资产领用工程物资、原材料或库存商品，应按其实际成本转入所建工程成本。

【例5.17】2019年12月20日，赣昌股份有限公司自行建造一座厂房，用银行存款购入建筑工程所需材料一批，含税价款为150 000元，建造固定资产领用材料150 000元，支付工人工资10 000元，支付工程发生的其他费用3 000元，工程完工后已验收并达到预定可使用状态。其会计处理如下：

（1）购入材料。自行建造固定资产，购买的材料使得工程物资增加，银行存款减少，故分录如下：

　　借：工程物资　　　　　　　　　　　　　　　　　　　　　　　150 000
　　　　贷：银行存款　　　　　　　　　　　　　　　　　　　　　　150 000

（2）领用材料。领用材料后，使得购买的工程物资减少了，用于在建工程中，故分录如下：

　　借：在建工程——厂房　　　　　　　　　　　　　　　　　　　150 000
　　　　贷：工程物资　　　　　　　　　　　　　　　　　　　　　　150 000

（3）支付工资。投入的人工费用，计入在建工程，同时增加应付职工薪酬，故分录如下：

　　借：在建工程——厂房　　　　　　　　　　　　　　　　　　　 10 000
　　　　贷：应付职工薪酬　　　　　　　　　　　　　　　　　　　　 10 000

（4）支付其他费用。

　　借：在建工程——厂房　　　　　　　　　　　　　　　　　　　　3 000
　　　　贷：银行存款　　　　　　　　　　　　　　　　　　　　　　　3 000

(5) 完工投入使用。

投入使用,把在建工程结转至固定资产中,故分录如下:

借:固定资产——厂房　　　　　　　　　　　　　　　163 000
　　贷:在建工程——厂房　　　　　　　　　　　　　　163 000

> **小 贴 士**
>
> **其他形式的固定资产增加**
>
> 一、融资租入固定资产
>
> 　　企业生产经营活动中,由于临时性的季节性需要,对于所需固定资产有时会采取租赁方式取得,融资租赁是指出租人根据承租人对租赁物件的特定要求和对供货人的选择,出资给供货人购买租赁物,并租给承租人使用,承租人向出租人交付租金,在租赁期内租赁物的所有权归出租人所有,承租人拥有使用权。企业对于融资租入的固定资产,通常按照以下规定确认其入账价值:按租赁开始日租赁资产的公允价值与最低租赁付款额现值两者较低者加上在租赁谈判和租赁合同签订过程中发生的可直接归属于租赁项目的手续费、律师费、差旅费、印花税等直接费用作为固定资产的入账价值,其中最低租赁付款额是指在租赁期内,承租人应支付或可能被要求支付的各种款项,加上第三方担保的资产余值,其金额计入"长期应付款"账户贷方。
>
> 二、企业投资者投入的固定资产
>
> 　　一般按投资各方确认的价值作为固定资产的入账价值,如果合同或协议约定的价值不公允,应按公允价值入账,确认初始成本与实收资本之间的差额调整资本公积,借记"固定资产""在建工程"等账户,贷记"实收资本"账户,按其差额贷记"资本公积——资本溢价"账户。

(四)固定资产持有期间账务处理

1. 固定资产折旧

折旧,是指固定资产的使用寿命内,按照特定的方法对应计折旧额进行系统分摊。虽然固定资产在长期使用过程中的实物形态基本不变,但却会逐渐发生各种有形或无形的损耗,从而导致股东资产的价值随着时间的推移而逐渐减少。

应计折旧额是指应当计提的固定资产原价扣除其预计净残值后的余额,如果已计提了减值准备,还应当扣除已计提的固定资产减值准备累计金额。

影响固定资产折旧的因素主要有以下四个方面:一是固定资产原价;二是预计净残值;三是固定资产减值准备;四是固定资产的使用寿命。

企业应当根据固定资产的性质和使用情况,合理确定固定资产的使用寿命和预计净残值。应当对所有固定资产计提折旧,按照《企业会计准则》的规定,除以下两种情况外,企业应对所有固定资产计提折旧:

第一,已提足折旧仍继续使用的固定资产。

第二,按照规定单独估价作为固定资产入账的土地。

同时还规定,企业一般应按月计提折旧。但也需要注意以下四个方面:

(1) 当月增加的固定资产,当月不提折旧,从下月起计提折旧,当月减少的固定资产,当月照提折旧,从下月起不提折旧。

(2) 固定资产提足折旧后,不论能否继续使用,均不再计提折旧,提前报废的固定资产也不再补提折旧。所谓提足折旧是指已经提足该项固定资产的应计折旧额。

(3) 已达到预定可使用状态但尚未办理竣工决算的固定资产,应当按照估计价值确定其成本,并计提折旧;待办理竣工决算后再按实际成本调整原来的暂估价值,但不需要调整原已计提的折旧额。

(4) 固定资产在定期大修理间隔期间,照提折旧。

2. 折旧方法

固定资产的折旧方法主要有直线法和加速折旧法。

平均年限法,又称直线法,是指在固定资产预计使用寿命期内均衡分摊折旧的方法,采用这种方法时,每期折旧额相等,其计算公式如下:

年折旧额＝(固定资产原价－预计净残值)/预计使用年限
　　　　＝固定资产原价(1－预计净残值率)/预计使用年限

【例 5.18】赣昌股份有限公司有一座厂房,原价 100 000 元,预计使用年限为 20 年,预计净残值为 4 000 元,计算该厂房年折旧额和月折旧额,其计算如下:

年折旧额＝(100 000－4 000)/20＝4 800(元)
月折旧额＝4 800/12＝400(元)

---

### 小 贴 士

**固定资产折旧的其他方法**

固定资产折旧的其他方法还包括工作量法、双倍余额递减法以及年数总和法。

1. 工作量法

工作量法是指根据固定资产在各会计期间的实际工作量来计量每期应计提折旧额的一种方法,其计算公式如下:

单位折旧额＝(固定资产原价－预计净残值)/预计工作量
　　　　＝固定资产原价(1－预计净残值率)/预计使用年限
月折旧额＝当月工作量×单位折旧额

2. 双倍余额递减法

双倍余额递减法是指最初不考虑固定资产预计净残值,根据每年年初固定资产净值和双倍的直线法折旧率计算,在其折旧年限到期前两年内,将固定资产净值扣除预计净残值后的余额平均摊销的一种方法,其计算公式如下:

年折旧率＝2/预计使用年限(年)×100%

月折旧率＝年折旧率/12

月折旧额＝月折旧率×固定资产账面净值

**3. 年数总和法**

年数总和法又称合计年限法，是指将固定资产的原价减去预计净残值的余额乘以一个以固定资产尚可使用寿命为分子，以预计使用寿命逐年数之和为分母的逐年递减分数(折旧率)计算每年的折旧额，其计算公式如下：

年折旧率＝尚可使用寿命/预计使用寿命的年数总和×100%

月折旧率＝年折旧率/12

月折旧额＝(固定资产原价－预计净残值)×月折旧率

**3. 固定资产折旧的会计处理**

固定资产应当按月计提折旧，计提的折旧应通过"累计折旧"账户核算，并根据用途计入相关资产的成本或者当期损益。

（1）企业基本生产车间所使用的固定资产，其计提的折旧应计入制造费用；

（2）管理部门所使用的固定资产，其计提的折旧应计入管理费用；

（3）销售部门所使用的固定资产，其计提的折旧应计入销售费用；

（4）自行建造固定资产过程中使用的固定资产，其计提的折旧应计入在建工程成本；

（5）经营租出的固定资产，其计提的折旧额应计入其他业务成本；

（6）未使用的固定资产，其计提的折旧应计入管理费用。

**4. 固定资产后续支出**

固定资产的后续支出是指固定资产使用过程中发生的更新改造支出、修理费用等。固定资产若发生修理费直接计入当期损益，企业生产车间(部门)和行政管理部门等发生的固定资产修理费用等后续支出计入"管理费用"；企业专设销售机构的，其发生的与专设销售机构相关的固定资产修理费用等后续支出，计入"销售费用"。对于处于修理、更新改造过程而停止使用的固定资产，如果其修理、更新改造支出不满足固定资产的确认条件，在发生时也应直接计入当期损益。企业对固定资产进行定期检查发生的大修理费用，符合资本化条件的，可以计入固定资产成本，不符合资本化条件的，应当费用化，计入当期损益，固定资产在定期大修理间隔期间，照提折旧。

**【例5.19】** 赣昌股份有限公司2019年12月8日，管理部门的车辆委托汽车修理厂进行日常性修理，支付修理费2 000元，用银行存款转账支付，其会计分录如下：

借：管理费用　　　　　　　　　　　　　　　　　　　　2 000

　　贷：银行存款　　　　　　　　　　　　　　　　　　　　2 000

**5. 固定资产减值**

固定资产减值，是指固定资产的可收回金额低于其账面价值。可收回金额应当根据固定资产的公允价值减去处置费用后的净额与资产预计未来现金流量的现值两者之间较高者确定。处置费用包括与资产处置有关的法律费用、相关税金、搬运费以及为使资产达到可销售状态所发生的直接费用等。

资产的公允价值减去处置费用后的净额与资产预计未来现金流量的现值,只要有一项超过了资产的账面价值,就表明资产没有发生减值,不需再估计另一项金额。

资产减值损失确认后,减值资产的折旧或者摊销费用应当在未来期间做相应调整,以使该资产在剩余使用寿命内,系统地分摊调整后的资产账面价值(扣除预计净残值)。固定资产减值损失一经确认,在以后会计期间不得转回。

发生固定资产减值时,借记"资产减值损失——计提的固定资产减值准备",贷记"固定资产减值准备"。在资产负债表上,固定资产减值准备应当作为固定资产净值的减项反映。

（五）固定资产减少账务处理

1. 固定资产减少的确认

满足下列条件之一的,应当予以终止确认固定资产,亦即固定资产减少:

（1）该固定资产处于处置状态。固定资产处置包括固定资产的出售、转让、报废或毁损、对外投资、非货币性资产交换、债务重组等。处于处置状态的固定资产不再用于生产商品、提供劳务、出租或经营管理,因此不再符合固定资产的定义,应予终止确认。

（2）该固定资产预期通过使用或处置不能产生经济利益。固定资产的确认条件之一是"与该固定资产有关的经济利益很可能流入企业",如果一项固定资产预期通过使用或处置不能产生经济利益,那么,他就不再符合固定资产的定义和确认条件,应予终止确认。

企业出售、转让、报废固定资产或发生固定资产毁损时,应当将处置收入扣除账面价值和相关税费后的金额计入当期损益,固定资产的账面价值,是指固定资产成本扣减累计折旧和累计减值准备后的金额。

2. 设置账户

为了核算企业因出售、报废和毁损等原因转入清理的固定资产净值以及在清理过程中所发生的清理费用和清理收入,应设置"固定资产清理"账户。该账户属于资产类账户,借方登记固定资产转入清理的净值和清理过程中发生的费用;贷方登记收回出售固定资产的价款、残料价值和变价收入。其贷方余额表示清理后的净收益;借方余额表示清理后的净损失。清理完毕后产生的清理净损益,按照固定资产处置方法的不同,分别适用不同的会计处理。因已丧失使用功能或因自然灾害发生毁损等原因而报废清理产生的利得或损失应分别计入"营业外收入"或"营业外支出"账户。因出售、转让等原因产生的固定资产处置利得或损失应计入"资产处置损益"账户。

3. 会计处理

企业出售、转让、报废固定资产或发生固定资产毁损时,按固定资产账面价值转入清理,借记"固定资产清理",按已提折旧借记"累计折旧"账户,按固定资产账面价值贷记"固定资产"账户。清理过程中发生的相关费用借记"固定资产清理"账户,贷记"银行存款""应交税费"等账户。报废固定资产如固定资产清理后为净收益,因已丧失使用功能或因自然灾害发生要损等原因而报废清理产生的利得应计入"营业外收入"账户;固定资产清理后为净损失,计入"营业外支出——处置非流动资产损失"账户,属于生产经营期间由于自然灾事等非正常原因造成的,计入"营业外支出——非常损失"账户。因出售、转让等原因产生的固定资产处置损益应计入"资产处置损益"账户。

【例5.20】2019年12月8日,赣昌股份有限公司出售一台不用的机器设备,原值为40 000元,出售收入为15 000元,已计提折旧30 000元,支付相关费用1 000元,先把固定资产的账面价值转入固定资产清理中,终止确认企业的固定资产,故其会计处理如下:

(1) 出售固定资产时。

| | |
|---|---|
| 借:银行存款 | 15 000 |
|   贷:固定资产清理 | 15 000 |

(2) 同时,将固定资产转入清理。

| | |
|---|---|
| 借:固定资产清理 | 10 000 |
|     累计折旧 | 30 000 |
|   贷:固定资产 | 40 000 |

(3) 支付相关费用时。

| | |
|---|---|
| 借:固定资产清理 | 1 000 |
|   贷:银行存款 | 1 000 |

(4) 固定资产清理净损益。

| | |
|---|---|
| 借:固定资产清理 | 4 000 |
|   贷:资产处置损益 | 4 000 |

(六) 固定资产清查盘点

1. 固定资产盘盈

企业设"以前年度损益调整"账户核算企业本年发生的调整以前年度损益的事项以及本年度发现的重要前期差错更正涉及调整以前年度损益的事项,盘盈时应借记"固定资产"账户,贷记"以前年度损益调整"账户。

【例5.21】2019年12月12日,赣昌股份有限公司在固定资产清查中发现账外设备一台,该设备的重置成本为100 000元,所得税费率为25%,盘盈所得固定资产,先应计入以前年度损益调整中,其会计处理如下:

| | |
|---|---|
| 借:固定资产 | 100 000 |
|   贷:以前年度损益调整 | 100 000 |
| 借:以前年度损益调整 | 25 000 |
|   贷:应交税费——应交所得税 | 25 000 |

调整以前年度损益使得企业的利润增加,故相应增加企业相关利润,分录为:

| | |
|---|---|
| 借:以前年度损益调整 | 75 000 |
|   贷:利润分配——未分配利润 | 67 500 |
|     盈余公积——法定盈余公积 | 7 500 |

## 2. 固定资产盘亏

固定资产是一种价值较高、使用期限较长的有形资产,因此,对于管理规范的企业而言,盘盈、盘亏的固定资产较为少见。企业应当健全制度,加强管理,定期或者至少于每年年末对固定资产进行清偿盘点,以保证固定资产核算的真实性和完整性。如果清查中发现固定资产损溢的应及时查明原因,在期末结账前处理完毕。

固定资产盘亏造成的损失,应当计入当期损益。企业在财产清查中盘亏的固定资产,按盘亏固定资产的账面价值借记"待处理财产损溢—待处理固定资产损溢"账户,按已计提的累计折旧,借记"累计折旧"账户,按已计提的减值准备,借记"固定资产减值准备"账户,按固定资产原价,贷记"固定资产"账户。按管理权限报经批准后处理时,按可收回的保险赔偿或过失人赔偿,借记"其他应收款"账户,按应计入营业外支出的金额,借记"营业外支出—盘亏损失"账户,贷记"待处理财产损溢"账户。

【例5.22】2019年12月22日,赣昌股份有限公司在清查中发现少了一台设备,该设备账面原价为5 000元,已计提折旧2 600元,盘亏的固定资产,先计入待处理财产损溢中,其会计处理如下:

借:待处理财产损溢——待处理固定资产损溢　　　　　　　　2 400
　　累计折旧　　　　　　　　　　　　　　　　　　　　　　2 600
　　贷:固定资产　　　　　　　　　　　　　　　　　　　　　5 000

经查原因后,按应计入营业外支出的金额计入营业外支出账户中,故分录为:

借:营业外支出——盘亏损失　　　　　　　　　　　　　　　2 400
　　贷:待处理财产损溢——待处理固定资产损溢　　　　　　　2 400

## 三、无形资产

### (一)无形资产概述

#### 1. 无形资产的概念和特征

无形资产,是指企业拥有或者控制的没有实物形态的可辨认非货币性资产。无形资产具有以下特征。

(1)由企业拥有或者控制并能为其带来未来经济利益的资源。预计能为企业带来未来经济利益是作为一项资产的本质特征,无形资产也不例外。通常情况下,企业拥有或者控制的无形资产应当拥有其所有权并且能够为企业带来未来经济利益。

(2)无形资产不具有实物形态。无形资产通常表现为某种权利、某项技术或是某种获取超额利润的综合能力。它们不具有实物形态,看不见,摸不着。比如,土地使用权、非专利技术等。

(3)无形资产具有可辨认性。资产满足下列条件之一的,即符合上述无形资产定义中的可辨认标准:第一,能够从企业中分离或者划分出来,并能单独或者与相关合同、资产或负债一起,用于出售、转移、授予许可、租赁或者交换;第二,源自合同性权利或其他法定权利,无论这些权利是否可以从企业或其他权利和义务中转移或者分离。

(4)无形资产属于非货币性资产。非货币性资产,是指企业持有的货币资金和将以固定或可确定的金额收取的资产以外的其他资产。无形资产由于没有发达的交易市场，一般不容易转化为现金，在持有过程中为企业带来未来经济利益的情况不确定，不属于以固定或可确定的金额收取的资产，属于非货币性资产。

2. 无形资产分类

无形资产通常包括专利权、非专利技术、商标权、著作权、特许权、土地使用权等。

3. 无形资产的确认和计量

无形资产的确认条件：① 与该资产有关的经济利益很可能流入企业；② 该无形资产的成本能够可靠地计量。

---

**小 贴 士**

**无形资产的确认条件**

无形资产应当在符合定义的前提下，同时满足以下两个确认条件，才能予以确认：

1. 与该无形资产有关的经济利益很可能流入企业

作为无形资产确认的项目，必须具备其所产生的经济利益很可能流入企业这一条件。通常情况下，无形资产产生的未来经济利益可能包括在销售商品、提供劳务的收入当中，或者企业使用该项无形资产而减少或节约了成本，或者体现在获得的其他利益当中。例如，生产加工企业在生产工序中使用了某种知识产权，使其降低了未来生产成本。

2. 该无形资产的成本能够可靠地计量

成本能够可靠地计量是确认资产的一项基本条件，对于无形资产而言，这个条件显得更为重要。例如，企业内部产生的品牌、报刊名、刊头、客户名单和实质上类似项目的支出，由于不能与整个业务开发成本区分开来，成本无法可靠计量，因此，不应确认为无形资产。

---

### （二）应设置账户

为了核算无形资产的取得、摊销和处置等情况，企业应设置"无形资产""累计摊销"等账户。企业无形资产减值时，还应设置"无形资产减值准备"账户进行核算。

1. "无形资产"账户

该账户属于资产类账户，借方反映无形资产的取得成本，贷方反映无形资产摊销和转出的金额，期末借方余额反映尚未摊销的无形资产账面余额。

2. "累计摊销"账户

该账户属于资产类账户，借方登记处置无形资产转出的累计摊销，贷方登记企业计提的无形资产摊销，期末贷方余额反映企业无形资产的累计摊销额。

3. "无形资产减值准备"账户

该账户属于资产类账户，借方登记处置无形资产时转销的减值准备，贷方登记计提的无形资产减值准备金额,期末贷方余额反映企业已计提但尚未转销的无形资产减值准备。

"无形资产"账户会计处理示意图,如图5.7所示:

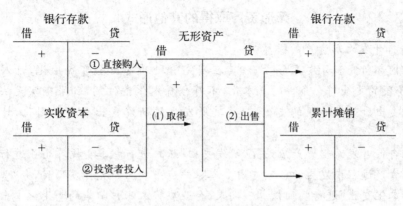

**图 5.7 "无形资产"账户会计处理示意图**

(三)无形资产取得账务处理

1. 购入无形资产的核算

企业购入的无形资产,按照实际支付的价款,借记"无形资产"账户,贷记"银行存款""库存现金"等账户。

外购无形资产其成本包括:购买价款、相关运输费以及直接归属于使该项资产达到预定用途所发生的其他支出。其中包括直接归属于使该项资产达到预定用途所发生的专业服务费用、测试无形资产是否能够正常发挥作用的费用等。下列各项不包括在无形资产初始成本中:

(1)为引入新产品进行宣传发生的广告费、管理费用及其他间接费用;

(2)无形资产已经达到预定用途以后发生的费用。

【例5.23】2019年12月4日,赣昌股份有限公司从某研究所购入一项专利技术,发票上注明的价值为200 000元,款项已通过银行支付。购买无形资产,使得企业的无形资产增加,银行存款减少了,其会计分录如下:

借:无形资产——专利权　　　　　　　　　　　　　　　　　　200 000
　　贷:银行存款　　　　　　　　　　　　　　　　　　　　　　　　200 000

2. 投资者投入无形资产的核算

企业收到投资者投入的无形资产时,应当按照投资合同或协议约定的价值确定,但合同或协议约定的价值不公允的除外。会计处理应借记"无形资产"账户,贷记"实收资本"账户。

【例5.24】2019年12月8日,赣昌股份有限公司收到投资者投入的一项A专利权,投资合同约定的价值为900 000元,移交手续已全部办理完毕。收到投资者投入的无形资产,使得无形资产增加,实收资本也增加了,故其会计分录如下:

借:无形资产——A专利权　　　　　　　　　　　　　　　　　900 000
　　贷:股本　　　　　　　　　　　　　　　　　　　　　　　　　　900 000

> ### 小贴士
>
> ### 无形资产取得的其他形式
>
> 1. 自行开发无形资产的核算
>
> 企业内部研究和开发无形资产,其在研究阶段的支出全部费用化,计入当期损益,开发阶段的支出符合条件的资本化,不符合资本化条件的,如果确实无法区分研究阶段的支出和开发阶段的支出,应将其所发生的研发支出全部费用化,计入当期损益。
>
> 企业自行开发无形资产应设置"研发支出"账户进行核算:核算企业进行研究与开发无形资产过程中发生的各项支出。本账户应当按照研究开发项目,分"费用化支出"与"资本化支出"进行明细核算。期末,企业应将本账户归集的费用化支出金额转入"管理费用"账户,借记"管理费用"账户,贷记本账户(费用化支出)。本账户期末借方余额,反映企业正在进行中的研究开发项目中满足资本化条件的支出。
>
> 2. 接受政府补助取得的无形资产
>
> 企业接受政府补助而取得的无形资产,应按照所取得的无形资产的公允价值入账,如果公允价值不能可靠取得,也可以按照名义金额入账。收到无形资产时,按公允价值或名义金额,借记"无形资产"账户,贷记"递延收益"账户。
>
> 3. 其他方式取得的无形资产
>
> 企业通过非货币性资产交换、债务重组、企业合并等方式取得的无形资产,其账务处理如同采用这些方式取得固定资产的账务处理。

(四)无形资产持有期内账务处理

1. 无形资产摊销的核算

企业按照规定摊销无形资产的价值时,应借记"管理费用"账户,贷记"累计摊销"账户。

> ### 小贴士
>
> ### 无形资产的摊销方法
>
> 无形资产摊销方法包括年限平均法(即直线法)、生产总量法等。企业选择无形资产的摊销方法,应当反映与该项无形资产有关的经济利益的预期消耗方式。无法可靠确定预期消耗方式的,应当采用直线法摊销。

【例 5.25】赣昌股份有限公司的 A 专利技术入账价值为 900 000 元,摊销 120 个,每月摊销 7 500 元。企业按每月应摊销的金额计入管理费用中,故其在 2019 年 12 月应做的会计分录如下:

借：管理费用　　　　　　　　　　　　　　　　　　　　　　　　　7 500
　　贷：累计摊销　　　　　　　　　　　　　　　　　　　　　　　　7 500

2. 无形资产减值的核算

企业应定期对无形资产的账面价值进行检查，至少每年年末检查一次，如果发现一种或多种无形资产有减值迹象，应对无形资产的可收回金额进行估计，并相应计提减值准备。无形资产的减值迹象包括：

（1）资产的市价在当期大幅下跌，即跌幅大大高于因时间的推移或正常使用而预计的下跌；

（2）技术、市场、经济和法律等企业经营环境，或是资产的营销市场，在当期发生或在近期将发生重大变化，对企业产生负面影响；

（3）市场利率或市场的其他投资回报率在当期已经提高，从而很可能影响企业计算资产使用价值时采用的折现率，大幅度降低资产的可收回金额；

（4）报告期企业的净资产账面金额大于其市场资本化金额；

（5）有证据表明资产已经陈旧过时或其实体已经损坏；

（6）资产的使用和预计使用方式或程度已在当期发生或在近期将发生重大变化，对企业产生负面影响；

（7）内部报告提供的证据表明，资产的经济绩效已经低于或将要低于预期。

同时，按照我国新准则的规定，无形资产计提减值准备后不得转回。

资产负债表日，企业所持有的无形资产账面价值高于可收回金额时，应按差额，借记"资产减值损失"账户，贷记"无形资产减值准备"账户。

【例5.26】赣昌股份有限公司2019年12月31日发现其一项无形资产发生减值，预计该无形资产的可收回金额为80 000元，该日此项无形资产的账面余额为100 000元。无形资产发生减值的，按可收回金额与账面价值间的差额计入无形资产减值准备中，其会计分录如下：

借：资产减值损失　　　　　　　　　　　　　　　　　　　　　　20 000
　　贷：无形资产减值准备　　　　　　　　　　　　　　　　　　　20 000

（五）无形资产转让账务处理

企业转让无形资产的方式有两种：一是转让其所有权（即出售无形资产），二是转让其使用权（即出租无形资产）。下面主要介绍企业出售无形资产的账务处理：

企业出售无形资产时，应按实际取得的转让收入，借记"银行存款"等账户，按该项无形资产已计提的减值准备，借记"无形资产减值准备"账户，按无形资产的账面余额，贷记"无形资产"账户，按应支付的相关税费，贷记"银行存款""应交税费"等账户，按其差额，计入"资产处置损益"账户

【例5.27】2019年12月17日，赣昌股份有限公司出售一项专利权，取得转让收入100 000元，款项已收存银行。该项专利权的成本为120 000元，出售时已摊销金额为80 000元，已计提的减值准备为20 000元，无形资产转让时，应终止确认无形资产的账面价值，按转让价值与账面价值间的差额计入营业外收支中，其会计分录如下：

借：银行存款　　　　　　　　　　　　　　　　　　　100 000
　　累计摊销　　　　　　　　　　　　　　　　　　　 80 000
　　无形资产减值准备——专利权　　　　　　　　　　 20 000
　　贷：无形资产　　　　　　　　　　　　　　　　　120 000
　　　　资产处置损益　　　　　　　　　　　　　　　 80 000

## 四、其他资产

### （一）其他资产概述

其他资产是指除货币资金、交易性金融资产、应收及预付款项、存货、长期股权投资、持有至到期投资、可供出售金融资产、固定资产、无形资产等以外的资产，主要包括商誉、长期待摊费用和其他长期资产，这里主要介绍长期待摊费用核算。

> **小贴士**
>
> **其他长期资产**
>
> 其他长期资产是指具有特定用途，不参加正常生产经营过程的，除流动资产、长期投资、固定资产、无形资产和长期待摊费用以外的资产。一般包括经国家特批的特准储备物资、银行冻结存款和冻结物资、涉及诉讼中的财产等。
>
> 特准储备物资是指由于特殊原因经国家批准储备的特定用途的物资，未经批准，不得挪作他用。
>
> 银行冻结存款和冻结物资是指人民法院对被执行人在银行的存款或企业的物资实施强制执行的一种措施，经冻结后的存款和物资。

### （二）应设置账户

长期待摊费用，是指企业已经支出、但摊销期限在1年以上（不含1年）的各项费用。长期待摊费用应当单独核算，在费用项目的受益期限内分期平均摊销。

企业应设置"长期待摊费用"账户，核算长期待摊费用的发生、摊销和结存等情况。该账户借方登记企业发生的长期待摊费用，贷方登记企业摊销的长期待摊费用，期末借方余额反映企业尚未摊销完毕的长期待摊费用。本账户可按费用项目进行明细核算。

### （三）会计处理

**1. 长期待摊费用增加账务处理**

企业发生长期待摊费用时，应借记"长期待摊费用"，贷记"银行存款"等有关账户；

**【例5.28】** 赣昌股份有限公司2019年12月对其经营租入的一台机器设备进行更新改造，用银行存款支付更新改造费40 500元。其会计分录如下：

借：长期待摊费用——经营租入固定资产改良支出　　 40 500
　　贷：银行存款　　　　　　　　　　　　　　　　 40 500

## 2. 长期待摊费用期间账务处理

企业应按受益期限分期平均摊销"长期待摊费用"时,应借记"制造费用""销售费用""管理费用"等,贷记"长期待摊费用"账户。

【例5.29】承【例5.28】,2020年1月改良工程完工,达到预定使用状态交付使用,假定该设备预计使用年限为3年,剩余租赁期为2年。采用直线法摊销。其会计分录如下:

分期摊销时,每月摊销额＝(40 500÷2)/12＝1 687.5

借:制造费用                                              1 687.5
　贷:长期待摊费用——经营租入固定资产改良支出        1 687.5

## 3. 长期待摊费用减少账务处理

【例5.30】2019年12月31日,赣昌股份有限公司在年末进行检查时,发现有一项长期待摊费用已不能使企业在以后会计期间受益,其账面摊余价值为60 000元,按规定予以转销。其会计分录如下:

借:管理费用                                              60 000
　贷:长期待摊费用                                        60 000

# 章后知识点总结

本章学习的是非流动资产的相关内容,非流动资产是流动资产以外的资产,是指企业在一年内不可变现或者耗用的资产,主要包含了长期股权投资、以摊余成本计量的债权投资、以公允价值计量且其变动计入其他综合收益的金融资产、固定资产和无形资产等。

长期股权投资是指从其他企业购入持有时间在一年以上股权的投资。通常具有投资额大、投资期限长、风险大以及能为企业带来较大的利益等特点。长期股权投资可以采用成本法和权益法进行后续计量,其中,成本法中,增加股权投资时才增加股权投资的账面价值,减少股权投资时才减少股权投资的账面价值,被投资企业发生盈亏对投资企业的长期股权投资账面价值不产生影响。权益法中,除增加、减少股权投资影响长期股权投资账面价值外,被投资企业发生盈利或亏损,相应要增加或减少投资企业长期股权投资的账面价值。

债权投资是以摊余成本计量的金融资产,需同时符合:(1)企业管理该金融资产的业务模式是以收取合同现金流量为目标;(2)该金融资产的合同条款规定,在特定日期产生的现金流量,仅为对本金和以未偿付本金金额为基础的利息的支付。

其他债权投资与其他权益工具投资是以公允价值计量且其变动计入其他综合收益是金融资产,同时满足:(1)企业管理该金融资产的业务模式既以收取合同现金流量为目标又以出售该金融资产为目标;(2)该金融资产的合同条款规定,在特定日期产生的现金流量,仅为对本金和以未偿付本金为基础的利息的支付。

固定资产是指使用期限较长,多次使用仍保持原有实物形态的资产,是企业重要的劳动手段,代表着企业的生产经营能力。从固定资产的定义看,固定资产具有以下三个特征:为生产商品、提供劳务、出租或经营管理而持有;使用寿命超过一个年度。企业一般应按月计提折旧,当月增加的固定资产,当月不提折旧,从下月起计提折旧,当月减少的固定资产,当月照提折旧,从下月起不提折旧。固定资产处置时,要将其账面价值转入"固定资产清理"中。固定资产盘亏造成的损失,应当计入当期损益,盘盈时计入"以前年度损益调整"中。

无形资产是指企业拥有或者控制的没有实物形态的可辨认的非货币性资产。由企业拥有或者控制并能为其带来未来经济利益的资源;无形资产不具有实物形态;无形资产具有可辨认性;无形资产属于非货币性资产。无形资产通常包括专利权、非专利技术、商标权、著作、特许权、土地使用权等。企业应定期对无形资产的账面价值进行检查,至少每年年末检查一次,如果发现一种或多种无形资产减值迹象,应对无形资产的可收回金额进行估计,并相应计提减值准备。

## 本章关键词

长期股权投资 债权投资 其他债权投资与其他权益工具投资 固定资产 无形资产

## 本章思考与练习

一、思考题

1. 什么是长期股权投资?
2. 长期股权投资核算什么时候使用权益法?
3. 什么是债权投资?
4. 什么是其他债权投资、其他权益工具投资?
5. 债权投资涉及哪些明细账户?
6. 固定资产的折旧方法有哪些?
7. 影响固定资产折旧的因素有哪些?
8. 企业无形资产包括哪些内容?
9. 企业确定无形资产的使用寿命应当考虑哪些因素?
10. 长期待摊费用的主要特征?

二、小练习

1. 赣昌股份有限公司2019年1月1日以500万元购入乙公司60%的股份,乙公司2018年亏损50万元,分派现金股利50万元。

要求:编制有关会计分录。

2. 甲公司2019年年初以每股6元的价格购入丙公司60万股普通股,占该公司有表决权股份的30%。丙公司2018年实现税后利润为300万元。分派现金股利100万元。

要求:编制有关会计分录。

3. 赣昌股份有限公司发生如下经济业务:

(1) 2019年1月以每股6元的价格买入M公司股票200万股,其中包含已宣告但尚未发放的股利3元/10股,交易费为50 000元。赣昌股份有限公司将该批股票划分为以公允价值计量且其变动计入其他综合收益的其他权益工具投资。

(2) 2019年3月1日收到M公司派发的股利。
(3) 赣昌股份有限公司2018年5月以每股7元的价格将50%的股权出售,交易费为每股0.05元。
(4) 2019年5月30日,该公司股票价格为每股7元。
(5) 2019年12月31日股票价格为每股6.5元。
要求:为赣昌股份有限公司编制相关会计分录。

4. 赣昌股份有限公司有关设备安装的经济业务如下:
(1) 购入设备一台,用存款支付200 000元,增值税率13%,直接进行安装。
(2) 购买材料10 000元,增值税税率为13%,以现金支付,用于安装工程。
(3) 应付安装工人工资30 000元。
(4) 安装完毕交付使用。
(5) 该设备预计使用10年,净残值率5%,采用直线法计提年折旧。
(6) 第五年出售,售价为130 000元,支付清理费1 000元。
要求:为赣昌股份有限公司编制相关会计分录。

5. 赣昌股份有限公司于2019年12月14日购入一台需安装的生产用机械设备,该设备买价100 000元,增值税税率13%,以银行存款支付;安装时,发生安装费用3 000元,用银行存款支付;当月安装完毕并交付使用。该设备价值100 000元,该设备预计净残值为5 000元,预计使用年限5年。
要求:
(1) 编制取得时的有关会计分录。
(2) 指出计提固定资产折旧的时间。
(3) 采用直线法计算该设备应提折旧额,并做会计分录。

6. 赣昌股份有限公司2019年12月15日报废一辆运输汽车,该汽车原值78 000元,已提折旧45 700元,发生清理费用400元,以现金支付;出售残值收入2 000元,已存银行。
要求:编制固定资产报废时的会计分录

7. 赣昌股份有限公司2019年12月20日购买万达公司某新产品的专利权,价款为4 500 000元,相关费用为8 000元,价款已用银行存款支付。该专利可使用10年。
要求:
(1) 编制购买时的有关会计分录。
(2) 指出计提无形资产摊销的时间。
(3) 采用直线法计算该专利权应提摊销额,并做会计分录。

# 章后案例

### 案例名称:固定资产折旧方法及会计处理你会吗?

一、案例背景资料

赣昌股份有限公司的新来一名刚毕业的小李会计,负责固定资产业务的核算,老会

计在检查本月他的工作中发现几笔业务异样:

1. 本月新购进设备,本月计提了折旧 5 000 元。

2. 以往生产用固定资产采用年限平均法提取折旧,每月提取的折旧额总计为 200 000 元。但本月进入产品生产的淡季,产品数量减少,为了减少本期的生产费用,小李认为应改用工作量法提取折旧,并且在报表的附注中说明,按该种方法计算出来的本月折旧额为 120 000 元,并进行如下会计处理:

借:生产成本　　　　　　　　　　　　　　　　　　　　　120 000
　贷:累计折旧　　　　　　　　　　　　　　　　　　　　　 12 000

### 二、案例分析要点

1. 固定资产折旧方法有哪几种?
2. 固定资产的折旧费用如何确认?
3. 小李本月对固定资产折旧方法的变更违背了会计信息质量要求中的哪一条要求?为什么?
4. 小李在固定资产折旧的会计处理上存在什么问题?应当怎样进行更正?

# 参 考 书 目

[1] 中华人民共和国财政部.企业会计准则第 2 号——长期股权投资[S].财会〔2014〕14 号修订.

[2] 中华人民共和国财政部.企业会计准则第 22 号——金融工具确认和计量[S].财会〔2017〕7 号修订.

# 第六章 负债核算

> **开篇案例**
>
> 小明的妈妈是一家公司的财务人员,有一天他看见妈妈要去银行为公司办理向银行借款的事项,可是小明妈妈工作的这家公司经营业绩非常好,听妈妈说每年的营业利润也不错,所以小明非常困惑,他就问妈妈,既然公司运转得很好,为什么还要向银行借款呢?难道向银行借款是因为公司没有钱周转快要倒闭了吗?妈妈告诉小明说不是这样的,相反是因为公司最近几年发展的特别好,进行适当的负债公司就可以有效的利用财务杠杆作用了,更加有利于公司的发展。小明听后说又学到了好多知识,他想那负债还有哪些作用呢?

[学习目的和要求]

1. 了解预收账款。
2. 熟悉负债的概念、种类。
3. 理解短期借款和长期借款的含义及会计处理。
4. 掌握应付账款和应付票据入账金额的确定。
5. 重点掌握利息费用的核算、应交税费的核算内容及各账户会计处理。

## 第一节 流动负债

### 一、短期借款

(一) 短期借款的概述

短期借款是借款的一种,与之相对的是长期借款。短期借款是指企业为维持正常的生产经营所需的资金或为抵偿某项债务而向银行或其他金融机构等外单位借入的、还款期限在一年以下(含一年)的各种借款。短期借款主要有经营周转借款、临时借款、结算借款、票据贴现借款、卖方信贷、预购定金借款和专项储备借款等。

> **小 贴 士**
>
> ### 工商企业的短期借款主要内容
>
> （1）经营周转借款：亦称生产周转借款或商品周转借款。企业因流动资金不能满足正常生产经营需要，而向银行或其他金融机构取得的借款。办理该项借款时，企业应按有关规定向银行提出年度、季度借款计划，经银行核定后，在借款计划中根据借款借据办理借款。
>
> （2）临时借款：企业因季节性和临时性客观原因，正常周转的资金不能满足需要，超过生产周转或商品周转款项划入的短期借款。临时借款实行"逐笔核贷"的办法，借款期限一般为3—6个月，按规定用途使用，并按核算期限归还。
>
> （3）结算借款：在采用托收承付结算方式办理销售货款结算的情况下，企业为解决商品发出后至收到托收货款前所需要的在途资金而借入的款项。企业在发货后的规定期间（一般为3天，特殊情况最长不超过7天）内向银行托收的，可申请托收承付结算借款。借款金额通常按托收金额和商定的折扣率进行计算，大致相当于发出商品销售成本加代垫运杂费。企业的货款收回后，银行将自行扣回其借款。
>
> （4）票据贴现借款：持有银行承兑汇票或商业承兑汇票的，发生经营周转困难时，申请票据贴现的借款，期限一般不超过3个月。如现借款额一般是票据的票面金额扣除贴现息后的金额，贴现借款的利息即为票据贴现息，由银行办理贴现时先进扣除。
>
> （5）卖方信贷：产品列入国家计划，质量在全国处于领先地位的企业，经批准采取分期收款销售引起生产经营资金不足而向银行申请取得的借款。这种借款应按货款收回的进度分次归还，期限一般为1—2年。
>
> （6）预购定金借款：商业企业为收购农副产品发放预购定金而向银行借入的款项。这种借款按国家规定的品种和批准的计划标发放，实行专户管理，借款期限最多不超过1年。
>
> （7）专项储备借款：商业批发企业国家批准储备商品而向银行借入的款项。这种借款必须实行专款专用，借款期限根据批准的储备期确定。

（二）应设置的账户

1."短期借款"账户

为了核算企业从银行等金融机构取得的偿还期不超过一年的借款的增减变动及其结果，应设置"短期借款"账户，该账户属于负债类账户，贷方登记从银行等金融机构借入的本金，借方登记到期偿还的本金，余额在贷方，表示尚未支付的短期借款的本金。

"短期借款"账户应按债权人以及借款种类、还款时间设置明细账。

2."财务费用"账户

为了核算企业在生产经营过程中为筹集资金而发生的各项费用，包括利息支出（减利息收入)、汇兑损失(减汇兑收益)以及相关的手续费等,应设置"财务费用"账户。该账户属于损益类的费用账户,其借方登记发生的利息支出,贷方登记银行存款利息收入以及月末结转到"本年利润"账户的金额,没有余额。

3. "应付利息"账户

为了核算企业分次付息、或到期付息的短期借款利息,应设置"应付利息"账户,该账户属于负债类账户,贷方登记按月应付未付的利息,借方登记按期支付的利息,余额在贷方,表示尚未支付的利息。

(三) 短期借款的会计处理

1. 短期借款增加的会计处理

短期借款期限一般不超过一年,在取得借款日,按取得的借款本金入账,分别借记"银行存款",贷记"短期借款"账户。

【例 6.1】赣昌股份有限公司 2019 年 12 月 1 日向建设银行借入偿还期为 12 个月,月息为 6‰的借款 100 000 元,该借款的利息按季支付,本金到期归还。

借入短期借款时,使得企业银行存款增加,同时向外借的短期借款也增加了,应编制如下会计分录:

借:银行存款　　　　　　　　　　　　　　　　　　　　100 000
　　贷:短期借款　　　　　　　　　　　　　　　　　　　　100 000

2. 短期借款期间会计处理

这是短期借款的会计核算重点即是短期借款利息的处理。短期借款利息支出,是企业理财活动中为筹集资金而发生的耗费,应作为当期损益记入"财务费用"。短期借款的利息支付方式通常有三种:按月支付、分期支付(如按季支付、按半年支付)和到期一次付息等方式。由于利息支付的方式不同,其会计核算也不完全一样。若按月支付利息,则借记"财务费用"账户,贷记"银行存款"账户;若采用后两种利息支付方式,按照权责发生制,一方面按月将利息费用计入"财务费用"账户,另一方面则将尚未支付的利息计入"应付利息"账户。

(1) 分次支付利息。如果短期借款的利息按期支付(如按季),或者利息是在借款到期归还本金时一并支付、且数额较大的,为了正确计算各期的盈亏,应采用预提的办法,先按月预提,计入当期损益,到期再进行支付。

【例 6.2】承【例 6.1】,2019 年 12 月 31 日,该公司按月计提利息费用。编制会计分录如下:(注意做报表时的财务费用为 12 月份的 600 元)

① 计提利息费用(每季的第一、第二个月)。预提利息费用时,计入财务费用中,故分录为:

借:财务费用——利息支出　　　　　　　　　　　　　　　600
　　贷:应付利息　　　　　　　　　　　　　　　　　　　　600

② 在每一季第三个月实际支付利息时。

借:应付利息　　　　　　　　　　　　　　　　　　　　1 200
　　财务费用——利息支出　　　　　　　　　　　　　　　600
　　贷:银行存款　　　　　　　　　　　　　　　　　　　1 800

（2）按月支付利息。如果企业的短期借款利息按月支付，或者利息是在借款到期归还本金时一并支付、且数额不多的，各月负担的利息费用数额不大的情况下，也可以采用简化的核算办法，即于实际支付利息的月份，将其全部作为当月的财务费用处理，借记"财务费用"账户，贷记"银行存款"账户。

**【例 6.3】** 承【例 6.1】，该公司采用直接摊销法进行利息费用的核算。

编制会计分录如下：

一个季度支付的利息费用 $100\,000 \times 6‰ \times 3 = 1\,800$（元）

每季支付利息时：
借：财务费用——利息支出　　　　　　　　　　　　　1 800
　　贷：银行存款　　　　　　　　　　　　　　　　　　　1 800

3. 短期借款减少的账务处理

企业在短期借款到期偿还本金时，应借记"短期借款"账户，贷记"银行存款"账户。

**【例 6.4】** 2019 年 12 月 31 日归还于半年前的短期借款 80 000 元，归还短期借款时，企业的银行存款减少，相应的短期借款也减少了，作如下分录：

借：短期借款　　　　　　　　　　　　　　　　　　80 000
　　贷：银行存款　　　　　　　　　　　　　　　　　　　80 000

> **小思考**："短期借款"账户该怎么用？

## 二、应付票据

### （一）应付票据的概述

应付票据，是指企业在商品购销活动和对工程价款进行结算时因采用商业汇票结算方式而发生的，由出票人出票，委托付款人在指定日期无条件支付确定的金额给收款人或者票据的持票人的一种票据，它包括商业承兑汇票和银行承兑汇票。应付票据按是否带息分为带息应付票据和不带息应付票据两种，两者在账务处理方面存在差异：对于带息应付票据，其到期价值为面值与利息之和，企业通常在期末对尚未支付的应付票据计提利息，计入当期财务费用；票据到期支付票款时，尚未计提的利息部分直接计入当期财务费用；不带息票据的到期值等于面值。按照《支付结算办法》规定，在银行开立存款账户的法人以及其他组织之间，具有真实的交易关系或债权债务关系，均可使用商业汇票。应付票据与应付账款一样，都是企业所欠货款，不同的是应付账款对还款时间只是口头承诺，而应付票据则是企业签发了书面票据，在付款时间上更具有约束力。商业汇票的付款期限一般为 6 个月。企业应设立"应付票据"账户进行核算。应付票据的确认时间是企业开出商业汇票的时间。

### （二）应付票据账户设置

为综合反映企业应付票据的情况，应设置"应付票据"账户，该账户贷方表示应付票据的增加额,借方表示应付票据的减少额,一般余额在贷方,表示期末企业应付而未付的票据债务。

(三)应付票据的会计处理

1. 应付票据增加的账务处理

企业开出商业承兑汇票或以商业承兑汇票抵付货款、应付账款等,借记"原材料""应付账款"等账户,贷记"应付票据"。涉及增值税进项税额的,还应借记"应交税费——应交增值税(进项税额)"。

【例6.5】赣昌股份有限公司2019年12月1日向南远公司购入A材料50件,单价80元/件,价款共4 000元,开出增值税专用发票,税款为520元,赣昌股份有限公司按合同开出4个月无息商业承兑汇票,支付购货款。购买材料,企业的原材料就增加了,同时开出了商业承兑汇票来支付货款,使得企业应付票据增加了,故分录如下:

借:原材料　　　　　　　　　　　　　　　　　　　　4 000
　　应交税费——应交增值税(进项税额)　　　　　　　520
　　贷:应付票据——南远公司　　　　　　　　　　　　4 520

【例6.6】赣昌股份有限公司2019年12月20日前欠南宁公司应付款4 600元,现以一张为期2个月的无息商业承兑汇票付款。根据开出的商业承兑汇票支付应付账款,使得企业应付账款减少,应付票据增加了,作会计分录如下:

借:应付账款——南宁公司　　　　　　　　　　　　　4 600
　　贷:应付票据　　　　　　　　　　　　　　　　　　4 600

2. 应付票据减少的会计处理

企业按应付票据的票面金额,支付票款,借记"应付票据",贷记"银行存款"。

【例6.7】承【例6.5】4个月到期归还商品款,根据付款凭证,企业的银行存款减少来支付货款,相应地对外应付的票据也减少了,作会计分录如下:

借:应付票据　　　　　　　　　　　　　　　　　　　4 520
　　贷:银行存款　　　　　　　　　　　　　　　　　　4 520

【例6.8】承【例6.6】2个月到期归还货款,赣昌股份有限公司根据付款凭证,作会计分录如下:

借:应付票据　　　　　　　　　　　　　　　　　　　4 600
　　贷:银行存款　　　　　　　　　　　　　　　　　　4 600

对于商业承兑汇票而言,在票据到期时无力偿付时,将"应付票据"账面价值转入"应付账款"账户。

借:应付票据
　　贷:应付账款

对于银行承兑汇票而言,企业无力支付到期票款时,承兑银行除凭票向持票人无条件付款外,对出票人尚未支付的汇票金额转做逾期贷款处理,并按照每天万分之五计收利息。企业无力支付到期银行承兑汇票,借记"应付票据"账户,贷记"短期借款"。对计收的利息,按短期借款利息的处理办法处理。

借：应付票据
　　贷：短期借款
借：财务费用
　　贷：应付利息

企业应当设置"应付票据备查簿"，详细登记每一张商业汇票的种类、号数和出票日期、到期日、票面余额、交易合同号、收款人姓名或单位名称以及付款日期和金额等资料。应付票据到期结清时，应当在备查簿内逐笔注销。

---

**小贴士**

**短期应付票据有带息票据和不带息票据之分**

带息票据的面值就是票据的贴现值，在资产负债表，以面值列示负债外，还须将应付未付利息部分作为另一种流动负债列示。不带息票据的不是票据到期时应付的金额，这类票据可由企业签发用于向银行借款。理论上，应付票据均应折现，按现值计价。但若是企业在经营活动中出具的短期应付票据，由于出票日与到期日相距很短，其折现值和到期值很接近，根据重要性原则，可略而不计，而按面值入账。但在营业活动以外出具的应付票据，如因借款而出具的票据，则不论期限长，应按现值入账。

---

> 小思考：应付票据到期时付款方无力付款应如何进行会计处理？

## 三、应付账款

（一）应付账款的概述

1. 应付账款概念

应付账款是企业因购买材料、商品或接受劳务供应等业务，应向供应单位支付的款项，是双方在购销活动中由于取得物资与支付货款在时间上不一致而产生的负债。应付账款属于金额确定的负债，也是最普通的流动负债。

2. 应付账款确认条件

应付账款入账时间确认，一般应以所购买货物的所有权的风险和报酬已经转移或接受劳务为标志，即在企业取得所购货物的所有权或已接受劳务时确认应付账款。在会计实务中，应当区别不同情况进行会计处理：

（1）对于物资和发票账单同时到达的情况，为了确认所购入的物资是否在质量、数量和品种上都与合同上规定的条款相同，应付账款一般待物资验收入库后，才根据发票账单验收入库。

（2）对于物资已验收入库而发票账单未到达的情况，由于应付账款需根据发票账单登记入账，有时货物已到，而发票账单需间隔较长时间才能到，但该项购物活动的负债已成立,应作为一项负债反映。因此,在实际工作中采用在月份终了时将所购物资和应付账款暂估入账,待下月初再用红字冲回的方法进行处理。

应付账款的计量一般按应付金额入账,而不按到期应付金额的现值入账。如果购入的资产在形成一笔应付账款时是附有现金折扣的,一般有总价法和净价法两种做法。在总价法下,应付账款按发票上记载的应付金额的总额计量,这种方法下,公司的现金折扣冲减公司的财务费用。在净价法下,应付账款按扣除最大现金折扣后的净价计量。我国现行规定,企业对应付账款采用总价法进行会计处理,即应付账款按发票上记载的应付金额的总值进行计量。

### (二) 应设置账户

企业应设置"应付账款"账户,本账户核算企业购买材料、商品和接受劳务供应等而应付给供应单位的款项。该账户贷方登记增加额,借方登记减少额,期末余额在贷方,表示企业在期末应付而未付的债务。

### (三) 应付账款的会计处理

**1. 应付账款增加的账务处理**

企业购入材料、商品等验收入库,但货款尚未支付,根据有关凭证(发票账单、随货同行发票上记载的实际价款或暂估价值),借记"在途物资""材料采购"等账户,按应付的款项,贷记本账户,涉及增值税进项税额的,还应进行相应的处理。

【例6.9】赣昌股份有限公司为增值税一般纳税人。2019年12月5日,从南远公司购入一批C材料500千克,单价200元/千克,货款100 000元,增值税13 000,对方代垫保险费1 000元。材料已运到并验收入库(该企业材料按实际成本计价核算),款项尚未支付。购买材料使得企业的原材料增加了,应支付的款项未支付就计入应付账款中,该企业的有关会计分录如下:

借:原材料　　　　　　　　　　　　　　　　　　　　　　　101 000
　　应交税费——应交增值税(进项税额)　　　　　　　　　　 13 000
　　　贷:应付账款——南远公司　　　　　　　　　　　　　　114 000

**2. 应付账款减少的会计处理**

接受供应单位提供劳务而发生的应付未付款项,根据供应单位的发票账单;企业以低于应付债务账面价值的现金清偿债务的,应按应付账款的账面余额,借记"应付账款",贷记"银行存款"等账户。

【例6.10】承【例6.9】12月15日用银行存款支付材料款,根据付款凭证,付款时,使得银行存款减少了,应付的账款也减少了,作会计分录如下:

借:应付账款——南远公司　　　　　　　　　　　　　　　　114 000
　　贷:银行存款　　　　　　　　　　　　　　　　　　　　　114 000

按照企业会计准则的规定,无法支付的应付款项在经领导批准后计入营业外收入。其核算详见第八章第二节收入。

> **小思考**:无法支付的应付账款,该怎么处理?

## 四、预收账款

### (一) 预收账款的概述

预收账款是指企业按照合同规定,向购货方预收的定金或部分货款。预收账款虽然表现为企业货币资金的增加,但它并不是企业的收入,其实质是一项负债,要求企业在短期内以某种商品、提供劳务或服务来补偿。在实务中,预收账款一般包括预收销售货款、预收租金等。

### (二) 应设置账户

企业在核算预收账款时,常用方法有两种:一是单独设置"预收账款"账户,如果企业的预收账款较多,应设置"预收账款"账户,收到预收货款时记入该账户的贷方,待企业以商品或劳务偿还后,再记入该账户的借方。二是将预收的货款直接作为应收账款的减项,记入"应收账款"账户的贷方,偿付债务时,再记入"应收账款"账户的借方。本账户属于负债类账户,核算企业按照合同向购货单位预收的款项。贷方登记预收购货单位的货款和购货单位补付的货款,借方登记向购货单位发出商品销售实现的货款和退回购货单位多付的货款。余额如果在贷方,表示应退未退的多预收的款项;如果在借方,则表示应补收但尚未收到的款项。

### (三) 预收账款的会计处理

**1. 预收货款增加的会计处理**

企业预收款项时,借记"银行存款",贷记"预收账款"。

【例6.11】赣昌股份有限公司于2019年12月1日预收江新公司货款80 000元,预先收取了江新公司账款,使得赣昌股份有限公司的银行存款增加了,同时计入预收账款中,账务处理如下:

借:银行存款　　　　　　　　　　　　　　　　　　　　　　　80 000
　　贷:预收账款——江新公司　　　　　　　　　　　　　　　　　80 000

**2. 预收账款销售实现时的会计处理**

销售实现时,按实现的收入和应交的增值税销项税额,借记"预收账款",贷记"主营业务收入""应交税费——应交增值税(销项税额)"。

【例6.12】2019年12月15日,赣昌股份有限公司发运乙产品200件给江新公司,单价为400元/件,开出增值税专用发票,注明价款80 000元,增值税10 400元。

借:预收账款——江新公司　　　　　　　　　　　　　　　　　90 400
　　贷:主营业务收入　　　　　　　　　　　　　　　　　　　　80 000
　　　　应交税费——应交增值税(销项税额)　　　　　　　　　10 400

**3. 清算预收账款的会计处理**

退回款项时,借记"预收账款",贷记"银行存款",补收款项时做相反分录。

【例6.13】赣昌股份有限公司于12月28日收到江新公司补付的货款10 400之前收取的货款与实际应收的货款间的差额中,收到补付的部分使得银行存款增加,同时再计入预收账款中,故分录为:

借：银行存款　　　　　　　　　　　　　　　　　10 400
　　贷：预收账款——江新公司　　　　　　　　　　　　10 400

> **小 贴 士**
>
> ### 预收账款和应收账款的区别
>
> （1）应收账款是资产类账户。应收账款指企业因销售商品、提供劳务等业务，向购货或接受劳务单位收取的款项，是企业因销售商品、提供劳务等经营活动所形成的债权。
>
> （2）预收账款是负债类账户。预收账款指企业按照合同规定，向购货单位预先收取的款项。企业在发货前预收的货款，应作为企业的一项负债。
>
> （3）销售的时候先收钱后付货的是预收账款，先付货后收钱的是应收账款。应收账款主要用于赊销，销售的时候借记"应收账款"贷记"主营业务收入、应交增值税"，收款的时候，借记"银行存款"，贷记"应收账款"，如果已售出商品还没收到钱，计入应收账款的借方。虽然应收账款和预收账款的性质不一样，但是他们核算的都是销售业务，而且收钱时都是贷记"应收和预收"，发货时都是借记"预收和应收"所以借贷方核算的内容是一致的。
>
> （4）应收账款核算符合销售商品、提供劳务收入确认条件的所产生的债权，对债权人来说是一项资产。
>
> （5）预收账款核算企业销售商品，提供劳务时根据合同协议约定预先收取的定金或预付款，对收款的企业来说，是一项负债（也就是说在符合销售商品，提供劳务收入确认条件前收取的款项）。

> 小思考：预收账款是什么性质的账户？

## ▶ 五、应交税费

### （一）应交税费的概述

应交税费是指企业根据在一定时期内取得的营业收入、实现的利润等，按照现行税法规定，采用一定的计税方法计提的应交纳的各种税费。应交税费包括企业依法交纳的增值税、消费税、营业税、所得税、资源税、土地增值税、城市维护建设税、房产税、土地使用税、车船税、教育费附加、矿产资源补偿费等税费，以及在上缴国家之前，由企业代收代缴的个人所得税等。

### （二）应设置账户

企业根据税法的规定应缴纳的税费，为总括反映企业各种税费的缴纳情况，设置"应交税费"账户，本账户属于负债类账户，按应交纳的各种税费设置明细账户。其贷方登记企业按规定计算应交纳的各种税费，借方登记实际缴纳的各种税费；期末贷方余额,反映企业尚未交纳的各种税费。企业不需要预计应交数所缴纳的税金,如印花税、耕地占用税等,不通过"应交税费"核算。

> **小贴士**
>
> 应交税费可以按征税对象分类:
> (1) 流转税类:增值税、消费税、关税;
> (2) 资源税类:资源税、土地增值税、土地使用税;
> (3) 所得税类:企业所得税、个人所得税;
> (4) 行为税类:城市维护建设税、印花税;
> (5) 财产税类:房产税、车船税。
> 按征收管理的分工体系分类:
> (1) 工商税类:增值税、消费税、资源税、企业所得税、个人所得税、城市维护建设税、房产税、车船税、土地增值税、土地使用税、印花税;
> (2) 关税类
> 按税收征收权限和收入支配权限分类:
> (1) 中央税:消费税、关税;
> (2) 地方税:土地增值税;
> (3) 中央与地方共享税
> 按计税标准不同分类:
> (1) 从价税:增值税、营业税、关税、各种所得税;
> (2) 从量税:资源税、车船税、土地使用税

(三) 应交税费的会计处理

1. 应交税费——应交增值税

(1) 增值税的概述。增值税是对在我国境内销售货物,提供加工、修理修配劳务,进口货物以及从事其他营改增范围事项的单位和个人取得的增值额为课税对象而征收的一种流转税。增值税属于价外税,即在商品销售价格以外征收的税种,其计算要根据货物或应税劳务销售额,按照规定的税率计算税款,然后从中扣除上一道环节已纳增值税款,其余额即为纳税人应交纳的增值税税款。

我国《增值税暂行条例》参照国际惯例,将纳税人按其经营规模及会计核算健全与否划分为一般纳税人和小规模纳税人。

一般纳税人增值税的为13%;对购入的免税农产品、收购的废旧物资等可以按买价(或收购价)的9%计算进项税额,并准予从销项税额中抵扣;对运费可以按运费的7%计算进项税额,并准予从销项税额中抵扣;出口货物实行零税率。营业税改增值税后,一般纳税人税率,增值税增加两档低税率6%(现代服务业)和9%(交通运输业)。

小规模纳税人增值税的基本税率为3%。一般纳税人应纳增值税额根据当期销项税额减去当期进项税额计算所得。小规模纳税人应纳增值税按照销售额和规定的征收

率确定。本书主要讲述一般纳税人增值税的核算。

（2）增值税设置账户。为了核算一般纳税人企业应交增值税的发生、抵扣、转出等情况，应在"应交税费——应交增值税"明细账户下应设置"进项税额""销项税额""进项税额转出""已交税金"等专栏。

（3）增值税的会计处理。增值税的会计处理包括如下内容。

① 采购物资或接受应税劳务的会计处理。企业从国内采购物资或接受应税劳务等借记"原材料""库存商品""委托加工物资"等账户，根据可抵扣的增值税税额，借记"应交税费——应交增值税（进项税额）"账户；按照应付或实际支付的总额，贷记"银行存款"或"应付账款"等账户。

② 销售货物或者提供应税劳务的会计处理。企业销售货物或者提供应税劳务，按照营业收入和应收取的增值税税额，借记"应收账款"或"银行存款"等账户，按增值税专用发票上注明的增值税税额，贷记"应交税费——应交增值税（销项税额）"账户；按照实现的营业收入，贷记"主营业务收入""其他业务收入"等账户。

③ 进项税额转出的会计处理。企业购进的货物发生非常损失，以及将购进货物改变用途（如用于非应税项目、集体福利或个人消费等），其进项税额应通过"应交税费——应交增值税（进项税额转出）"账户转入有关账户，借记"待处理财产损益""在建工程""应付职工薪酬"等，贷记"应交税费——应交增值税（进项税额转出）"。

④ 交纳增值税的会计处理。企业缴纳的增值税，借记"应交税费——应交增值税（已交税金）"账户，贷记"银行存款"账户。

【例 6.14】中远有限公司为一般增值税纳税人，适用的税率为 13%，2019 年 7 月发生以下经济业务：

7 月 1 日，购入原材料一批，增值税专用发票上注明货款 60 000 元，增值税额 7 800 元，货物已验收入库，货款和进项税款已用银行存款支付。

7 月 4 日，购入不需要安装的设备一台，增值税专用发票上标明价款 300 000 元，增值税额 39 000 元，款项尚未支付。

7 月 7 日，销售产品一批，价款 500 000 元，按规定应收取增值税额 65 000 元，提货单和增值税专用发票已交给买方，款项尚未收到。

7 月 15 日，库存材料因管理不善毁损一批，有关增值税专用发票确认的成本为 10 000 元，增值税额 1 300 元。

以银行存款交纳本月增值税 19 500 元。该企业账务处理如下。

(1) 7 月 1 日，购入原材料。

借：原材料　　　　　　　　　　　　　　　　　　　　　　　　60 000
　　应交税费——应交增值税（进项税额）　　　　　　　　　　　7 800
　　贷：银行存款　　　　　　　　　　　　　　　　　　　　　　　　67 800

(2) 7 月 4 日，购入设备。

借：固定资产　　　　　　　　　　　　　　　　　　　　　　　300 000
　　应交税费——应交增值税（进项税额）　　　　　　　　　　　39 000
　　贷：应付账款　　　　　　　　　　　　　　　　　　　　　　　　339 000

(3) 7月7日,销售产品。
借:应收账款　　　　　　　　　　　　　　　　　　　565 000
　贷:主营业务收入　　　　　　　　　　　　　　　　　　500 000
　　　应交税费——应交增值税(销项税额)　　　　　　　 65 000
(4) 7月15日,库存材料损毁。
借:待处理财产损溢——待处理流动资产损溢　　　　　　 11 300
　贷:原材料　　　　　　　　　　　　　　　　　　　　 10 000
　　　应交税费——应交增值税(进项税额转出)　　　　　　1 300
(5) 交纳本月增值税。
借:应交税费——应交增值税(已交税金)　　　　　　　　19 500
　贷:银行存款　　　　　　　　　　　　　　　　　　　 19 500

2. 应交税费——应交消费税

(1) 消费税的概述。消费税是指在我国境内生产、委托加工和进口应税消费品的单位和个人,就其销售额或销售数量,在特定环节征收的一种税。消费税有从价定率、从量定额和复合征税三种征收方法。实行从价定率办法计征的应纳税额的税基为销售额,如果企业应税消费品的销售额中从未扣除增值税税款,在计算消费税时,按公式"应税消费品的销售额=含增值税的销售额/(1+增值税税率或征收率)"换算为不含增值税税款的销售额;实行从量定额办法计征的应纳税额按照税法确定的应税消费品的数量和单位税额计算而得;现行消费税的征税范围中有卷烟、粮食白酒、薯类白酒采用复合计税的方法,计算应纳消费税额时用不含增值税的销售额乘以比例税率再加上应税数量乘以单位税额。

(2) 消费税账户设置。企业应在"应交税费"账户下设置"应交消费税"明细账户,核算应交消费税的发生、缴纳情况。该账户的贷方登记应缴纳的消费税;借方登记已缴纳的消费税;期末贷方余额为尚未缴纳的消费税,借方余额为多缴纳的消费税。

(3) 消费税的会计处理。消费税的会计处理包括如下内容。

① 销售应税消费品的会计处理。企业销售应税消费品应交的消费税,应借记"税金及附加"账户,贷记"应交税费——应交消费税"账户。(应借记"税金及附加")

② 自产自用应税消费品会计处理。企业将生产的应税消费品用于生产应税消费品的不纳税,用于其他方面的,应于移送使用时纳税。按规定应缴纳的消费税,借记"在建工程"等账户,贷记"应交税费——应交消费税"账户。

③ 委托加工应税消费品的会计处理。企业若有应交消费税的委托加工物资,一般应由受托方代收代缴消费税款,受托方按照应交税款金额,借记"应收账款""银行存款"等账户,贷记"应交税费——应交消费税"账户。

委托加工物资收回后,用于连续生产应税消费品的,按规定准予抵扣的,应按已由受托方代收代交的消费税,借记"应交税费——应交消费税"账户,贷记"应付账款""银行存款"等账户。

④ 交纳消费税的会计处理。企业缴纳消费税时,借记"应交税费——应交消费税"

账户,贷记"银行存款"账户。

【例6.15】中远有限公司为增值税一般纳税人,生产的A产品是应税消费品,适用的增值税税率13%,消费税税率10%。2019年8月发生下列部分经济业务:

8月2日,销售一批A产品,产品成本为200 000元,产品售价为300 000元,增税额为39 000元,该批产品已发出,款项收到已存入银行。

8月10日,以存款缴纳本期应纳的消费税30 000元。

该公司账务处理如下:

① 确认收入

借:银行存款　　　　　　　　　　　　　　　　　　339 000
　　贷:主营业务收入　　　　　　　　　　　　　　　　300 000
　　　　应交税费——应交增值税(销项税额)　　　　　 39 000

② 确认应交消费税

借:税金及附加　　　　　　　　　　　　　　　　　　30 000
　　贷:应交税费——应交消费税　　　　　　　　　　　30 000

③ 缴纳

借:应交税费——应交消费税　　　　　　　　　　　　30 000
　　贷:银行存款　　　　　　　　　　　　　　　　　　30 000

3. 其他应交税费

其他应交税费是指除上述以外的应交税费,包括应交资源税、应交城市维护建设税、应交土地增值税、应交所得税、应交房产税、应交土地使用税、应交车船使用税、应交教育费附加、应交矿产资源补偿费、应交个人所得税等。企业应当在"应交税费"账户下按照其他应交税费包含的内容设置相应的明细账户进行核算。本教材只介绍应交城市维护建设税、应交教育费附加。

(1) 应交税费——应交城市维护建设税。具体内容如下。

① 应交城市维护建设税的概述。

城市维护建设税是以增值税、消费税为计税依据征收的一种税。其纳税人为缴纳增值税、消费税的单位和个人,税率因纳税人所在地不同有7%、5%、1%三档。

$$应纳税额＝(增值税＋消费税)×适用税率$$

② 应交城市建设税账户设置。企业应当设置"应交税费——应交城市维护建设税",借方登记已缴纳的城市维护建设税,贷方登记应缴纳的城市维护建设税,期末贷方余额表示尚未缴纳的城市维护建设税。

③ 应交城市维护建设税的会计处理。企业应交的城市维护建设税,借记"税金及附加"等账户,贷记"应交税费——应交城市维护建设税"账户。

(2) 应交税费——应交教育费附加。具体内容如下。

① 应交教育费附加的概述。教育费附加是为了发展教育事业而向企业征收的附加费用,企业按应交流转税的一定比例计算缴纳。教育费附加征收额为"三税"税额的3%。

② 应交教育费附加账户设置。企业应当设置"应交税费——应交教育费附加",借方登记已缴纳的教育费附加,贷方登记应缴纳的教育费附加,期末贷方余额表示尚未缴纳的教育费附加。

$$应缴的教育费附加税 =（实缴增值税 + 实缴消费税）\times 3\%$$

③ 应交教育费附加的会计处理。企业应交的教育费附加,借记"税金及附加"等账户,贷记"应交税费——应交教育费附加"账户。

> **小思考**:增值税的征税范围?应交增值税的明细账户应设置哪些明细项目?

## 六、应付职工薪酬

### （一）应付职工薪酬的概述

职工薪酬是指企业为获得职工提供的服务或解除劳动关系而给予的各种形式的报酬或补偿。这里所称"职工"比较宽泛,包括三类人员:一是与企业订立劳动合同的所有人员,含全职、兼职和临时职工;二是未与企业订立劳动合同、但由企业正式任命的企业治理层和管理层人员,如董事会成员、监事会成员等,尽管有些董事会、监事会成员不是本企业员工,未与企业订立劳动合同,但对其发放津贴、补贴等仍属于职工薪酬;三是在企业的计划和控制下,虽未与企业订立劳动合同或未由其正式任命,但为其提供与职工类似服务的人员,如通过中介机构签订用工合同,为企业提供与本企业职工类似服务的人员。

职工薪酬包括工资、职工福利、医疗保险费、养老保险费、工伤保险费和失业保险费等社会保险费、住房公积金、工会经费和职工教育经费、短期薪酬、离职后福利、辞退福利和其他长期职工福利及企业提供给职工配偶、子女、受赡养人、已故员工遗属及其他受益人等的福利。

### （二）应设置账户

为了核算企业支付和应付给职工的各项劳动报酬,企业应设置"应付职工薪酬"会计账户。应付职工薪酬按照"工资""福利费"、社会保险费、"住房公积金""工会经费"、职工教育经费、短期薪酬、离职后福利、辞退福利等应付职工薪酬项目进行明细核算。该账户属于负债类会计账户,贷方登记分配计入有关成本费用项目的职工薪酬的数额,借方登记实际发放或支付的职工薪酬的数额;该账户期末贷方余额,反映企业应付未付的职工薪酬。

### （三）应付职工薪酬会计处理

**1. 应付职工薪酬增加的会计处理**

企业应当在职工为其提供服务的会计期间,将应付的职工薪酬确认为负债,除因解除与职工的劳动关系给予的补偿外,应当根据职工提供服务的受益对象,分别下列情况处理：

（1）应由生产产品、提供劳务负担的职工薪酬，计入产品成本或劳务成本。生产产品、提供劳务中的直接生产人员和直接提供劳务人员发生的职工薪酬，计入存货成本，借记"生产成本"，贷记"应付职工薪酬"，但非正常消耗的直接生产人员和直接提供劳务任务的职工薪酬，应当在发生时确认为当期损益，借记"营业外支出"，贷记"应付职工薪酬"。

（2）应由在建工程、无形资产负担的职工薪酬，计入建造固定资产或无形资产成本。自行建造固定资产和自行研究开发无形资产过程中发生的职工薪酬，符合固定资产或无形资产资本化条件的确认为成本，借记"在建工程""研发支出"，贷记"应付职工薪酬"。

（3）上述两项之外的其他职工薪酬，计入当期损益。除直接生产人员、直接提供劳务人员、符合准则规定条件的建造固定资产人员、开发无形资产人员以外的职工，包括公司总部管理人员、董事会成员、监事会成员等人员相关的职工薪酬，因难以确定直接对应的受益对象，均应当在发生时计入当期损益，借记"管理费用"，贷记"应付职工薪酬"。

（4）职工为其提供服务的会计期间，将实际发生的短期薪酬确认为负债，并计入当期损益，其他会计准则要求或允许计入资产成本的除外。

【例 6.16】赣昌股份有限公司 2019 年 12 月 31 日计算本月应付管理人员工资总额 120 000 元，计算管理人员工资，计入管理费用，同时增加应付职工薪酬中，编制该公司的相关会计分录。

  借：管理费用                   120 000
    贷：应付职工薪酬——工资           120 000

2. 应付职工薪酬减少的会计处理

向职工支付工资、福利费等，从应付职工薪酬中扣还的各种款项，借记"应付职工薪酬"账户，贷记"银行存款""其他应收款""应交税费"等账户。

【例 6.17】赣昌股份有限公司 2019 年 12 月 17 日通过银行发放上月职工工资 375 000 元，用银行存款支付公司，使得银行存款减少，应付的职工薪酬也减少了，编制该公司相关会计分录。

  借：应付职工薪酬——工资            375 000
    贷：银行存款                 375 000

【例 6.18】赣昌股份有限公司 2019 年 12 月 30 日以现金方式发放王二的困难补助 1 000 元，发放困难补助，计入管理费用中，编制该公司的会计分录。

  借：管理费用                    1 000
    贷：应付职工薪酬——职工福利费        1 000

12 月 31 日实际支付时，现金减少了，应付职工工资也减少了，故分录为：

  借：应付职工薪酬——困难补助          1 000
    贷：库存现金                 1 000

> ### 小 贴 士
>
> **非货币性福利的处理**
>
> (1) 以自产产品或外购商品发放给职工作为福利：
> 借：成本费用类账户
> 　　贷：应付职工薪酬——非货币性福利
> 借：应付职工薪酬——非货币性福利
> 　　贷：主营业务收入
> 　　　　应交税费——应交增值税（销项税额）
> 借：主营业务成本
> 　　贷：库存商品
> (2) 将拥有的房屋等资产无偿提供给职工使用，或租赁住房等资产供职工无偿使用。企业将拥有的房屋等资产无偿提供给职工使用的，应当根据受益对象，将住房每期应计提的折旧计入相关资产成本或费用，同时确认应付职工薪酬。租赁住房等资产供职工无偿使用的，应当根据受益对象，将每期应付的租金进入相关资产成本或费用，并确认应付职工薪酬。难以认定受益对象的，直接计入当期损益，并确认应付职工薪酬。
> 借：成本费用类账户
> 　　贷：应付职工薪酬——非货币性福利
> 借：应付职工薪酬——非货币性福利
> 　　贷：累计折旧
> 　　　　其他应付款等

> 小思考：职工薪酬包括哪些项目？

## 七、其他应付款

### （一）其他应付款的概述

其他应付款，是指企业除应付票据、应付账款、预收账款、应付职工薪酬、应付利息、应付股利、应交税费、长期应付款以外的与企业的购销业务没有直接联系的各项应付、暂收的款项。主要包括应付经营租入固定资产和包装物等的租金、存入保证金（如收入包装物押金等）、应付统筹退休金和职工未按期领取的工资、应付或暂收所属单位或个人的款项、应付赔偿和罚款等。

### （二）其他应付款账户设置

为了综合反映和监督企业应付、暂收其他单位和个人的款项，设置"其他应付款"账户，该账户属于负债类账户，其借方登记各款项的付还和转销，贷方登记应付、暂收及支付情况,期末余额一般在贷方,表示应付未付的款项。

(三)其他应付款会计处理

1. 其他应付款增加的会计处理

发生的各种应付、暂收款项,借记"银行存款""管理费用"等账户,贷记"其他应付款"。

**【例6.19】** 2019年12月9日,赣昌股份有限公司销售产品时出租一批包装物给江新公司,收到购货单位支付的包装物押金3 500元,款项已存入银行。

收到的押金,使得企业银行存款增加了,同时计入其他应付款中,账务处理如下:

借:银行存款　　　　　　　　　　　　　　　　　　　　　　3 500
　　贷:其他应付款——江新公司　　　　　　　　　　　　　　3 500

2. 其他应付款减少的会计处理

发生支付或转销各种应付、暂收款项,借记"其他应付款",贷记"银行存款""管理费用"等账户。

**【例6.20】** 2019年12月18日,江新公司归还赣昌股份有限公司包装物,赣昌股份有限公司退还之前收到的包装物押金3 500元,账务处理如下:

归还包装物并退还押金,使得银行存款减少,同时相应减少其他应付款项,故分录为:

借:其他应付款——江新公司　　　　　　　　　　　　　　　3 500
　　贷:银行存款　　　　　　　　　　　　　　　　　　　　　3 500

> **小思考:** 其他应付款都包括了哪些内容?

## 第二节　非流动负债

非流动负债是指企业偿还期限在一年或超过一年的一个营业周期以上的债务。它包括向银行或其他金融机构借入的长期借款,或者为了筹集长期资金而发行各种债券形成的应付债券,以及采用补偿贸易方式引进国外设备价款和应付融资租入固定资产的租赁费等长期应付款。除了具有负债的共同特征外,非流动负债还具有如下特征:① 债务偿还的期限较长,一般超过一年或者一个营业周期以上;② 债务的金额较大;③ 可以采用分期偿还方式。

### 一、长期借款

(一)长期借款的概述

长期借款是指企业向银行或其他金融机构借入的偿还期在一年以上(不含一年)的各种借款。与短期借款相比,长期借款除期限较长外,其不同点还表现在对借款费用的处理上，即对借款费用是资本化计入相关资产的成本，还是费用化计入当期损益。

（二）应设置账户

为了总括地反映和监督长期借款的借入、应计利息和归还本息的情况，企业应设置"长期借款"账户。长期借款的本金、利息以及外币折算差额，均应通过"长期借款"账户核算分别设置本金、应付利息、外币折算差额明细账户。这与"短期借款"账户只核算本金，不核算利息有所不同。"长期借款"账户的贷方登记企业借入的长期借款本金以及发生的利息金额，借方登记企业偿还的长期借款本息金额；期末余额在贷方，反映企业尚未偿还的长期借款。

（三）长期借款会计处理

1. 长期借款增加的会计处理

企业借入长期借款，应按实际收到的款项借记"银行存款"，贷记"长期借款"。

【例6.21】赣昌股份有限公司于2019年12月1日借入长期借款20万，期限为2年，款项已收到存入银行。借入长期借款，使得公司的银行存款增加了，同时长期借款也增加了，账务处理为：

借：银行存款　　　　　　　　　　　　　　　　　　　　200 000
　　贷：长期借款——本金　　　　　　　　　　　　　　　　200 000

2. 长期借款期间会计处理

长期借款的利息费用应根据权责发生制原则的要求，按期预提计入所购建资产的成本，即予以资本化；或直接计入当期损益，即费用化。具体地说，就是在该长期借款所进行的长期工程项目完工之前发生的利息，应将其资本化，计入该工程成本；在工程完工达到可使用状态之后产生的利息支出应停止借款利息资本化而予以费用化，即在利息发生的当期将其直接计入财务费用。计算利息时应借记"在建工程""财务费用"等账户，贷记"长期借款"账户（到期一次付息；如每年付息一次，则贷记"应付利息"）；支付利息时应借记"长期借款"账户，贷记"银行存款"账户。

【例6.22】赣昌股份有限公司于2020年1月1日借入长期借款10万用于构建厂房，利率为5%，两年后还本付息，则2019年12月31日利息为5 000元，构建厂房期间，长期借款发生的利息部分计入在建工程，账务处理为：

借：在建工程　　　　　　　　　　　　　　　　　　　　5 000
　　贷：长期借款——应计利息　　　　　　　　　　　　　5 000

3. 长期借款减少的会计处理

企业归还长期借款时，按长期借款的账面价值借记"长期借款"，贷记"银行存款"。

【例6.23】赣昌股份有限公司12月31日归还已到期的长期借款30万元，"长期借款"账户账面价值为33万元，其中本金30万元，应付利息3万元，归还长期借款的，按账面价值结转长期借款，同时减少了银行存款，账务处理为：

借：长期借款——本金　　　　　　　　　　　　　　　　300 000
　　　　　　——应计利息　　　　　　　　　　　　　　　30 000
　　贷：银行存款　　　　　　　　　　　　　　　　　　　330 000

## 二、应付债券

### (一) 应付债券概述

**1. 应付债券性质**

应付债券指企业发行债券而形成的债务。按《〈企业会计准则第22号——金融工具确认和计量〉应用指南(2018)》规定,应付债券归属其他金融负债。债券可分为一般债券和可转换债券,本教材仅涉及一般债券。

**2. 债券发行方式**

债券发行方式有三种:平价发行、溢价发行、折价发行。当票面利率等于市场利率时,表示债券发行企业通过发行债券取得资金所支付的利息与资金市场取得资金所支付的利息相等。因此,债券发行价格等于债券的面值,平价发行。当债券票面利率低于市场利率时,债券应折价发行,由债券发行企业将利息差额弥补给债券持有人。当票面利率高于市场利率时,债券应溢价发行,由债券发行企业在债券发行时预先扣回利息差额。

**3. 应付债券计量**

应付债券应当按其公允价值和相关交易费用之和作为初始确认金额,采用摊余成本进行后续计量。

应付债券的摊余成本,是指该应付债券的初始确认金额经下列调整后的结果:

(1) 扣除已偿还的本金;

(2) 加上或减去采用实际利率法将该初始确认金额与到期日金额之间的差额进行摊销形成的累计摊销额。

**4. 实际利率法**

实际利率法,是指按照应付债券(含一组应付债券)的实际利率计算其摊余成本及各期利息收入或利息费用的方法。

实际利率,是指将应付债券在预期存续期间或适用的更短期间内的未来现金流量,折现为该应付债券当前账面价值所使用的利率。

在确定实际利率时,应当在考虑应付债券所有合同条款(包括提前还款权、看涨期权、类似期权等)的基础上预计未来现金流量,但不应当考虑未来信用损失。

应付债券合同各方之间支付或收取的、属于实际利率组成部分的各项收费、交易费用及溢价或折价等,应当在确定实际利率时予以考虑。应付债券的未来现金流量或存续期间无法可靠预计时,应当采用该应付债券在整个合同期内的合同现金流量。

### (二) 应设置账户

为了核算企业为筹集长期资金而发行的债券本金和利息,应设置"应付债券"账户,并可按"面值""利息调整""应计利息"等进行明细核算。该账户属于负债类账户,贷方登记企业发行债券(或可转换债券)面值、面值小于实际收到的金额之差、资产负债表日应按摊余成本和实际利率计算确定的债券利息费用大于按票面利率计算确定的应付未付利息之差,以及按票面利率计算确定的应付未付利息;借方登记面值大于实际收到的金额之差、资产负债表日应按摊余成本和实际利率计算确定的债券利息费用大于按票面利率计算确定的应付未付利息之差、以及到期支付(或可转换公司债券持有人行使转换权利时)债券本息;期末余额在贷方,反映企业尚未偿还的长期债券摊余成本。

(三)应付债券会计处理

1. 应付债券增加的会计处理

应付债券增加即为企业发行债券,应按实际收到的金额,借记"银行存款"等科目,按债券票面金额,贷记本科目(面值)。存在差额的,还应借记或贷记本科目(利息调整)。

以债券折价发行为例:

**【例6.24】** 赣昌股份有限公司经批准于2020年1月1日发行三年期公司债券1 200 000元,票面利率为12%,每半年付息一次,发行价格为1 146 801.2元,发行费用为4 000元。经测算债券发行时实际利率为14%。要求:做有关会计分录。

2020年1月1日:

借:银行存款　　　　　　　　　　　　　　　　　　　　　1 142 801.2
　　应付债券——利息调整　　　　　　　　　　　　　　　　57 198.8
　　贷:应付债券——面值　　　　　　　　　　　　　　　　　　1 200 000

2. 持有期内的会计处理

即在资产负债表日,按付息方式不同确认利息费用的会计处理。付息方式主要有两种:

(1)分期付息、一次还本的债券。应按摊余成本和实际利率计算确定的债券利息费用,借记"在建工程""制造费用""财务费用""研发支出"等科目,按票面利率计算确定的应付未付利息,贷记"应付利息"科目,按其差额,借记或贷记本科目(利息调整)。

(2)到期一次还本付息的债券。应于资产负债表日按摊余成本和实际利率计算确定的债券利息费用,借记"在建工程""制造费用""财务费用""研发支出"等科目,按票面利率计算确定的应付未付利息,贷记本科目(应计利息),按其差额,借记或贷记本科目(利息调整)。

**【例6.25】** 承【例6.22】2020年6月30日—2022年12月31日,即各资产负债表日,应采用实际利率法计算其各期的摊余成本、各期利息支出及应付利息,如表6.1所示。

表6.1　　　　应付债券摊余成本、各期利息支出及应付利息计算表

| 期次 | 期初摊余成本 A | 实际利息支出 B | 应付未付利息 C | 利息调整 D | 期末摊余成本 E |
|---|---|---|---|---|---|
| 0 | | | | | 1 142 801.2 |
| 2020-06-30 | 1 142 801.2 | 79 996.08 | 72 000 | 7 996.08 | 1 150 797.28 |
| 2020-12-31 | 1 150 797.28 | 80 555.8 | 72 000 | 8 555.8 | 1 159 353.08 |
| 2021-06-30 | 1 159 353.08 | 81 154.72 | 72 000 | 9 154.72 | 1 168 507.8 |
| 2021-12-31 | 1 168 507.8 | 81 795.54 | 72 000 | 9 795.54 | 1 198 303.34 |

(续表)

| 期　次 | 期初摊余成本 A | 实际利息支出 B | 应付未付利息 C | 利息调整 D | 期末摊余成本 E |
|---|---|---|---|---|---|
| 2022-06-30 | 1 178 303.34 | 82 481.24 | 72 000 | 10 481.24 | 1 188 784.58 |
| 2022-12-31 | 1 188 784.58 | 83 215.42 | 72 000 +1 200 000 | 11 215.42 | 0 |

其中：B＝A×7%；C＝面值×6%；D＝B－C；E＝A+D；A＝上期的 E

① 2020 年 1 月 31 日：
借：财务费用　　　　　　　　　　　　　　　　13 332.68(79 996.08/6)
　　贷：应付利息　　　　　　　　　　　　　　　　　12 000
　　　　应付债券——利息调整　　　　　　　　　　1 332.68(7 996.08/6)

② 2020 年 2—6 月末各月的会计处理，同①。

③ 2020 年 6 月 30 日：
借：应付利息　　　　　　　　　　　　　　　　　72 000
　　贷：银行存款　　　　　　　　　　　　　　　　　72 000

以后四期的会计处理重复①、②、③。

3. 应付债券减少的会计处理

应付债券减少的会计处理是指债券到期，支付债券本息的会计处理，此时，应借记本科目(面值、应计利息)、"应付利息"等科目，贷记"银行存款"等科目。

**【例 6.26】** 承【例 6.22】2022 年 12 月 31 日，债券到期，还本并付最后一期的利息。会计处理为：

借：应付债券——面值　　　　　　　　　　　　1 200 000
　　　应付利息　　　　　　　　　　　　　　　　　72 000
　　贷：银行存款　　　　　　　　　　　　　　　　1 272 000

企业应当设置"企业债券备查簿"，详细登记企业债券的票面金额、债券票面利率、还本付息期限与方式、发行总额、发行日期和编号、委托代售单位、转换股份等资料。企业债券到期兑付，在备查簿中应予注销。

## 三、其他非流动负债

### (一) 其他非流动负债概述

其他非流动负债包括长期应付款、专项应付款、预计负债、递延所得税。长期应付款包括以分期付款方式购入固定资产和无形资产发生的应付账款、应付融资租入固定资产的租赁费等。预计负债是根据或有事项等相关准则确认的各项预计负债，包括对外提供担保、未决诉讼、产品质量保证、重组义务以及固定资产和矿区权益弃置义务等产生的预计负债。企业因城镇整体规划、库区建设、棚户区改造、沉陷区治理等公共利益进行搬迁，收到政府从财政预算直接拨付的搬迁补偿款，应作为专项应付款处理。

本教材只简单介绍预计负债的核算。

**（二）应设置账户**

为了正确核算预计负债，并与其他负债项目相区别，企业应设置"预计负债"账户，该账户核算各项预计的负债，包括对外提供担保、商业承兑汇票贴现、产品质量保证、未决诉讼等很可能产生的负债。该账户应按预计负债项目设置明细账，进行明细核算。该账户期末贷方余额，反映已预计尚未支付的债务。

**（三）其他非流动负债会计处理**

1. 预计负债增加的会计处理

按规定的预计项目和预计金额确认预计负债时，借记"管理费用""营业外支出"等账户，贷记"预计负债"账户。

【例6.27】赣昌股份有限公司2019年12月起为售出的乙商品提供"三包"服务，规定产品出售后一定期限内出现质量问题，负责退换，免费提供修理。乙商品销售额为30万元，根据以往的经验，未来很可能退换的概率为商品销售收入的2%。

按计提的金额计入预计负债中，同时增加该公司的销售费用的会计业务处理：

借：销售费用　　　　　　　　　　　　　　　　　6 000
　　贷：预计负债　　　　　　　　　　　　　　　　　6 000

2. 预计负债减少的会计处理

实际偿付负债时，借记"预计负债"账户，贷记"银行存款"等账户。

> 小思考：非流动负债账户下有哪些账户？

# 章后知识点总结

本章主要介绍了各种流动负债和非流动负债的会计核算，流动负债主要包括短期借款、应付票据、应付账款、预收账款、应交税费、应付职工薪酬及其他应付款，非流动负债包括长期借款以及其他的非流动负债等。主要是论述企业的负债从流动负债和非流动负债两个方面进行阐述，其中负债是企业所承担能以货币计量，需以资产或劳务或新的负债来偿还的债务，负债分为流动负债和非流动负债。

流动负债包括：① 短期借款，一般期限不长，短期借款的核算应设置"短期借款"，"应付利息""利息费用"等账户，主要涉及短期借款的增加、减少及期间账务处理。② 应付票据，是企业在商品购销活动和对工程价款进行结算因采用商业汇票结算方式而发生的，主要包括商业承兑汇票和银行承兑汇票。应付票据还按是否带息分为带息应付票据和不带息应付票据两种。应付票据的核算应该设置"应付票据"账户主要涉及应付票据的增加、减少的账务处理。③ 应付账款，是企业因购买材料、商品或接受劳务供应等业务，应向供应单位支付的款项，双方在购销活动中由于取得物资与支付货款在时间上不一致而产生的负债，且应注意应付账款入账时间和入账金额的确定，应付账款的核算应该设置"应付账款"账户，主要涉及应付账款增加、减少的账务处理，以及到期企业无力偿付账款的相应处理。④ 预收账款，是企业按照合同规定，向购货方预收的定金或部分货款,实务中,预收账款一般包括预收销售货款、预收租金等。预收账款应设置"预收账款"账户,主要涉及预收款项增加、实现销售以及清算货款的账务处理。⑤ 应交税费,本章主要讲述包括应交增值税、消费税、城市维护建设税和教育费附加税等的计算与账务处理,且应注意应交增值税的明细账户以及征税范围,同时应正确理解应交税费按不同标准进行的分类。⑥ 应付职工薪酬,是企业根据有关规定为获得职工提供的服务而给予各种形式的报酬以及其他相关支出,注意应付职工薪酬中包括哪些具体项目,应付职工薪酬的确认和账务处理等。⑦ 其他应付款,是指企业除应付票据、应付账款、预收账款、应付职工薪酬、应付利息、应付股利、应交税费、长期应付款以外的其他各项应付、暂收的款项。

非流动负债是指企业偿还期限在一年或超过一年的一个营业周期以上的债务。本章主要讲述了长期借款以及预计负债等非流动负债。① 长期借款,指企业向银行或其他金融机构借入的偿还期在一年以上(不含一年)的各种借款,长期借款的核算主要涉及增加、期间处理及偿还。② 预计负债是因或有事项而产生的负债,预计负债核算应设置"预计负债"账户,主要涉及增加、减少的账务处理。

## 本章关键词

负债  流动负债  短期借款  应交税费  应付职工薪酬  非流动负债  应付债券

## 本章思考与练习

一、思考题

1. 非流动负债的含义?
2. 应付票据到期时付款方无力付款应如何进行会计处理?
3. 应付账款的入账时间?
4. 职工薪酬包括哪些内容?
5. 按税法规定企业应该缴纳哪些税?
6. 增值税的征税范围是?
7. 应交增值税明细账户应该设置哪些明细项目?
8. 消费税的征税方法有哪几种?
9. 如何理解"长期借款——利息调整"?
10. 如何理解应付债券的溢价折价?

二、小练习

1. 赣昌股份有限公司2019年有关短期借款经济业务如下:
(1) 年初向银行取得了期限9个月的短期借款100 000元,借款年利率为6%,按季支付利息,款项转入存款账户。
(2) 月底根据规定利率计算每月份应付借款利息500元。
(3) 用银行存款支付每季借款利息。
(4) 借款到期,用银行存款归还借款本金及最后三个月的利息。
要求:根据上述资料编制会计分录。

2. 赣昌股份有限公司于2019年发生部分赊购业务如下：

(1) 购买新新公司冶炼的圆钢10吨,每吨价格3 000元,现已收到对方开具转来的增值税专用发票,增值税率17％,款未付,钢材已验收入库。10日后,支付该笔款项。

(2) 购买时新公司冶炼的方钢20吨,每吨价格2 000元,收到对方开具转来的增值税专用发票,增值税率17％,货已验收入库,开出商业汇票一张,期限3个月。票据到期后,支付该款项。

要求：编制以上各项经济业务的会计分录。

3. 2019年11月22日,赣昌股份有限公司与时代公司签订购销合同销售一批产品,收到时代公司预付货款60 000元存入银行。12月5日,赣昌股份有限公司销售产品一批,售价60 000元,增值税10 200元,前已预付60 000元。12月20日,收到时代公司补付货款10 200元,存入银行。

要求：根据以上资料编制会计分录。

4. 赣昌股份有限公司2019年5月发生下列有关业务：

(1) 购入甲材料一批,增值税发票上注明原材料价款50 000元,增值税8 500元,运费1 000元,材料已验收入库,货款已用银行存款支付。

(2) 购置生产用不需安装的设备一台,发票上注明价格为10 000元,增值税为1 700元,款项已通过银行支付。

(3) 销售产品一批,产品销售收入为150 000元,开出增值税专用发票并收款。

(4) 在建工程领用生产用原材料20 000元,应分担增值税3 400元。

要求：

(1) 编制上述经济业务的会计分录。

(2) 计算本月应交增值税。

(3) 以银行存款上缴本月应交增值税,编制会计分录。

5. 赣昌股份有限公司2019年5月从银行取得偿还期为3年的非工程用借款1 000 000元,款存银行；该借款年利率6％,合同规定,到期一次还本付息。

要求：编制取得银行借款、按月计提利息以及到期还本付息的会计分录。

# 章后案例

## 案例名称：应交增值税的会计处理你会吗？

### 一、案例背景资料

某会计师事务所在审阅赣昌股份有限公司"应交税费"账户时,发现在应交增值税明细账户中列有一笔金额5 600元的税收罚金,对应的会计分录如下：

借：应交税费——应交增值税(已交税金)　　　　　　　5 600
　　贷：银行存款　　　　　　　　　　　　　　　　　　5 600

企业在纳税申报时,也将其作为已交税金抵减了应交税金。

### 二、案例分析要点

1. 分析"应交税费"账户的性质、用途和结构,以及应交增值税的明细科目。

2. 指出该会计处理的错误所应当采用的错账更正方法。
3. 更正错账的会计处理。
4. 指出此举对公司当期利润、上缴增值税产生的影响。

## 参 考 书 目

[1] 中华人民共和国财政部.企业会计准则第 9 号——职工薪酬[S].财会〔2014〕8号修订.

[2] 蒋尧明,荣莉.中级财务会计(第 6 版)[M].北京:中国财政经济出版社,2019.

# 第七章 所有者权益核算

> **开篇案例**
>
> 小明不是一个专业的财会人员,但是他最近在学习财会方面的知识,其间也遇见了很多的难题,就比如这次他在学习所有者权益时,就发现有些企业的所有者权益居然为负数,他就很奇怪。为什么企业的所有者权益会为负数呢?企业的所有者权益不是应该为正数吗,要不然企业怎么盈利和生存?那企业的所有者权益到底该怎么计算?到底哪些因素会影响企业的所有者权益?所有者权益包括哪些内容呢?所有者权益为负数的企业应该怎么做才能够使得其为正数呢?

## [学习目的和要求]

学完本章后,你应该能够:
1. 理解所有者权益的概念及内容。
2. 掌握实收资本的核算。
3. 掌握资本公积形成的来源和资本公积的核算。
4. 掌握其他权益工具的概念及核算。
5. 掌握其他综合收益的含义及核算。
6. 掌握留存收益的组成及核算。
7. 熟悉留存收益与资本公积和其他综合收益的区别。

## 第一节 所有者权益概述

### 一、所有者权益的定义及特点

(一)所有者权益概念

所有者权益,是指所有者在企业资产中享有的经济利益,其金额为资产减去负债后的余额。

所有者权益的特征:所有者权益所产生的义务不具有法定偿还性;所有者权益不具有对应性;所有者权益不具有优先性;所有者凭借所有者权益具有参与利润分配的权利。

## （二）所有者权益特点

与负债相比，所有者权益具有以下特点：

### 1. 性质方面

所有者权益则是企业对投资者负担的经济责任，企业与投资者之间的关系是产权归属关系；而负债是对债权人负担的经济责任，企业与债权人间的关系是债权债务关系。

### 2. 偿还期限方面

所有者权益可长期、持续使用于企业，负债必须在确定的时期内或特定日期偿还。

### 3. 享有权利方面

企业投资者则有法定的管理企业或委托他人管理企业的权利；而债权人与企业之间只有债权债务关系，无权参与企业管理。

### 4. 责任与风险方面

所有者权益直接受企业经营盈亏的影响，无论何种企业组织形式，企业发生亏损总是减少所有者权益，因而，投入资本是一种典型的风险资本，是一种剩余权益。负债是按事先约定偿还本息，债权人承担风险较小。

## 二、企业组织形式与所有者权益

企业组织形式是指企业进行生产经营活动所采取的组织方式或结构形态，一般可分为：独资企业、合伙企业及公司制企业。本教材主要介绍公司制企业。

公司是指依照公司法在中国境内设立的有限责任公司和股份有限公司。公司是企业法人，有独立的法人财产，享有法人财产权。公司以其全部财产对公司的债务承担责任。在我国，公司通常分为有限责任公司、股份有限公司和国有独资公司三种，不同类型的公司，所有者权益的构成内容也略有不同，主要体现在投入资本的账户设置方面。

### （一）有限责任公司与所有者权益

#### 1. 有限责任公司及其特点

有限责任公司是指由两个以上股东共同出资，股东以其认缴的出资额为限对公司承担责任，公司以其全部资产对其债务承担责任的企业法人。有限责任公司具有如下特点：

(1) 公司责任具有有限性，即股东以其所认购的出资额对公司承担责任；
(2) 公司股东出资具有股份性，即股东出资不划分为相等的股份；
(3) 公司资本具有封闭性，即不向社会募集；
(4) 公司组织具有简便性，设立程序简单；
(5) 公司账目可以不对外公开；
(6) 50 人以下出资设立。

#### 2. 有限责任公司所有者权益

对于有限责任公司，因其不发行股票，且不划分为相等的股份，因此，公司收到股东出资额时，如果属于股东所享有的公司份额部分，称作"实收资本"，超份额部分，称作"资本溢价"，归属于"资本公积"。

### (二)股份有限公司与所有者权益

#### 1. 股份有限公司及其特点

股份有限公司是指其全部资本分为等额股份,股东以其认购的股份为限对公司承担责任,公司以其全部资产对公司的债务承担有限责任的企业法人。股份有限公司的资本划分为股份,每一股的金额相等。公司的股份采取股票的形式。股票是公司签发的证明股东所持股份的凭证。

股份有限公司具有如下特点:
（1）股东的责任具有有限性;
（2）资本募集具有公开性;
（3）股东出资具有股份性;
（4）公司资本具有证券性;
（5）公司账面必须公开,以便股东了解情况;
（6）公司股东必须达到法定人数,即2人以上。

股份有限公司又分上市公司和非上市公司,其中:上市公司,是指其股票在证券交易所上市交易的股份有限公司;非上市公司是指其股票没有上市和没有在证券交易所交易的股份有限公司。上市公司是股份有限公司的一种,这种公司到证券交易所上市交易,除了必须经过批准外,还必须符合一定的条件。

股票通常可分为普通股和优先股,如果上市公司发行一种股票,则该股票只能是普通股。按《公司法》规定,股票发行价格可以是面值,也可以超过股票面值,但不得低于股票面值。股票面值是股份有限公司在所发行的股票票面上标明的金额,其作用是用来表明每一张股票所包含的资本数额。

#### 2. 股份有限公司所有者权益

对于上市公司发行的股票,其面值应计入"股本",超面值的部分为股本溢价,在扣除股票的发行费用以后,归属于"资本公积"。如果公司按面值发行股票,其发行费用应计入"长期待摊费用"。

---

**小 贴 士**

### 股票的分类

（1）依照股东收益不同,将股票分为普通股和优先股。

普通股具有以下四个基本特征:① 参与管理权;② 分得股利权;③ 优先认股权;④ 剩余财产分配权。

优先股具有以下四个基本特征:① 股利和剩余财产分配的权利;② 一般无表决权;③ 优先股没有明确的到期日;④ 优先股股息不可抵扣公司应纳所得税税额。

（2）按票面是否记载股东的姓名或名称,股票分为记名和不记名股票。

（3）按认购货币的不同股票可分为A股和B股。

（4）按发行股票公司的经营与情况,股票分为绩优股、垃圾股、蓝筹股、红筹股等。

### （三）国有独资公司与所有者权益

1. 国有独资公司及其特点

国有独资公司，是指国家单独出资、由国务院或者地方人民政府授权本级人民政府国有资产监督管理机构履行出资人职责的有限责任公司。它是有限责任公司的一种特殊形式。

（1）全部资本由国家投入；

（2）股东只有一个；

（3）公司投资者承担有限责任；

（4）性质上属于有限责任公司；

（5）国有独资公司和一人有限责任公司是特殊形式的有限责任公司。

2. 国有独资公司所有者权益

与一般有限责任公司不同，国有独资公司的投资者单一，无论在其组建时或投资者追加投资时，投资者投入的资金全部作为实收资本入账，不产生资本公积。

国有独资公司不发行股票，不会产生股票溢价发行收入；也不会在追加投资时，为维持一定投资比例而产生资本公积。

## 第二节 投入资本

### 一、实收资本（或股本）

#### （一）实收资本（或股本）概述

1. 投入资本

投入资本是指所有者在企业注册资本的范围内实际投入的资本，包括投资者出资时所享有的被投资企业净资产公允价值的份额及资本溢价，亦即资本金与资本公积。

注册资本，是指企业在设立时向工商行政管理部门登记的资本总额，也就是全部出资者设定的出资额之和。如果是一次筹集的，投入资本应等于注册资本；如果是分期筹集的，在所有者最后一次缴入资本以后，投入资本应等于注册资本。注册资本是企业的法定资本，是企业承担民事责任的财力保证。

在不同类型的企业中，投入资本的表现形式有所不同。在股份有限公司，投入资本表现为实际发行股票的面值，也称为股本；在其他企业，投入资本表现为所有者在注册资本范围内的实际出资额，也称为实收资本。

2. 投入资本的分类

（1）投入资本按照投资主体的不同分类。按照投资主体的不同，投入资本可以分为国家投入资本、法人投入资本、个人投入资本和外方投入资本。国家投入资本是指有权代表国家投资的政府部门或者机构以国有资产投入企业所形成的资本；法人投入资本是指我国具有法人资格的单位以其依法可以支配的资产投入企业所形成的资本;个人投入资本是指我国公民以其合法财产投入企业所形成的资本;外方投入资本是指外国投资者以及我国香港、澳门和台湾地区的投资者将资产投入企业所形成的资本。

(2) 投入资本按照投入资产的形式不同分类。按照投入资产的形式不同,投入资本可以分为货币投资、证券投资、实物投资和无形资产投资。

(二) 实收资本(或股本)核算

1. 账户的设置

为了反映投资者投入资本的增减变动情况,有限责任公司应设置"实收资本"账户,股份有限公司设置"股本"账户核算实收资本。"实收资本或股本"账户属于所有者权益类账户。

为了反映企业各所有者的投资在企业所有者权益中的构成及其变动情况,"实收资本""股本"账户还必须按照不同的所有者设置明细账户,进行明细分类核算。

### 小 贴 士

**实行注册资本认缴登记制度**

按照新公司法规定,对于有限责任公司、发起设立的股份有限公司,不再登记实收资本,仅对申请人认缴的注册资本进行登记,且不设置最低限额,但不得为零。也就是说,"一元"就可注册公司。

2. 账务处理

企业收到投资者投入企业资本时,必须聘请注册会计师验资,出具验资报告,并由企业签发出资证明书。投资者投入资本后,不得随意抽回投资,若在企业成立后,有抽逃行为的,责令改正,处以所抽逃资金的5%以上10%以下的罚款。构成犯罪的,依法追究刑事责任。

股份有限公司发行股票筹集资金,应按所发行股票的面值计入"股本"账户,按所筹集资金总额超过面值的部分计入"资本公积——股本溢价"账户。

有限责任公司按投资者应享有企业注册资本的份额计算的金额,记"实收资本"账户,按所筹集资金总额与实收资本的差额计入"资本公积——资本溢价"账户。

企业在收到投资者投入企业的资本后,应根据有关原始凭证(如投资清单、银行通知单等),分别按不同的出资方式进行会计处理,如图7.1所示。

(1) 接受现金资产投资。在收到股东的现金投资时应该借记"银行存款"账户,按投资者应享有企业注册资本的份额计算的金额贷记"实收资本(或股本)",两者的差额计入"资本公积——资本溢价"。

【例7.1】2019年10月28日,赣昌股份有限公司发行股票收到投资者购买股票的货币资金为2 500 000元,每股面值10元,买价每股10元,其中甲公司购买了150 000股,乙公司购买了50 000股,丙公司购买了50 000股。所收款项存入银行。根据上述

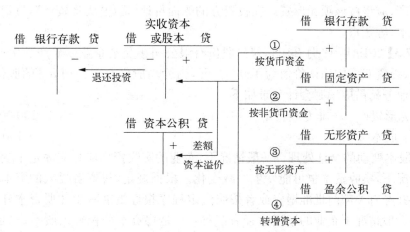

图 7.1 实收资本(或股本)会计处理示意图

经济业务,编制会计分录如下:

借:银行存款　　　　　　　　　　　　　　　　　2 500 000
　　贷:股本——甲　　　　　　　　　　　　　　　1 500 000
　　　　——乙　　　　　　　　　　　　　　　　　　500 000
　　　　——丙　　　　　　　　　　　　　　　　　　500 000

(2) 接受非现金资产投资。《公司法》第二十七条规定,股东可以用货币出资,也可以用实物、知识产权、土地使用权等可以用货币估价并可以依法转让的非货币性财产作价出资。但是,法律、行政法规规定不得作为出资的财产除外。

对作为出资的非货币财产应当评估作价,核实财产,不得高估或者低估作价,法律、行政法规对评估作价有规定的,从其规定。

企业接受现金投资时,应按投资合同或协议约定价值确定实际投资金额和在注册资本中应享有的份额。对于投资合同或协议约定的价值(不公允的除外)超过其在注册资本中所占份额的部分,应当计入资本公积。

投资者以非现金资产投入的资本,如固定资产、无形资产及原材料等,应按投资各方确认的价值,借记有关资产账户;按投资者应享有企业注册资本的份额计算的金额,贷记"实收资本"或"股本"账户;按其差额,贷记"资本公积——资本溢价"账户。

【例 7.2】2019 年 12 月 2 日,时代公司看中赣昌股份有限公司的经营前景,经过协商,时代公司同意以一设备作价投入赣昌,换取赣昌股份有限公司 10% 的股份(计 200 000 元)。该设备原值 400 000 元,已提折旧 180 000 元,经投资各方确认的价值为 250 000 元。根据上述经济业务赣昌股份有限公司应编制会计分录如下:

借:固定资产　　　　　　　　　　　　　　　　　　250 000
　　贷:股本——时代公司　　　　　　　　　　　　200 000
　　　　资本公积——股本溢价　　　　　　　　　　 50 000

(3) 接受无形资产投资。投资者投入的无形资产,按照投资者各方确认的价值,借记"无形资产",贷记"实收资本"或"股本"等账户。为首次发行股票而接受投资者投入的无形资产,应该按该项无形资产在投资方的账面价值,借记"无形资产",贷记"实收资本"或"股本"等账户。

**【例 7.3】** 2019 年 12 月 22 日,赣昌股份有限公司接受某企业以矿产品生产非专利技术投资,投资双方的确认价值为 100 000 元,占赣昌股份有限公司 5%的股份。根据上述经济业务赣昌应编制会计分录如下:

  借:无形资产——非专利技术            100 000
    贷:股本                    100 000

(4) 股本变动的会计处理。一般情况下,企业的实收资本应相应固定不变,但在某些特定情况下,实收资本也可能发生增减变化。根据规定,投资者投入的资本,除符合增资条件并经有关部门批准增资或者按照法定程序报经批准减少注册资本外,不得随意变动。一般情况下企业的增资途径有三种:一是将资本公积转入股本;二是将盈余公积转入股本;三是所有者继续投入。

公司减少资本的原因大体上有两种:一是资本过剩而减资;二是企业发生严重亏损因而需要减资。企业减少实收资本应按法定程序报经批准,股份有限公司采用收购本公司股票方式减资的,按股票面值和注销股数计算的股票面值总额冲减股本,按注销库存股的账面余额与所冲减股本的差额冲减股本溢价,股本溢价不足冲减的,再冲减盈余公积直至未分配利润。如果购回股票支付的价款低于面值总额的,所注销库存股的账面余额与所冲减股本的差额作为增加股本溢价处理。

---

**小 贴 士**

**减少股份的条件**

公司减资时要达到以下要求:

第一,公司减资前应事先通知债权人,债权人无异议时方可;

第二,要经股东大会同意,并经有关部门批准;

第三,减资后的注册资本不得低于法定注册资本的最低限额;

第四,公司减资时,应修订公司章程,并向工商管理部门办理注册资本变更手续,并予以公告。

---

**【例 7.4】** 2019 年 12 月 18 日,赣昌股份有限公司因扩大经营规模需要,经批准,将盈余公积 100 000 元转增股本。根据上述经济业务赣昌公司应编制会计分录如下:

  借:盈余公积                100 000
    贷:股本                   100 000

---

**小 贴 士**

"库存股"账户核算的内容:

① 企业转让库存股或注销库存股;② 股东因对股东大会做出的公司合并、分立

决议持有异议而要求公司收购其股份的,企业实际支付的金额;③ 企业与持有本公司股份的其他公司合并而导致股份回购,属于同一控制下企业合并的,应按其他公司持有本公司股份的原账面价值。

> 小思考：库存股的核算内容有哪些？

## 二、资本公积

### （一）资本公积概述

资本公积是指企业收到投资者的超过其在企业注册资本（或股本）中所占份额的投资,以及直接计入所有者权益的利得和损失等。将资本公积与实收资本或股本相区分,有利于维护投资人按出资比例分享权益;将资本公积与经营损益相区分,则可以有效地避免将筹资过程中的资本增值当作经营利润分配,有利于资本保全。

资本公积包括资本溢价（或股本溢价）以及直接计入所有者权益的利得和损失等。形成资本溢价（或股本溢价）的原因有溢价发行股票、投资者超额缴入资本等。《公司法》规定,股份有限公司以超过股票票面金额的发行价格发行股份所得的溢价款,有限责任公司投资者交付的出资额大于按合同、协议所规定的出资比例计算的部分,应当列为公司资本公积。

资本公积是企业来源于盈利以外的那部分积累,是企业的"准资本",它的唯一用途是依法转增资本,不得作为投资利润或股利进行分配。企业按法定程序将资本公积转增资本,属于所有者权益内部结构的变化,并不改变所有者权益的总额,一般也不会改变每一位投资者在所有者权益总额中所占的份额。

资本公积是所有者权益的组成部分,它的增加会直接导致企业净资产的增加,因此,资本公积信息对于投资者、债权人等会计信息使用者的决策十分重要。

### （二）资本公积核算

1. 账户设置

为了反映各类不同性质的资本公积的增减变动,应设置"资本公积"账户进行核算,"资本公积"账户应该按照资本公积形成的类别分别设置"资本溢价（股本溢价）""其他资本公积"等明细账户进行核算,该账户属于所有者权益类账户。凡是引起资本公积增加的项目记入贷方,引起资本公积减少的项目记入借方,期末余额在贷方,表示资本公积的结存数。

2. 会计处理

（1）资本溢价。资本溢价是指企业投资者投入的资金超过了其在注册资本中的份额所形成的。除股份有限公司以外的其他类型的企业,在企业创立时,投资者依其出资份额对企业经营决策享有表决权,出资者认缴的出资额全部计入"实收资本"账户,因此,企业创立时,投资者认缴的出资额与注册资本一致,一般不会产生资本溢价。但在重组或有新的投资者加入时,由于新投入的资金与企业创立时投资者投入的资金获利能力不一致,出资时间的不同,其对企业的影响程度也不一样,由此带给所有者的权利也不同,往往早期出资带给所有者的权利要大于后期出资带给投资者的权利。为了维护原有投资者的权益,新加入的投资者的投资额,一般不全部作为实收资本处理,投资者投入的资本中按其投资比例计算的出资额部分,应计入"实收资本/股本"账户,大于部分应计入"资本公积"账户。会计分录为:

借:银行存款(按实际收到的金额)
　　固定资产等(按确定的价值)
　贷:实收资本/股本(按按投资者应享有的企业注册资本的份额计算的金额)
　　　资本公积——资本(股本)溢价(差额)

(2) 股本溢价。股份有限公司以发行股票的方式筹集股本的,股票可按面值发行,也可溢价发行,我国目前不准折价发行。与其他类型的企业不同,股份有限公司在成立时有可能溢价发行股票,因而在成立之初就可能会产生股本溢价。股本溢价的数额等于股份有限公司发行股票时实际收到的数额超过股票面值总额的部分。在按面值发行股票的情况下,企业发行股票取得的实际收入,应全部作为股本处理;在溢价发行股票的情况下,企业发行股票取得的收入,等于股票面值部分作为股本处理,超出股票面值的溢价收入应作为股本溢价处理。发行股票相关的手续费、佣金等交易费用,如果是溢价发行股票的,应从溢价中抵扣,冲减资本公积(股本溢价);无溢价发行股票或溢价金额不足以抵扣的,应将不足的部分冲减盈余公积和未分配利润。

【例 7.5】2017 年 12 月 1 日,赣昌股份有限公司由甲、乙、丙三个股东共同出资设立,注册资本 800 000 元人民币。其中,甲占股份的 50%;乙占股份的 30%,丙占股份的 20%。2018 年 12 月 1 日,公司增资扩股,新增加注册资本 200 000 元,丁投资者购买股票 20 000 股,每股面值 10 元,买价每股 11 元,价款 220 000 元存入银行。根据上述经济业务,编制会计分录如下:

借:银行存款　　　　　　　　　　　　　　　　　220 000
　贷:股本——丁　　　　　　　　　　　　　　　200 000
　　　资本公积——资本溢价　　　　　　　　　　 20 000

3. 其他资本公积

其他资本公积是指除资本溢价(或股本溢价)项目以外所形成的资本公积,其中主要是直接计入所有者权益的利得和损失。直接计入所有者权益的利得和损失包括以下交易和事项:

(1) 长期股权投资采用权益法核算的,被投资单位除净损益以外所有者权益的其他变动,企业按持股比例计算应享有的份额。

(2) 以权益结算的股份支付。"资本公积——其他资本公积"专门用于核算《公司法》所称的"国务院财政部门规定列入资本公积金的其他收入"和会计准则所称的"直接计入所有者权益的利得和损失"。

(3) 资本公积转增资本的核算。经股东大会或类似机构决议，用资本公积转增资本时，应冲减资本公积，同时按照转增前的实收资本（或股本）的结构或比例，将转增的金额计入"实收资本（或股本）"账户下各所有者明细账。

借：资本公积
　　贷：实收资本（或股本）

> **小思考**：资本公积的用途是什么？

## 第三节　其他权益工具

### 一、其他权益工具概述

企业发行的除普通股（作为实收资本或股本）以外，按照金融负债和权益工具区分原则分类为权益工具的其他权益工具，按照以下原则进行会计处理。

### 二、其他权益工具核算

1. 其他权益工具会计处理的基本原则

对于归类为权益工具的金融工具，无论其名称中是否包含"债"，其利息支出或股利分配都应当作为发行企业的利润分配，其回购、注销等作为权益的变动处理；对于归类为金融负债的金融工具，无论其名称是否包含"股"，其利息支出或股利分配原则按照借款费用进行处理，其回购或赎回产生的利得或损失等计入当期损益。

企业（发行方）发行金融工具，其发生的手续费、佣金等交易费用，如分类为债务工具且以摊余成本计量的，应当计入所发行工具的初始计量金额；如分类为权益工具的，应当从权益（其他权益工具）中扣除。

2. 科目设置

金融工具发行方应当设置下列会计科目，对发行的金融工具进行会计核算：

（1）发行方对于归类为金融负债的金融工具在"应付债券"科目核算。"应付债券"科目应当按照发行的金融工具种类进行明细核算，并在各类工具中按"面值""利息调整""应计利息"设置明细账，进行明细核算。

对于需要拆分且形成衍生金融负债或衍生金融资产的，应将拆分的衍生金融负债或衍生金融资产按照其公允价值在"衍生工具"科目核算。对于发行的且嵌入了非紧密相关的衍生金融资产或衍生金融负债的金融工具，如果发行方选择将其整体指定为以公允价值计量且其变动计入当期损益的，则应将发行的金融工具的整体在以公允价值计量且其变动计入当期损益的金融负债等科目核算。

(2) 在所有者权益类科目中设置"其他权益工具",核算企业发行的除普通股以外的归类为权益工具的各种金融工具。"其他权益工具"科目应按发行金融工具的种类进行明细核算。

3. 主要账务处理

(1) 发行方的账务处理。

① 发行方发行的金融工具归类为债务工具并以摊余成本计量的。

借：银行存款(实际收到的金额)
　　贷：应付债券——优先股、永续债等(面值)
　　　　　　　——优先股、永续债等(利息调整)(或在借方)

在该工具存续期间,计提利息并对账目的利息调整进行调整等的会计处理,按照金融工具确认和计量准则中有关金融负债按摊余成本后续计量的规定进行会计处理。

② 发行方发行的金融工具归类为权益工具。

借：银行存款
　　贷：其他权益工具——优先股、永续债等

在存续期间分派股利：

借：利润分派——应付优先股股利、应付永续债利息等
　　贷：应付股利——优先股股利、永续债利息等

③ 发行方发行的金融工具为复合金融工具。

借：银行存款
　　贷：应付债券——优先股、永续债等(面值)
　　　　　　　——优先股、永续债等(利息调整)(负债成分的公允价值与金融工具面值之间的差额,或在借方)
　　　其他权益工具——优先股、永续债等(实际收到的金额扣除负债成分的公允价值后的金额)

发行复合金融工具发生的交易费用,应当在负债成分和权益成分之间按照各自占总发行价款的比例进行分摊。与多项交易相关的共同交易费用,应当在合理的基础上,采用与其他类似交易一致的方法,在各项交易之间进行分摊。

④ 发行的金融工具本身是衍生金融负债或衍生金融资产或者内嵌了衍生金融负债或衍生金融资产的,按照金融工具确认和计量准则中有关衍生工具的规定进行处理。

⑤ 权益工具与金融负债重分类。

Ⅰ. 权益工具重分类为金融负债。

借：其他权益工具——优先股、永续债等(账目价值)
　　贷：应付债券——优先股、永续债等(面值)
　　　　　　　——优先股、永续债等(利息调整)(或在借方)
　　　资本公积——资本溢价(或股本溢价)(重分类日应付债券公允价值与权益工具账目价值的差额,或在借方)

如果资本公积不够冲减的，依次冲减盈余公积和未分配利润。

Ⅱ．金融负债重分类为权益工具。

借：应付债券——优先股、永续债等（面值）
　　　　　　——优先股、永续债等（利息调整）（或在贷方）
　贷：其他权益工具——优先股、永续债等

⑥ 发行方按合同条款约定赎回所发行的除普通股以外的分类为权益工具的金融工具。

Ⅰ．回购。

借：库存股——其他权益工具
　贷：银行存款

Ⅱ．注销。

借：其他权益工具
　贷：库存股——其他权益工具
　　　资本公积——资本溢价（或股本溢价）（或借方）

发行方按合同条款约定赎回所发行的分类为金融负债的金融工具，按该工具赎回日的账目价值，借记"应付债券"等科目，按赎回价格，贷记"银行存款"等科目，按其差额，借记或贷记"财务费用"等科目。

⑦ 发行方按合同条款约定将发行的除普通股以外的金融工具转换为普通股。

借：应付债券（账目价值）
　　其他权益工具（账目价值）
　贷：实收资本（或股本）（面值）
　　　资本公积——资本溢价（或股本溢价）（差额）
　　　银行存款

（2）投资方的账务处理。如果投资方因持有发行方发行的金融工具而对发行方拥有控制、共同控制或重大影响的，按照《企业会计准则第 2 号——长期股权投资》和《企业会计准则第 20 号——企业合并》进行确认和计量；投资方需编制合并财务报表的，按照《企业会计准则第 33 号——合并财务报表》的规定编制合并财务报表。

## 第四节　其他综合收益

### 一、其他综合收益概念

其他综合收益，是指企业根据其他会计准则规定未在当期损益中确认的各项利得和损失。包括以后会计期间不能重分类进损益的其他综合收益和以后会计期间满足规定条件时将重分类进损益的其他综合收益两类。

## 二、其他综合收益的确认与计量及会计处理

1. 以后会计期间不能重分类进损益的其他综合收益项目
(1) 重新计量设定收益计划净负债或净资产导致的变动。
形成了精算损失：
借：其他综合收益
　　贷：应付职工薪酬——设定受益计划义务
形成了精算利得，则做相反分录。
(2) 按照权益法核算因被投资单位重新计量设定受益计划净负债或净资产变动导致的权益变动，投资企业按持股比例计算确认的该部分其他综合收益项目。
被投资单位形成精算利得：
借：长期股权投资——其他综合收益
　　贷：其他综合收益
被投资单位形成精算损失则做相反分录。
(3) 以公允价值计量且其变动计入其他综合收益的金融资产（权益工具）公允价值变动及外汇利得和损失。
公允价值上升时：
借：其他权益工具投资——公允价值变动
　　贷：其他综合收益
公允价值下降时作相反分录。

2. 以后会计期间满足规定条件时将重分类进损益的其他综合收益项目
(1) 以公允价值计量且其变动计入其他综合收益的金融资产（债务工具）产生的其他综合收益：
公允价值上升时：
借：其他债权投资——公允价值变动
　　贷：其他综合收益
公允价值下降时作相反分录。
(2) 按照金融工具准则规定，对金融资产重分类按规定可以将原计入其他综合收益的利得或损失转入当期损益的部分。
(3) 采用权益法核算的长期股权投资。
① 被投资单位其他综合收益增加，投资方按持股比例计算应享有的份额。
借：长期股权投资——其他综合收益
　　贷：其他综合收益
被投资单位其他综合收益减少作相反的会计分录。
② 处置采用权益法核算的长期股权投资时。
借：其他综合收益（可转损益的其他综合收益）
　　贷：投资收益（或相反分录）

(4) 存货或自用房地产转为投资性房地产

① 企业将作为存货的房地产转为采用公允价值模式计量的投资性房地产,转换日其公允价值大于账目价值。

借:投资性房地产——成本(转换日的公允价值)
　　存货跌价准备
　　贷:开发产品
　　　　其他综合收益(差额)

② 企业将自用房地产转为采用公允价值模式计量的投资性房地产,转换日公允价值大于账目价值。

借:投资性房地产——成本(转换日的公允价值)
　　累计折旧
　　固定资产减值准备
　　贷:固定资产
　　　　其他综合收益

③ 处置该项投资性房地产时,因转换计入其他综合收益的金额应转入当期其他业务成本。

借:其他综合收益
　　贷:其他业务成本

(5) 现金流量套期工具产生的利得或损失中属于有效套期的部分,直接确认为其他综合收益。

(6) 外币财务报表折算差额。按照外币折算的要求,企业在处置境外经营的当期,将已列入合并财务报表所有者权益的外币报表折算差额中与该境外经营相关部分,自其他综合收益项目转入处置当期损益。如果是部分处置境外经营,应当按处置的比例计算处置部分的外币报表折算差额,转入处置当期损益。

## 第五节　留 存 收 益

### 一、留存收益概述

#### (一)留存收益的概念及内容

留存收益是股东权益的一个重要项目,是企业里面剩余的净收益积累而成的资本。留存收益包括企业盈余公积和未分配利润两个部分,留存收益的目的是保证企业实现的净利润有一部分留存在企业,不全部分配给投资者,这样,一方面可以满足企业维持或扩大再生产经营活动的资金需要,保持或提高企业的获利能力;另一方面可以保证企业有足够的资金用于偿还债务,保护债权人的权益。基于此,对于留存收益的提取和使用,除了企业的自主行为外,往往也有法律上的诸多规定和限制。

### (二) 留存收益与剩余收益的区别

**1. 产生背景不同**

留存收益是指企业从历年实现的净利润中提取或形成的留存于企业内部的积累。根据《公司法》规定：企业依据公司章程等对税后利润进行分配时，一方面按照国家法律的规定提取盈余公积，将当年实现的利润留存于企业，形成内部积累，成为留存收益的组成部分；另一方面向投资者分配利润或股利，分配利润或股利后的剩余部分，则作为未分配利润，留待以后年度进行分配。

剩余收益（又称经济利润）是指某期间的会计利润与该期间的资本成本之差，是企业创造的高于市场平均回报的收益。剩余收益是从经济学的角度出发，衡量投入资本所产生的利润超过资本成本的剩余情况。

**2. 构成内容的不同**

我国企业的留存收益具体表现为盈余公积和未分配利润两部分。盈余公积是指企业按照规定从净利润中提取的积累资金。盈余公积根据用途可以分为法定盈余公积和任意盈余公积。企业的法定盈余公积和任意盈余公积主要用来弥补亏损和转增资本（或股本）。

**3. 对留存收益与剩余收益应用和评价不同**

（1）留存收益在企业增长中所起的作用。我国企业积累率偏低，留存收益不足以满足企业发展需要，长期的资金短缺导致企业对资金过度渴求。而发行股票却不一样，由于股利分配政策不规范，上市公司可以不发放股利或降低股利支付率，这实际上造成发行股票的成本远远低于债务资本成本。我国企业倾向于发行新股来筹集权益资金以满足企业增长需求。股本扩张虽然可以为企业增长提供资金保证，但股本资金的增加并不一定会提高企业增长率。企业只有提高自身盈利能力，增加自身积累，不断创造价值才是企业增长的原动力。

（2）剩余收益在企业价值评估中的作用。剩余收益是对传统会计利润的一种修正，以指导公司得出真正的经济收益，并且剩余收益相关理论可以用以确定企业资本成本并分析各部门的风险特征。

## 二、盈余公积

### (一) 盈余公积概述

**1. 盈余公积的概念及内容**

盈余公积是企业按照规定从净利润中提取的各种积累资金，包括法定盈余公积、任意盈余公积等。

法定盈余公积是指企业按照规定的比例从净利润中提取的盈余公积，公司制企业的法定盈余公积按照净利润（减去弥补以前年度亏损后的余额）的10%提取，法定盈余公积累计已达到注册资本的50%时，可不再提取。

任意盈余公积主要是公司制企业按照股东大会或类似权力机构的决议提取，它与法定盈余公积的最大区别就在于其提取比例由企业自行决定，而法定盈余公积的提取比例则由国家有关法规决定。

非公司制企业法定盈余公积的提取比例可超过净利润的10%。法定盈余公积累计额已达注册资本的50%时可以不再提取。

2. 盈余公积的主要用途

企业提取的盈余公积可用于弥补亏损、扩大生产经营、转增资本(或股本)或派送新股等。

(1) 用于弥补亏损。企业发生亏损时，应由企业自行弥补。弥补亏损的渠道主要有三条：一是用以后年度税前利润弥补。按照现行制度规定，企业发生亏损时，可以用以后五年内实现的税前利润弥补，即税前利润弥补亏损的期间为五年。二是用以后年度税后利润弥补。企业发生的亏损经过五年期间未弥补足额的，尚未弥补的亏损应用所得税后的利润弥补。三是以盈余公积弥补亏损。企业以提取的盈余公积弥补亏损时，应当由公司董事会提议，并经股东大会批准。

(2) 转增资本。企业将盈余公积转增资本时，必须经股东大会决议批准。在实际将盈余公积转增资本时，要按股东原有持股比例结转。盈余公积转增资本时，转增后留存的盈余公积的数额不得少于注册资本的25%。

(3) 分配股利。原则上企业当年没有利润，不得分配股利，如为了维护企业信誉，用盈余公积分配股利，必须符合下列条件：

第一，用盈余公积弥补亏损后，该项公积金仍有结余。

第二，用盈余公积分配股利时，股利率不能太高，不得超过股票面值的6%。

第三，分配股利后，法定盈余公积金不得低于注册资本的25%。

盈余公积的提取实际上是企业当期实现的净利润向投资者分配利润的一种限制。提取盈余公积本身就属于利润分配的一部分，提取盈余公积相对应的资金，一经提取形成盈余公积后，在一般情况下不得用于向投资者分配利润或股利。盈余公积的用途，并不是指其实际占用形态，提取盈余公积也并不是单独将这部分资金从企业资金周转过程中抽出。

企业提取的盈余公积，无论是用于弥补亏损，还是用于转增资本，只不过是在企业所有者权益内部结构的转换，如企业以盈余公积弥补亏损时，实际是减少盈余公积留存的数额，以此抵补未弥补亏损的数额，并不引起企业所有者权益总额的变动；企业以盈余公积转增资本时，也只是减少盈余公积结存的数额，但同时增加企业实收资本或股本的数额，也并不引起所有者权益总额的变动。至于企业盈余公积的结存数，实际只表现企业所有者权益的组成部分，表明企业生产经营资金的一个来源而已，其形成的资金可能表现为一定的货币资金，也可能表现为一定的实物资产，如存货和固定资产等，随同企业的其他来源所形成的资金进行循环周转。

(二) 盈余公积核算

1. 账户设置

为了反映和监督企业盈余公积的提取和使用等增减变动情况，企业应设置"盈余公积"账户，并在该账户下设置"法定盈余公积""任意盈余公积"明细账户，分别用于核算企业从净利润中提取的各项盈余公积及其使用情况。

2. 会计处理

"盈余公积"账户会计处理示意图和图7.2所示：

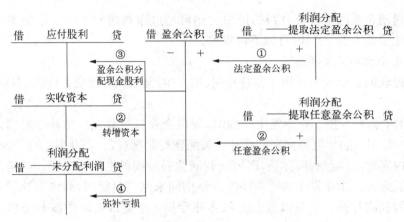

图 7.2 "盈余公积"账户会计处理示意图

（1）按规定提取盈余公积时。

借：利润分配——提取法定盈余公积
　　　　　　——提取任意盈余公积
　贷：盈余公积——法定盈余公积
　　　　　　——任意盈余公积

（2）用盈余公积转增资本，应按批准的增资文件，于实际转增资本时。

借：盈余公积
　贷：实收资本/股本等

企业用盈余公积转增资本时，应按照转增资本前的实收资本比例，将盈余公积转增资本的数额计入"实收资本/股本"账户下各所有者的投资明细账，相应增加各所有者对企业的投资。此外，盈余公积转增资本时，以转增后留存的盈余公积不得少于注册资本的25%为上限。

（3）经董事会或类似机构决议，用盈余公积分配现金股利或利润。

借：盈余公积
　贷：应付股利

（4）经董事会或类似机构决议，用盈余公积弥补亏损时。

借：盈余公积
　贷：利润分配——盈余公积补亏

> **小思考**：资本公积与盈余公积的区别？

## 三、未分配利润

### （一）未分配利润概述

**1. 未分配利润概念**

未分配利润是指企业实现的净利润经过弥补亏损、提取盈余公积和向投资者分配利润后留存在企业的、历年结存的利润。它在以后年度可继续进行分配,在未进行分配之前,属于所有者权益的组成部分。从数量上来看,期末未分配利润是期初未分配利润加上本期实现的净利润,减去提取的各种盈余公积和分出的利润后的余额。

未分配利润有两层含义:一是留待以后年度处理的利润;二是未指明特定用途的利润。相对于所有者权益的其他部分来说,企业对于未分配利润的使用有较大的自主权。

2. 利润分配的顺序

按《公司法》规定,股份有限公司当年实现的利润总额在交完所得税后,其净利润可按以下顺序进行分配:

(1) 弥补以前年度亏损(用利润弥补亏损无须专门作会计分录);
(2) 提取法定盈余公积(盈余公积用于弥补亏损或转增资本);
(3) 应付优先股股利;
(4) 提取任意盈余公积;
(5) 应付普通股股利。

最后剩下的就是年终未分配利润。

(二) 未分配利润的核算

1. 账户设置

为了反映未分配利润的增减变动及其结果,应设置"利润分配——未分配利润"账户。

2. 账务处理

未分配利润核算一般是在年度终了时进行的,年终时,将本年实现的净利润结转到"利润分配——未分配利润"账户的贷方。同时将本年利润分配的数额结转到"利润分配——未分配利润"账户的借方。

(1) 每年年度终了,企业应将实现的净利润,自"本年利润"账户转入到"利润分配——未分配利润"明细账户。

如企业盈利,则:

借:本年利润
　　贷:利润分配——未分配利润

如企业亏损,则做相反的分录。

借:利润分配——未分配利润
　　贷:本年利润

(2) 同时,每年年度终了,企业还应将"利润分配"账户的其他明细账户余额转入"未分配利润"明细账户。

借:利润分配——未分配利润
　　贷:利润分配——提取法定盈余公积
　　　　　　　　——提取任意盈余公积
　　　　　　　　——应付现金股利或利润

年末结转后的"利润分配——未分配利润"账户的贷方期末余额反映累计的未分配

利润,借方期末余额反映累计的未弥补亏损。

有关利润分配过程和"利润分配——未分配利润"账户的会计处理过程详见收入费用章节。

> **小思考**：企业发生亏损应如何弥补？

## 章后知识点总结

本章主要是阐述所有者权益的定义及其构成。所有者权益是指企业投资者对企业净资产的要求权,其金额为资产减去负债后的余额。企业的所有者权益主要包括实收资本(或股本)、资本公积、盈余公积和未分配利润四个部分,其中,盈余公积和未分配利润又统称为留存收益。

企业组织形式包括独资企业、合伙企业和公司制企业。其中独资企业是指由单个出资者出资设立的企业,在独资企业,出资者对企业全部财产和经营收益享有所有权,即所有者权益仅属"业主"一人所有,也称为"业主权益";合伙企业是指二人或二人以上自愿作为合伙人,按照协议投资,共同经营、共负盈亏的企业。在合伙企业,合伙人对企业全部资产和经营收益共同享有所有权;公司是依法成立的以营利为目的的企业法人,是唯一被法律认可为与其所有者相分离个体的企业组织形式,因而公司的所有者对企业债务不负有民事责任,他们所失去的最多为在公司中投资的数额,即"有限责任"。其中公司还分为:有限责任公司、股份有限责任公司和国有独资公司。有限责任公司指由两个以上股东共同出资,股东以其所认购的出资额对公司承担责任,公司以其全部资产对其债务承担责任的企业法人。股份有限责任公司指其全部资本分为等额股份,股东以其所持有的股份为限对公司承担有限责任,公司以其全部资产对公司的债务承担有限责任的企业法人。国有独资公司是指国家授权投资的机构或国家授权的部门单独投资设立的有限责任公司,它是有限责任公司的一种特殊形式。并且要区分这三种公司形式的特点。

实收资本(或股本)是指投资者作为资本投入企业的各种财产,是企业注册登记的法定资本总额的来源,它表明所有者对企业的基本产权关系。实收资本(或股本)的构成比例是企业据以向投资者进行利润或股利分配的主要依据。在一般情况下是无需偿还的,可以由企业长期使用。根据规定,投资者投入的资本,除符合增资条件并经有关部门批准增资或者按照法定程序报经批准减少注册资本外,不得随意变动。一般情况下企业的增资途径有三种:一是将资本公积转入实收资本;二是将盈余公积转入实收资本;三是所有者继续投入。公司减少资本的原因大体上有两种:一是资本过剩而减资;二是企业发生严重亏损因而需要减资。需要注意实收资本的来源及其账务处理;实收资本变动的账务处理。

资本公积是指投资者或者他人投入到企业、所有权归属于投资者、并且投入金额上超过法定资本部分的资本。资本公积包括股本溢价(或资本溢价)和其他资本公积两个部分,主要用于转增资本。资本公积核算可通过"股本溢价""其他资本公积"进行账务处理。

其他权益工具指企业发行的除普通股（作为实收资本或股本）以外，按照金融负债和权益工具区分原则分类为权益工具的其他权益工具，按照以下原则进行会计处理：对于归类为权益工具的金融工具，无论其名称中是否包含"债"，其利息支出或股利分配都应当作为发行企业的利润分配，其回购、注销等作为权益的变动处理；对于归类为金融负债的金融工具，无论其名称是否包含"股"，其利息支出或股利分配原则按照借款费用进行处理，其回购或赎回产生的利得或损失等计入当期损益。企业（发行方）发行金融工具，其发生的手续费、佣金等交易费用，如分类为债务工具且以摊余成本计量的，应当计入所发行工具的初始计量金额；如分类为权益工具的，应当从权益（其他权益工具）中扣除。

其他综合收益，是指企业根据其他会计准则规定未在当期损益中确认的各项利得和损失。包括以后会计期间不能重分类进损益的其他综合收益和以后会计期间满足规定条件时将重分类进损益的其他综合收益两类。

留存收益是股东权益的一个重要项目，是企业里面剩余的净收益积累而成的资本。留存收益包括企业盈余公积和未分配利润两个部分，通过"盈余公积"和"利润分配"账户核算。盈余公积是企业按照规定从净利润中提取的各种积累资金，包括法定盈余公积、任意盈余公积等。

法定盈余公积是指企业按照规定的比例从净利润中提取的盈余公积，公司制企业的法定盈余公积按照净利润（减去弥补以前年度亏损后的余额）的 10% 提取，法定盈余公积累计已达到注册资本的 50% 时，可不再提取。

任意盈余公积主要是公司制企业按照股东大会或类似权力机构的决议提取，它与法定盈余公积的最大区别就在于其提取比例由企业自行决定，而法定盈余公积的提取比例则由国家有关法规决定。应当注意提取盈余公积以及用盈余公积转增股本，分配利润等的账务处理过程。

盈余公积的主要用途：

（1）用于弥补亏损。企业发生亏损时，应由企业自行弥补。弥补亏损的渠道主要有三条：一是用以后年度税前利润弥补。按照现行制度规定，企业发生亏损时，可以用以后五年内实现的税前利润弥补，即税前利润弥补亏损的期间为五年。二是用以后年度税后利润弥补。企业发生的亏损经过五年期间未弥补足额的，尚未弥补的亏损应用所得税后的利润弥补。三是以盈余公积弥补亏损。企业以提取的盈余公积弥补亏损时，应当由公司董事会提议，并经股东大会批准。

（2）转增资本。企业将盈余公积转增资本时，必须经股东大会决议批准。在实际将盈余公积转增资本时，要按股东原有持股比例结转。盈余公积转增资本时，转增后留存的盈余公积的数额不得少于注册资本的 25%。

（3）分配股利。分配股利，原则上企业当年没有利润，不得分配股利。

未分配利润是指企业实现的净利润经过弥补亏损、提取盈余公积和向投资者分配利润后留存在企业的、历年结存的利润。它在以后年度可继续进行分配，在未进行分配之前，属于所有者权益的组成部分。从数量上来看，期末未分配利润是期初未分配利润加上本期实现的净利润,减去提取的各种盈余公积和分出的利润后的余额。

未分配利润有两层含义:一是留待以后年度处理的利润;二是未指明特定用途的利润。相对于所有者权益的其他部分来说,企业对于未分配利润的使用有较大的自主权。企业当年实现的利润总额在交完所得税后,其净利润可按以下顺序进行分配:(1)弥补以前年度亏损;(用利润弥补亏损无须专门作会计分录);(2)提取法定盈余公积(盈余公积用于弥补亏损或转增资本);(3)提取任意盈余公积;(4)分配优先股股利;(5)分配普通股股利;最后剩下的就是年终未分配利润。

## 本章关键词

所有者权益　实收资本　资本公积　盈余公积　未分配利润

## 本章思考与练习

### 一、本章思考题

1. 简述所有者权益及其内容。
2. 简述留存收益及其内容。
3. 简述资本公积及其内容以及应设置的明细账户。
4. 简述利润分配的顺序。
5. 简述盈余公积的主要内容及用途。
6. 简述留存收益与剩余收益的区别。

### 二、小练习

1. 赣昌股份有限公司(以下简称赣昌公司)为一家从事药品生产的增值税一般纳税企业。2019年1月1日,所有者权益总额为50 000万元,其中股本30 000万元,资本公积5 000万元,盈余公积6 000万元,未分配利润9 000万元。2014年度赣昌公司发生如下经济业务:

(1) 接受甲公司投入原材料一批,合同约定的价值为3 000万元,增值税税额为510万元。

(2) 经股东大会决议,并报有关部门核准,增发普通股3 000万股,每股面值1元,每股发行价格5元。发行款已全部收到并存入银行。假定不考虑其他因素。

(3) 因扩大经营规模需要,经股东大会批准,赣昌公司将盈余公积2 800万元转增股本。

(4) 结转本年实现净利润3 000万元。

(5) 按税后利润的10%提取法定盈余公积。

(6) 向投资者宣告分配现金股利500万元。

(7) 将"利润分配——提取法定盈余公积、利润分配——应付现金股利"明细账户余额结转至未分配利润。

要求:

(1) 根据上述资料,逐项编制赣昌公司相关经济业务的会计分录。

(2) 计算年末所有者权益各项目的账面余额。

2. 赣昌股份有限公司2019年发生与其股票有关的业务如下：

(1) 2019年1月4日，经股东大会决议，并报有关部门核准，增发普通股40 000万股，每股面值1元，每股发行价格5元，股款已全部收到并存入银行。假定不考虑相关税费。

(2) 2019年6月20日，经股东大会决议，并报有关部门核准，以资本公积4 000万元转增股本。

要求：编制赣昌股份有限公司上述经济业务的会计分录。（答案中的金额单位用万元表示）

3. 赣昌股份有限公司2019年发生的有关经济业务如下：

(1) 按照规定办理增资手续后，将资本公积90 000元转增注册资本。该公司原有注册资本2 910 000元，其中甲、乙、丙三家公司各占1/3。

(2) 用盈余公积50 000元弥补以前年度亏损。

(3) 从税后利润中提取法定盈余公积153 000元。

(4) 接受赣州公司投资，经投资各方协议，赣州公司实际出资额中1 000 000元作为新增注册资本，使投资各方在注册资本总额中均占1/4。赣州公司以银行存款1 200 000元缴付出资额。

要求：根据上述业务(1)—(4)编制赣昌股份有限公司的有关会计分录。

4. 赣昌股份有限公司2019年发生有关经济业务如下：

(1) 按照规定办理增资手续后，将资本公积45万元转增注册资本，其中A、B、C三家公司各占1/3。

(2) 用盈余公积37.5万元弥补以前年度亏损。

(3) 从税后利润中提取法定盈余公积19万元。

(4) 接受D公司加入联营，经投资各方协议，D公司实际出资额中500万元作为新增注册资本，使投资各方在注册资本总额中均占1/4。D公司以银行存款550万元缴付出资额。

要求：根据上述经济业务(1)—(4)编制赣昌公司的相关会计分录。（不要求编制将利润分配各明细账户余额结转到"利润分配——未分配利润"账户中的分录，分录中的金额单位为万元。）

# 章 后 案 例

## 案例名称：亏损如何弥补

### 一、案例背景资料

赣昌股份有限公司2018年12月31日的"未分配利润"账户有借方余额300万元，即累计亏损300万元。2019年该公司实现税后利润400万元，按税后利润的10%提取法定盈余公积金。董事会在讨论利润分配方案时，董事孙某认为2019年应提取的法定盈余公积金应按2019年度税后利润的10%计提，即400×10%＝40万元。而董事周某却认为2019年的净利润应在弥补以前年度的累计亏损后才能计提，即2019年的税

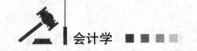

后利润 400 万元应弥补以前年度的累计亏损 300 万元后,才能作为计提法定盈余公积金的基数,即 2019 年应计提的法定盈余公积金应为(400－300)×10％＝10 万元。

## 二、案例分析要点

1. 简要说明亏损弥补的方式
2. 简要说明按《公司法》规定的利润分配顺序
3. 上述资料中有无概念不清之处?如有,怎样表达?
4. 根据上述资料,请判断哪位董事的说法正确,为什么?

# 参 考 书 目

[1] 张蕊.会计学原理(第 6 版)[M].北京:中国财政经济出版社,2019.

[2] 蒋尧明,荣莉.中级财务会计(第 6 版)[M].北京:中国财政经济出版社,2019.

# 第八章 收入、费用及利润核算

> **开篇案例**
>
> 小张今年刚上大一,专业学的是会计,刚好他的姑妈在一家公司做会计,为了学好自己的专业,小张暑假就在姑妈的公司里实习,想了解一下公司的收入、费用和利润到底应该怎么计算。实习一段时间后,他就向姑妈提出了很多问题,如公司收入、费用和利润的计算到底应该遵循什么样的会计准则,为什么有时候没有收到钱也确认了收入呢,为什么有时候公司还会有额外的收益呢等一些问题,下面就让我们来学习本章,一一解开这些疑问。

[学习目的与要求]

1. 掌握营业收入、营业成本的核算方法。
2. 了解利得和损失的含义。
3. 掌握期间费用、营业外收入、营业外支出的核算内容和方法。
4. 掌握利润分配的核算。

## 第一节 收 入

收入是指企业在日常活动中形成的、会导致所有者权益增加的、与所有者投入资本无关的经济利益的总流入。收入按企业从事日常活动的性质不同,分为销售商品收入、提供劳务收入和让渡资产使用权收入。收入按企业经营业务的主次不同,分为主营业务收入和其他业务收入。主营业务收入是指企业为完成其经营目标所从事的与经常性活动相关的活动实现的收入。收入还有狭义与广义之分,狭义的收入仅指营业收入,广义的收入还包括对外投资所获得的投资收益及公允价值变动损益、营业外收入。本节主要讲述营业收入、营业外收入的核算。

《企业会计准则第14号——收入》已于2017年7月由财政部修订发布,自2018年1月1日起,在境内外同时上市的企业以及在境外上市并采用国际财务报告准则或企业会计准则编制财务报表的企业实施;自2020年1月1日起,在其他境内上市企业施行;自2021年1月1日起,在执行企业会计准则的非上市企业施行。考虑到我国大多数企业于2020年以后执行新的收入准则,本章重点以《企业会计准则第14号——收入》为基础再结合最新收入确认准则介绍收入核算的有关内容。

## 一、营业收入

（一）营业收入的概述

1. 营业收入的概念及特点

营业收入是指企业在从事商品销售、提供劳务和让渡资产使用权等日常经营活动中所形成的经济利益的总流入。包括主营业务收入和其他业务收入。

2. 营业收入的种类

（1）按企业从事日常活动的性质分类。收入按企业从事日常活动的性质不同，分为销售商品收入、提供劳务收入和让渡资产使用权收入。

① 销售商品收入。销售商品收入是指以取得货币资产方式的商品销售以及正常情况下以商品抵偿债务的交易为企业带来的收入。但企业以商品对外投资、捐赠及自用时，不能作为商品销售处理。这里的商品包括企业为销售而生产的产品和为转售而购进的商品。企业销售的其他存货如原材料、包装物等也视同商品。

② 提供劳务收入。提供劳务收入是指企业通过提供劳务实现的收入。比如，企业通过提供旅游、运输、咨询、代理、培训、产品安装等劳务所实现的收入。

③ 让渡资产使用权收入。让渡资产使用权收入是指企业通过让渡资产使用权实现的收入。让渡资产使用权收入包括利息收入和使用费收入。利息收入主要是指金融企业对外贷款形成的利息收入，以及同业之间发生往来形成的利息收入等。使用费收入主要是指企业转让无形资产（如商标权、专利权、专营权、版权）等资产的使用权形成的使用费收入。企业对外出租固定资产收取的租金，也构成让渡资产使用权收入。

（2）按企业经营业务的主次不同分类。收入按企业经营业务的主次不同，分为主营业务收入和其他业务收入。

① 主营业务收入。主营业务收入是指企业为完成其经营目标所从事的经常性活动实现的收入。主营业务收入一般占企业总收入的比重较大，对企业的经济效益产生较大影响。不同行业企业的主营业务收入所包括的内容不同，比如，工业企业的主营业务收入主要包括销售商品、自制半成品、代制品、代修品、提供工业性劳务等实现的收入；商业企业的主营业务收入主要包括销售商品实现的收入；咨询公司的主营业务收入主要包括提供咨询服务实现的收入；安装公司的主营业务收入主要包括提供安装服务实现的收入。

② 其他业务收入。其他业务收入是指企业为完成其经营目标所从事的与经常性活动相关的活动实现的收入。其他业务收入属于企业日常活动中次要交易实现的收入，一般占企业总收入的比重较小。不同行业企业的其他业务收入所包括的内容不同，比如，工业企业的其他业务收入主要包括对外销售材料、对外出租包装物、出租固定资产、对外转让无形资产使用权等实现的收入。

3. 营业收入确认的条件

在最新的《企业会计准则第 14 号——收入》（财会〔2017〕22 号）中，已经对 2006 年旧的收入确认准则进行了修订，不再区分业务类别（如销售商品、提供劳务），采用统一的收入确认模式。为便于学习,本书仍把销售商品收入、提供劳务收入和让渡资产使用权收入单列,但确认条件仅在销售商品收入部分列示。

(1) 销售商品收入。当企业与客户之间的合同同时满足下列条件时,企业应当在客户取得相关商品控制权时确认收入:

① 合同各方已批准该合同并承诺将履行各自义务;

② 该合同明确了合同各方与所转让商品或提供劳务相关的权利和义务;

③ 该合同有明确的与所转让商品相关的支付条款;

④ 该合同具有商业实质,即履行该合同将改变企业未来现金流量的风险、时间分布或金额;

⑤ 企业因向客户转让商品而有权取得的对价很可能收回。

在合同开始日即满足前款条件的合同,企业在后续期间无需对其进行重新评估,除非有迹象表明相关事实和情况发生重大变化。合同开始日通常是指合同生效日。

新准则第六条规定,对于不符合本准则第五条规定的合同,企业只有在不再负有向客户转让商品的剩余义务,且已向客户收取的对价无需退回时,才能将已收取的对价确认为收入;否则,应当将已收取的对价作为负债进行会计处理。没有商业实质的非货币性资产交换,不确认收入。

(2) 提供劳务收入。提供一项劳务取得的总收入,一般按照企业与接受劳务方签订的合同或协议的金额确定。如有现金折扣的,应在实际发生时计入财务费用。对于一次就能完成的劳务收入,其确认方法比较简单,在劳务完成时即确认收入。而对于需要较长时间才能完成的劳务,可能会存在跨越一个会计年度的情况,为准确确定每一会计年度的收入及相关成本费用,在资产负债表日如果能对提供劳务的交易结果可靠计量,应按完工百分比法确认相关的劳务收入。所谓完工百分比法也就是按劳务工程的完工程度确认劳务收入和费用。但如果一项劳务的开始和结束均在同一会计年度,则应在劳务完成时确认收入。

提供劳务的交易结果能否可靠估计,应依据以下条件判断,如果同时满足下述条件,则交易的结果就能够可靠地估计。

① 合同总收入和总成本能够可靠地计量。

② 与交易相关的经济利益能够流入企业。

③ 劳务的完成程度能够可靠地确定。

(3) 让渡资产使用权收入。让渡资产使用权收入是企业收入的来源之一。主要包括利息收入、使用费收入。另外还包括出租资产收取的租金、进行债券投资取得的利息、进行股权投资取得的现金股利收入等,其账务处理参照有关租赁、金融工具确认和计量、长期股权投资等内容。

让渡资产使用权的收入包括以下几种形式:

① 因他人使用本企业现金而收取的利息收入,主要是金融企业存、贷款形成的利息收入及同业之间发生往来形成的利息收入等。

② 因他人使用本企业的无形资产(如商标权、专利权、专营权、软件、版权等)而形成的使用费收入。

此外还包括他人使用本企业的固定资产取得的租金收入、因债权投资取得的利息收入及进行股权投资取得的股利收入等。

(二)营业收入核算

1. 主营业务收入

(1) 账户设置。主营业务收入是损益类账户,用来核算企业销售商品、产品、提供劳务或让渡资产使用权等日常活动而产生的收入。该账户借方登记结转额,贷方登记收入的发生额,期末,将该账户贷方余额结转至"本年利润"账户,结转后该账户无余额。

(2) 会计处理。销售成立时,应按已收或应收的全部款项,借记"银行存款""应收账款""应收票据""预收账款"等账户,按实际销售收入贷记"主营业务收入",按增值税专用发票上注明的增值税额,贷记"应交税费——应交增值税(销项税额)"账户。"主营业务收入"账户会计处理示意图,如图8.1所示。

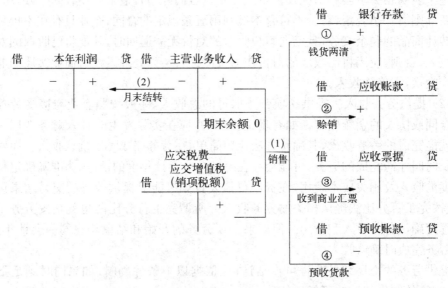

图8.1 "主营业务收入"账户会计处理示意图

① 钱货两清时的产品销售。

【例8.1】2019年12月1日,赣昌股份有限公司销售甲产品2 000件给江新公司,单价150元/件,增值税专用发票上注明价款为300 000元,增值税税额为39 000元,款项已收到存入银行。

赣昌股份有限公司账务处理如下:

借:银行存款　　　　　　　　　　　　　　　　　　　339 000
　　贷:主营业务收入——甲产品　　　　　　　　　　　300 000
　　　　应交税费——应交增值税(销项税额)　　　　　 39 000

② 赊销时的产品销售。

【例8.2】赣昌股份有限公司是增值税一般纳税人,该公司2019年12月6日向江代公司销售乙产品450件,单价400元/件,增值税专用发票上注明税款为30 600元,商品已发出,款项尚未收到。

赣昌股份有限公司的账务处理如下:

借:应收账款——江代公司　　　　　　　　　　　　　　203 400
　　贷:主营业务收入——乙产品　　　　　　　　　　　　　180 000
　　　　应交税费——应交增值税(销项税额)　　　　　　　 23 400

③ 收到商业汇票时的产品销售。

详见第四章应收票据的核算。

④ 预收货款时的产品销售。

【例8.3】2019年12月1日,赣昌股份有限公司与江代公司签订协议,约定以预收款方式销售甲产品8 000件,单价200元/件,该批货物于12月16日交付,该批甲产品售价为1 600 000元,款项于12月1日预付售价的70%,其余的于交货时一次付清。赣昌股份有限公司的账务处理如下:

① 12月1日,由于商品没有交付,赣昌股份有限公司保留了与商品有关的主要风险与报酬,因此12月1日没有实现收入。

借:银行存款　　　　　　　　　　　　　　　　　　　　1 120 000
　　贷:预收账款——江代公司　　　　　　　　　　　　 1 120 000

② 12月16日,商品交付,满足收入确认条件。

借:预收账款——江代公司　　　　　　　　　　　　　　1 808 000
　　贷:主营业务收入——甲产品　　　　　　　　　　　 1 600 000
　　　　应交税费——应交增值税(销项税额)　　　　　　  208 000
借:银行存款　　　　　　　　　　　　　　　　　　　　  480 000
　　贷:预收账款——江代公司　　　　　　　　　　　　　 480 000

2. 其他业务收入

(1) 账户设置。其他业务收入是损益类账户,用来核算企业除主营业务收入以外的其他销售或其他业务的收入,如材料销售、代购代销、包装物出租等收入。该账户借方登记结转额,贷方登记收入的发生额,期末,将该账户贷方余额结转至"本年利润"账户,结转后该账户无余额。

(2) 会计处理。收入确认时,按应计入收入的金额,借记"银行存款""应收账款"等,贷记"其他业务收入""应交税费——应交增值税(销项税额)"等项目。期末,企业应根据本账户的净额,借记"其他业务收入",贷记"本年利润",结转后该账户无余额。以销售材料为例,"其他业务收入"账户会计处理示意图,如图8.2所示。

【例8.4】由于改产,赣昌股份有限公司将一批未用的A材料对外销售,开出的增值税专用发票上注明售价400 000元,增值税销项税额52 000元,款项已经收到。该材料成本为180 000元。根据上述经济业务,该企业应做如下账务处理。

赣昌股份有限公司确认收入时:

借:银行存款　　　　　　　　　　　　　　　　　　　　  452 000
　　贷:其他业务收入——A材料　　　　　　　　　　　　 400 000
　　　　应交税费——应交增值税(销项税额)　　　　　　   52 000

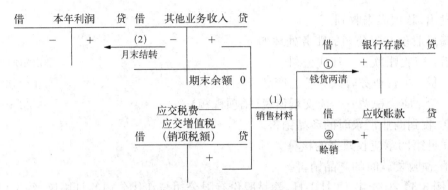

图 8.2 "其他业务收入"账户会计处理示意图

## 二、营业外收入

### (一) 营业外收入的概述

营业外收入是指企业发生的与其日常活动无直接关系的各项利得。营业外收入并不是企业经营资金耗费所产生的,不需要企业付出代价,实际上是经济利益的净流入,不可能也不需要与有关的费用进行配比。营业外收入主要包括非流动资产处置利得、非货币性资产交换利得、出售无形资产净收益、债务重组利得、企业合并损益、因债权人原因确实无法支付的应付款项、政府补助、教育费附加返还款、罚款收入等。

**1. 非流动资产处置利得**

非流动资产处置利得包括固定资产处置利得和无形资产出售利得。固定资产处置利得,也就是处理固定资产净收益,指企业出售固定资产所取得价款和报废固定资产的残料价值和变价收入等,扣除固定资产的账面价值、清理费用、处置相关税费后的净收益;无形资产出售利得,指企业出售无形资产所取得价款扣除出售无形资产的账面价值、出售相关税费后的净收益。

**2. 非货币性资产交换利得(与关联方交易除外)**

非货币性资产交换利得(与关联方交易除外),指在非货币性资产交换中换出资产为固定资产、无形资产的,换入资产公允价值大于换出资产账面价值的差额,扣除相关费用后计入营业外收入的金额。

**3. 出售无形资产净收益**

出售无形资产净收益指企业出售无形资产时,所得价款扣除其相关税费后的差额,大于该项无形资产的账面余额与所计提的减值准备相抵差额的部分。

**4. 债务重组利得**

债务重组利得指重组债务的账面价值超过清偿债务的现金、非现金资产的公允价值、所转股份的公允价值或者重组后债务账面价值间的差额。

**5. 企业合并损益**

合并对价小于取得可辨认净资产公允价值的差额。

6. 因债权人原因确实无法支付的应付款项

它主要是指因债权人单位变更登记或撤销等而无法支付的应付款项等。

7. 政府补助

政府补助指企业从政府无偿取得货币型资产或非货币型资产形成的利得。

8. 教育费附加返还款

教育费附加返还款指自办职工子弟学校的企业，在交纳教育费附加后，教育部门返还给企业的所办学校经费补贴费。

9. 罚款收入

罚款收入指对方违反国家有关行政管理法规，按照规定支付给本企业的罚款，不包括银行的罚息。

（二）营业外收入的核算

1. 账户设置

营业外收入属于损益类的账户，企业应通过"营业外收入"账户，核算营业外收入的取得及结转情况。该账户贷方登记企业确认的各项营业外收入，借方登记期末结转入"本年利润"的营业外收入，结转后该账户应无余额。该账户应按照营业外收入的项目进行明细核算。

2. 会计处理

企业确认营业外收入时，借记"固定资产清理""银行存款""待处理财产损溢""应付账款"等账户，贷记"营业外收入"账户。期末，应将"营业外收入"账户余额转入"本年利润"账户，借记"营业外收入"账户，贷记"本年利润"账户。"营业外收入"账户会计处理示意图，如图 8.3 所示。

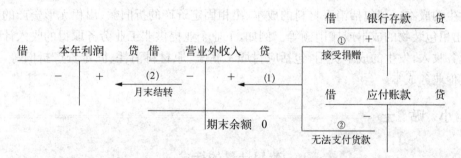

图 8.3 "营业外收入"账户会计处理示意图

【例 8.5】2019 年 12 月 9 日，赣昌股份有限公司接受外单位捐赠 100 000 元，款项已存入银行，账务处理如下：

借：银行存款　　　　　　　　　　　　　　　　　　　　　　　　100 000
　　贷：营业外收入　　　　　　　　　　　　　　　　　　　　　　　100 000

【例 8.6】2019 年 12 月，赣昌股份有限公司确认所欠甲公司欠款 20 000 元，无法支付。账务处理为：

借：应付账款——甲公司　　　　　　　　　　　　　　　　　　　　20 000
　　贷：营业外收入　　　　　　　　　　　　　　　　　　　　　　　20 000

## 第二节 费用成本

费用是指企业在日常活动中发生的、会导致所有者权益减少的、与向所有者分配利润无关的经济利益的总流出。费用有狭义和广义之分：狭义的费用主要是指营业成本和期间费用；广义的费用则包括营业成本、税金及附加、期间费用、所得税费用及营业外支出等。本节主要讲述广义的费用的核算。

### 一、营业成本

#### （一）营业成本的概述

**1. 营业成本的概念及特点**

营业成本是指企业所销售商品或者提供劳务的成本。营业成本应当与所销售商品或者所提供劳务而取得的收入进行配比。营业成本包括主营业务成本和其他业务成本，它们是与主营业务收入和其他业务收入相对应的一组概念。

**2. 营业成本的种类**

（1）主营业务成本。主营业务成本是指企业销售商品、提供劳务等经常性活动所发生的成本。企业一般在确认销售商品、提供劳务等主营业务收入时，或在月末将已销售商品、已提供劳务的成本结转入主营业务成本。

（2）其他业务成本。其他业务成本是指企业除主营业务活动以外的企业经营活动所发生的成本。其包括销售材料的成本、出租固定资产的折旧额、出租无形资产的摊销额、出租包装物的成本或摊销额等。例如，工业企业提供非工业劳务取得的收入计入其他业务收入，发生的成本费用，包括应付职工薪酬、原材料消耗、固定资产折旧等，均记入其他业务成本。

> **小贴士**
>
> **费用计量的标准**
>
> 费用的计量实际上就是选择恰当的数量对费用予以量化表述。尽管理论上计量包括了计量单位和计量属性两个方面，计量单位和计量属性又存在多种选择，但在实际的会计工作中，一般都是以交易价格为依据来进行会计计量。换言之，明确的市场价格是费用计量的首要标准。

#### （二）营业成本的核算

企业的费用主要包括主营业务成本、其他业务成本、税金及附加、销售费用、管理费用和财务费用等。

1. 主营业务成本

(1) 账户设置。主营业务成本是损益类账户,用来核算企业销售商品、产品、提供劳务或让渡资产使用权等日常活动而发生的成本。它的借方登记已销售商品、产品、劳务供应等的实际成本;贷方登记期末转入"本年利润"账户的数额,结转后本账户应无余额。该账户也应按产品类别设置明细分类账户。

(2) 会计处理。企业应根据本期(月)销售各种商品、提供各种劳务等实际成本,计算应结转的主营业务成本,借记本账户,贷记"库存商品""劳务成本"等账户。期末,应将本账户的余额转入"本年利润"账户,结转后本账户无余额。

"主营业务成本"账户会计处理示意图,如图8.4所示。

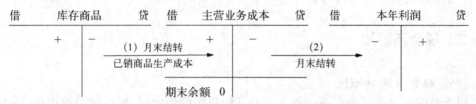

图 8.4 "主营业务成本"账户会计处理示意图

【例 8.7】假设赣昌股份有限公司于 2019 年 12 月末结转销售成本,编制发出商品汇总表,见表 8.1。

表 8.1 发出商品汇总表

| 商 品 名 称 | 销售数量(件) | 单位成本(元) | 总成本(元) |
|---|---|---|---|
| 甲商品 | 10 300 | 100 | 1 030 000 |
| 乙商品 | 1 150 | 300 | 345 000 |
| 合 计 | | | 1 375 000 |

借:主营业务成本　　　　　　　　　　　　　　　　　　　1 375 000
　　贷:库存商品——甲产品　　　　　　　　　　　　　　1 030 000
　　　　　　　　——乙产品　　　　　　　　　　　　　　　345 000

2. 其他业务成本

(1) 账户设置。其他业务成本属于损益类账户,该账户核算企业确认的除主营业务活动以外的其他经营活动所发生的支出,包括销售材料的成本、出租固定资产的折旧额、出租无形资产的摊销额、出租包装物的成本或摊销额等。它的借方登记实际发生成本;贷方登记期末转入"本年利润"账户的数额,结转后本账户应无余额。

(2) 会计处理。企业发生的其他业务成本,借记"其他业务成本",贷记"原材料""周转材料""累计折旧""累计摊销""应付职工薪酬""银行存款"等账户。其他业务成本,在月末时需要结转入"本年利润"账户,借记"本年利润"账户,贷记本账户。期末,应将本账户余额转入"本年利润"账户,结转后本账户无余额。

以销售材料为例,"其他业务成本"账户会计处理示意图,如图8.5所示。

图 8.5 "其他业务成本"账户会计处理示意图

【例 8.7】承【例 8.4】2019 年 12 月末结转成本时,业务处理如下:
借:其他业务成本                                                      180 000
　　贷:原材料——A 材料                                                180 000

## 二、税金及附加

### (一) 税金及附加概述

税金及附加是指反映企业经营主要业务应负担的消费税、城市维护建设税、资源税和教育费附加等。填报此项指标时应注意,实行新税制后,会计上规定应交增值税不再计入"税金及附加"项,无论是一般纳税企业还是小规模纳税企业均应在"应交增值税明细表"中单独反映。

企业按规定应交纳的消费税、资源税、城市维护建设税及教育费附加等,应当计入"税金及附加"。

### (二) 税金及附加核算

1. 账户设置

税金及附加属于损益类账户,主要用来核算企业日常主要经营活动应负担的税金及附加,包括消费税、城市维护建设税、资源税、土地增值税和教育费附加等。它的借方登记实际发生成本,贷方登记期末转入"本年利润"账户的数额,结转后本账户应无余额。

消费税是对生产、委托加工及进口应税消费品(主要指烟、酒、化妆品、高档次及高能耗的消费品)征收的一种税。消费税的计税方法主要有从价定率、从量定额,或者从价定率和从量定额复合计税三种。从价定率是根据商品销售价格和规定的税率计算应交消费税;从量定额是根据商品销售数量和规定的单位税额计算应交的消费税;复合计税是两者的结合。

城市维护建设税(以下简称城建税)和教育费附加是对从事生产经营活动的单位和个人,以其实际缴纳的增值税、消费税为依据,按纳税人所在地适用的不同税率计算征收的一种税。

资源税是对在我国境内从事资源开采的单位和个人征收的一种税。

房产税以房屋为征税对象,按房屋的计税余值或出租房产取得的租金收入为计税依据,向产权所有人征收的一种财产税。

城镇土地使用税是以城市、县城、建制镇、工矿区范围内使用土地的单位和个人为纳税人，以其实际占用的土地面积和规定税额计算征收。年应纳税税额等于实际占用应税土地面积乘以适用税额。

2. 会计处理

企业按规定计算确定的消费税、城市维护建设税、资源税和教育费附加等税费，借记"税金及附加"账户，贷记"应交税费"等账户。期末，应将"税金及附加"账户余额结转入"本年利润"账户，借记"本年利润"账户，贷记"税金及附加"账户，结转后该账户无余额。

"税金及附加"账户会计处理流程图，如图8.6所示。

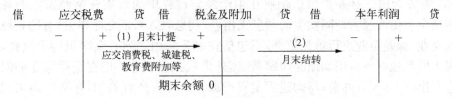

图8.6 "税金及附加"账户会计处理示意图

【例8.8】赣昌股份有限公司2019年12月，实际应交增值税为500 000元，城市维护建设税税率7%，教育费附加率3%，该公司有关账务处理如下：

借：税金及附加　　　　　　　　　　　　　　　　　　　50 000
　　贷：应交税费——应交城市维护建设税　　　　　　　　　35 000
　　　　　　　　　——教育费附加　　　　　　　　　　　　15 000

### 三、期间费用

(一) 期间费用的概述

1. 期间费用的概念

期间费用是指不能直接归属于某个特定产品成本的费用。它是随着时间推移而发生的与当期产品的管理和产品销售直接相关，而与产品的产量、产品的制造过程无直接关系，即容易确定其发生的期间，而难以判别其所应归属的产品，因而不能列入产品制造成本，而在发生的当期从损益中扣除。期间费用包括直接从企业的当期产品销售收入中扣除的销售费用、管理费用和财务费用。

2. 期间费用的种类

(1) 销售费用。销售费用是指企业在销售产品、自制半成品和提供劳务等过程中发生的各项费用。包括由企业负担的包装费、运输费、广告费、装卸费、保险费、委托代销手续费、展览费、租赁费(不含融资租赁费)和销售服务费、销售部门人员工资、职工福利费、差旅费、折旧费、修理费、物料消耗、低值易耗品摊销以及其他经费等。其中与销售有关的差旅费应计入销售费用。

(2) 管理费用。管理费用是企业行政管理部门为组织和管理生产经营活动而发生的各种费用。具体核算内容包括：应付职工薪酬和福利费、工会经费、折旧费、无形资产摊销、咨询费、诉讼费、开办费摊销、劳动保险费、待业保险费、董事会会费等。

劳动保险费是指离退休职工的退休金、价格补贴、医药费（包括离退休人员参加医疗保险基金）、异地安家费、职工退职金、职工死亡丧葬补助费、抚恤费、按规定支付给离休干部的各项经费以及实行社会统筹基金；待业保险费指企业按照国家规定缴纳的待业保险基金。

董事会会费是指企业最高权力机构及其成员为履行职能而发生的各项差旅费、会议费等费用。

业务招待费是指企业为业务经营的合理需要而支付的各项交际应酬费用。

（3）财务费用。财务费用指企业在生产经营过程中为筹集资金而发生的各项费用。包括企业生产经营期间发生的利息支出（减利息收入）、汇兑净损失（有的企业如商品流通企业、保险企业进行单独核算，不包括在财务费用之列）、金融机构手续费，以及筹资发生的其他财务费用如债券印刷费、国外借款担保费等。但在企业筹建期间发生的利息支出，应计入开办费；与购建固定资产或者无形资产有关的，在资产尚未交付使用或者虽已交付使用但尚未办理竣工决算之前的利息支出，计入购建资产的价值；清算期间发生的利息支出，计入清算损益。

### 3. 费用的确认

费用的确认要依据权责发生制，对于应属本期的各项费用，不论其是否实际在本期支付，均应确认为本期的费用；对于不属于本期的费用，即使款项已经在本期付出，也不确认为本期费用。

费用的确认可以采用不同的方法。主要有以下两种：

（1）采用一定的分配方式确认费用。如果一项资产能够在未来的若干会计期间内为企业带来一定经济利益的流入，则该项资产的成本就应在一定时期内，按照一定的分配方法分摊到各个会计期间。例如固定资产，由于其能够在多于一个会计期间的时期内连续地为企业带来经济利益的流入，创造收入，因此固定资产的价值耗费就应该采用一定的折旧方法逐期分摊到损益当中。

（2）发生支出时直接确认为费用，计入当期损益。以管理人员的工资为例，虽然这种支出与营业收入没有直接关系，但这种支出与会计期间紧密相关，而且只涉及当期的效益，因而这种支出应该在发生时即确认为当期费用。有些费用支出虽然可以为企业带来长期效益，但由于效益大小无法估计，受益期间也难以确定，因此，在这类支出发生时直接确认为当期的费用。

### （二）期间费用的核算

#### 1. 销售费用

（1）账户设置。"销售费用"账户属于损益类账户，用来核算企业在销售过程中所发生的各项费用，如展览费，广告费用，为销售本企业商品而专设的销售机构的经费等。其借方登记销售商品过程中发生的各项费用，贷方登记期末结转到"本年利润"账户的数额，期末结账后该账户无余额。

（2）会计处理。企业应通过"销售费用"账户，核算销售费用的发生和结转情况。企业在销售商品过程中发生的包装费、保险费、展览费和广告费、运输费、装卸费等费用以及企业发生的为销售本企业商品而专设的销售机构的职工薪酬、业务费等经营费用，借记"销售费用"，贷记"库存现金""银行存款""应付职工薪酬""累计折旧"等账户。期末，应将本账户余额转入"本年利润"账户，结转后本账户应无余额。

"销售费用"账户会计处理示意图，如图 8.7 所示。

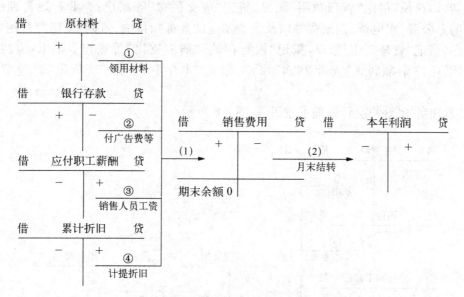

图 8.7 "销售费用"账户会计处理示意图

【例 8.9】赣昌股份有限公司 2019 年 12 月 31 日计算应付专设销售机构的职工薪酬 40 000 元，账务处理如下：

借：销售费用　　　　　　　　　　　　　　　　　　　　40 000
　　贷：应付职工薪酬　　　　　　　　　　　　　　　　　　40 000

【例 8.10】2019 年 12 月，赣昌股份有限公司用银行存款支付广告费 2 000 元，账务处理如下：

借：销售费用　　　　　　　　　　　　　　　　　　　　2 000
　　贷：银行存款　　　　　　　　　　　　　　　　　　　　2 000

【例 8.11】2019 年 12 月，赣昌股份有限公司计提专设销售机构专用设备累计折旧 12 000 元，账务处理如下：

借：销售费用　　　　　　　　　　　　　　　　　　　　12 000
　　贷：累计折旧　　　　　　　　　　　　　　　　　　　　12 000

2. 管理费用

(1) 账户设置。管理费用属于损益类的账户，该账户用来核算企业为组织和管理企业生产经营所发生的管理费用。该账户借方登记企业发生的各项管理费用，贷方登记月末转入"本年利润"的管理费用，结转后该账户月末一般没有余额。项目较多时，可按各费用项目设置明细账。其中，"研发费用"项目反映企业研究与开发过程中发生的费用化支出。该项目根据"管理费用"科目下的"研发费用"明细科目的发生额分析后在利润表中独立填列。

(2) 会计处理。企业在筹建期间发生的开办费,借记"管理费用"账户,贷记"银行存款"账户;企业行政管理部门人员的职工薪酬,借记"管理费用"账户,贷记"应付职工薪酬"账户;企业按规定计算确定的应交房产税、车船税、土地使用税、矿产资源补偿费、印花税,借记"管理费用"账户,贷记"应交税费"等账户;企业行政管理部门发生的办公费、水电费、差旅费等以及企业发生的业务招待费、咨询费、研究费用等其他费用,借记"管理费用"账户,贷记"银行存款""研发支出"等账户。期末,应将"管理费用"账户余额转入"本年利润"账户,借记"本年利润"账户,贷记"管理费用"账户。

"管理费用"账户会计处理示意图,如图 8.8 所示。

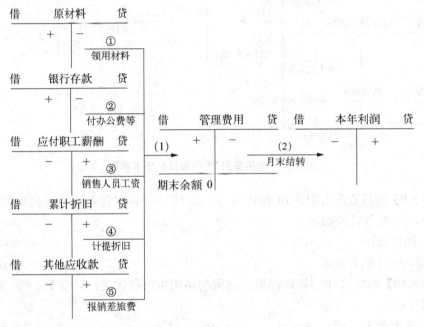

图 8.8 "管理费用"账户会计处理示意图

【例 8.12】赣昌股份有限公司 2019 年 12 月应付行政管理部门职工薪酬 200 000元,账务处理如下:

  借:管理费用              200 000
    贷:应付职工薪酬          200 000

【例 8.13】2019 年 12 月,赣昌股份有限公司计提行政管理办公大楼的折旧 15 000元,账务处理如下:

  借:管理费用              15 000
    贷:累计折旧            15 000

【例 8.14】2019 年 12 月,赣昌股份有限公司用银行存款支付业务招待费 4 000 元,账务处理如下:

借：管理费用　　　　　　　　　　　　　　　　　　　　　　　　　　4 000
　　贷：银行存款　　　　　　　　　　　　　　　　　　　　　　　　　　　4 000

3. 财务费用

(1) 账户设置。财务费用属于损益类的账户，该账户用来核算企业为筹集资金而发生的各种费用。该账户借方用来登记企业实际发生的各项财务费用，贷方登记月末转入"本年利润"的财务费用，结转后该账户月末一般没有余额。

(2) 会计处理。企业应通过"财务费用"账户，核算财务费用的发生和结转情况。企业在筹集资金过程中发生的各项费用，例如利息支出、汇兑损失、金融机构手续费等，借记"财务费用"，贷记"银行存款"等账户。如有必要，可按各费用项目设置明细账进行核算。企业获取利息收入、汇兑收益时，借记"银行存款"账户，贷记"财务费用"账户。期末将"财务费用"账户全部转入"本年利润"账户，借记"本年利润"，结转后该账户应无余额。

"财务费用"账户会计处理示意图，如图 8.9 所示：

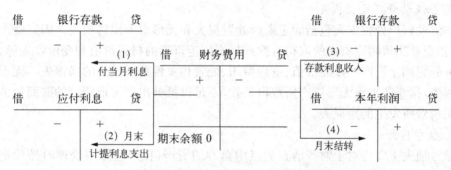

图 8.9　"财务费用"账户会计处理示意图

【**例 8.15**】赣昌股份有限公司 2019 年根据以上业务发生的财务费用，进行如下账务处理：

① 转账支付当月短期借款利息费用 12 000 元。

借：财务费用　　　　　　　　　　　　　　　　　　　　　　　　　　12 000
　　贷：银行存款　　　　　　　　　　　　　　　　　　　　　　　　　　12 000

② 收到银行存款利息 8 000 元。

借：银行存款　　　　　　　　　　　　　　　　　　　　　　　　　　 8 000
　　贷：财务费用　　　　　　　　　　　　　　　　　　　　　　　　　　 8 000

4. 信用减值损失

(1) 账户设置。"信用减值损失"项目，反映企业计提的各项金融工具减值准备所形成的预期信用损失。本项目应根据"信用减值损失"科目的发生额分析填列。

(2) 会计处理。企业应当在资产负债表日计算金融工具（或金融工具组合）预期信用损失。如果该预期信用损失大于该工具（或组合）当前减值准备的账面金额，企业应当将其差额确认为减值损失，借记"信用减值损失"科目，根据金融工具的种类，贷记"贷款损失准备"、"债权投资减值准备"、"坏账准备"、"合同资产减值准备"、"租赁应收款减值准备"、"预计负债"(用于贷款承诺及财务担保合同)或"其他综合收益"(用于以公允价值计量且其变动计入其他综合收益的债权类资产,企业可设置二级科目"其他综合收益——信用减值准备"核算此类工具的减值准备)等科目(上述贷记科目,以下统称"贷款损失准备"等科目);如果资产负债表日计算的预期信用损失小于该工具(或组合)当前减值准备的账面金额(例如,从按照整个存续期预期信用损失计量损失准备转为按照未来12个月预期信用损失计量损失准备时,可能出现这一情况),则企业应当将差额确认为利得,做相反的会计分录。

## 四、营业外支出

### (一) 营业外支出的概述

营业外支出是指企业发生的与其日常活动无直接关系的各项损失,主要包括非流动资产处置损失、盘亏损失、罚款支出、公益性捐赠支出、非常损失等。

1. 非流动资产处置损失

非流动资产处置损失包括固定资产处置损失和无形资产出售损失。固定资产处置损失,指企业出售固定资产所取得价款或报废固定资产的材料价值和变价收入等,不足以抵补处置固定资产的账面价值、清理费用、处置相关税费所发生的净损失。无形资产出售损失,指企业出售无形资产所取得价款,不足以抵补出售无形资产的账面价值和出售相关税费所发生的净损失。

2. 盘亏损失

盘亏损失主要指对于财产清查盘点中盘亏的资产,在查明原因处理时按确定的损失计入营业外支出的金额。

3. 罚款支出

罚款支出指企业由于违反税收法规、经济合同等而支付的各种滞纳金和罚款。

4. 公益性捐赠支出

公益性捐赠支出指企业对外进行公益性捐赠发生的支出。

5. 非常损失

非常损失指企业对于因客观因素(如自然灾害等)造成的损失,在扣除保险公司赔偿后应计入营业外支出的净损失。

根据财务制度规定,营业外支出在其发生时直接计入当期利润总额。为了防止企业任意减少利润,国家对营业外收入和营业外支出项目都做了严格规定,企业必须按规定的营业外收支项目计算收支净额,不能任意增加项目扩大营业外支出的范围。

### (二) 营业外支出的核算

1. 账户设置

营业外支出属于损益类账户,该账户用来核算企业发生的与企业日常生产经营活动无直接关系的各项支出。该账户借方登记企业发生的各项营业外支出,贷方登记期末结转入"本年利润"的营业外支出,结转后该账户应无余额。该账户应按照营业外支出的项目进行明细核算。

2. 会计处理

企业发生营业外支出时,借记"营业外支出"账户,贷记"固定资产清理""待处理财产损溢""库存现金""银行存款"等账户。期末,应将"营业外支出"账户余额结转入"本年利润"账户,借记"本年利润"账户,贷记"营业外支出"账户。

"营业外支出"账户会计处理示意图,如图 8.10 所示。

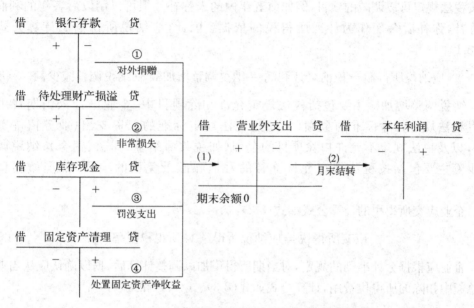

**图 8.10 "营业外支出"账户会计处理示意图**

【例 8.16】赣昌股份有限公司 2019 年 12 月支付税款滞纳金 20 000 元,该公司的账务处理如下:

借:营业外支出　　　　　　　　　　　　　　　　　　　　　　20 000
　　贷:银行存款　　　　　　　　　　　　　　　　　　　　　　　　20 000

【例 8.17】2019 年 12 月赣昌股份有限公司以银行存款 120 000 元向希望小学捐赠,账务处理如下:

借:营业外支出　　　　　　　　　　　　　　　　　　　　　　120 000
　　贷:银行存款　　　　　　　　　　　　　　　　　　　　　　　120 000

## 五、所得税费用

### (一)所得税费用的概述

所得税费用是指企业经营利润应交纳的所得税。"所得税费用"核算企业负担的所得税,是损益类账户;这一般不等于当期应交所得税,因为可能存在"暂时性差异"。如果只有永久性差异,则等于当期应交所得税。

需要注意的是，会计账面上反映的年终利润额，未必就是税法要求的据以计算所得税的应纳税所得额，应纳税所得额往往是在对会计利润的增减调整基础上得出的，这是由于税法的规定和会计处理的要求不一致造成的。比如，企业因滞期交纳税金时要交纳一定数额的税收滞纳金，在会计处理上，这种滞纳金要列入营业外支出账户，直接冲减当期损益，但税法规定，这种费用支出不得列支，不允许从损益中扣除，也就是说，企业的会计利润要调增，企业应交纳的所得税也要增加。同样，企业的会计利润也存在着按税法规定可以调减的项目，例如前五年内的未弥补亏损可以用以后各年的利润逐期弥补，弥补后余额作为计征所得税的依据。因此，应纳税所得额的计算公式如式(8.1)：

$$应纳税所得额 = 税前会计利润 + 纳税调整增加额 - 纳税调整减少额 \quad (8.1)$$

纳税调整增加额主要包括税法规定允许扣除项目中，企业已计入当期费用但超过税法规定扣除标准的金额（如超过税法规定标准的工资支出、业务招待费支出），以及税法规定不允许扣除项目的金额（如税收滞纳金、罚款、罚金）；纳税调整减少额主要包括按税法规定允许弥补的亏损和准予免税的项目（如国债利息收入等）。

企业应交所得税的计算公式如式(8.2)：

$$应交所得税 = 应纳税所得额 \times 所得税税率 \quad (8.2)$$

企业应根据会计准则的规定，对当期所得税加以调整计算后，据以确认应从当期利润总额中扣除的所得税费用，计算公式如式(8.3)、式(8.4)和式(8.5)：

$$所得税费用 = 当期所得税 + 递延所得税 \quad (8.3)$$

$$当期所得税费用 = 当期应交所得税 \quad (8.4)$$

$$递延所得税费用 = (递延所得税负债期末余额 - 递延所得税负债期初余额)$$
$$- (递延所得税资产期末余额 - 递延所得税资产期初余额) \quad (8.5)$$

为了简化起见，本书中不展开介绍纳税调整及递延所得税问题，详细解释请参考《中级财务会计》。

**(二) 所得税费用的核算**

1. 账户设置

企业按规定从当期损益中扣除的所得税，应通过"所得税费用"账户反映。企业按应纳税所得额计算应交所得税时，借记"所得税费用"账户，贷记"应交税费——应交所得税"账户，实际上交税金时，借记"应交税费——应交所得税"账户，贷记"银行存款"账户。期末，将"所得税费用"账户的借方余额转入"本年利润"账户，结转后的"所得税费用"账户无余额。

2. 会计处理

"所得税费用"账户会计处理示意图，如图8.11所示。

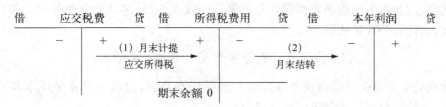

图 8.11 "所得税费用"账户会计处理示意图

所得税费用的会计处理详见本章第三节。

## 第三节 利 润

### 一、利润形成

#### (一)利润形成的概述

利润是指企业在一定会计期间的经营成果。利润包括收入减去费用后的净额、直接计入当期利润的利得和损失等。直接计入当期利润的利得和损失,是指应当计入当期损益、会导致所有者权益发生增减变动的、与所有者投入资本或者向所有者分配利润无关的利得或者损失。其结果若为正数,则说明企业盈利了;若为负数,则说明企业发生了亏损。

企业生产经营活动的主要目的,就是要不断提高企业的盈利水平,增强企业的获利能力。企业只有最大限度地获得利润,才能积累资金,不断促进社会生产的发展,满足人们日益增长的物质文化生活的需要。因此,利润水平的高低不仅反映企业的盈利水平,而且反映企业为整个社会所做的贡献。企业必须采取各种有效的手段和措施,努力降低各项费用消耗,扩大销售,从而提高企业的经济效益。

企业的利润有税后利润和税前利润之分。税后利润也称为净利润,它是企业的利润总额扣除应上缴的所得税费用后的金额。利润总额也就是税前利润,就其构成来看,既有通过生产经营活动而获得的,也有通过投资活动而获得的,同时也包括那些与生产经营活动无直接关系的事项而发生的盈亏。根据我国企业会计准则的规定,企业的税前利润即利润总额,一般包括营业利润和营业外收支净额。

利润的计算见式(8.6)、式(8.7)、式(8.8)、式(8.9)和式(8.10)。

1. 营业利润的计算

营业利润的计算公式见式(8.6):

营业利润=营业收入−营业成本−税金及附加−销售费用−管理费用−财务费用
　　　　−信用减值损失−资产减值损失+公允价值变动收益(−公允价值变动损失)+投资收益(−投资损失)+其他收益+资产处置收益(−资产处置损失)
(8.6)

其中,营业收入是指企业经营业务所确认的收入总额,包括主营业务收入和其他业务收入,其计算公式见式(8.7):

$$营业收入 = 主营业务收入 + 其他业务收入 \quad (8.7)$$

营业成本是指企业经营业务所发生的实际成本总额,包括主营业务成本和其他业务成本,其计算公式见式(8.8):

$$营业成本 = 主营业务成本 + 其他业务成本 \quad (8.8)$$

资产减值损失是指企业计提各项资产减值准备所形成的损失。

公允价值变动收益(或损失)是指企业交易性金融资产等公允价值变动形成的应计入当期损益的利得(或损失)。

投资收益(或损失)是指企业以各种方式对外投资所取得的收益(或发生的损失)。如投资股票、债券等有价证券而获取的股利、利息收入等。

2. 利润总额的计算

利润总额的计算公式见式(8.9):

$$利润总额 = 营业利润 + 营业外收入 - 营业外支出 \quad (8.9)$$

其中,营业外收入是指企业发生的与其日常活动无直接关系的各项利得,包括固定资产盘盈、处理固定资产净收益、确实无法支付的应付款项转为营业外收入等。

营业外支出是指企业发生的与其日常活动无直接关系的各项损失,包括固定资产盘亏、处理固定资产净损失、非常损失、罚款支出、捐赠支出等。

3. 净利润的计算

净利润的计算公式见式(8.10):

$$净利润 = 利润总额 - 所得税费用 \quad (8.10)$$

其中,所得税费用是指企业确认的应从当期利润总额中扣除的所得税费用。

(二) 利润形成的核算

1. 账户设置

企业应设置"本年利润"账户,核算企业本年度实现的净利润(或发生的净亏损)。企业期(月)末结转利润时,应将各损益类账户的金额转入本账户,结平各损益类账户。结转后本账户的贷方余额为当期实现的净利润,借方余额为当期发生的净亏损。年末,应将本年利润的余额结转至"利润分配——未分配利润"账户,年末结转后,本账户无余额。

2. 会计处理

"本年利润"账户的贷方登记会计期末转入的"主营业务收入""其他业务收入""营业外收入""公允价值变动损益""投资收益"等账户的贷方余额;借方记会计期末转入的"主营业务成本""其他业务成本""税金及附加""销售费用""管理费用""财务费用""资产减值损失""营业外支出""所得税费用""公允价值变动损益""投资收益"等账户的借方余额。结转后的"本年利润"账户如为贷方余额,表示当年实现的净利润;如为借方余额,表示当年发生的净亏损。年度终了,企业还应将"本年利润"账户的本年累计余额转入"利润分配——未分配利润"账户。如"本年利润"为贷方余额,借记"本年利润"账户,贷记"利润分配——未分配利润"账户;如为借方余额,做相反的会计分录。结转后"本年利润"账户应无余额。

"本年利润"账户会计处理示意图,如图 8.12 所示。

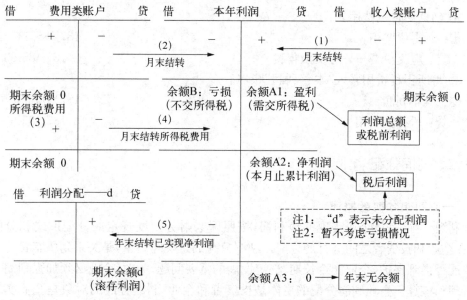

图 8.12 "本年利润"账户会计处理示意图

【例 8.18】承【例 6.2】至【例 6.20】,【例 8.1】至【8.17】,将各类账户结转至本年利润。
(1) 结转收入类。

| 借:主营业务收入 | 2 405 000 |
| --- | --- |
| 　　其他业务收入 | 400 000 |
| 　　营业外收入 | 120 000 |
| 　　资产处置损益 | 84 000 |
| 　贷:本年利润 | 3 009 000 |

(2) 结转费用、损失。

| 借:本年利润 | 2 259 057.5 |
| --- | --- |
| 　贷:主营业务成本 | 1 375 000 |
| 　　其他业务成本 | 180 000 |
| 　　税金及附加 | 50 000 |
| 　　销售费用 | 60 000 |
| 　　管理费用 | 417 350 |
| 　　财务费用 | 4 307.5 |
| 　　资产减值损失 | 30 000 |
| 　　营业外支出 | 142 400 |

经过上述结转后,"本年利润"账户的贷方发生额合计 3 009 000 元减去借方发生额

合计 2 259 057.5 元即为税前会计利润 749 942.5 元。

(3) 所得税费用。假设赣昌股份有限公司应纳税所得额和利润总额相同,适用的所得税率为 25%,该企业的应交税费计算如下:

$$应交税费 = 749\ 942.5 \times 25\% = 187\ 485.63(元)$$

① 确认所得税费用。

借:所得税费用　　　　　　　　　　　　　　　　187 485.63
　　贷:应交税费——应交所得税　　　　　　　　　　187 485.63

② 将所得税费用转入"本年利润"账户。

借:本年利润　　　　　　　　　　　　　　　　　187 485.63
　　贷:所得税费用　　　　　　　　　　　　　　　　187 485.63

## 二、利润分配

### (一)利润分配的概述

利润分配,是将企业实现的净利润,按照国家财务制度规定的分配形式和分配顺序,在企业和投资者之间进行的分配。利润分配的过程与结果,是关系到所有者的合法权益能否得到保护,企业能否长期、稳定发展的重要问题,为此,企业必须加强利润分配的管理和核算。企业利润分配的主体是投资者和企业,利润分配的对象是企业实现的净利润;利润分配的时间即确认利润分配的时间是利润分配义务发生的时间和企业作出决定向内向外分配利润的时间。

企业取得净利润,会根据国家的有关规定和企业章程、投资者协议等,对当年可供分配的利润进行分配。我国相关法规规定,企业净利润在会计期末按照如下顺序分配:

1. 提取法定公积金

一般而言,企业的法定公积金按照税后利润的 10% 的比例提取,企业提取的法定公积金累计额达到其注册资本的 50% 以上时,可以不再计提法定公积金。企业的法定公积金不足以弥补以前年度亏损时,应在计提法定公积金之前,用当年利润弥补亏损。

2. 提取任意公积金

企业从税后利润中提取法定公积金后,经过相关政府机构批准,可以从税后利润中提取任意公积金。法定公积金与任意公积金即为盈余公积,盈余公积主要用于企业弥补亏损、转增资本和扩大企业生产经营。

3. 向投资者分配利润

企业净利润在按照上述 1、2 顺序分配后,再向投资者分配利润。

企业经过提取法定公积金、提取任意公积金和向投资者分配利润等利润分配之后,如果还有剩余利润,那就成为企业本会计年度新增的未分配利润。未分配利润是企业不规定用途、留待以后年度进行分配的留存收益,是企业历年利润分配(或弥补亏损)后累计结余未进行分配的税后利润。相对于所有者权益中的其他组成部分而言,企业对于未分配利润的使用和分配有较大的自主权。

利润分配顺序示意图如图 8.13 所示：

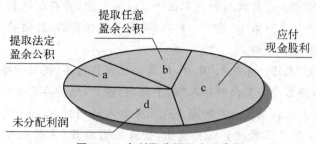

图 8.13　净利润分配顺序示意图

以上是我国相关法规对企业利润分配的规定，当然不同的公司或者同一公司在不同的发展阶段会采取不同的分配政策。

（二）利润分配的核算

【例 8.19】赣昌有限公司 2019 年度 12 月份实现净利润 562 456.87 元，截止到 11 月份的本年利润的期末余额为 1 282 750 元。假定公司经批准的利润分配方案为：按 2019 年实现净利润的 10% 提取法定盈余公积，净利润的 20% 提取任意盈余公积，向投资者分配普通股股利 300 000 元。年度终了，结转本年利润及利润分配。应做如下会计分录：

（1）结转本年利润。

借：本年利润　　　　　　　　　　　　　　　　　　　　1 845 206.87
　　贷：利润分配——未分配利润　　　　　　　　　　　　1 845 206.87

（2）提取法定盈余公积。

借：利润分配——提取法定盈余公积　　　　　　　　　　184 520.69
　　贷：盈余公积——法定盈余公积　　　　　　　　　　　184 520.69

（3）提取任意盈余公积。

借：利润分配——提取任意盈余公积　　　　　　　　　　369 041.38
　　贷：盈余公积——任意盈余公积　　　　　　　　　　　369 041.38

（4）向投资者分配普通股股利。

借：利润分配——应付现金股利　　　　　　　　　　　　300 000
　　贷：应付股利　　　　　　　　　　　　　　　　　　　300 000

（5）年末，将"利润分配"的其他明细账余额转入"利润分配——未分配利润"明细账。

借：利润分配——未分配利润　　　　　　　　　　　　　853 562.07
　　贷：利润分配——提取法定盈余公积　　　　　　　　　184 520.69
　　　　　　　——提取任意盈余公积　　　　　　　　　　369 041.38
　　　　　　　——应付现金股利　　　　　　　　　　　　300 000

## 章后知识点总结

收入是指企业在销售商品、提供劳务及让渡资产使用权等日常活动中形成的、会导致所有者权益增加的、与所有者投入资本无关的经济利益的总流入,但不包括为第三方代收的款项,通常分为销售商品收入、提供劳务收入和让渡资产使用权收入等。

收入的确认实际上是指收入和成本在什么时间入账,并在利润表上反映。《企业会计制度》及《企业会计准则第14号——收入》规定了销售商品、提供劳务、让渡资产使用权等收入的确认条件和金额。

企业应当设置"主营业务收入"账户,核算企业销售商品、提供劳务及让渡资产使用权等发生的收入,期末应将其余额转入"本年利润"账户,结转后无余额。根据收入与费用相配比的原则,企业在确定一定时期主营业务收入的同时,必须确定为取得收入而发生的必要的支出。为了正确核算这些支出,企业应当设置"主营业务成本""税金及附加"等账户进行核算,期末应将这些账户的余额转入"本年利润"账户,结转后无余额。同时,企业应当设置"其他业务收入"账户核算企业除主营业务以外的其他经济业务所得的收入;设置"其他业务成本"账户核算企业除主营业务以外的其他销售或其他业务所发生的支出,包括销售成本、提供劳务而发生的相关成本、费用及交纳的税金等。

费用是指企业在日常活动中发生的、会导致所有者权益减少的、与向所有者分配利润无关的经济利益的总流出。根据企业会计准则规定,费用只有在经济利益很可能流出从而导致企业资产减少或者负债增加,且经济利益流出额能够可靠计量时才能予以确认。

营业成本是指企业已售商品或者劳务的成本。它是与企业营业收入相关的、已经确定了归属期间的费用。按照配比原则,它应该和营业收入相配合,以确认企业的营业利润。营业成本具体包括主营业务成本和其他业务成本。期间费用是不能计入产品成本而应由某一期间来负担的费用,包括管理费用、销售费用和财务费用。期间费用应直接计入当期损益。税金及附加是与企业取得主营业务收入相关的税金,包括营业税、消费税、城市维护建设税、资源税、土地增值税和教育费附加等。

利润是指企业在一定会计期间的经营成果,包括收入减去费用后的净额、直接计入当期利润的利得和损失等。利得是指由企业非日常活动所形成的、会导致所有者权益增加的、与所有者投入资本无关的经济利益的流入。损失是指由企业非日常活动所发生的、会导致所有者权益减少的、与向所有者分配利润无关的经济利益的流出。

企业的营业利润加上营业外收支净额后形成企业的利润总额。利润总额是按照会计制度计算确定的利润概念,又称会计利润。会计利润在按照税法的有关规定进行相应的调整后,即可确定企业的应纳税所得,应纳税所得额乘以所得税率即为企业当期应交的所得税。利润总额减去所得税形成企业最终的经营成果即净利润。

利润需按照规定的程度进行分配。企业实现的净利润加上年初未分配利润构成企业可供分配的利润。其分配程序是:提取法定盈余公积、分配优先股股利、提取任意盈余公积、分配普通股股利。其中,法定盈余公积通常按照当年净利润的10%提取。企业应当设置"本年利润""利润分配"等账户,"利润分配"账户下设置"提取法定盈余公积""应付优先股股利""提取任意盈余公积""应付普通股股利""未分配利润"等明细账户。这些明细账户的使用是本章的重点之一。

## 本章关键词

收入　利得　收入确认条件　费用　期间费用　管理费用　财务费用　销售费用　研发费用　信用减值损失　营业成本　利润　营业利润　营业外收入　营业外支出　利润总额　净利润　所得税费用　利润分配

## 本章思考与练习

一、思考题

1. 简述收入的概念和特征。
2. 简述费用的概念和特征。
3. 简述利润分配的一般程序。
4. 收入确认的条件是什么？
5. 收入分为几类？分别是什么？
6. 期间费用包括哪些？试简述之。

二、小练习

1. 赣昌股份有限公司 2019 年 10 月 6 日向 A 公司销售产品 100 件,单价 300 元/件,增值税专用发票上注明税款为 3 900 元,商品已发出,款项尚未收到。该产品的账面价值为 20 000 元。

2. 2019 年 8 月 1 日,赣昌股份有限公司与 B 公司签订协议,约定以预收款方式销售一批产品,该批货物于 11 月 16 日交付,该批产品售价为 500 000 元,成本为 300 000 元,款项于 11 月 1 日预付售价的 50%,其余的于交货时一次付清。

要求：请问赣昌股份有限公司的会计分录应该怎样做？

3. 资料：赣昌股份有限公司本月份发生以下经济业务：

(1) 售给某企业丙产品 2 000 件,每件售价 200 元,销项税额 68 000 元,款项尚未收到。

(2) 售给某企业甲产品 4 000 件,每件售价 200 元,销项税额 136 000 元,款项收存银行。

(3) 预收某百货公司货款 60 000 元,存入银行。

(4) 向某百货公司销售甲产品 300 件,每件售价 200 元,销项税额 10 200 元。已预收 60 000 元。余款尚未收到。

(5) 结转本月甲产品销售成本。甲产品期初库存 4 000 件,单位生产成本 110 元；本月共完工入库甲产品 6 000 件,单位生产成本 120 元；本月共销售甲产品 6 300 件。

(6) 以银行存款支付广告费 32 000 元。

(7) 计算本月甲产品应交的消费税 80 000 元并用存款上交消费税。

要求：

(1) 采用加权平均法计算产品销售成本。

(2) 编制上述经济业务的会计分录。

(3) 计算本月营业利润。

4. 赣昌股份有限公司 2019 年 10 月份发生如下经济业务：

（1）销售给新新公司乙产品 2 000 件，每件售价 400 元，单位成本每件 250 元，增值税税率为 13％。已收到一张 6 个月的商业汇票。

（2）企业出售材料一批，该项材料账面价值 50 000 元，取得收入 60 000 元，增值税税率为 13％。

（3）接受某企业现金捐赠 40 000 元，存入银行。

（4）发生管理费用 100 000 元，销售费用 50 000 元，财务费用 65 000 元，均用银行存款支付。

（5）计算本月应交城市维护建设税 5 600 元、教育费附加 2 400 元。

（6）以存款支付罚款 10 000 元。

要求：

（1）根据上述资料编制会计分录。

（2）计算本月营业利润、利润总额。

（3）假定不存在纳税调整，所得税税率为 25％，计算本月应交所得税，并做会计分录。

（4）计算本月净利润。

# 章 后 案 例

## 案例名称：利润分配及年末结转你会吗？

### 一、案例背景资料

1. 赣昌股份有限公司 2019 年 12 月份有关损益类账户的余额如下：

主营业务收入 1 000 万元，主营业务成本 500 万元，税金及附加 100 万元，销售费用 60 万元，管理费用 50 万元，财务费用 20 万元，其他业务收入 50 万元，其他业务成本 25 万元，投资收益为借方 20 万元，营业外收入 18 万元，营业外支出 26 万元。

2. 12 月 31 日一次结转全年实现的净利润（公司 1—11 月份累计的净利润为 850 万元）。

3. 12 月 31 日公司确定的全年净利润分配方案为：按净利润的 50％向股东发放现金股利。

### 二、案例分析要点

1. 计算本月营业利润、利润总额并结转损益类各账户。

2. 假定不存在纳税调整，所得税税率为 25％，计算净利润，并做所得税费用的会计处理。

3. 请根据利润分配顺序及《公司法》的规定，指出公司确定的全年净利润分配方案是否正确？并请修正净利润分配方案。

4. 请根据修正后的净利润分配方案，编制利润分配的会计分录，并计算出年末未分配利润金额。

5. 编制年末结转会计分录。

# 参 考 书 目

[1] 全国人大常委会.中华人民共和国会计法[M].上海：立信会计出版社,2018.

[2] 中华人民共和国财政部.企业会计准则[M].北京：经济科学出版社,2019.

[3] 朱小平,周华,秦玉熙.初级会计学(第 10 版)[M].北京：中国人民大学出版社,2019.

[4] 王志红,周晓苏.会计学(第 3 版)[M].北京：清华大学出版社,2019.

[5] 陈少华.会计学原理(第 5 版)[M].厦门：厦门大学出版社,2019.

[6] 刘永泽,陈文铭.会计学(第 6 版)[M].大连：东北财经大学出版社,2015.

[7] 张蕊.会计学原理(第 6 版)[M].北京：中国财政经济出版社,2019.

[8] 张继英.会计学原理(修订版)[M].北京：中国经济出版社,2013.

[9] 财政部会计评价中心.初级会计实务[M].北京：经济科学出版社,2019.

[10] 全国会计专业技术资格考试领导小组办公室.初级会计专业技术资格考试大纲[M].北京：经济科学出版社,2019.

# 第九章　财务报表

**开篇案例**

小李刚参加完今年的高考,正准备填报大学的志愿,二伯是镇上的会计,看着二伯平时的工作量也不算很大,她觉得一个女孩子做会计挺好的。可是在企业做会计的小姨告诉小李说,会计并不像咱们想象的那么轻松,尤其在月末或年末结账的时候,要编制出会计报表,这个时候会计才是最忙最累的时候。小李也曾听说要了解一下企业的财务信息,重点在于财务报表。小李很疑惑会计报表到底是什么呢?为什么必须要在期末才能编制财务报表?

[学习目的与要求]

1. 重点掌握资产负债表与利润表的概念、作用、编制基础、基本结构及内容。
2. 熟练掌握资产负债表、利润表的编制方法。
3. 掌握财务报表的意义、种类和编制要求。
4. 深刻理解现金和现金等价物的概念。
5. 理解几张主要财务报表之间的钩稽关系。
6. 了解现金流量表、所有者权益变动表的作用、编制基础、基本结构、内容以及财务报表附注应包括的主要内容。

## 第一节　资产负债表

### 一、资产负债表的概述

(一) 资产负债表概念

资产负债表,是反映企业某一特定日期(月末、季末、半年末或年末)全部资产、负债和所有者权益等财务状况的报表。资产负债表主要由资产、负债和所有者权益三大会计要素组成。

(二) 资产负债表的作用

资产负债表是企业、单位的一张主要报表,通过该报表提供的经济信息,能够反映企业在某一特定的时点所拥有的资产及其分布的状况；能够反映企业的支付能力、偿债能力和财务实力的情况；能够分析出企业财务状况的变化及发展趋势。因此，该报表对所有的信息使用者都具有十分重要的作用。

(三) 资产负债表编制的理论依据

资产负债表编制的理论依据是"资产＝负债＋所有者权益"的会计基本恒等式，它是反映企业静态财务状态的一种基本报表。任何企业、单位都必须按《企业会计准则》的规定，定期编制并报送资产负债表。

## 二、资产负债表的格式

资产负债表从形式上来看可以分为表头、表体两个部分。表头主要包括报表名称、编制单位、编制日期、报表编号及金额单位等元素；表体是资产负债表的主体和核心部分，一般分为左右两部分，左边列示资产项目的具体内容，右边列示负债和所有者权益项目的具体内容。资产负债表的表体部分的具体项目按一定的顺序进行排列，其格式主要有账户式和报告式两种形式。

(一) 账户式资产负债表

1. 账户式资产负债表格式

账户式资产负债表是根据"资产＝负债＋所有者权益"的恒等式，采用左右对称排列的结构来列示财务会计信息。其具体的格式如表9.1所示。

表9.1　　　　　　　　　　　　　资 产 负 债 表　　　　　　　　　　　　会企01表

编制单位：　　　　　　　　　　　　　年　月　日　　　　　　　　　　　　单位：元

| 资　　产 | 期末余额 | 年初余额 | 负债和所有者权益（或股东权益） | 期末余额 | 年初余额 |
|---|---|---|---|---|---|
| 流动资产： | | | 流动负债： | | |
| 货币资金 | | | 短期借款 | | |
| 交易性金融资产 | | | 交易性金融负债 | | |
| 衍生金融资产 | | | 衍生金融负债 | | |
| 应收票据 | | | 应付票据 | | |
| 应收账款 | | | 应付账款 | | |
| 应收账款出售 | | | 预收款项 | | |
| 预付款项 | | | 合同负债 | | |
| 其他应收款 | | | 应付职工薪酬 | | |
| 存货 | | | 应交税费 | | |
| 合同资产 | | | 其他应付款 | | |
| 持有待售资产 | | | 持有待售负债 | | |
| 一年内到期的非流动资产 | | | 一年内到期的非流动负债 | | |

(续表)

| 资　　产 | 期末余额 | 年初余额 | 负债和所有者权益（或股东权益） | 期末余额 | 年初余额 |
|---|---|---|---|---|---|
| 其他流动资产 | | | 其他流动负债 | | |
| 流动资产合计 | | | 流动负债合计 | | |
| 非流动资产： | | | 非流动负债： | | |
| 债权投资 | | | 长期借款 | | |
| 其他债权投资 | | | 应付债券 | | |
| 长期应收款 | | | 其中：优先股 | | |
| 长期股权投资 | | | 永续债 | | |
| 其他权益工具投资 | | | 长期应付款 | | |
| 其他非流动金融资产 | | | 预计负债 | | |
| 投资性房地产 | | | 递延收益 | | |
| 固定资产 | | | 递延所得税负债 | | |
| 在建工程 | | | 其他非流动负债 | | |
| 生产性生物资产 | | | 非流动负债合计 | | |
| 油气资产 | | | 负债合计 | | |
| 无形资产 | | | 所有者权益（或股东权益） | | |
| 开发支出 | | | 实收资本（或股本） | | |
| 商誉 | | | 其他权益工具 | | |
| 长期待摊费用 | | | 其中：优先股 | | |
| 递延所得税资产 | | | 永续债 | | |
| 其他非流动资产 | | | 资本公积 | | |
| 非流动资产合计 | | | 减：库存股 | | |
| | | | 其他综合收益 | | |
| | | | 盈余公积 | | |
| | | | 未分配利润 | | |
| | | | 所有者权益（或股东权益合计） | | |
| 资产总计 | | | 负债和所有者权益（或股东权益）合计 | | |

2. 账户式资产负债表结构的特点

(1) 根据"资产=负债+所有者权益"的会计基本恒等式,作为编制该表的理论依据。采用左右对照的账户形式,左边列示企业的资产项目,右边列示企业的负债及所有者权益项目。

(2) 资产项目按照其流动性强弱分类、分项列示,流动性强的项目排列在前面,流动性弱的项目排列在后面,如表 9.1 所示。

3. 账户式资产负债表的优缺点

这种格式的资产负债表能把资产负债表的形式和内容统一起来,揭示了各个项目之间的内在联系,能够让使用者一目了然地了解企业所控制的经济资源的来源及分布的情况,清晰地反映企业偿债能力和支付能力,便于信息使用者对企业财务状况进行分析。因此,这种格式的资产负债表在世界各地被普遍采用,我国《企业会计准则》规定格式也是这一种。但是,账户式资产负债表也有其不足之处,由于报表的宽度受到纸张的限制,不便于编制两个以上时点的数据进行比较,因为不同时点的数据越多,其报表的字号就越小,不利于信息使用者阅读。所以这种格式的资产负债表只有期初余额和期末余额两个时点的数据进行对比,要掌握企业财务状况发展趋势有一定的局限性。

(二) 报告式资产负债表

1. 报告式资产负债表的格式

报告式资产负债表是按"资产=负债+所有者权益"等式纵向顺序依次排列,先列示资产项目,再列示负债项目,最后列示所有者权益项目。其格式如表 9.2 所示。

表 9.2 资产负债表(简化式)

编制单位: 年 月 日 单位:

| 项　　目 | 期　末　余　额 |
|---|---|
| 资产 ⋮ | |
| 资产合计 | ——— |
| ⋮ 负债 ⋮ | |
| 负债合计 | ——— |
| ⋮ 所有者权益 ⋮ | |
| 所有者权益合计 | ——— |
| ⋮ 负债及所有者权益总计 | ——— |

2. 报告式资产负债表的优缺点

报告式资产负债表各有关项目采用纵向顺序排列,其优点是可以把多个时点的数据并列出来进行比较分析,有利于了解企业财务状况的发展趋势,让信息使用者做出更加准确的决策。采用报告式资产负债表,横向的项目较少,字体大而清晰,并且打印方便,被不少国家和地区采纳。其缺点是在纵向列示的项目较多的情况下,在一张纸上要列示所有的项目,就存在字号偏小,不利于阅读的问题。因而,这种报告式资产负债表只能适应经济业务不复杂、要求列示项目不多的国家与地区。而我国的企业经济业务较复杂,资产负债表要求提供的项目又较多,新《企业会计准则》中规定,要求企业在资产负债表中列示的项目有六十多项,若在一张纸上列出所有的项目,就会存在字号太小的情况。为了阅读方便,并能一目了然地反映资产负债及所有者权益的钩稽关系,在我国采用账户式的资产负债表比较适宜。

### 三、资产负债表的编制方法

#### (一) 编制资产负债表的资料来源

为了保证资产负债表数据资料的真实性与可靠性,其数据的采取必须科学、严谨、相关。要求企业按照国家统一制定的《企业会计准则》和《企业会计准则——应用指南》规定的原则与方法来进行日常的会计核算,在经过必要的财产清查、核对账目无误的基础上,再根据以下资料来编制资产负债表:

(1) 各总账科目的期末余额;
(2) 各有关明细账科目的期末余额。

#### (二) 资产负债表的填制方法

资产负债表作为一张静态的财务报表,所有项目均可根据有关资产、负债、所有者权益类账户的期末余额直接或分析和计算后来填列。资产负债表通常分为"年初余额"和"期末余额"两栏,以反映两个不同报告期期末资产、负债和所有者权益的构成情况,通过对不同期间相同指标的相互比较,了解企业财务状况的发展与变化趋势。其填列方法如下。

1. 年初余额栏的列报方法

资产负债表"年初余额"栏内各项目数字,应根据上年末资产负债表"期末余额"栏内所列数字填列。如果上年度资产负债表规定的各个项目的名称和内容同本年度不一致,应对上年度资产负债表各项目的名称和数字按本年度的规定进行调整,按调整后的数字填入本表"年初余额"栏内。

2. 期末余额栏的列报方法

资产负债表"期末余额"栏内各项数字,一般应根据资产、负债和所有者权益类科目的期末余额填列。主要包括以下几种填列方式:

(1) 根据总账科目的余额填列。资产负债表中的有些项目,可直接根据总账科目的余额填列,如"短期借款""实收资本(或股本)""盈余公积"等项目,应根据有关总账科目的余额填列。有些项目则需根据几个总账科目的余额合计填列,如"货币资金"项目,需根据"库存现金""银行存款""其他货币资金"三个总账科目的借方期末余额的合计数填列;"其他应付款"项目,需根据"应付股利""应付利息""其他应付款"三个总账科目的贷方期末余额的合计数填列。

(2) 根据有关明细账科目的余额计算填列。如"应付账款"项目，需根据"应付账款"和"预付账款"两个总账科目所属的明细账科目的期末贷方余额计算填列；"预收款项"项目，应根据"预收账款"和"应收账款"总账科目所属的明细账科目的期末贷方余额合计数计算填列。

(3) 根据总账科目和明细科目的期末余额分析计算填列。如"长期借款"项目，需根据"长期借款"总账科目余额扣除其所属的明细账科目中将在资产负债表日起一年内到期、且企业不能自主地将清偿义务展期的长期借款后的金额计算填列；"其他非流动资产"项目，应根据有关科目的期末余额减去将于一年内（含一年）收回数后的金额填列；"其他非流动负债"项目，应根据有关科目的期末余额减去将于一年内（含一年）到期偿还数后的金额填列。

(4) 根据有关科目余额减去其备抵科目余额后的净额填列。如"其他债权投资""债权投资""长期股权投资""商誉"项目，应根据相关科目的期末余额填列，已计提减值准备的，还应扣减相应的减值准备；"无形资产""投资性房地产""生产性生物资产""油气资产"项目，应根据相关科目的期末余额扣减相关的累计折旧（或摊销、折耗）填列，已计提减值准备的，还应扣减相应的减值准备，采用公允价值计量的上述资产，应根据相关科目的期末余额填列；"长期应收款"项目，应根据"长期应收款"科目的期末余额，减去相应的"未实现融资收益"科目和"坏账准备"科目所属相关明细科目期末余额后的金额填列；"长期应付款"项目，应根据"长期应付款"科目的期末余额，减去相应的"未确认融资费用"科目期末余额后的金额填列。

(5) 综合运用上述填列方法分析填列。如资产负债表中的"存货"项目，需根据"原材料""低值易耗品""库存商品""周转材料""材料成本差异""在途物资（或材料采购）"等总账科目借方期末余额的合计数，再减去"存货跌价准备""商品进销差价""材料成本差异"总账科目期末贷方余额后的金额填列；"应收账款"项目，应根据"应收账款"和"预收账款"总账科目所属各明细账科目的期末借方余额合计数，减去"坏账准备"总账科目中所属"应收账款坏账准备"明细账科目期末余额后的账面价值填列；"其他应收款"项目，根据"应收股利""应收利息""其他应收款"等总账科目借方期末余额的合计数，再减去相应"坏账准备"总账科目期末贷方余额后的金额填列；"固定资产"项目，根据"固定资产""固定资产清理"等总账科目借方期末余额的合计数，再减去相应"累计折旧""固定资产价值准备"总账科目期末贷方余额后的金额填列等。

(三) 资产负债表中"期末余额"主要项目的具体填列方法

1. 资产类

(1) "货币资金"项目，反映企业会计报告期末货币资金的总额。本项目应根据"库存现金""银行存款""其他货币资金"总账科目的期末余额的合计数填列。

(2) "交易性金融资产"项目，反映资产负债表日企业分类为以公允价值计量且其变动计入当期损益的金融资产，以及企业持有的指定为以公允价值计量且其变动计入当期损益的金融资产的期末账面价值。该项目应根据"交易性金融资产"科目的相关明细科目的期末余额分析填列。自资产负债表日起超过一年到期且预期持有超过一年的以公允价值计量且其变动计入当期损益的非流动金融资产的期末账面价值,在"其他非流动金融资产"项目反映。

（3）"应收票据"项目,反映资产负债表日以摊余成本计量的,企业因销售商品、提供服务等收到的商业汇票,包括银行承兑汇票和商业承兑汇票。该项目应根据"应收票据"科目的期末余额,减去"坏账准备"科目中相关坏账准备期末余额后的金额分析填列。

（4）"应收账款"项目,反映资产负债表日以摊余成本计量的,企业因销售商品、提供服务等经营活动应收取的款项。本项目应根据"应收账款"和"预收账款"总账科目所属各明细账科目的期末借方余额合计数,减去"坏账准备"科目中相关坏账准备期末余额后的金额分析填列。

（5）"应收款项融资"项目,反映资产负债表日以公允价值计量且其变动计入其他综合收益的应收票据和应收账款等。

（6）"预付款项"项目,反映企业预付给供应单位的款项。本项目应根据"预付账款"和"应付账款"总账科目所属各明细分类账户的期末借方余额合计数,减去"坏账准备"总账科目中所属"预付账款坏账准备"明细分类账户期末余额后的账面价值填列。

（7）"其他应收款"项目,应根据"应收利息""应收股利"和"其他应收款"科目的期末余额合计数,减去"坏账准备"科目中相关坏账准备期末余额后的金额填列。其中的"应收利息"仅反映相关金融工具已到期可收取但于资产负债表日尚未收到的利息。基于实际利率法计提的金融工具的利息应包含在相应金融工具的账面余额中。

（8）"持有待售资产"项目,反映资产负债表日划分为持有待售类别的非流动资产及划分为持有待售类别的处置组中的流动资产和非流动资产的期末账面价值。该项目应根据"持有待售资产"科目的期末余额,减去"持有待售资产减值准备"科目的期末余额后的金额填列。

（9）"存货"项目,反映企业期末在库、在途和在加工中的各项存货的可变现净值。本项目应根据"在途物资（或材料采购）""原材料""低值易耗品""库存商品""周转材料""委托加工物资""委托代销商品""生产成本"等总账科目的期末余额,减去"受托代销商品款""存货跌价准备"总账科目期末贷方余额后的账面价值填列。

（10）"合同资产"和"合同负债"项目。企业应按照《企业会计准则第14号——收入》（2017年修订）的相关规定,根据本企业履行履约义务与客户付款之间的关系在资产负债表中列示合同资产或合同负债。"合同资产"项目、"合同负债"项目,应分别根据"合同资产""合同负债"科目的相关明细科目期末余额分析填列,同一合同下的合同资产和合同负债应当以净额列示,其中净额为借方余额的,应当根据其流动性在"合同资产"或"其他非流动资产"项目中填列,已计提减值准备的,还应减去"合同资产减值准备"科目中相关的期末余额后的金额填列；其中净额为贷方余额的,应当根据其流动性在"合同负债"或"其他非流动负债"项目中填列。

（11）"一年内到期的非流动资产"项目,反映企业将于一年内到期的非流动资产金额,例如一年内到期的"持有至到期投资"项目。本项目应根据"持有至到期投资""长期待摊费用"等账户的期末余额分析填列。

(12)"其他流动资产"项目反映企业除以上流动资产项目外的其他流动资产,本项目应根据有关账户的期末余额填列。

(13)"债权投资"项目,反映资产负债表日企业以摊余成本计量的长期债权投资的期末账面价值。该项目应根据"债权投资"科目的相关明细科目期末余额,减去"债权投资减值准备"科目中相关减值准备的期末余额后的金额分析填列。自资产负债表日起一年内到期的长期债权投资的期末账面价值,在"一年内到期的非流动资产"项目反映。企业购入的以摊余成本计量的一年内到期的债权投资的期末账面价值,在"其他流动资产"项目反映。

(14)"其他债权投资"项目,反映资产负债表日企业分类为以公允价值计量且其变动计入其他综合收益的长期债权投资的期末账面价值。该项目应根据"其他债权投资"科目的相关明细科目期末余额分析填列。自资产负债表日起一年内到期的长期债权投资的期末账面价值,在"一年内到期的非流动资产"项目反映。企业购入的以公允价值计量且其变动计入其他综合收益的一年内到期的债权投资的期末账面价值,在"其他流动资产"项目反映。

(15)"长期应收款"项目,反映企业融资租赁产生的长期应收款项等。本项目应根据"长期应收款"总账科目的期末借方余额,减去"未实现融资收益"科目和"坏账准备"科目所属相关明细科目期末余额后的金额填列。

(16)"长期股权投资"项目,反映企业对被投资单位实施控制、重大影响的权益性投资,以及对其合营企业的权益性投资。本项目应根据"长期股权投资"科目的期末余额,减去"长期股权投资减值准备"科目的期末余额后的金额填列。

(17)"其他权益工具投资"项目,反映企业指定为以公允价值计量且其变动计入其他综合收益的非交易性权益工具投资的期末账面价值。本项目应根据"其他权益工具投资"总账科目的期末余额填列。

(18)"其他非流动金融资产"项目,反映企业自资产负债表日起超过一年到期且预期持有超过一年的以公允价值计量且其变动计入当期损益的非流动金融资产的期末账面价值。

(19)"投资性房地产"项目,反映企业为赚取租金或资本增值,或两者兼有而持有的房地产。本项目应根据"投资性房地产"总账科目的期末余额减去"投资性房地产累计折旧"和"投资性房地产减值准备"总账科目期末余额后的账面价值填列。

(20)"固定资产"项目,反映资产负债表日企业固定资产的期末账面价值和企业尚未清理完毕的固定资产清理净损益。该项目应根据"固定资产"科目的期末余额,减去"累计折旧"和"固定资产减值准备"科目的期末余额后的金额,以及"固定资产清理"科目的期末余额填列。

(21)"在建工程"项目,反映资产负债表日企业尚未达到预定可使用状态的在建工程的期末账面价值和企业为在建工程准备的各种物资的期末账面价值。该项目应根据"在建工程"科目的期末余额,减去"在建工程减值准备"科目的期末余额后的金额,以及"工程物资"科目的期末余额,减去"工程物资减值准备"科目的期末余额后的金额填列。

(22)"生产性生物资产"项目,反映企业为产出农产品、提供劳务或出租等目的而持有的生物资产,包括经济林、薪炭林、产畜和役畜等。本项目应根据"生产性生物资产"科目的期末余额减去"累计折旧"和"生产性生物资产减值准备"科目期末余额后的账面价值填列。

(23)"油气资产"项目,反映企业持有的矿区权益和油气井及相关设施。本项目应根据"油气资产"科目的期末余额,减去"累计折耗"和"油气资产减值准备"总账科目期末余额后的账面价值填列。

(24)"无形资产"项目,反映企业持有的无形资产。本项目应根据"无形资产"总账科目的期末余额,减去"累计摊销"和"无形资产减值准备"总账科目期末余额后的账面价值填列。

(25)"开发支出"项目,反映企业开发无形资产过程中能够资本化形成无形资产成本的支出部分。开发支出项目应当根据"研发支出"科目中所属的"资本化支出"明细科目期末余额填列。

(26)"商誉"项目,反映企业合并中形成的商誉的价值。本项目应根据"商誉"总账科目的期末余额,减去"商誉减值准备"总账科目期末余额后的账面价值填列。

(27)"长期待摊费用"项目,反映企业已经发生但应由本期和以后期负担的分摊期限在一年以上的各项费用。长期待摊费用中在一年(含一年)摊销的部分,在资产负债表"一年内到期的非流动资产"项目填列。本项目应根据"长期待摊费用"总账科目的期末余额减去将于一年内(含一年)摊销的数额后的金额填列。

2. 负债类

(1)"短期借款"项目,反映企业向银行或其他金融机构等借入的期限在一年以下(含一年)的各种借款。本项目应根据"短期借款"总账科目的期末余额填列。

(2)"交易性金融负债"项目,反映企业承担的以公允价值计量且其变动计入当期损益的为交易目的所持有的金融负债。本项目应根据"交易性金融负债"总账科目的期末贷方余额填列。

(3)"应付票据"项目,应根据"应付票据"的期末贷方余额填列。

(4)"应付账款"项目,应根据"应付账款"明细账的期末贷方余额再加上"预付账款"明细账的期末贷方余额填列。

(5)"预收款项"项目,反映企业按照购货合同规定预收购买单位的款项。本项目应根据"预收账款"和"应收账款"总账科目所属各明细账科目的期末贷方余额合计数填列。如果"预收账款"总账科目所属明细账科目期末有借方余额的,应在资产负债表"应收账款"项目内填列。

(6)"应付职工薪酬"项目,反映企业根据有关规定应付给职工的工资、福利费等,应根据"应付职工薪酬"总账科目的期末贷方余额填列,若为期末借方余额,应以"—"号填列。

(7)"应交税费"项目,反映企业按照税法规定计算应交纳的各种税费。包括增值税、所得税、资源税、土地增值税、城市维护建设税、房产税、土地使用税、车船使用税、教育费附加、矿产资源补偿费等。企业代扣代交的个人所得税,也通过本项目列示。企业所交纳的税金不需要预计应交数的,如印花税、耕地占用税等,不在本项目列示。本项目应根据"应交税费"科目的明细科目的期末余额分析填列,其中的借方余额,应当根据其流动性在"其他流动资产"或"其他非流动资产"项目中填列。

(8)"其他应付款"项目,反映企业除应付票据、应付账款、预收款项等经营活动以外的其他各项应付、暂收的款项。本项目应根据"应付利息""应付股利"和"其他应付款"科目的期末余额相加填列。

(9)"持有待售负债"项目,该项目反映资产负债表日处置组中与划分为持有待售类别的资产直接相关的负债的期末账面价值。应根据"持有待售负债"科目的期末余额填列。

(10)"一年内到期的非流动负债"项目,反映企业除非流动负债中将于资产负债表日后一年内到期部分的金额,如将于一年内偿还的长期借款。本项目应根据有关长期负债类账户的期末余额分析填列。

(11)"长期借款"项目,反映企业向银行或其他金融机构等借入的期限在一年以上(不含一年)的各种借款。本项目应根据"长期借款"总账科目的期末余额减去将于一年内(含一年)归还的长期借款后填列。

(12)"应付债券"项目,反映企业对外发行的期限在一年以上的长期借款性质的书面证明。本项目应根据"应付债券"总账科目的期末余额填列。

(13)"长期应付款"项目,反映企业除长期借款和应付债券以外的其他各种长期应付款项。本项目应根据"长期应付款"总账科目的期末余额,减去相应的"未确认融资费用"总账科目期末余额后的金额填列。

(14)"预计负债"项目,反映企业由于对外提供担保、未决诉讼、产品质量担保等而确认的很可能产生的负债。"预计负债"项目反映企业期末已确认但尚未支付的金额,该项目应根据"预计负债"账户的期末余额直接填列。

(15)"递延所得税负债"项目,反映企业采用债务法核算时,时间性差异的预计纳税影响作为未来应付税款的负债。"递延所得税负债"项目反映期末企业确认的递延所得税负债的金额,该项目应根据"递延所得税负债"账户的期末余额直接填列。

(16)"其他非流动负债"项目,反映除上述长期负债项目以外的其他长期负债。上述长期负债各项目中将于一年内到期的长期负债,应在本表"一年内到期的长期负债"项目内另行反映。

3. 所有者权益类

(1)"实收资本(或股本)"项目,反映企业各投资者实际投入的资本(或股本)总额。本项目应根据"实收资本(或股本)"总分类账户的期末余额填列。

(2)"其他权益工具"项目,反映企业发行的除普通股以外分类为权益工具的金融工具的账面价值,并在"其他权益工具"项目下增设"其中:优先股"和"永续债"两个项目,分别反映企业发行的分类为权益工具的优先股和永续债的账面价值。

(3)"资本公积"项目,反映企业的资本公积的期末余额。本项目应根据"资本公积"总分类账户的期末余额填列。

(4)"库存股"项目。库存股是指企业收购、转让或者注销的本公司的股份。"库存股"项目反映其期末余额,该项目应根据"库存股"账户的余额直接填列。

(5)"盈余公积"项目,反映企业盈余公积的期末余额。本项目应根据"盈余公积"总分类账户的期末余额填列。

(6)"未分配利润"项目,反映企业尚未分配的利润(或未弥补的亏损)。本项目在每月编制资产负债表时,1—11月份,应根据"本年利润"和"利润分配"总分类账户的期末余额计算填列,同向余额相加,异向余额相减;12月份,即年末编制资产负债表时,应根据"利润分配"总分类账户的期末余额填列,如果"利润分配"总分类账户有借方余额,在本项目内应以"—"号填列,表示未弥补的亏损。

## 四、资产负债表编制举例

### (一)月报编制

【例9.1】根据下列资料,编制赣昌股份有限公司2019年11月30日的资产负债表。

1. 资料

2019年11月30日总账与明细分类账户余额,如表9.3所示。

表9.3　　　　　　　赣昌股份有限公司总账与明细分类账户余额表
2019年11月30日　　　　　　　　　　　　　　　　单位:元

| 总账账户 | 明细账户 | 借方余额 | 贷方余额 | 总账账户 | 明细账户 | 借方余额 | 贷方余额 |
|---|---|---|---|---|---|---|---|
| 库存现金 |  | 66 000 |  | 短期借款 |  |  | 540 000 |
| 银行存款 |  | 2 355 000 |  | 应付票据 |  |  | 411 500 |
| 其他货币资金 |  | 108 000 |  | 应付账款 |  |  | 810 000 |
| 应收票据 |  | 260 000 |  |  | 南宁公司 |  | 310 000 |
| 应收账款 |  | 643 000 |  |  | 南远公司 |  | 280 000 |
|  | 江新公司 | 270 000 |  |  | 甲公司 |  | 240 000 |
|  | C公司 | 134 000 |  |  | 南静公司 | 20 000 |  |
|  | 江代公司 | 269 000 |  |  |  |  |  |
|  | 江南公司 |  | 30 000 | 预收账款 |  |  | 300 000 |
| 预付账款 |  | 519 000 |  |  | 江时公司 |  | 305 000 |
|  | 南远公司 |  | 40 000 |  | 江代公司 |  | 45 000 |
|  | B公司 | 559 000 |  |  | 江河公司 | 50 000 |  |
| 坏账准备 | 应收账款 |  | 75 000 | 应付职工薪酬 |  |  | 375 000 |
| 应收利息 |  | 42 000 |  | 应交税费 |  |  | 204 000 |
| 应收股利 |  | 240 000 |  | 应付利息 |  |  | 40 500 |

(续表)

| 总账账户 | 明细账户 | 借方余额 | 贷方余额 | 总账账户 | 明细账户 | 借方余额 | 贷方余额 |
|---|---|---|---|---|---|---|---|
| 其他应收款 | | 43 000 | | 应付股利 | | | 87 000 |
| 在途物资 | | 136 500 | | 其他应付款 | | | 15 000 |
| | A材料 | 40 500 | | 长期借款 | | | 1 105 000 |
| | B材料 | 96 000 | | 其中：将于一年内到期的长期借款 | | | 135 000 |
| 原材料 | | 285 000 | | 长期应付款 | | | 30 000 |
| | A材料 | 100 000 | | 股本 | | | 4 500 000 |
| | B材料 | 85 000 | | 资本公积 | | | 720 000 |
| 周转材料 | | 45 000 | | 盈余公积 | | | 299 750 |
| 库存商品 | | 1 575 000 | | | 法定盈余公积 | | 199 750 |
| | 甲产品 | 775 000 | | | 任意盈余公积 | | 100 000 |
| | 乙产品 | 800 000 | | 利润分配 | | | 900 000 |
| 生产成本 | | 232 500 | | | 未分配利润 | | 900 000 |
| | 甲产品 | 32 500 | | 本年利润 | | | 1 282 750 |
| | 乙产品 | 200 000 | | | | | |
| 存货跌价准备 | | | 102 000 | | | | |
| 长期应收款 | | 245 000 | | | | | |
| 长期股权投资 | | 1 500 000 | | | | | |
| 固定资产 | | 3 534 000 | | | | | |
| 累计折旧 | | | 960 000 | | | | |
| 固定资产减值准备 | | | 114 000 | | | | |
| 在建工程 | | 360 000 | | | | | |
| 工程物资 | | 82 500 | | | | | |
| 无形资产 | | 540 000 | | | | | |
| 无形资产减值准备 | | | 100 000 | | | | |

（续表）

| 总账账户 | 明细账户 | 借方余额 | 贷方余额 | 总账账户 | 明细账户 | 借方余额 | 贷方余额 |
|---|---|---|---|---|---|---|---|
| 长期待摊费用 | | 160 000 | | | | | |
| 其中：将于一年内到期的长期待摊费用 | | 60 000 | | | | | |

2. 要求

编制根据表 9.3 编制 2019 年 11 月份的赣昌股份有限公司资产负债表。

2019 年 11 月份的赣昌股份有限公司资产负债表，如表 9.4 所示。

表 9.4　　　　　　　　　　　　　　资 产 负 债 表　　　　　　　　　　　　　　会企01表

编制单位：赣昌股份有限公司　　　　　2019 年 11 月 30 日　　　　　　　　　　单位：元

| 资产 | 年初余额 | 期末余额 | 负债和所有者权益 | 年初余额 | 期末余额 |
|---|---|---|---|---|---|
| 流动资产： | | | 流动负债： | | |
| 货币资金 | 1 500 000.00 | 2 529 000.00 | 短期借款 | 120 000.00 | 540 000.00 |
| 交易性金融资产 | — | — | 交易性金融负债 | — | — |
| 应收票据 | 119 750.00 | 260 000.00 | 应付票据 | 60 000.00 | 4 211 500.00 |
| 应收账款 | 205 000.00 | 648 000.00 | 应付账款 | 500 000.00 | 870 000.00 |
| 预付款项 | 270 000.00 | 579 000.00 | 预收款项 | 80 000.00 | 380 000.00 |
| 其他应收款 | 155 000.00 | 325 000.00 | 应付职工薪酬 | 180 000.00 | 375 000.00 |
| 存货 | 500 000.00 | 2 172 000.00 | 应交税费 | 80 000.00 | 204 000.00 |
| 一年内到期的非流动资产 | 7 000.00 | 60000 | 其他应付款 | 70000 | 142 500.00 |
| 其他流动资产 | — | — | 一年内到期的非流动负债 | 60 000.00 | 135 000.00 |
| **流动资产合计** | **2 756 750.00** | **6 573 000.00** | 其他流动负债 | | |
| 非流动资产： | | | **流动负债合计** | 1 150 000.00 | **3 058 000.00** |
| 其他债权投资 | | | 非流动负债： | | |
| 其他权益工具投资 | — | — | 长期借款 | 180 000.00 | 970 000.00 |
| 债权投资 | — | — | 应付债券 | | |
| 长期应收款 | 155 000.00 | 245 000.00 | 长期应付款 | 14 500.00 | 30 000.00 |
| 长期股权投资 | 900 000.00 | 1 500 000.00 | 专项应付款 | — | |

(续表)

| 资　产 | 年初余额 | 期末余额 | 负债和所有者权益 | 年初余额 | 期末余额 |
|---|---|---|---|---|---|
| 投资性房地产 | — | — | 预计负债 | | |
| 固定资产 | 1 250 000.00 | 2 460 000.00 | 递延所得税负债 | — | — |
| 在建工程 | 222 500.00 | 442 500.00 | 其他非流动负债 | — | — |
| 生产性生物资产 | — | — | 非流动负债合计 | 194 500.00 | 1 000 000.00 |
| 无形资产 | 165 000.00 | 440 000.00 | 负债合计 | 1 344 500.00 | 4 058 000.00 |
| 开发支出 | — | — | 所有者权益： | | |
| 商誉 | — | — | 股本 | 3 000 000.00 | 4 500 000.00 |
| 长期待摊费用 | 120 000.00 | 100 000.00 | 资本公积 | 480 000.00 | 720 000.00 |
| 递延所得税资产 | | | 减：库存股 | — | — |
| 其他非流动资产 | | | 其他综合收益 | — | — |
| 非流动资产合计 | 2 812 500.00 | 5 187 500.00 | 盈余公积 | 299 750.00 | 299 750.00 |
| | | | 未分配利润 | 445 000.00 | 2 182 750.00 |
| | | | 所有者权益合计 | 4 224 750.00 | 7 702 500.00 |
| 资产合计 | 5 569 250.00 | 11 760 500.00 | 负债和股东权益合计 | 5 569 250.00 | 11 760 500.00 |

表 9.4 中的主要报表项目的计算如下：
(1) 货币资金＝66 000＋2 355 000＋108 000＝2 529 000(元)
(2) 应收账款＝270 000＋134 000＋269 000＋50 000－75 000＝648 000(元)
(3) 预付款项＝559 000＋20 000＝579 000(元)
(4) 其他应收款＝42 000＋240 000＋43 000＝325 000(元)
(5) 存货＝136 500＋285 000＋45 000＋1 575 000＋232 500－102 000
　　　＝2 172 000(元)
(6) 流动资产合计＝2 529 000＋260 000＋648 000＋579 000＋325 000＋2 172 000
　　　＋60 000
　　　＝6 573 000(元)
(7) 固定资产＝3 534 000－960 000－114 000＝2 460 000(元)
(8) 在建工程＝360 000＋82 500＝442 500(元)
(9) 无形资产＝540 000－100 000＝440 000(元)
(10) 长期待摊费用＝160 000－60 000＝100 000(元)
(11) 非流动资产合计
　　　＝245 000＋1 500 000＋2 460 000＋442 500＋440 000＋100 000
　　　＝5 187 500(元)

(12) 资产合计=流动资产合计+非流动资产合计
　　　　　　=6 573 000+5 187 500
　　　　　　=11 760 500(元)
(13) 应付账款=310 000+280 000+240 000+40 000=870 000(元)
(14) 预收款项=305 000+45 000+30 000=380 000(元)
(15) 其他应付款=40 500+87 000+15 000=142 500(元)
(16) 流动负债合计
　　 =540 000+411 500+870 000+380 000+375 000+204 000+142 500
　　　+135 000 305
　　 =3 058 000(元)
(14) 长期借款=1 105 000－135 000=970 000(元)
(15) 非流动负债合计=970 000+30 000
　　　　　　　　　=1 000 000(元)
(16) 负债合计=流动负债合计+非流动负债合计
　　　　　　=3 058 000+1 000 000
　　　　　　=4 058 000(元)
(17) 未分配利润=900 000+1 282 750=2 182 750(元)
(18) 所有者权益合计=4 500 000+720 000+299 750+2 182 750
　　　　　　　　　=7 702 500(元)
(19) 负债和股东权益合计
　　　=4 058 000+7 702 500=11 760 500(元)

(二) 年报的编制

可用12月份的月报代替。

【例9.2】根据下列资料编制2019年12月31日的资产负债表。

1. 资料

(1) 2019年11月30日总账与明细分类账户余额,如表9.3所示。

(2) 根据表9.3及第四至八章所发生的经济业务所做的会计分录,编制2019年12月31日赣昌股份有限公司的总账与明细分类账户余额表及试算平衡表,如表9.5、表9.6所示。2019年12月31日总账与明细分类账户余额如表9.5所示。

表9.5　　　　　　　赣昌股份有限公司总账与明细分类账户余额表
2019年12月31日　　　　　　　　　　　　　　　　　　　单位:元

| 总账账户 | 明细账户 | 借方余额 | 贷方余额 | 总账账户 | 明细账户 | 借方余额 | 贷方余额 |
| --- | --- | --- | --- | --- | --- | --- | --- |
| 库存现金 |  | 66 770 |  | 短期借款 |  |  | 560 000 |
| 银行存款 |  | 3 095 750 |  | 应付票据 |  |  | 420 620 |
| 其他货币资金 |  | 200 920 |  | 应付账款 |  |  | 1 085 400 |

(续表)

| 总账账户 | 明细账户 | 借方余额 | 贷方余额 | 总账账户 | 明细账户 | 借方余额 | 贷方余额 |
|---|---|---|---|---|---|---|---|
| 交易性金融资产 | | 0 | | 南宁公司 | | | 305 400 |
| 应收票据 | | 474 992.5 | | 南远公司 | | | 280 000 |
| 应收账款 | | 788 200 | | 甲公司 | | | 220 000 |
| | 江新公司 | 315 800 | | 南静公司 | | | 280 000 |
| | C公司 | 30 000 | | 预收账款 | | | 92 000 |
| | 江代公司 | 472 400 | | | 江时公司 | | 305 000 |
| | 江南公司 | | 30 000 | | 江代公司 | 163 000 | |
| 预付账款 | | 518 150 | | | 江河公司 | 50 000 | |
| | 南远公司 | 10 000 | | | 江新公司 | 0 | |
| | B公司 | 508 150 | | 应付职工薪酬 | | | 543 300 |
| 坏账准备 | | | 75 000 | 应交税费 | | | 734 885.63 |
| 应收利息 | | 42 000 | | 应付利息 | | | 39 300 |
| 应收股利 | | 240 000 | | 应付股利 | | | 387 000 |
| 其他应收款 | | 90 600 | | 其他应付款 | | | 15 000 |
| 在途物资 | | 136 500 | | 预计负债 | | | 6 000 |
| | A材料 | 40 500 | | 长期借款 | | | 980 000 |
| | B材料 | 96 000 | | 其中：将于一年内到期的长期借款 | | | 135 000 |
| 原材料 | | 734 880 | | 长期应付款 | | | 30 000 |
| | A材料 | 149 880 | | 股本 | | | 5 800 000 |
| | B材料 | 585 000 | | 资本公积 | | | 770 000 |
| 周转材料 | | 45 000 | | 盈余公积 | | | 760 812.07 |
| 库存商品 | | 844 500 | | 法定盈余公积 | | | |
| | 甲产品 | 119 500 | | 任意盈余公积 | | | |
| | 乙产品 | 725 000 | | 利润分配 | | | 1 864 869.8 |
| 生产成本 | | 0 | | 未分配利润 | | | 1 959 144.8 |

(续表)

| 总账账户 | 明细账户 | 借方余额 | 贷方余额 | 总账账户 | 明细账户 | 借方余额 | 贷方余额 |
|---|---|---|---|---|---|---|---|
| | 甲产品 | 0 | | 本年利润 | | | 0 |
| | 乙产品 | 0 | | | | | |
| 存货跌价准备 | | | 112 000 | | | | |
| 长期应收款 | | 245 000 | | | | | |
| 长期股权投资 | | 1 500 000 | | | | | |
| 固定资产 | | 4 250 100 | | | | | |
| 累计折旧 | | | 969 400 | | | | |
| 固定资产减值准备 | | | 114 000 | | | | |
| 在建工程 | | 365 000 | | | | | |
| 工程物资 | | 82 500 | | | | | |
| 无形资产 | | 1 620 000 | | | | | |
| 无形资产减值准备 | | | 0 | | | | |
| 累计摊销 | | | 27 500 | | | | |
| 长期待摊费用 | | 140 500 | | | | | |
| 其中：将于一年内到期的长期待摊费用 | | 60 000 | | | | | |

表9.6　　　　　　　赣昌股份有限公司试算平衡表

2019年12月31日　　　　　　　　　　　　　　　　　　　单位：元

| 会计科目 | 期初余额 | | 本期发生额 | | 期末余额 | |
|---|---|---|---|---|---|---|
| | 借方 | 贷方 | 借方 | 贷方 | 借方 | 贷方 |
| 库存现金 | 66 000 | | 5 240 | 4 470 | 66 770 | |
| 银行存款 | 2 355 000 | | 3 134 350 | 2 393 600 | 3 095 750 | |
| 其他货币资金 | 108 000 | | 490 000 | 397 080 | 200 920 | |
| 交易性金融资产 | 0 | | 0 | 0 | 0 | |
| 应收票据 | 260 000 | | 214 992.5 | 0 | 474 992.5 | |

(续表)

| 会计科目 | 期初余额 | | 本期发生额 | | 期末余额 | |
|---|---|---|---|---|---|---|
| | 借方 | 贷方 | 借方 | 贷方 | 借方 | 贷方 |
| 应收账款 | 643 000 | | 249 200 | 104 000 | 788 200 | |
| 预付账款 | 519 000 | | 50 000 | 50 850 | 518 150 | |
| 坏账准备 | | 75 000 | 0 | 0 | 0 | 75 000 |
| 应收利息 | 42 000 | | 0 | 0 | 42 000 | |
| 应收股利 | 240 000 | | 0 | 0 | 240 000 | |
| 其他应收款 | 43 000 | | 48 600 | 1 000 | 90 600 | |
| 原材料 | 285 000 | | 853 000 | 403 120 | 734 880 | |
| 周转材料 | 45 000 | | | | 45 000 | |
| 库存商品 | 1 575 000 | | 644 500 | 1 375 000 | 844 500 | |
| 在途物资 | 136 500 | | | | 136 500 | |
| 存货跌价准备 | | 102 000 | 0 | 10 000 | | 112 000 |
| 长期应收款 | 245 000 | | 0 | 0 | 245 000 | |
| 长期股权投资 | 1 500 000 | | 0 | 0 | 1 500 000 | |
| 长期股权投资减值准备 | | | | 0 | | |
| 债权投资 | 0 | | 0 | | 0 | |
| 其他债权投资 | 0 | | 0 | | 0 | |
| 固定资产 | 3 534 000 | | 761 100 | 45 000 | 4 250 100 | |
| 累计折旧 | | 960 000 | 32 600 | 42 000 | | 969 400 |
| 固定资产减值准备 | | 114 000 | 0 | 0 | | 114 000 |
| 在建工程 | 360 000 | | 274 000 | 269 000 | 365 000 | |
| 工程物资 | 82 500 | | 150 000 | 150 000 | 82 500 | |
| 无形资产 | 540 000 | | 1 200 000 | 120 000 | 1 620 000 | |
| 累计摊销 | | 100 000 | 80 000 | 7 500 | | 27 500 |
| 无形资产减值准备 | | 0 | 20 000 | 20 000 | | 0 |
| 长期待摊费用 | 160 000 | | 40 500 | 60 000 | 140 500 | |
| 待处理财产损溢 | | | 19 500 | 19 500 | 0 | |
| 短期借款 | | 540 000 | 80 000 | 100 000 | | 560 000 |
| 应付票据 | | 411 500 | 0 | 9 120 | | 420 620 |

（续表）

| 会计科目 | 期初余额 | | 本期发生额 | | 期末余额 | |
|---|---|---|---|---|---|---|
| | 借方 | 贷方 | 借方 | 贷方 | 借方 | 贷方 |
| 应付账款 | | 810 000 | 138 600 | 414 000 | | 1 085 400 |
| 预收账款 | | 300 000 | 1 898 400 | 1 690 400 | | 92 000 |
| 应付职工薪酬 | | 375 000 | 375 000 | 543 300 | | 543 300 |
| 应交税费 | | 204 000 | 96 850 | 627 735.63 | | 734 885.63 |
| 应付利息 | | 40 500 | 1 200 | 0 | | 39 300 |
| 应付股利 | | 87 000 | 0 | 300 000 | | 387 000 |
| 其他应付款 | | 15 000 | 3 500 | 3 500 | | 15 000 |
| 预计负债 | | 0 | 0 | 6 000 | | 6 000 |
| 长期借款 | | 1 105 000 | 330 000 | 205 000 | | 980 000 |
| 长期应付款 | | 30 000 | | | | 30 000 |
| 股本 | | 4 500 000 | 0 | 1 300 000 | | 5 800 000 |
| 资本公积 | | 720 000 | 0 | 50 000 | | 770 000 |
| 盈余公积 | | 299 750 | 100 000 | 561 062.07 | | 760 812.07 |
| 利润分配 | | 900 000 | 1 707 124.14 | 2 766 268.94 | | 1 959 144.8 |
| 本年利润 | | 1 282 750 | 4 291 750 | 3 009 000 | | 0 |
| 生产成本 | 232 500 | | 407 500 | 640 000 | 0 | |
| 制造费用 | | | 30 000 | 30 000 | 0 | |
| 主营业务收入 | | | 2 405 000 | 2 405 000 | | |
| 其他业务收入 | | | 400 000 | 400 000 | | |
| 营业外收入 | | | 120 000 | 120 000 | | |
| 主营业务成本 | | | 1 375 000 | 1 375 000 | | |
| 其他业务成本 | | | 180 000 | 180 000 | | |
| 税金及附加 | | | 50 000 | 50 000 | | |
| 投资收益 | | | 0 | 0 | | |
| 公允价值变动损益 | | | 0 | 0 | | |
| 资产减值损失 | | | 30 000 | 30 000 | | |
| 销售费用 | | | 60 000 | 60 000 | | |
| 管理费用 | | | 425 850 | 425 850 | | |

(续表)

| 会计科目 | 期初余额 | | 本期发生额 | | 期末余额 | |
|---|---|---|---|---|---|---|
| | 借方 | 贷方 | 借方 | 贷方 | 借方 | 贷方 |
| 财务费用 | | | 12 600 | 12 600 | | |
| 营业外支出 | | | 142 400 | 142 400 | | |
| 所得税费用 | | | 187 485.63 | 187 485.63 | | |
| 资产处置损益 | | | 84 000 | 84 000 | | |
| 固定资产清理 | | | 0 | 0 | | |
| 以前年度损益调整 | | | 100 000 | 100 000 | | |
| 合计 | 12 971 500 | 12 971 500 | 23 299 842.27 | 23 299 842.27 | 15 481 362.5 | 15 481 362.5 |

2. 要求

根据上述表 9.5、表 9.6 资料，编制 2019 年 12 月 31 日的资产负债表。

已编制的 2019 年 12 月 31 日的资产负债表，如表 9.7 所示。

表 9.7　　　　　　　　　　　　　　资 产 负 债 表　　　　　　　　　　会企 01 表

编制单位：赣昌股份有限公司　　　　　2019 年 12 月 31 日　　　　　　　　单位：元

| 资　　产 | 年初余额 | 期末余额 | 负债和所有者权益 | 年初余额 | 期末余额 |
|---|---|---|---|---|---|
| 流动资产： | | | 流动负债： | | |
| 货币资金 | 1 500 000.00 | 3 363 440.00 | 短期借款 | 120 000.00 | 560 000.00 |
| 交易性金融资产 | — | — | 交易性金融负债 | — | — |
| 应收票据 | 119 750.00 | 474 992.50 | 应付票据 | 60 000.00 | 420 620.00 |
| 应收账款 | 205 000.00 | 956 200.00 | 应付账款 | 500 000.00 | 1 085 400.00 |
| 预付款项 | 270 000.00 | 518 150.00 | 预收款项 | 80 000.00 | 335 000.00 |
| 其他应收款 | 155 000.00 | 372 600 | 应付职工薪酬 | 180 000.00 | 543 300.00 |
| 存货 | 500 000.00 | 1 648 880.00 | 应交税费 | 80 000.00 | 734 885.63 |
| 一年内到期的非流动资产 | 7 000.00 | 60 000 | 其他应付款 | 70 000 | 441 300 |
| 其他流动资产 | — | — | 一年内到期的非流动负债 | 60 000.00 | 135 000.00 |
| 流动资产合计 | 2 756 750.00 | 7 394 262.50 | 其他流动负债 | — | — |
| 非流动资产： | | | 流动负债合计 | 1 150 000.00 | 4 255 505.63 |
| 其他债权投资 | | | 非流动负债： | | |
| 其他权益工具投资 | — | — | 长期借款 | 180 000.00 | 845 000.00 |

(续表)

| 资产 | 年初余额 | 期末余额 | 负债和所有者权益 | 年初余额 | 期末余额 |
|---|---|---|---|---|---|
| 债权投资 | — | — | 应付债券 | — | — |
| 长期应收款 | 155 000.00 | 245 000.00 | 长期应付款 | 14 500.00 | 30 000.00 |
| 长期股权投资 | 900 000.00 | 1 500 000.00 | 专项应付款 | — | — |
| 投资性房地产 | — | — | 预计负债 | | 6 000 |
| 固定资产 | 1 250 000.00 | 3 166 700 | 递延所得税负债 | | |
| 在建工程 | 222 500.00 | 447 500 | 其他非流动负债 | | |
| 生产性生物资产 | — | — | **非流动负债合计** | 194 500.00 | 881 000.00 |
| 无形资产 | 165 000.00 | 1 592 500.00 | 负债合计 | 1 344 500.00 | 5 136 505.63 |
| 开发支出 | — | — | 所有者权益： | | |
| 商誉 | — | — | 股本 | 3 000 000.00 | 5 800 000.00 |
| 长期待摊费用 | 120 000.00 | 80 500.00 | 资本公积 | 480 000.00 | 770 000.00 |
| 递延所得税资产 | | | 减：库存股 | — | — |
| 其他非流动资产 | | | 其他综合收益 | | |
| **非流动资产合计** | 2 812 500.00 | 7 032 200 | 盈余公积 | 299 750.00 | 760 812.07 |
| | | | 未分配利润 | 445 000.00 | 1 959 144.80 |
| | | | **所有者权益合计** | 4 224 750.00 | 9 289 956.87 |
| 资产合计 | 5 569 250 | 14 426 462.50 | 负债和股东权益合计 | 5 569 250.00 | 14 426 462.50 |

# 第二节 利润表

## 一、利润表的概述

(一) 利润表的概念

利润表，又称损益表或收益表，是反映企业在一定会计期间（月份、季度、半年度、年度）经营成果的会计报表。

(二) 利润表的作用

利润表可以反映企业经营成果的构成情况，对投资者、债权人、政府部门和其他会计信息使用者全面了解企业的经营业绩，分析企业的获利能力及盈利增长趋势，具有十分重要的意义。

(三) 利润表编制的理论依据

利润表编制的理论依据是"收入－费用＝利润"这一基本会计恒等式,它是一张动态报表。它能反映企业在一定时期内的经营成果及其经营成果的构成情况。

## 二、利润表的格式

利润表从形式上来看可以分为表头、表体两部分。表头部分主要包括报表名称、编制单位、编制日期及金额单位等元素;表体部分主要包括利润形成的各个项目,如：营业利润、利润总额、净利润及每股收益等项目。利润表在反映利润形成的过程中主要采用两种不同格式：一种是单步式利润表,另一种是多步式利润表。

(一) 单步式利润表

单步式利润表是将当期全部收入合计抵减当期全部支出后,计算出当期损益的一种利润表。单步式利润表是以"收入－费用＝利润"这一公式为理论基础,将企业收入、费用、利润三大要素分别列示出来,反映企业利润形成的过程。由于计算的过程只有一个相减的步骤,故称为单步式利润表。单步式利润表的格式如表 9.8 所示。

表 9.8　　　　　　　　　　　　　　利　润　表　　　　　　　　　　　会企 02 表
编制单位：　　　　　　　　　　　　　年　月　　　　　　　　　　　　　单位：元

| 项　　目 | 行　次 | 本期金额 | 上期金额 |
|---|---|---|---|
| 一、收入 | | | |
| 主营业务收入 | | | |
| 其他业务收入 | | | |
| 其他收益 | | | |
| 投资收益(损失以"－"号填列) | | | |
| 净敞口套期收益(损失以"－"号填列) | | | |
| 公允价值变动收益(损失以"－"号填列) | | | |
| 资产处置收益(损失以"－"号填列) | | | |
| 营业外收入 | | | |
| 收入合计 | | | |
| 二、费用 | | | |
| 主营业务成本 | | | |
| 其他业务成本 | | | |
| 税金及附加 | | | |
| 销售费用 | | | |
| 管理费用 | | | |

(续表)

| 项　　目 | 行　次 | 本期金额 | 上期金额 |
|---|---|---|---|
| 研发费用 | | | |
| 财务费用 | | | |
| 资产减值损失 | | | |
| 信用减值损失 | | | |
| 营业外支出 | | | |
| 所得税费用 | | | |
| 费用合计 | | | |
| 三、净利润 | | | |

单步式利润表具有的优点是编制方法简单，收入与费用归类清楚，初学者易掌握。但也存在一定的不足之处，收入与费用不能配比，无法揭示企业利润构成中各要素之间的联系，把企业的收入和费用绞在一起，这样不便于信息使用者利用报表对企业的经营成果进行评价与分析。因此，单步式的利润表只适用于业务比较简单的某些行业。

（二）多步式利润表

多步式利润表也是以"收入－费用＝利润"这一公式为理论基础，但它是按照利润的构成内容分多个层次来计算利润而编成的一种报表。表中根据企业经营活动的主次关系和经营活动对利润的影响程度进行排列编制，把企业的经营利润与非经营利润按照收入与费用配比的原则分开列示，得出一些中间利润指标，反映了净利润形成各要素之间的内在联系。多步式利润表的格式如表9.9所示。

表 9.9　　　　　　　　　　　　利　润　表　　　　　　　　　　会企 02 表

编制单位：　　　　　　　　　　　年　月　　　　　　　　　　　　单位：元

| 项　　目 | 本　期　金　额 | 上　期　金　额 |
|---|---|---|
| 一、营业收入 | | |
| 减：营业成本 | | |
| 　　税金及附加 | | |
| 　　销售费用 | | |
| 　　管理费用 | | |
| 　　研发费用 | | |
| 　　财务费用 | | |
| 　　　其中：利息费用 | | |
| 　　　　　　利息收入 | | |
| 　　资产减值损失 | | |

（续表）

| 项　　　　　目 | 本　期　金　额 | 上　期　金　额 |
|---|---|---|
| 　信用减值损失 | | |
| 加：其他收益 | | |
| 　　投资收益（损失以"－"号填列） | | |
| 　　　其中：对联营企业和合营企业的投资收益 | | |
| 　　净敞口套期收益（损失以"－"号填列） | | |
| 　　公允价值变动收益（损失以"－"号填列） | | |
| 　　资产处置收益（损失以"－"号填列） | | |
| 二、营业利润（亏损以"－"号填列） | | |
| 加：营业外收入 | | |
| 减：营业外支出 | | |
| | | |
| 三、利润总额（亏损总额以"－"号填列） | | |
| 减：所得税费用 | | |
| 四、净利润（净亏损以"－"号填列） | | |
| 　（一）持续经营净利润（净亏损以"－"号填列） | | |
| 　（二）终止经营净利润（净亏损以"－"号填列） | | |
| 五、其他综合收益的税后净额 | | |
| 　（一）不能重分类进损益的其他综合收益 | | |
| 　　1. 重新计量设定受益计划变动额 | | |
| 　　2. 权益法下不能转损益的其他综合收益 | | |
| 　　3. 其他权益工具投资公允价值变动 | | |
| 　　4. 企业自身信用风险公允价值变动 | | |
| 　　…… | | |
| 　（二）将重分类进损益的其他综合收益 | | |
| 　　1. 权益法下可转损益的其他综合收益 | | |
| 　　2. 其他债权投资公允价值变动 | | |
| 　　3. 金融资产重分类计入其他综合收益的金额 | | |
| 　　4. 其他债权投资信用减值准备 | | |
| 　　5. 现金流量套期储备 | | |
| 　　6. 外币财务报表折算差额 | | |
| 　　…… | | |

(续表)

| 项　　　目 | 本 期 金 额 | 上 期 金 额 |
|---|---|---|
| 六、综合收益总额 | | |
| 七、每股收益： | | |
| 　（一）基本每股收益 | | |
| 　（二）稀释每股收益 | | |

多步式利润表具有的优点是按照利润的性质分步计算有关利润指标（如：营业利润、利润总额、净利润），利润表中的收入和费用合理配比，揭示了利润表中各要素之间的内在联系，有利于信息使用者利用这些指标分析与评价企业的经营业绩，预测企业盈利能力的变化趋势。但是，多步式利润表也存在一定的不足，它编制时方法比较复杂，过程较烦琐，其内容较难理解。尽管如此，世界上较多的国家都采用多步式的利润表，根据中国的国情，我国在《企业会计准则》中规定采用多步式结构来编制利润表。

### 三、利润表的编制方法

（一）编制利润表的资料来源

利润表是一张动态的报表，它要反映企业在某一期间经营成果，因此，其数据来源主要是损益类账户的本期发生额和上期利润表中的"本期金额"栏内的数据。

（二）利润表的填制方法

利润表中所有的项目都是根据上期的利润表和损益类总分类账户的本期发生额直接或计算和分析后填列。利润表通常分为"本期金额"和"上期金额"两栏，以反映两个不同的报告期有关的利润指标构成的情况，通过不同期间相同指标的比较，使信息使用者了解与分析企业经营业绩的变化趋势。其填列方法主要有以下几种：

1. "上期金额"的列报方法

利润表中"上期金额"栏内各项数字，应根据上年同期利润表"本期金额"栏内所列数字填列。

2. "本期金额"栏的列报方法

利润表"本期金额"栏内各项数字一般应根据损益类总分类账户的本期发生额分析填列：

（1）根据有关损益类总分类账户的本期借方或贷方发生额净额直接填列。在利润表中绝大部分项目都是直接根据总分类账户中损益类账户的本期借方或贷方的发生额净额直接填列的。如：税金及附加、销售费用、管理费用、财务费用、资产减值损失、公允价值变动收益、营业外收入、营业外支出、所得税费用等账户的发生额净额。

（2）根据有关损益类总分类账户的本期借方或贷方发生额相加之和填列。在利润表中有些项目与账户名称不一致时，应根据该项目的性质与有关损益类科目之间的关系,由两个以上的损益类总分类账户发生额相加之和来填列。例如:"营业收入"项目,应根据"主营业务收入""其他业务收入"两个总分类账户的贷方发生额净额相加之后的数据填列。

(3) 根据利润表中自身的项目计算后再填列。在利润表中有的项目是根据已填列的数据计算后的结果填列的,提供一些中间性的利润指标,有利于信息使用者全面地分析企业的经营成果构成。如:营业利润、利润总额、净利润等项目都是根据利润表中的数据再计算填列的。

(4) 根据利润表中的净利润及其他有关因素计算后填列。在利润表中"基本每股收益""稀释每股收益"等项目,就是根据净利润及其他有关因素计算后填列的。

(三) 利润表中"本期金额"栏中主要项目的具体填列方法

1. "营业收入"项目

"营业收入"项目,反映企业经营主要业务和其他业务所确认的收入总额。本项目应根据"主营业务收入"及"其他业务收入"总分类账户的发生额净额相加填列。

2. "营业成本"项目

"营业成本"项目,反映企业经营主要业务和其他业务所发生的成本总额。本项目应根据"主营业务成本"及"其他业务成本"总分类账户的发生额净额相加填列。

3. "税金及附加"项目

"税金及附加"项目,反映企业经营业务应负担的消费税、城市维护建设税、资源税、土地增值税和教育费附加等。本项目应根据"税金及附加"总分类账户的发生额净额填列。

4. "销售费用"项目

"销售费用"项目,反映企业在销售商品过程中发生的包装费、广告费等费用和为销售本企业商品而专设的销售机构的职工薪酬、业务费等经营费用。本项目应根据"销售费用"总分类账户的发生额净额填列。

5. "管理费用"项目

"管理费用"项目,反映企业为组织和管理生产经营发生的管理费用。本项目应根据"管理费用"总分类账户的发生额净额填列。

6. "研发费用"项目

"研发费用"项目,反映企业进行研究与开发过程中发生的费用化支出,以及计入管理费用的自行开发无形资产的摊销。该项目应根据"管理费用"科目下的"研究费用"明细科目的发生额,以及"管理费用"科目下的"无形资产摊销"明细科目的发生额分析填列。

7. "财务费用"项目

"财务费用"项目分两种情况:

(1) "财务费用"项目下的"利息费用"项目,反映企业为筹集生产经营所需资金等而发生的应予费用化的利息支出。该项目应根据"财务费用"科目的相关明细科目的发生额分析填列。该项目作为"财务费用"项目的其中项,以正数填列。

(2) "财务费用"项目下的"利息收入"项目,反映企业按照相关会计准则确认的应冲减财务费用的利息收入。该项目应根据"财务费用"科目的相关明细科目的发生额分析填列。该项目作为"财务费用"项目的其中项,以负数填列。

8."资产减值损失"项目

"资产减值损失"项目,反映企业各项资产发生的减值损失。本项目应根据"资产减值损失"总分类账户的发生额净额填列。

9."信用减值损失"项目

"信用减值损失"项目,反映企业按照《企业会计准则第22号——金融工具确认和计量》(财会〔2017〕7号)的要求计提的各项金融工具信用减值准备所确认的信用损失。该项目应根据"信用减值损失"科目的发生额分析填列。

10."其他收益"项目

"其他收益"项目,反映计入其他收益的政府补助,以及其他与日常活动相关且计入其他收益的项目。该项目应根据"其他收益"科目的发生额分析填列。企业作为个人所得税的扣缴义务人,根据《中华人民共和国个人所得税法》收到的扣缴税款手续费,应作为其他与日常活动相关的收益在该项目中填列。

11."投资收益"项目

"投资收益"项目,反映企业以各种方式对外投资所取得的收益。本项目应根据"投资收益"总分类账户的贷方发生额净额填列;若"投资收益"总分类账户为借方发生额净额,即为投资损失,此时,本项目以"一"号填列。

12."公允价值变动收益"项目

"公允价值变动收益"项目,反映企业应当计入当期损益的资产或负债公允价值变动收益。本项目应根据"公允价值变动损益"总分类账户的贷方发生额净额填列;若"公允价值变动损益"总分类账户为借方发生额净额,即为公允价值变动损失,此时,本项目以"一"号填列。

13."资产处置收益"项目

"资产处置收益"项目,反映企业出售划分为持有待售的非流动资产(金融工具、长期股权投资和投资性房地产除外)或处置组(子公司和业务除外)时确认的处置利得或损失,以及处置未划分为持有待售的固定资产、在建工程、生产性生物资产及无形资产而产生的处置利得或损失。债务重组中因处置非流动资产(金融工具、长期股权投资和投资性房地产除外)产生的利得或损失和非货币性资产交换中换出非流动资产(金融工具、长期股权投资和投资性房地产除外)产生的利得或损失也包括在本项目内。该项目应根据"资产处置损益"科目的发生额分析填列;如为处置损失,以"一"号填列。

14."营业利润"项目

"营业利润"项目,反映企业实现的营业利润。本项目是根据表中自身项目加减后的数额填列。如为亏损,本项目以"一"号填列。

15."营业外收入"项目

"营业外收入"项目,反映企业发生的与经营业务无直接关系的各项收入。本项目应根据"营业外收入"总分类账户的发生额净额填列。

16."营业外支出"项目

"营业外支出"项目,反映企业发生的与经营业务无直接关系的各项支出。本项目应根据"营业外支出"总分类账户的发生额净额填列。

17."利润总额"项目

"利润总额"项目,反映企业实现的利润。本项目是根据表中自身项目"营业利润＋营业外收入－营业外支出"项目的数额填列。如为亏损,本项目以"－"号填列。

18."所得税费用"项目

"所得税费用"项目,反映企业应从当期应纳税所得额中扣缴的所得税费用。本项目应根据"所得税费用"总分类账户的发生额净额填列。

19."净利润"项目

"净利润"项目分两种情况:"持续经营净利润"和"终止经营净利润"项目,分别反映净利润中与持续经营相关的净利润和与终止经营相关的净利润;如为净亏损,以"－"号填列。该两个项目应按照《企业会计准则第 42 号——持有待售的非流动资产、处置组和终止经营》的相关规定分别列报。

20."其他综合收益的税后净额"项目

"其他综合收益的税后净额"项目分两种情况:"不能重分类进损益的其他综合收益"和"将重分类进损益的其他综合收益"。

21."综合收益总额"项目

"综合收益总额"项目,反映企业在某一期间除与所有者以其所有者身份进行的交易之外的其他交易或事项所引起的所有者权益变动,它是企业净利润与其他综合收益的合计金额。

22."每股权益"项目

"每股权益"项目分两种情况:"基本每股权益"和"稀释每股权益"项目,是反映普通股或潜在普通股已公开交易的企业,以及正处于公开发行普通股或潜在普通股过程中的企业,所列示的每股权益信息。具体的计算、填列方法参见《企业会计准则第 34 号——每股收益》中的规定。

(四)多步式利润表中主要项目的计算公式

多步式利润表主要按照三个步骤来编制,在这三个步骤中主要用以下公式计算出企业的营业利润、利润总额和净利润三个指标,其计算公式见第八章第三节。

## 四、利润表具体编制方法举例

(一)月报编制

【例 9.3】根据以下资料,编制 12 月份利润表。

1. 资料

赣昌股份有限公司试算平衡表(表 9.6)及有关损益类账户的发生额净额。

2. 要求

根据上述资料,编制赣昌股份有限公司 2019 年 12 月份月度利润表。

赣昌股份有限公司 2019 年 12 月份月度利润表,如表 9.10 所示。

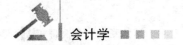

表 9.10　　　　　　　　　　　利　润　表　　　　　　　　　　企业 02 表
编制单位：赣昌股份有限公司　　　2019 年 12 月　　　　　　　　　单位：元

| 项　　目 | 本　月　数 | 上　期　数 |
|---|---|---|
| 一、营业收入 | 2 805 000.00 | 略 |
| 减：营业成本 | 1 555 000.00 | |
| 　　税金及附加 | 50 000.00 | |
| 　　销售费用 | 60 000.00 | |
| 　　管理费用 | 417 350.00 | |
| 　　财务费用 | 4 307.50 | |
| 　　资产减值损失 | 30 000 | |
| 加：公允价值变动收益(损失以"—"号填列) | — | |
| 　　投资收益(损失以"—"号填列) | 84 000.00 | |
| 　　　其中：资产处置收益 | 84 000 | |
| 二、营业利润(亏损以"—"号填列) | 772 342.50 | |
| 加：营业外收入 | 120 000.00 | |
| 减：营业外支出 | 142 400.00 | |
| 　　　其中：非流动资产处置损失 | | |
| 三、利润总额(亏损总额以"—"号填列) | 749 942.50 | |
| 减：所得税费用 | 187 485.63 | |
| 四、净利润(净亏损以"—"号填列) | 562 456.87 | |
| 五、每股收益： | | |
| 　　(一)基本每股收益 | | |
| 　　(二)稀释每股收益 | | |
| 六、其他综合收益 | | |
| 七、综合收益总额 | 562 456.87 | |

注：表 9.10 中的利润表有关项目的数据计算过程如下：

(1) 营业收入＝12 月主营业务收入＋12 月其他业务收入＝2 045 000＋400 000＝2 805 000(元)

(2) 营业成本＝12 月主营业务成本＋12 月其他业务成本＝1 375 000＋180 000＝1 555 000(元)

(3) 营业利润＝12 月营业收入－12 月营业成本－12 月税金及附加－12 月销售费用－12 月管理费用－12 月财务费用－12 月资产减值损失＋12 月公允价值变动收益(或－公允价值变动损失)＋12 月投资收益(或－投资损失)＝2 805 000－1 555 000－50 000－60 000－417 350－4 307.5－30 000＋84 000＝772 342.5(元)

(4) 利润总额＝12月营业利润＋12月营业外收入－12月营业外支出＝718 942.5＋120 000－142 400＝749 942.5(元)

(5) 净利润＝利润总额－月所得税费用＝749 942.5－187 485.63＝562 456.87(元)

（二）年报编制

因1—11月份有关收入和费用的累计发生净额未提供，因而无法编制。需要注意的是，利润表的年报不能用12月份的利润表代替。

## 第三节　现金流量表

### 一、现金流量表的概述

（一）现金流量表的概念

现金流量表，是反映企业一定会计期间现金和现金等价物流入和流出情况的报表。如，企业销售商品、提供劳务、出售固定资产、向银行借款等取得的现金，形成企业的现金流入；购买原材料、购进固定资产、对外投资等支付的现金，形成现金流出。因此，现金流量表是一张反映企业现金流量情况的报表，它反映企业一定会计期间内有关现金和现金等价物的流入和流出信息，它是以现金为基础编制的反映企业财务状况变动的报表。

现金流量表中的"现金"概念与我们在会计核算中"库存现金"的概念是不完全相同的，它包括"现金"和"现金等价物"两部分。

1. 现金

现金，是指企业库存现金以及可以随时用于支付的存款。不能随时用于支付的存款不属于现金。主要包括：库存现金、银行存款和其他货币资金。

（1）库存现金。库存现金是指企业持有的可随时用于支付的现金，它与会计核算中"库存现金"总分类账户所包括的内容一致。

（2）银行存款。银行存款是指企业存在金融机构的可随时用于支付的存款，它与会计核算中"银行存款"总分类账户所包括的内容基本一致。但也不完全一样，它不包括不能随时用于支付的存款。

（3）其他货币资金。与"其他货币资金"总分类账户核算内容一致。

2. 现金等价物

现金等价物，是指企业持有的期限短、流动性强、易于转换为已知金额现金、价值变动风险很小的投资。其中，"期限短"一般是指从购买日起三个月内到期。现金等价物虽然不是现金，但其支付能力与现金差别不大，可以视为现金。现金等价物的概念，包含了判断一项投资是否属于现金等价物的四个条件，即：① 期限短；② 流动性强；③ 易于转换为已知金额的现金；④ 价值变动风险很小。

3. 现金流量

现金流量是指现金的流入量和现金的流出量。根据企业生产经营活动的性质和现金流量的来源,在现金流量表准则中把企业一定期间产生的现金流量分为三类:经营活动产生的现金流量、投资活动产生的现金流量、筹资活动产生的现金流量。

(1) 经营活动产生的现金流量。经营活动是指企业投资活动和筹资活动以外的所有交易和事项。就工商企业而言,经营活动主要包括:销售商品、提供劳务、经营租赁、购买商品、接受劳务、广告宣传、推销产品、支付费用等。可见,经营活动产生的现金流量包括现金的流入量和现金的流出量。

(2) 投资活动产生的现金流量。投资活动指企业长期资产的购建和不包括在现金等价物范围内的投资及其处置活动。长期资产是指固定资产、无形资产、在建工程、其他资产等,持有期限在一年或一个经营周转期以上的资产。这里所说的投资活动既包括实物资产投资,也包括金融资产投资。可见,投资活动产生的现金流量包括现金的流入量和现金的流出量。

(3) 筹资活动产生的现金流量。筹资活动是指导致企业资本及债务规模和构成发生变化的活动。这里所说的资本,既包括实收资本(或股本),也包括资本溢价(或股本溢价);这里所说的债务,是指对外举债,包括向银行借款、发行债券以及偿还债务等。可见,筹资活动产生的现金流量包括现金的流入量和现金的流出量。

(4) 现金净流量。现金净流量是指一定会计期间内企业全部现金流入量与全部现金流出量的差额,即现金及现金等价物的净增加额。

现金净流量的形成及其与现金流量之间的关系可用图 9.1 表示:

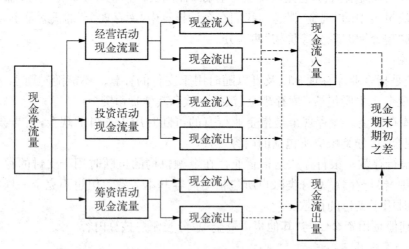

图 9.1 现金净流量的形成及其与现金流量之间的关系图示

### (二) 现金流量表的作用

**1. 现金流量表有利于判断企业财务管理水平高低**

在激烈的市场竞争中,一个企业的现金流转情况往往会影响到一个企业的命运。企业有充裕的现金就能保证企业的生产与经营活动正常地进行,反之,企业现金周转不灵,将会影响企业的生产经营活动,甚至危及企业的生存与发展。因此,信息的使用者除了关心企业的资产负债表、利润表等有关信息外,对企业的现金流量也很关注,现金流量表已成为判断企业财务管理水平高低的一个重要标志。

2. 有利于推测企业未来现金流量的趋势

编制现金流量表的主要目的是为财务报表的使用者提供企业在一定时期内现金及现金等价物流入和流出的信息,以便信息使用者了解和评价企业获取现金和现金等价物的能力,据以推测企业未来现金流量的趋势。

3. 有利于判断公司目前的财务状况以及未来的偿债能力和派现能力

利润表列报了公司一定时期实现的净利润,但未揭示其与现金流量的关系,资产负债表提供了公司货币资金期末与期初的增减变化,但未揭示其变化的原因。而现金流量表如同桥梁沟通了上述两张报表的会计信息,使上市公司的对外财务报表体系进一步完善,向投资者与债权人提供更全面、有用的信息,可以使信息使用者据此判断公司目前的财务状况以及未来的偿债能力和派现能力,从而作出正确决策。

### (三) 现金流量表编制的基础及理论依据

1. 现金流量表编制的基础

现金流量表是以"现金"及"现金等价物"为基础编制的,划分为经营活动、投资活动、筹资活动三部分,按照收付实现制的基础来编制,必须将权责发生制下的盈利信息调整为收付实现制下的现金流量信息。

2. 现金流量表编制的理论依据

通过前面的学习我们知道,编制资产负债表的理论依据是"资产＝负债＋所有者权益",编制利润表的理论依据是"收入－成本费用＝利润"。那么,现金流量表应该根据什么理论依据编制呢？如果我们把现金及现金等价物归到一起,设立一个综合账户,那么,这个账户应该属于资产类账户。资产类账户余额计算的关系式见式(9.1)：

$$期末余额 = 期初余额 + 借方发生额 - 贷方发生额 \qquad (9.1)$$

式(9.1)移项后为式(9.2)：

$$借方发生额 - 贷方发生额 = 期末余额 - 期初余额 \qquad (9.2)$$

在式(9.2)中,借方发生额即为现金流入,贷方发生额即为现金流出,期末余额与期初余额之差,即为现金净增加额。这样,公式(9.2)就可以变为式(9.3)：

$$现金流入 - 现金流出 = 现金净增加额 \qquad (9.3)$$

这就是编制现金流量表的基本恒等式,我们在实际工作中就是以该等式作为设计与编制现金流量表的理论依据。

## 二、现金流量表的内容与结构

我国的现金流量表采用报告式结构,分为正表和附注(补充资料)两部分。

我国一般企业现金流量表的内容及格式如表 9.11、表 9.12 所示。

### (一) 现金流量表正表内容及格式

正表包括六项内容：① 经营活动产生的现金流量；② 投资活动产生的现金流量；

③ 筹资活动产生的现金流量；④ 汇率变动对现金及现金等价物的影响；⑤ 现金及现金等价物的净增加额；⑥ 期末现金及现金等价物余额。

现金流量表正表部分的内容与结构如表 9.11 所示。

表 9.11　　　　　　　　　　　　现 金 流 量 表　　　　　　　　　　会企 03 表
编制单位：　　　　　　　　　　　　　　年　月　　　　　　　　　　　　　单位：元

| 项　　　目 | 本 期 金 额 | 上 期 金 额 |
| --- | --- | --- |
| 一、经营活动产生的现金流量： | | |
| 销售商品、提供劳务收到的现金 | | |
| 收到的税费返还 | | |
| 收到其他与经营活动有关的现金 | | |
| 经营活动现金流入小计 | | |
| 购买商品、接受劳务支付的现金 | | |
| 支付给职工以及为职工支付的现金 | | |
| 支付的各项税费 | | |
| 支付其他与经营活动有关的现金 | | |
| 经营活动现金流出小计 | | |
| 经营活动产生的现金流量净额 | | |
| 二、投资活动产生的现金流量： | | |
| 收回投资收到的现金 | | |
| 取得投资收益收到的现金 | | |
| 处置固定资产、无形资产和其他长期资产收回的现金净额 | | |
| 处置子公司及其他营业单位收到的现金净额 | | |
| 收到其他与投资活动有关的现金 | | |
| 投资活动现金流入小计 | | |
| 购建固定资产、无形资产和其他长期资产支付的现金 | | |
| 投资支付的现金 | | |
| 取得子公司及其他营业单位支付的现金净额 | | |
| 支付其他与投资活动有关的现金 | | |
| 投资活动现金流出小计 | | |
| 投资活动产生的现金流量净额 | | |
| 三、筹资活动产生的现金流量： | | |
| 吸收投资收到的现金 | | |

(续表)

| 项　　目 | 本期金额 | 上期金额 |
|---|---|---|
| 取得借款收到的现金 | | |
| 收到其他与筹资活动有关的现金 | | |
| 筹资活动现金流入小计 | | |
| 偿还债务支付的现金 | | |
| 分配股利、利润或偿付利息支付的现金 | | |
| 支付其他与筹资活动有关的现金 | | |
| 筹资活动现金流出小计 | | |
| 筹资活动产生的现金流量净额 | | |
| 四、汇率变动对现金及现金等价物的影响 | | |
| 五、现金及现金等价物净增加额 | | |
| 加：期初现金及现金等价物余额 | | |
| 六、期末现金及现金等价物余额 | | |

（二）现金流量表附注的内容与格式

附注（补充资料）包括三部分内容：① 将净利润调整为经营活动现金流量；② 不涉及现金收支的重大投资和筹资活动；③ 现金及现金等价物净变动情况。

我国的现金流量表附注（补充资料）部分的内容与结构如表 9.12 所示。

表 9.12　　　　　　　　　　　　　现金流量表附注

| 补　充　资　料 | 本期金额 | 上期金额 |
|---|---|---|
| 1. 将净利润调节为经营活动现金流量： | | |
| 净利润 | | |
| 加：资产减值准备 | | |
| 固定资产折旧、油气资产折耗、生产性生物资产折旧 | | |
| 无形资产摊销 | | |
| 长期待摊费用摊销 | | |
| 处置固定资产、无形资产和其他长期资产的损失（收益以"－"号填列） | | |
| 固定资产报废损失（收益以"－"号填列） | | |
| 公允价值变动损失（收益以"－"号填列） | | |
| 财务费用（收益以"－"号填列） | | |

（续表）

| 补 充 资 料 | 本 期 金 额 | 上 期 金 额 |
| --- | --- | --- |
| 投资损失（收益以"－"号填列） | | |
| 递延所得税资产减少（增加以"－"号填列） | | |
| 递延所得税负债增加（减少以"－"号填列） | | |
| 存货的减少（增加以"－"号填列） | | |
| 经营性应收项目的减少（增加以"－"号填列） | | |
| 经营性应付项目的增加（减少以"－"号填列） | | |
| 其他 | | |
| 经营活动产生的现金流量净额 | | |
| 2. 不涉及现金收支的重大投资和筹资活动： | | |
| 债务转为资本 | | |
| 一年内到期的可转换公司债券 | | |
| 融资租入固定资产 | | |
| 3. 现金及现金等价物净变动情况： | | |
| 现金的期末余额 | | |
| 减：现金的期初余额 | | |
| 加：现金等价物的期末余额 | | |
| 减：现金等价物的期初余额 | | |
| 现金及现金等价物净增加额 | | |

## 三、现金流量表编制方法及程序

（一）现金流量表编制方法

我国企业会计准则中规定，企业编制现金流量表正表部分采用直接法编制，附注（补充资料）部分采用间接法编制。

1. 直接法

直接法要求在现金流量表中通过现金流入量或现金流出量来计算和表达经营活动现金流量信息，也就是直接表现经营活动现金的来源渠道和用途。采用直接法编制的现金流量表，便于分析企业经营活动现金流量的来源与用途，有利于分析企业未来现金流量的前景。

2. 间接法

间接法是指以本期净利润为起点，调整不涉及现金的收入、费用、营业外收支以及应收应付等项目的增减变动，据此计算并列报经营活动的现金流量。采用间接法编制现金流量表，便于对净利润与经营活动现金净流量进行比较，了解净利润与经营活动现金流量差异的原因，从现金流量的角度分析净利润的质量。

(二) 现金流量表编制程序

在具体编制现金流量表时,可以采用工作底稿法或T形账户法,也可以简化地根据有关账户记录分析填列。下面介绍工作底稿法、T形账户法及简化方法(分析法)编制现金流量表的程序。

1. 工作底稿法

采用工作底稿法编制现金流量表,是以工作底稿为手段,以资产负债表和利润表数据为基础,对每一项目进行分析并编制调整分录,从而编制现金流量表。工作底稿法的程序是:

第一步,将资产负债表的期初数和期末数填入工作底稿的期初数栏和期末数栏。

第二步,对当期业务进行分析并编制调整分录。编制调整分录时,要以利润表的项目为基础,从"营业收入"开始,结合资产负债表项目逐一进行分析。在调整分录中,有关现金和现金等价物的事项,并不直接借记或贷记现金,而是分别计入"经营活动产生的现金流量""投资活动产生的现金流量""筹资活动产生的现金流量"有关项目。借记表示现金流入,贷记表示现金流出。

第三步,将调整分录填入工作底稿中的相应部分。

第四步,核对调整分录,借方、贷方合计数均已经相等,资产负债表项目期初数加减调整分录中的借贷金额以后,也等于期末数。

第五步,根据工作底稿中的现金流量表项目部分编制正式的现金流量表。

2. T形账户法

采用T形账户法编制现金流量表,是以T形账户为手段,以资产负债表和利润表数据为基础,对每一项目进行分析并编制调整分录,从而编制现金流量表。T形账户法的程序是:

第一步,为所有的非现金项目(包括资产负债表项目和利润表项目)分别开设T形账户,并将各自的期末、期初变动数过入各相关账户。如果项目的期末数大于期初数,则将差额填入和项目余额相同的方向;反之,填入相反的方向。

第二步,开设一个大的"现金及现金等价物"T形账户,每边分为经营活动、投资活动和筹资活动三个部分,左边记现金流入,右边记现金流出。与其他账户一样,过入期末期初变动数。

第三步,以利润表的项目为基础,结合资产负债表分析每一个非现金项目的增减变动,并据此编制调整分录。

第四步,将调整分录过入各T形账户并进行核对,该账户借贷相抵后的余额与原先过入的期末期初变动数应当一致。

第五步,根据大的"现金及现金等价物"T形账户编制正式的现金流量表。

3. 简化方法(分析法)

除以上两种方法外,在实际工作中对经济业务不多且不复杂的企业通常采用简化的方法来分析编制,其具体程序如下:

第一步,分析涉及现金流量的账户,即现金和银行存款变化的原因。

第二步,对现金流量进行分析和汇总。

第三步,把分析、汇总的结果直接填登入现金流量的主表中。

第四步,对净利润进行分析,调整为经营活动现金流量。

## 第四节　所有者权益变动表

### 一、所有者权益变动表概述

#### (一) 所有者权益变动表的概念
所有者权益变动表是反映构成企业所有者权益的各组成部分当期的增减变动情况的报表。

#### (二) 所有者权益变动表的作用
它能全面地反映企业一定时期所有者权益变动的情况，不仅包括所有者权益总量的增减变动情况，还包括所有者权益变动的重要结构方面的信息，特别是能反映企业直接计入所有者权益的利润和损失，让报表的使用者能准确了解企业所有者权益增减变动的原因。

#### (三) 所有者权益变动表编制的理论依据
所有者权益变动表编制的理论依据目前没有定论，但它是一张动态报表，即时期报表，主要用来反映企业所有者权益的各个组成部分的当期增减变动情况、综合收益以及提供所有者权益变动的信息。

### 二、所有者权益变动表的格式及内容

#### (一) 所有者权益变动表的格式
所有者权益变动表为了能清楚地表明构成所有者权益的各组成部分当期的增减变动情况，采用矩阵的形式列示。采用这种格式，一方面能列示导致所有者权益变动的交易或事项，从而改变了按所有者权益组成部分反映其变动情况的传统方式，实行按照所有者权益的来源对其一定时期的变动情况进行全面的反映；另一方面，依然可以按照所有者权益的各组成部分〔包括"实收资本（或股本）""其他权益工具""库存股""其他综合收益""资本公积""盈余公积""未分配利润"〕及其总额列示交易或事项来反映所有者权益的变化；再者，所有者权益变动表还把各个构成项目分为"本年金额"和"上年金额"两栏来反映，从而达到不同的时期数相比较的目的，有利于信息使用者分析与决策。

#### (二) 所有者权益变动表的主要内容
所有者权益变动表的内容主要有：
(1) 上年年末余额；
(2) 本年年初余额；
(3) 会计决策变更和前期差错更正的金额；
(4) 本年增减变动金额（减少以"—"号填列）；
(5) 本年年末余额。

## 三、所有者权益变动表的填列方法

### (一) 编制所有者权益变动表的资料来源

所有者权益变动表是反映构成企业所有者权益增减变动情况的报表,因此,编制所有者权益变动表的资料来源主要是"实收资本(或股本)""其他权益工具""库存股""其他综合收益""资本公积""盈余公积""未分配利润"等账户的发生额和余额以及资产负债表和利润表中的相关数据。

### (二) 所有者权益变动表的一般填列方法

1. 上年金额栏的列报方法

所有者权益变动表中"上年金额"栏内各项数字,应根据上年度所有者权益变动表"本年金额"栏内所列数字填列。如果上年度所有者权益变动表规定的各个项目的名称和内容同本年度不相一致,应对上年度所有者权益变动表各项目的名称和数字按本年度的规定进行调整,填入所有者权益变动表"上年金额"栏内。

2. 本年金额栏的列报方法

所有者权益变动表"本年金额"栏内各项数字,一般应根据"实收资本(或股本)""其他权益工具""库存股""其他综合收益""资本公积""盈余公积""利润分配""以前年度损益调整"等总分类账户及其明细分类账户的发生额分析填列。

企业的净利润及其分配情况作为所有者权益变动的组成部分,不需要单独设置利润分配表列示。

# 第五节 财务报表分析

## 一、财务报表分析概述

### (一) 财务报表分析的概念

财务报表分析,又称财务分析或报表分析,是指相关主题以财务报表及相关资料为依据,采用专门的方法,系统地分析和评价企业过去和现在的经营成果、财务状况及其变动,据以帮助相关主体预测未来,改善决策。

进行财务报表分析的相关主体包括投资人、债权人、管理者(经理人员)、供应商、政府、雇员和工会、中介机构人员(注册会计师)等。本章主要阐述管理者的财务报表分析,这是因为管理者符合公司财务主体假设,而且管理者进行的财务分析涉及了其他使用人关心的主要问题。

### (二) 财务报表分析的作用

财务报表分析通过收集整理企业财务报表的有关数据,并结合其他有关的补充信息,对企业的财务状况、经营成果和现金流量情况进行综合比较与评价,为报表使用者提供决策依据,其作用主要有:

(1) 财务报表分析能合理评价企业经营者的经营业绩,通过财务报表分析,企业经营者可以确认企业的偿债能力、营运能力、盈利能力和现金流量等状况,合理地评价自己的经营业绩,并促进管理水平的提高。

(2) 财务报表分析是企业经营者实现理财目标的重要手段,通过报表分析,经营者能确认目前企业的状态,"拨开云雾见明月"确认不足,找出差距从各方面揭露矛盾,并不断挖掘潜力,充分认识未被利用的人力物力资源,促进企业经营活动按照企业价值最大化目标运行。

(3) 财务报表分析能为报表使用者做出决策提供有效依据。财务报表分析能帮助报表使用者正确评价企业的过去,全面了解企业现状,并有效地预测企业的未来发展,这就为其做出决策提供了有效的依据。

(4) 财务报表分析能为国家行政部门制定宏观政策提供依据。

## 二、财务报表分析内容

财务报表分析是由不同的使用者进行的,他们各自有不同的分析重点,也有共同的要求。从企业总体来看,财务报表分析的基本内容,主要包括以下三个方面:偿债能力分析、营运能力分析和盈利能力分析。

### (一) 偿债能力分析

偿债能力是指企业偿还到期债务(包括本息)的能力。分析主要是对企业的偿债能力、企业权益的结构进行分析,估量对债务资金的利用程度,偿债能力分析包括短期偿债能力和长期偿债能力两方面的分析。

1. 短期偿债能力分析

短期偿债能力,是指企业流动资产对流动负债及时足额偿还的保证程度,是衡量企业当期财务能力,尤其是流动资产变现能力的重要标志。

企业短期偿债能力的衡量指标主要有流动比率、速动比率和现金流动负债比率三项。

(1) 流动比率。流动比率是流动资产与流动负债的比值。一般说来,比率越高,说明企业资产的变现能力越强,短期偿债能力亦越强;反之则弱。一般认为流动比率应在 2:1 以上,流动比率 2:1,表示流动资产是流动负债的两倍,即使流动资产有一半在短期内不能变现,也能保证全部的流动负债得到偿还。其计算公式见式(9.4):

$$流动比率 = 流动资产 \div 流动负债 \qquad (9.4)$$

(2) 速动比率。速动比率是速动资产与流动负债的比值。速动资产是指流动资产扣除存货和预付款项后的金额。流动资产中扣除存货,是因为存货在流动资产中变现速度较慢,有些存货可能滞销,无法变现;至于预付款项则根本没有变现的能力。通常认为正常的速动比率为1。其计算公式见式(9.5):

$$速动比率 = 速动资产 \div 流动负债 \qquad (9.5)$$

(3) 现金比率。现金比率是现金资产与流动负债的比值。通过该比率分析,可了解维持公司运行、支撑公司发展所需要的大部分现金的来源,从而判别企业财务状况是否良好、公司运行是否健康。其计算公式见式(9.6)：

$$\text{现金比率} = (\text{货币资金} + \text{交易性金融资产}) \div \text{流动负债} \tag{9.6}$$

2. 长期偿债能力分析

长期偿债能力是指企业偿还长期债务的能力。衡量企业长期偿债能力主要就看企业资金结构是否合理、稳定以及企业长期盈利能力的大小。长期偿债能力分析主要借助资产负债率、长期资本负债率、产权比率、权益乘数、利息保障倍数等指标进行分析。

(1) 资产负债率。资产负债率是总负债占总资产的百分比，资产负债率反映在总资产中有多大比例是通过借债来筹资的，也可以衡量企业在清算时保护债权人利益的程度。其计算公式见式(9.7)：

$$\text{资产负债率} = (\text{总负债} \div \text{总资产}) \times 100\% \tag{9.7}$$

(2) 长期资本负债率。长期资本负债率是指非流动负债占长期资本的百分比。长期资本负债率反映企业的长期资本的结构，由于流动负债的数额经常变化，资本结构管理大多使用长期资本结构。长期资本包括非流动负债和股东权益。其计算公式见式(9.8)：

$$\text{长期资本负债率} = [\text{非流动负债} \div (\text{非流动负债} + \text{股东权益})] \times 100\% \tag{9.8}$$

(3) 产权比率。产权比率是负债总额与所有者权益总额的比率。它们是资产负债率的另外一种形式。其计算公式见式(9.9)：

$$\text{产权比率} = \text{总负债} \div \text{股东权益} \tag{9.9}$$

(4) 权益乘数。权益乘数又称股本乘数，是指资产总额相当于股东权益的倍数。它们是资产负债率的另外一种形式。其计算公式见式(9.10)：

$$\text{权益乘数} = \text{总资产} \div \text{股东权益} \tag{9.10}$$

(5) 利息保障倍数。利息保障倍数指的是息税前利润对利息费用的倍数，其计算公式见式(9.11)：

$$\begin{aligned}\text{利息保障倍数} &= \text{息税前利润} \div \text{利息费用} \\ &= (\text{净利润} + \text{利息费用} + \text{所得税费用}) \div \text{利息费用}\end{aligned} \tag{9.11}$$

【例9.4】承【例9.2】和【例9.3】编制的资产负债表和利润表，计算赣昌股份有限公司短期和长期偿债能力指标，以分析其偿债能力。

解：短期偿债能力分析，主要有三个指标：

(1) 流动比率 = 7 394 262.50 ÷ 4 255 505.63 = 1.74

(2) 速动比率 = 5 227 232.50 ÷ 4 255 505.63 = 1.23

其中：

速动资产 = 7 394 262.50 − 518 150 − 1 648 880 = 5 227 232.50(元)

(3) 现金比率 = 3 363 440 ÷ 4 255 505.63 = 0.79

长期偿债能力分析，主要有五个指标：

(1) 资产负债率＝5 136 505.63÷14 426 426.50×100％＝35.60％
(2) 期末长期资本负债率＝[881 000.00÷(881 000.00＋9 289 144.80)]×100％
　　　　　　　　　＝8.66％
(3) 产权比率＝5 136 505.63÷9 289 956.87×100％＝55.29％
(4) 权益乘数＝9 289 956.87÷5 136 505.63＝1.81
(5) 利息保障倍数因数据有限无法计算。

从上述指标可以看出，赣昌股份有限公司短期和长期偿债能力总体上非常强，但也从另一个侧面反映了该公司存在资金使用效率不高的问题，需要努力寻找机会进行投资。

### （二）营运能力分析

企业营运能力主要指企业营运资产的效率与效益。企业营运资产的效率主要指资产的周转率或周转速度。企业营运资产的效益通常是指企业的产出额与资产占用额之间的比率。营运能力分析主要是通过营运能力的指标来评价企业资产的营运能力，分析企业资产的分布情况和周转使用情况。包括：全部资产营运能力分析、流动资产营运能力分析和非流动资产营运能力分析。常见的营运能力的分析可通过以下指标体现。

**1. 应收账款周转率**

应收账款周转率是销售收入与应收账款的比率。它有三种表现形式：应收账款周转次数、应收账款周转天数和应收账款与收入比。一般来说，应收账款周转率越高，平均收现期越短，则说明应收账款收回越快。其计算公式见式(9.12)、式(9.13)、式(9.14)：

$$应收账款周转次数 = 销售收入 \div 应收账款 \quad (9.12)$$

$$应收账款周转天数 = 365 \div (销售收入 \div 应收账款) \quad (9.13)$$

$$应收账款与收入比 = 应收账款 \div 销售收入 \quad (9.14)$$

**2. 存货周转率**

存货周转率是销售收入与存货的比率，也有三种计量方式。一般来说，存货的周转速度越快，存货占用水平越低，流动性越强，存货转换成现金或应收账款的速度越快。其计算公式见式(9.15)、式(9.16)、式(9.17)：

$$存货周转次数 = 销售收入 \div 存货 \quad (9.15)$$

$$存货周转天数 = 365 \div (销售收入 \div 存货) \quad (9.16)$$

$$存货与收入比 = 存货 \div 销售收入 \quad (9.17)$$

**3. 流动资产周转率**

流动资产周转率是销售收入与流动资产的比率，也有三种计量方式。一般情况下，流动资产周转率越高，表明企业流动资产周转速度越快，利用越好。在较快的周转速度下，流动资产会相对节约，相当于流动资产投入的增加，在一定程度上增强了企业的盈利能力；而周转速度慢，则需要补充流动资金参加周转，会形成资金浪费，降低企业盈利能力。其计算公式见式(9.18)、式(9.19)、式(9.20)：

$$流动资产周转次数 = 销售收入 \div 流动资产 \quad (9.18)$$

$$流动资产周转天数 = 365 \div (销售收入 \div 流动资产) \quad (9.19)$$

流动资产与收入比＝流动资产÷销售收入 (9.20)

4. 非流动资产周转率

非流动资产周转率是销售收入与非流动资产的比率,也有三种计量方式。其计算公式见式(9.21)、式(9.22)、式(9.23):

非流动资产周转次数＝销售收入÷非流动资产 (9.21)

非流动资产周转天数＝365÷(销售收入÷非流动资产) (9.22)

非流动资产与收入比＝非流动资产÷销售收入 (9.23)

5. 总资产周转率

总资产周转率是销售收入与总资产的比率,也有三种计量方式。该指标反映总资产的周转速度,周转越快,反映销售能力越强。其计算公式见式(9.24)、式(9.25)、式(9.26):

总资产周转次数＝销售收入÷总资产 (9.24)

总资产周转天数＝365÷(销售收入÷总资产) (9.25)

总资产与收入比＝总资产÷销售收入 (9.26)

(三) 盈利能力分析

盈利能力是指企业获取利润的能力,也称为企业的资金或资本增值能力,通常表现为一定时期内企业收益数额的多少及其水平的高低。主要用来评价企业的盈利能力,分析企业利润目标的完成情况和不同年度盈利水平的变动情况。盈利能力指标主要包括营业利润率、成本费用利润率、盈余现金保障倍数、总资产报酬率、净资产收益率和资本收益率六项。实务中,上市公司经常采用每股收益、每股股利、市盈率、每股净资产等指标评价其获利能力。常见的盈利能力指标主要有:

1. 销售净利率

销售净利率是指净利润与销售收入的比了。其计算公式见式(9.27):

销售净利率＝(净利润÷销售收入)×100% (9.27)

2. 总资产净利率

总资产净利率是净利润与总资产的比率。它反映每一元总资产所创造的净利润。其计算公式见式(9.28):

总资产净利率＝(净利润÷总资产)×100% (9.28)

3. 权益净利率

权益净利率是净利润股东权益的比率,它反映每一元股东权益赚取的净利润,可以衡量企业的总体盈利能力。其计算公式见式(9.29):

权益净利率＝(净利润÷股东权益)×100% (9.29)

以上三个方面的分析内容互相联系、互相补充,可以综合地描述出企业生产经营的财务状况、经营成果和现金流量情况,以满足不同使用者对会计信息的基本需要。其中偿债能力是企业财务目标实现的稳健保证,而营运能力是企业财务目标实现的物质基础,盈利能力则是前两者共同作用的结果,同时也对前两者的增强其推动作用。

---章 内 知 识 点 衍 生---

### 市 价 比 率

市价比率包括：市盈率、市净率和市销率。

(1) 市盈率是指普通股每股市价与每股收益的比率，它反映普通股股东愿意为每一元净利润支付的价格。市盈率＝每股市价÷每股收益

(2) 市净率是指普通股每股市价与每股净资产的比率，它反映普通股股东愿意为每一元净资产支付的价格。市净率＝每股市价÷每股净资产

(3) 市销率是指普通每股市价与每股销售收入的比率，它反映普通股股东愿意为每一元销售收入支付的价格。市销率＝每股市价÷每股销售收入

## 三、财务报表分析方法

财务报表分析方法一般包括比率分析法、综合分析法、比较分析法和因素分析法等。

### （一）比率分析法

比率分析法是指利用财务报表中两项相关数值的比率来分析企业财务状况和经营成果的一种方法。比率分析法是财务报表分析的基本方法。其他的分析方法基本上是以财务比率分析法为基础的。

### （二）综合分析法

1. 综合分析法的含义

综合分析法是指将同一时期的多个财务比率综合在一起，按照财务比率的内在联系组成一个分析框架，用以发现企业财务状况和经营成果形成的主要原因和一般规律的方法。实际上，财务报表分析就是财务比率的综合分析。企业的所有财务活动是一个系统，反映财务活动结果的所有财务比率之间是相互联系、相互影响。

2. 综合分析法的分类

综合分析法可以分为杜邦系统分析法、沃尔评分法、现代综合评价法等。

(1) 杜邦系统分析法。杜邦分析以净资产收益率为核心，通过财务指标的内在联系，系统、综合的分析企业的盈利水平，具有很鲜明的层次结构，是典型的利用财务指标之间的关系对企业财务进行综合分析的方法。杜邦系统分析法是美国杜邦公司首创的一种财务综合分析方法，主要涉及盈利能力、资金周转能力和长期偿债能力三个方面的四个财务比率，并以此为基础进一步追踪至报表数据，从而分析权益净利率（盈利能力）发生增减变化的具体原因。

杜邦分析法中的主要的财务指标关系见式(9.30)、式(9.31)、式(9.32)：

$$净资产收益率＝资产净利率×权益乘数 \quad (9.30)$$

而：
$$资产净利率＝销售净利率×资产周转率 \quad (9.31)$$

即：
$$净资产收益率＝销售净利率×资产周转率×权益乘数 \quad (9.32)$$

净资产收益率的高低受到销售利润率、总资产周转率和权益乘数三个指标的影响,它们分别代表了企业盈利能力、营运能力和偿债能力三个方面的财务能力。杜邦分析体系经过层层分解,全面系统的反映出企业的财务状况和经营成果,并揭示了体系中各因素之间的关系。

(2) 沃尔评分法。沃尔评分法是财务状况综合评价的先驱者之一亚历山大·沃尔发明的一种财务综合分析方法。其基本原理是选择七种财务比率并分别给定它们在总评价中占的比重,然后将实际比率与确定的标准比率对比,评价每项财务比率的得分,最后求出总评分并评价企业的财务状况。

(3) 现代综合评价法。现代综合评价法是在沃尔评分法的基础上经过修正发展而来的一种财务综合分析方法。现代综合评价法与沃尔评分的区别在于选择了更多的财务比率以及不同的计分方法。

## 章后知识点总结

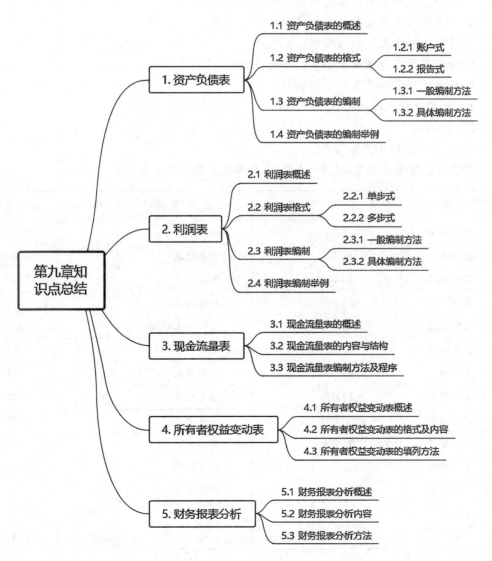

## 本章关键词

财务报表　资产负债表　利润表　现金流量表　所有者权益变动表　附注　财务报表分析

## 本章思考与练习

一、思考题

1. 财务报表的概念是什么？一套完整的财务报表应有哪些部分构成？
2. 财务报表有哪些作用？
3. 财务报表有哪几种分类？
4. 中期财务报表和年度财务报表的区别是什么？
5. 财务报表的编制要求是什么？
6. 什么是资产负债表？如何编制？
7. 什么是利润表？如何编制？
8. 什么是所有者权益变动表？如何编制？
9. 什么是现金流量表？如何编制？
10. 杜邦分析法的原理

二、小练习

（一）练习编制资产负债表

赣昌股份有限公司 2019 年 12 月 31 日各账户期末余额如下：

| 账户名称 | 借方 | 贷方 | 账户名称 | 借方 | 贷方 |
| --- | --- | --- | --- | --- | --- |
| 库存现金 | 2 000 | | 短期借款 | | 20 000 |
| 银行存款 | 31 600 | | 应付账款 | | 14 800 |
| 应收票据 | 40 000 | | 预收账款 | | 5 840 |
| 应收账款 | 55 200 | | 其他应付款 | | 400 |
| 预付账款 | 2 400 | | 应付职工薪酬 | | 4 400 |
| 其他应收款 | 1 200 | | 应付利息 | | 6 400 |
| 原材料 | 49 200 | | 长期借款 | | 36 000 |
| 库存商品 | 14 800 | | 应交税费 | | 28 000 |
| 在途物资 | 3 200 | | 实收资本 | | 120 000 |
| 固定资产 | 87 200 | | 资本公积 | | 8 000 |
| 累计折旧 | | 32 000 | 本年利润 | | 225 600 |
| 工程物资 | 76 048 | | 利润分配 | 132 752 | |
| 无形资产 | 5 840 | | 小计 | 132 752 | 469 440 |
| 小　　计 | 368 688 | 32 000 | 合　　计 | 501 440 | 501 440 |

要求：根据上述资料编制资产负债表。

(二) 根据以下资料填列资产负债表的部分项目

赣昌股份有限公司 2019 年 6 月 30 日全部总分类账户和有关明细分类账户的余额如下表：

单位：百元

| 总分类账户 | | | 明细分类账户 | | |
|---|---|---|---|---|---|
| 账户名称 | 借方余额 | 贷方余额 | 账户名称 | 借方余额 | 贷方余额 |
| 库存现金 | 6 000 | | | | |
| 银行存款 | 92 000 | | | | |
| 原材料 | 260 000 | | | | |
| 生产成本 | 32 000 | | | | |
| 库存商品 | 156 000 | | | | |
| 其他应收款 | 5 000 | | | | |
| 应收股利 | 15 000 | | | | |
| 应收利息 | 5 000 | | | | |
| 应交税费 | 128 000 | | | | |
| 应收账款 | 140 000 | | A 公司 | 160 000 | |
| | | | B 公司 | | 32 000 |
| | | | C 公司 | 12 000 | |
| 预付账款 | 128 000 | | D 公司 | 120 000 | |
| | | | E 公司 | | 24 000 |
| | | | F 公司 | 32 000 | |
| 应付账款 | | 250 000 | G 公司 | | 280 000 |
| | | | H 公司 | 36 000 | |
| | | | I 公司 | | 6 000 |
| 预收账款 | | 324 000 | J 公司 | | 200 000 |
| | | | K 公司 | 76 000 | |
| | | | L 公司 | | 200 000 |

要求：根据上述资料，计算月末资产负债表有关项目的金额。（不画表格，不必平衡）

(1) 货币资金＝

(2) 存货＝

(3) 应交税费＝

(4) 应收账款＝

(5) 预付款项＝

(6) 应付账款＝

(7) 预收款项＝

(8) 其他应收款＝

(三) 编制多步式利润表

赣昌股份有限公司 2019 年 12 月各损益类账户发生额净额如下：

| 账户名称 | 本年度累计发生额净额 |
| --- | --- |
| 主营业务收入 | 2 000 000 |
| 其他业务收入 | 200 000 |
| 投资收益 | －400 000 |
| 营业外收入 | 1 000 000 |
| 主营业务成本 | 1 200 000 |
| 税金及附加 | 160 000 |
| 其他业务成本 | 120 000 |
| 销售费用 | 80 000 |
| 管理费用 | 240 000 |
| 财务费用 | 60 000 |
| 营业外支出 | 40 000 |

要求：根据以上资料编制多步式利润表（所得税率为 25%，假定无纳税调整项目）。

(四) 练习利润表编制

赣昌股份有限公司 2019 年度损益类账户发生额净额如下：

| 账户名称 | 发生额净额 | 账户名称 | 发生额净额 |
| --- | --- | --- | --- |
| 主营业务收入 | 858 000（贷方） | 财务费用 | 16 000（借方） |
| 主营业务成本 | 408 000（借方） | 投资收益 | 6 000（借方） |
| 税金及附加 | 36 000（借方） | 营业外收入 | 28 000（贷方） |
| 销售费用 | 12 000（借方） | 营业外支出 | 14 400（借方） |
| 管理费用 | 68 000（借方） | 资产减值损失 | 19 920（借方） |
| 公允价值变动损益 | 20 800（贷方） | | |

该公司所得税税率为 25%，本月无纳税调整事项。

要求：根据上述资料编制利润表。

# 章 后 案 例

**案例名称：财务报表分析方法你会吗？**

**一、案例背景资料**

请自行从网上下载2019年海尔公司的资产负债表和利润表。

**二、案例分析要点**

1. 财务报表分析方法有哪几种？最常见的分析方法是什么？
2. 什么是杜邦分析法？其核心内容是什么？
3. 请根据下载的会计报表的数据，采用杜邦分析法计算海尔公司的各项财务指标。
4. 请根据所计算的财务指标，对海尔公司进行业绩评价。

# 参 考 书 目

[1] 全国人大常委会.中华人民共和国会计法[M].上海：立信会计出版社,2018.

[2] 中华人民共和国财政部.关于修订印发2019年度一般企业财务报表格式的通知[S].财会〔2019〕6号.

[3] 郭道扬.初级会计学[M].北京：经济科学出版社,2008.

[4] 夏冬林,秦玉熙.会计学——原理与方法(第2版)[M].北京：中国人民大学出版社,2017.

[5] 陈信元.会计学(第5版)[M].上海：上海财经大学出版社,2018.

[6] 刘永泽、陈文铭.会计学(第6版)[M].大连：东北财经大学出版社,2018.

[7] 张蕊.会计学原理(第6版)[M].北京：中国财经出版社,2019.

[8] （美）安东尼,（美）布赖特纳著.会计学精要[M].陈国欣译.北京：电子工业出版社,2003.

# 第十章 决策分析

---

**开篇案例**

### 大力度的价格战依靠的是什么？

提起格兰仕，人们想到的是其低价位的微波炉产品。公司成立于1978年，1992年进入微波炉行业，在1996年微波炉价格战中一举成名，之后又发动了一系列的大幅度降价行动，从而赢得了70%的市场份额。

2002年该公司有80亿元的销售额，员工总数13 000多人，其中，管理人员只有160名，销售人员也只有160名，相比之下，生产同类产品的其他企业，1 000多人的规模，管理人员也达到160名。公司坚持销售的现款现货原则，销售质量非常高，几乎没有坏账。极少贷款，财务费用极低。公司前几年的广告费用每年仅用10 000多万元，而销售额与该公司差不多的企业投入都在几亿元。通过这个案例，我们知道该公司是一家擅于进行内外部管理的公司，大力度的价格战背后肯定有相应的成本管理。在管理会计中成本是如何分类的？这样分类有什么意义呢？

---

[学习目的与要求]

学完本章后，你应该能够：
1. 理解并掌握成本按性态的分类。
2. 掌握混合成本的分解方法及其运用。
3. 掌握基本的损益方程式及其变换形式。
4. 掌握贡献毛益及盈亏临界点的含义和计算方法。
5. 理解不同成本概念在经营决策中的不同作用及其之间的联系。
6. 掌握短期决策分析的基本方法和运用条件。
7. 长期投资决策分析的评价指标及其运用。
8. 掌握长期投资决策的敏感性分析。

## 第一节 成本性态分析

对于企业的财务经理和其他管理人员而言，根据成本与业务量的依存关系分类，将成本分为随业务量增加的变动成本和不随业务量增加的固定成本至关重要,这将直接关系到企业业务分部的成本和盈利状况。

## 一、成本性态的含义

成本性态(cost behavior)也称成本习性,是指企业成本总额与业务总量(产量或销售量)之间的依存关系。对成本按性态进行划分可以说是管理会计这一学科的重要基石,它突破了传统财务会计成本分类的局限性,为企业管理好变动成本,从而降低总成本提供了可能性。

## 二、成本性态的分类

全部成本按性态分类可以分为固定成本(fixed cost)、变动成本(variable cost)和混合成本(mixed cost)三类。

### (一)固定成本

1. 固定成本的含义

固定成本是指在一定期间和一定业务量范围内,其总额不受业务量变动的影响而保持固定不变的成本,如厂房、建筑物按直线法计提的折旧费、行政管理人员的工资、机器设备租金、职工教育培训费等,其主要特点是:① 在一定时期的相关业务量范围内,固定成本总额不受业务量的变动而变动。② 在一定时期的相关业务量范围内,随着产量的增加,单位产品分摊的固定成本份额按反比例变动。

【例10.1】赣昌股份有限公司在生产过程中租用A设备,其月租金为10 000元。该设备的最大生产能力为5 000件/月,当该设备分别生产1 000件、3 000件和5 000件时,单位产品所负担的固定成本如表10.1所示。

表10.1　　　　　　固定成本随公司产量变化而变化的示意表

| 产量(件) | 总成本(元) | 单位产品所负担的固定成本(元) |
| --- | --- | --- |
| 1 000 | 10 000 | 10 |
| 3 000 | 10 000 | 3.33 |
| 5 000 | 10 000 | 2 |

从表10.1中可以看出,当赣昌股份有限公司每月的产量在5 000件以内时,其租金总成本固定不变,不随产量的变动而变动。但单位产品所负担的固定成本与产量呈反比例关系,即产量的增加会导致单位固定成本的下降。

2. 固定成本的分类

企业在一定时期的固定成本按其支出数额大小是否受管理当局的短期决策行为的影响,可进一步细分为酌量性固定成本和约束性固定成本。

(1) 酌量性固定成本(discretionary fixed cost),也称为选择性固定成本,是指管理当局的短期决策行为能够改变其支出数额的固定成本,如广告费、职工培训费、技术开发费等。这类固定成本是企业管理者按照经营方针的要求,通过确定未来某一会计期间有关预算形式而形成的,在编制预算额时可根据实际需要和财务负担能力对其进行调整。在不影响生产经营的前提下,可以尽量减少这类固定成本的预算总额。

(2) 约束性固定成本(committed fixed cost),亦称经营能力成本,是指支出数额不受管理当局短期决策行为影响的固定成本。如厂房及机器设备按直线法计提的折旧费、房屋及设备租金、不动产税、财产保险税、行政管理人员工资等。由于企业的经营能力一旦形成,短期内一般不轻易改变,因此直接受到企业已形成的生产经营能力的制约,具有较大的约束性。这就意味着如果硬性追求约束性成本的降低,企业的生产经营能力就会得到削减,所以对这类固定成本应通过充分利用生产能力来提高产品的产量、降低其单位成本入手,从而提高企业的经济效益。

(二) 变动成本

1. 变动成本的含义

变动成本是指在一定期间和一定业务量范围内,其总额随着业务量的变动呈正比例变动的成本,如直接材料费用、按件计酬的人工费用、产品包装费等。变动成本的特性是变动成本总额将随产量的变动而呈正比例变动,而单位业务量中变动成本则是一个定量。

【例 10.2】赣昌股份有限公司生产甲产品,单位产品直接材料费为 30 元,当产量分别为 1 000 件、3 000 件、5 000 件时,材料的总成本和单位产品的材料成本如表 10.2 所示。

表 10.2　　　　　　　　变动成本随公司产量变化而变化的示意表

| 产量(件) | 材料总成本(元) | 单位产品材料成本(元) |
| --- | --- | --- |
| 1 000 | 30 000 | 30 |
| 3 000 | 90 000 | 30 |
| 5 000 | 150 000 | 30 |

从表 10.2 中可以看出,变动成本随着产量的增加而增加,而单位变动成本保持不变。

2. 变动成本的分类

变动成本可根据其发生的原因进一步分为酌量性变动成本和技术性变动成本。

酌量性变动成本(discretionary variable cost),是指单位成本不受客观因素决定,企业管理者当前决策可以改变其支出数额的变动成本,如按产量计酬的工人薪金、按销售收入的一定比例计算的销售佣金等。降低这类成本可以通过合理决策、控制开支、降低材料采购成本、优化劳动组合来实现。

技术性成本(engineered variable cost),是指单位成本受客观因素决定,数额由技术因素决定的那部分变动成本,如生产电脑要用到主板、硬盘和显示器、生产某种数控机床必须配套用外购的某种自动控制系统。这类变动成本只能通过技术革新或提高劳动生产率等来降低。

（三）混合成本

混合成本（mixed cost），是指其总额随业务量的变动而变动，但又不成正比例变动的那部分成本。混合成本"混合"了固定成本和变动成本两种不同性态的成本，其成本总额随业务量的变动而变动，但不存在严格的比例关系，如设备维修费、检验人员工资等。对混合成本按性态进行近似的描述，有助于人们更好的决策。

混合成本根据其发生的具体情况，通常分为半变动成本、半固定成本和延伸变动成本三类。

1. 半变动成本

此类成本的特征是当业务量为零时，成本为一个非零基数，当业务发生时，成本以该基数为起点，随业务量呈正比例增长，即这类成本由明显的固定成本和变动成本组成。企业的公用事业费，如电费、水费、电话费等均属于半变动成本。

【例10.3】赣昌股份有限公司每月电费支出的基数为2 000元，超基数费用为0.4元/千瓦，每生产一件产品需耗电5千瓦。那么，当企业本月共生产4 000件产品时，其支付的电费总额为10 000元。我们可以通过 $y=a+bx$ 这样一个数学模型来表示本例数据之间的关系，其中 $y$ 代表企业支付的电费总额，$a$ 代表每月电费基数，$b$ 代表单位产品所需电费，$x$ 代表产品产量，则在本例中 $y=2\,000+2x$。

2. 半固定成本

此类成本亦被称为阶梯式变动成本，是指在一定业务量范围内，其发生额是固定的，当业务量增长到一定程度时，其发生额呈跳跃式增加，并在新的业务量范围内保持不变的成本，如化验员、质检员的工资、设备修理费等。

3. 延伸变动成本

此类成本的特征是在业务量的某一临界点以下表现为固定成本，超过这一临界点则表现为变动成本，例如，在超定额计件的工资制度下，职工在完成正常工作定额之前，只能取得基础工资，若超过工作定额，职工则除取得基础工资外，还可取得按超产数额计算的超额工资。

（四）混合成本的分解

成本按性态分类是管理会计这一学科的重要贡献之一，对各项成本进行性态分析也是采用变动成本计算法的前提条件。但是固定成本与变动成本只是经济生活中诸多成本性态的两种极端类型，多数成本是以混合成本的形式存在的需要将其进一步分解为固定成本和变动成本。

混合成本的分解方法很多，通常有历史成本法、账户分析法和工程分析法。

1. 历史成本法

（1）高低点法。高低点法是历史成本法中最简单的一种分解方法。基本做法是，以某一期间内最高业务量（即高点）的混合成本与最低业务量（即低点）的混合成本的差数，除以最高与最低业务量的差数，得出的商数即为业务量的成本变量（即单位业务量的变动成本额），进而可以确定混合成本中的变动成本部分与固定成本部分。

在一定的相关范围内，可以用 $y=a+bx$ 这样一个数学模型来近似地描述它，这就是高低点法的基本原理。高低点法分解混合成本的运算过程见式(10.1)—式(10.4)：

设：高点的成本性态为：$y_1 = a + bx_1$               (10.1)

  低点的成本性态为：$y_2 = a + bx_2$               (10.2)

  式(10.1)—式(10.2)，有  $y_1 - y_2 = a + b(x_1 - x_2)$       (10.3)

移项后则有         $b = \dfrac{y_1 - y_2}{x_1 - x_2}$            (10.4)

将式(10.4)代入式(10.1)，则有 $a = y_1 - bx_1$

将式(10.4)代入式(10.2)，则有 $a = y_2 - bx_2$

【例10.4】假定赣昌股份有限公司2019年十二个月的产量和电费支出的有关数据如表10.3所示。

表10.3         企业产量与电费支出关系表

| 月 份 | 产量(件) | 电费(元) | 月 份 | 产量(件) | 电费(元) |
|---|---|---|---|---|---|
| 1 | 600 | 1 700 | 7 | 900 | 2 320 |
| 2 | 800 | 2 000 | 8 | 700 | 1 950 |
| 3 | 900 | 2 250 | 9 | 1 000 | 2 520 |
| 4 | 1 000 | 2 550 | 10 | 1 100 | 2 650 |
| 5 | 800 | 2 150 | 11 | 1 000 | 2 460 |
| 6 | 500 | 1 500 | 12 | 1 500 | 3 000 |

2019年产量最高在12月份，为1 500件，相应电费为3 000元；产量最低在6月份，为500件，相应电费为1 500元，计算过程见式(10.5)、式(10.6)所示：

$$b = \dfrac{3\,000 - 1\,500}{1\,500 - 500} = 1.5(元 / 件) \qquad (10.5)$$

$$a = 3\,000 - 1.5 \times 1\,500 = 750(元 / 件) \qquad (10.6)$$

式(10.5)、式(10.6)计算表明，该企业电费这项混合成本属固定成本的为750元；单位变动成本为每件1.5元。用数学模型表示为：$y = 750 + 1.5x$。

(2) 散布图法。散布图法的基本原理与高低点法一样的，也认为混合成本的性态可以被近似地描述为$y = a + bx$，区别在于$a$和$b$是通过坐标图而非通过方程式计算得到的。它的基本做法就是在坐标图中，以横轴代表业务量$x$，将各种业务量水平下的混合成本逐一标在坐标图上，然后通过目测，在各成本点之间画出一条反映成本变动平均趋势的直线。这条直线与纵轴的交点就是固定成本，斜率就是单位变动成本。

(3) 回归直线法。回归直线法是运用数理统计中最小平方法的原理，对所观测到的全部数据加以计算，从而勾画出最能代表平均成本水平的直线，这条通过回归分析而得到的直线就称为回归直线，它的截距就是固定成本$a$，斜率就是单位变动成本$b$，这种分解方法就称为回归直线法。

2. 工程分析法

工程分析法是运用工业工程的研究方法来研究影响各有关成本项目数额大小的每个因素,并在此基础上直接估算出固定成本和单位变动成本的一种成本分解方法。

3. 账户分析法

账户分析法是根据各个成本、费用账户(包括明细账户)的内容,直接判断其与业务量之间的相互变动关系,从而确定其成本性态的一种分解方法。

---

**小 贴 士**

### 成本分类的其他方法

成本分类除了上述按照习性进行分类外,还可以按照核算目标不同可分为业务成本、责任成本和质量成本三类。

(1) 业务成本,是指为生产加工或完成一定业务量而发生的全部成本;

(2) 责任成本是指以责任中心为对象归集的生产或经营管理的耗费;

(3) 质量成本是指企业为保持或提高产品质量所支出的一切费用,以及因产品质量未达到规定水平所产生的一切损失。

按照是否可以对象化可分为产品成本和期间费用。

(1) 产品成本是指同产品的生产有直接联系的成本,可以对象化的成本,如直接材料、直接工资等,它们汇集于产品,随产品而流动。

(2) 期间成本是指不能对象化的成本,它与企业生产经营活动持续期的长短成比例的成本,其效益会随时间的推移而消逝,故不能结转下期,而应在其发生的当期全额列入利润表,作为该期销售收入的一个扣减项目。

---

## 第二节 本量利分析

企业内部经营管理工作,通常以数量为起点,以利润为目标。企业管理人员在决定生产和销售数量时,非常想知道它对企业利润的影响。但是,这中间隔着收入和成本。对于收入,他们很容易根据数量和单价来估计,而成本则不然。无论是总成本还是单位成本,他们都感到难以把握。他们不能用单位成本乘以数量来估计总成本,因为数量变化之后,单位成本也会变化。

管理人员需要一个数学模型,该模型应当除了业务量和利润之外都是常数,使业务量和利润之间建立起直接的函数关系。这样,他们就可以利用这个模型,在业务量变动时估计其对利润的影响,或者在目标利润变动时计算出完成目标所需要的业务量水平。为此,人们首先研究成本和业务量之间的关系,并确立了成本按性态的分类,然后在此基础上明确成本、数量和利润之间的相互关系。

## 一、本量利分析概述

### (一) 本量利分析的含义

本量利分析(cost-volume-profit analysis，CVP)，是对成本、产量(或销售量)、利润之间关系的一种数学分析方法。该方法是一种预测分析方法，它以数量化的模型或图形揭示企业的变动成本、固定成本、销售量以及销售单价之间的相互关系，帮助管理人员清晰地了解企业的获利情况，以便于管理者做出更加合理的经济决策。

本量利分析法起源于20世纪初的美国，到了20世纪50年代后，本量利分析技术在西方会计实践中得到广泛应用，其理论日臻完善，成为现代管理会计学的重要组成部分。20世纪80年代初，我国引进了本量利分析理论，它作为加强企业内部管理的一项有效措施，可以为企业的预测和决策提供十分有用的资料。

本量利分析法是在成本性态分析和变动成本法的基础上发展起来的，着重研究销售数量、价格、成本和利润之间的数量关系，它所提供的原理、方法在管理会计中有着广泛的用途，是企业进行预测、决策、计划和控制等经营活动的重要工具，也是管理会计的一项基础内容。

### (二) 本量利分析的基本假设

#### 1. 销售价格稳定假设

在本量利分析中，通常都假设销售单价是一个常数，这样，销售收入和销售数量之间就呈现一种完全线性关系，即销售收入＝销售数量×单价。但在市场经济条件下，物价不可避免地受多种因素的影响而上下波动。因而，产品售价就不会是一个常数，此时原来计划的销售收入和与实际的销售收入就会产生很大的差异。

#### 2. 固定成本不变假设

由于本量利分析是在成本性态分析的基础上发展起来的，所以成本性态分析的基础假设也就成为本量利分析的基本假设。也就是在相关范围内，固定成本总额和单位变动成本是保持不变的。一般来说，只有在生产能力在一定范围内，固定成本才是稳定的，超出了这个范围后，如新增设备或加开班次，都会突然增加固定成本。

#### 3. 变动成本与业务量完全线性关系假设

该假设也要在一定相关范围内才能成立。如果产量过低或超负荷时，都会增加变动成本。此时，变动成本与业务量的关系就需要另外来描述。

#### 4. 品种结构不变的假设

本假设是指在一个多品种生产和销售的企业中，各种产品的销售收入在总收入中所占的比重不会发生变化。由于多品种条件下各种产品的获利能力一般会有所不同，有时差异还比较大，如企业产销的品种结构发生较大的变动，这势必导致预计利润与实际利润出现较大的差异。

#### 5. 产销平衡的假设

本量利分析中的"量"指的是销售数量而非生产数量，在销售价格不变的条件下，这个"量"指销售收入。产量这一业务量的变化无论是对固定成本还是对变动成本都可能产生影响,这种影响当然也会影响到收入与成本之间的对比关系。所以,当从销售数量的角度进行本量利分析,就必须假设产销关系是平衡的。

## 二、本量利分析的基本损益方程式

在本量利分析中,需要考虑的因素主要有:固定成本总额、单位变动成本、业务量、单位售价、利润等,这些变量之间的关系可以用以下几种数学模式来表示:

### (一)基本的本量利损益方程式

目前多数企业都使用损益法来计算利润,即首先确定一定期间的收入与其收入相匹配的成本,两者之差为期间利润,其计算公式如式(10.7)所示:

$$利润 = 销售收入 - 总成本 \\ = 销售收入 - (变动成本 + 固定成本) \quad (10.7)$$

假设产量和销售量相同,则计算公式如式(10.8)所示:

$$利润 = 单价 \times 销售量 - 单位变动成本 \times 销售量 - 固定成本 \\ = 销售量 \times (单价 - 单位变动成本) - 固定成本 \quad (10.8)$$

这个方程式是明确表达本量利之间数量关系的基本方程式,它含有五个相互联系的变量,给定其中四个,便可求出另一个变量的值。

【例10.5】赣昌股份有限公司每月固定成本1 000元,生产某种产品,单价为20元,单位变动成本12元,本月计划销售500件,问预期利润是多少?

将有关数据代入损益方程式(10.8),其预期利润如式(10.9)所示:

$$利润 = 单价 \times 销售量 - 单位变动成本 \times 销售量 - 固定成本 \\ = 20 \times 500 - 12 \times 500 - 1\,000 = 3\,000(元) \quad (10.9)$$

这个方程式是一种最基本的形式,它可以根据所需计算的问题变换成其他形式,或者根据企业具体情况增加一些变量,成为更复杂、更接近实际的方程式。损益方程式实际上是损益表的模型化表达,不同的损益表可以构造出不同的模型。

### (二)损益方程式的变换形式

基本的损益方程式把"利润"放在等号的左边,其他变量放在等号的右边,这种形式便于计算预期利润。如果待求的数值是其他变量,则可以将方程进行恒等变换,使等号左边是待求的变量,其他参数放在右边,由此可得出4个损益方程式的变换形式:

(1) 计算销售量的方程式,如式(10.10)所示:

$$销量 = \frac{固定成本 + 利润}{单价 - 单位变动成本} \quad (10.10)$$

【例10.6】赣昌股份有限公司拟实现目标利润1 000元,其他条件不变,则应销售多少产品?

此时,其销售量的计算可根据式(10.10)计算。

$$销售量=(1\,000+1\,000)/(20-12)=250(件)$$

(2) 计算销售单价的方程式,如式(10.11)所示:

$$单价=\frac{固定成本+利润}{销量}+单位变动成本 \qquad (10.11)$$

假设【例 10.6】赣昌股份有限公司计划销售 250 件,欲实现利润 1 000 元,试问单价应该为多少?

此时,其单价的计算可根据式(10.11)计算。

$$单价=(1\,000+1\,000)/250+12=20(元/件)$$

(3) 计算单位变动成本的方程式,见式(10.12)所示:

$$单位变动成本=单价-\frac{固定成本+利润}{销量} \qquad (10.12)$$

假设【例 10.6】赣昌股份有限公司每月固定成本 1 000 元。单价 20 元每件,计划销售 250 件,欲实现目标利润 1 000 元,问单位变动成本应控制在什么水平?

此时,其单位变动成本的计算可根据式(10.12)计算。

$$单位变动成本=20-(1\,000+1\,000)/250=12(元/件)$$

(4) 计算固定成本的方程式,见式(10.13)所示:

$$固定成本=单价\times销售量-单位变动成本\times销售量-利润 \qquad (10.13)$$

假设【例 10.6】赣昌股份有限公司单位变动成本为 12 元,单价 20 元,计划销售 250 件,欲实现利润 1 000 元,固定成本应控制在什么水平?

此时,其单位变动成本的计算可根据式(10.13)计算。

$$固定成本=20\times250-12\times250-1\,000=1\,000(元)$$

### (三) 贡献毛利方程式

**1. 贡献毛利的概念及其表现形式**

(1) 贡献毛利的概念。贡献毛利,亦称为边际利润、创利额、临界收益等,它描述的是企业的销售收入弥补全部的变动成本后的剩余部分,用于抵消企业固定成本而形成企业的利润(或损失),该指标反映的是每销售一件产品可以为企业获利做出的贡献。

(2) 贡献毛利的表现形式。贡献毛利的表现形式有绝对数和相对数两种。其中,绝对数的表现形式又包括贡献毛利总额以及单位贡献毛利;相对数的表现形式是贡献毛利率。

**2. 贡献毛利的计算**

(1) 贡献毛利总额。贡献毛利总额的计算,如式(10.14)所示:

$$贡献毛利=销售收入-变动成本=销售量\times(单价-单位变动成本) \qquad (10.14)$$

【例 10.7】赣昌股份有限公司只生产一种产品,单价 5 元,单位变动成本 3 元,销售量 500 件,固定成本 600 元,则采用式(10.15)计算可得:

$$贡献毛利 = 500 \times (5-3) = 1\,000(元)$$

(2) 单位贡献毛利。单位贡献毛利是指单位价格弥补单位变动成本后的剩余部分,也就是每销售一件产品带来的利润水平的增加。具体如式(10.15)所示:

$$单位贡献毛利 = 单价 - 单位变动成本 \qquad (10.15)$$

如【例 10.7】中,单位贡献毛利 $= 5 - 3 = 2$(元)。

(3) 贡献毛利率。贡献毛利率是指贡献毛利在销售收入中所占的百分比。它反映产品给企业做出贡献的能力。其计算公式如式(10.16)所示:

$$\begin{aligned} 贡献毛利率 &= \frac{贡献毛利}{销售收入} \times 100\% \\ &= \frac{单位贡献毛利 \times 销量}{单价 \times 销量} \times 100\% \\ &= \frac{单位贡献毛利}{单价} \times 100\% \end{aligned} \qquad (10.16)$$

如【例 10.7】中,贡献毛利率 $= 2/5 = 40\%$。

(四) 基本的贡献毛利方程式

由于创造了"贡献毛利"这个新的概念,上面介绍的基本的损益方程式可以改写成新的形式,具体如式(10.17)和(10.18)所示。

由于:利润 = 销售收入 - 变动成本 - 固定成本 = 贡献毛利 - 固定成本 (10.17)

所以:利润 = 销售量 × 贡献毛利率 - 固定成本 (10.18)

上述方程式,明确表达了本量利之间的数量关系。

【例 10.8】赣昌股份有限公司只生产一种产品,单价 6 元,单位变动成本 3 元,销售量 600 件。固定成本 1 000 元,则:

$$利润 = (6-3) \times 600 - 1\,000 = 800(元)$$

## 三、盈亏平衡点分析

盈亏平衡点(break even point)分析是本量利分析方法的具体应用,它是建立在本量利分析所遵循的假设之上的一种方法。盈亏平衡点也称为保本点、盈亏临界点,是指利润为零时的销售量或销售额。

对企业来说,盈亏平衡点是其经营活动中一项十分重要的管理信息。它有利于企业合理计划和有效控制经营过程,如预测成本、收入、利润和预计售价、销售量、成本水平的变动对利润的影响等,可以利用这一指标了解企业应当销售多少产品才不至于发生亏损。

## （一）盈亏平衡点的基本计算模型

盈亏平衡点分析是以成本性态分析和变动成本法为基础的一种方法。在变动成本法下，利润的计算可用式(10.19)来表示：

$$利润 = 销售收入 - 总成本$$
$$= 销售收入 - (变动成本 - 固定成本) \quad (10.19)$$

盈亏平衡点就是使利润等于零的销售量，如式(10.20)和(10.21)所示：

$$销售收入 = 变动成本 + 固定成本 \quad (10.20)$$

或

$$销售量 \times 单价 = 销售量 \times 单位变动成本 + 固定成本 \quad (10.21)$$

这是盈亏平衡点的基本计算模型。式(10.21)还可以演化为式(10.22)：

$$盈亏平衡点销量 = \frac{固定成本}{单价 - 单位变动成本} \quad (10.22)$$

**【例10.9】** 设赣昌股份有限公司生产和销售单一产品，该产品的单位售价为60元，单位变动成本为40元，固定成本为60 000元，则盈亏平衡点的销售量计算如式(10.23)所示：

$$盈亏平衡点的销售量 = \frac{60\,000}{60 - 40} = 3\,000(件) \quad (10.23)$$

## （二）相关因素变动对盈亏平衡点的影响

在计算盈亏平衡点时，我们曾假设固定成本、单位变动成本、销售价格以及产品品种构成等因素不变。而事实上，上述因素在企业经营过程中是经常变动的，并由此引起盈亏平衡点的变动。以下分别具体说明。

**1. 固定成本变动对盈亏平衡点的影响**

固定成本虽然不随业务量的变动而变动，但企业经营能力的变化和管理决策都会导致固定成本的升降，特别是酌量性固定成本更容易发生变化。

**【例10.10】** 设赣昌股份有限公司生产和销售单一产品，产品的售价为30元，单位变动成本为20元，全年固定成本为300 000元，则盈亏平衡点的销售量计算如式(10.24)所示：

$$盈亏平衡点的销售量 = 300\,000/(30 - 20) = 30\,000(件) \quad (10.24)$$

如其他条件不变，只是固定成本由原来的300 000元下降到了200 000元，则盈亏平衡点的销售量计算如式(10.25)所示：

$$盈亏平衡点的销售量 = 200\,000/(30 - 20) = 20\,000(件) \quad (10.25)$$

可见，由于固定成本的下降，导致盈亏平衡点的临界值(销售量)降低。

**2. 单位变动成本变动对盈亏平衡点的影响**

**【例10.11】** 承前例，其他条件不变，只是单位变动成本由原来的20下降为15元，则盈亏平衡点的销售量计算如式(10.26)所示：

$$\text{盈亏平衡点的销售量} = 300\,000/(30-15) = 20\,000(\text{件}) \tag{10.26}$$

可见,由于单位变动成本的下降,导致盈亏平衡点的临界值(销售量)降低。

3. 销售价格变动对盈亏平衡点的影响

单位产品销售价格的变动对盈亏平衡点的影响最为直接和明显。在一定成本水平条件下,单位产品的销售价格越高则盈亏平衡点越小,同样销售量下实现的利润也就越高;反之盈亏平衡点越大,利润也就低。

**【例 10.12】** 承前例,其他条件不变,只是销售价格由原来的 30 元提高到 40 元,则盈亏平衡点的销售量计算如式(10.27)所示:

$$\text{盈亏平衡点的销售量} = 300\,000/(40-20) = 15\,000(\text{件}) \tag{10.27}$$

可见,由于销售价格的下降,导致盈亏平衡点的临界值(销售量)降低。

4. 产品品种构成变动对盈亏平衡点的影响

如企业生产和销售多种产品,一般来说各种产品的获利能力不会完全相同,有时差异还比较大,所以当产品品种构成发生变化时,盈亏平衡点的临界值势必发生变化。在假定与盈亏平衡点计算有关的其他条件不变的情况下,盈亏平衡点变动的幅度大小取决于以各种产品的销售收入比例为权数的加权平均贡献毛益率的变化情况。

**【例 10.13】** 设赣昌股份有限公司的固定成本总额为 60 000 元,该企业生产和销售 A、B、C 三种产品(假定各种产品的产销完全一致),其有关资料如表 10.4 所示。

表 10.4　　　　　　　　　　赣昌股份有限公司有关资料

| 产品<br>项目 | A | B | C |
|---|---|---|---|
| 销售量(件) | 5 000 | 4 000 | 2 000 |
| 单位价格(元) | 20 | 15 | 20 |
| 单位变动成本(元) | 14 | 6 | 13 |

根据表 10.4 计算的 A、B、C 三种产品的品种构成及各自的贡献毛益率如表 10.5 所示。

表 10.5　　　　　A、B、C 三种产品的品种构成及各自的贡献毛益率计算表

| 项目<br>产品 | 销售量<br>(件)<br>① | 单价<br>(元)<br>② | 单位变<br>动成本<br>(元)③ | 销售收入<br>(元)<br>④=①×② | 占总收入的<br>百分比(%)<br>⑤=④/∑④ | 贡献毛益(元)<br>⑥=①×<br>(②-③) | 贡献毛<br>益率(%)<br>⑦=⑥/④ |
|---|---|---|---|---|---|---|---|
| A | 5 000 | 20 | 14 | 100 000 | 50 | 30 000 | 30 |
| B | 4 000 | 15 | 6 | 60 000 | 30 | 36 000 | 60 |
| C | 2 000 | 20 | 13 | 40 000 | 20 | 14 000 | 35 |
| 合计 | | | | 200 000 | 100 | 80 000 | |

以各种产品的销售收入占总收入的比例（即产品的品种构成）为权数，计算该企业的加权平均贡献毛益率如下：

加权平均贡献毛益率＝50％×30％＋30％×60％＋20％×35％＝40％

根据加权平均的贡献毛益率可以计算出该企业全部产品盈亏平衡点的销售额，如式(10.28)所示：

$$盈亏平衡点销售额 = \frac{固定成本}{加权平均贡献毛益率}$$
$$= 60\,000/40\% = 150\,000(元) \quad (10.28)$$

从以上计算可以看出，在既定的品种构成条件下，当销售额为150 000元时，企业处于不盈不亏的状态。

由于不同产品的获利能力不尽相同（如完全一样可视为一种产品），所以当产品的品种构成发生变化时，势必改变全部产品加权平均的贡献毛益率，企业的盈亏平衡点自然也要发生相应的变化。

假定【例10.13】中其他条件不变，只是企业产品的品种构成由原来的50∶30∶20改变为40∶40∶20，则加权平均的贡献毛益率也由原来的40％改变为43％，盈亏平衡点销售额如式(10.29)所示：

$$盈亏平衡点销售额 = 60\,000/43\% = 139\,534.88(元) \quad (10.29)$$

由此可见，产品的品种结构变了，盈亏平衡点也变了。在A、B、C三种产品中，B产品的贡献毛益率最高(60％)，C产品次之(35％)，A产品最低(30％)。在上述产品品种构成的变动中，贡献毛益率最低的A产品的比重有所下降（由50％下降到40％），而贡献毛益率最高的B产品的比重有所上升（有30％到40％），所以全部产品加权平均的贡献毛益率也有所提高，盈亏平衡点也相应地降低了。

## 第三节 短期决策分析

### 一、决策分析特征、原则、程序

#### (一) 决策分析的含义

所谓决策(decision-making)，通常是指人们为了实现一定的目标，借助于科学的理论和方法，进行必要的计算、分析和判断，进而从可供选择的诸方案中，选取最满意(可行)方案的过程。因此，从某种意义上来说，决策就是选择的过程，它是对未来各种可能的行为方案进行选择或做出的决定。按照决策影响时间的长短，可将其划分为短期决策和长期决策两大类。

## （二）决策分析的特征

(1) 决策分析是人（个人或集体）的主观能力的表现；

(2) 决策分析并非先验的臆断或单纯的空想，而要以对客观必然性的认识为根据；

(3) 在进行决策分析之前，应至少有两种或两种以上的行动方案可供选择，决策是有选择地做出决定；

(4) 决策分析是面向未来的，它只对未来实践有意义，对过去的实践并没有什么决策问题，但决策分析会受到过去实践经验的影响；

(5) 决策分析本身正确与否，可通过比较决策的主观愿望符合实践的客观结果的程度来评价；

(6) 决策分析不是瞬间的决定，而是一个提出问题、分析问题、解决问题的系统分析过程。

## （三）决策分析的原则

(1) 系统原则。应用系统理论进行决策，是现代科学决策必须遵守的首要原则。

(2) 信息充分原则。信息是决策的基础。

(3) 可行性原则。决策能否成功取决于多方的因素。

(4) 满意原则。由于各方面因素限制，决策者不可能做出"最优化"的决策。

## （四）决策分析的程序

为了保证决策尽可能达到主客观一致，必须有一系列科学的基本程序。它们主要包括：为实现企业一定的经营目标，寻求对策方案，分析与选择最优方案，再加以实施。所以决策的程序实际上是一个提出问题、分析问题、解决问题的分析、判断过程。可具体概括为以下几个步骤：

### 1. 提出决策问题，确定决策目标

因为决策是为了要解决问题，实现某项预期的目标，所以首先要弄清楚一项决策要解决什么问题，要达到什么目的。例如，产品的最优价格如何确定，现在生产能力如何充分利用，新增生产能力如何筹建等。决策目标一般应具有以下特点：第一，目标成果可以量化；第二，目标的实现在主、客观上具有实现的可能性。

### 2. 设计备选方案

在明确提出决策目标的前提下，应充分考虑现实与可能，设计一种或多种可能实现决策目标的备选方案。备选方案的提出，一般要经过形成基本设想，做出初步方案，最后形成备选方案的反复补充修改过程。

### 3. 广泛的搜集与决策有关的信息

收集尽可能多的与备选方案有关的各种可计量的因素，以便决策人员去评价分析，如有关方案的预期收入和预期支出，而且要求各项预测的数据力求准确，如果没有确切的数据，应尽可能请专家估计。

### 4. 对备选方案实施决策

评价分析决策方案，对备选方案可行性进行全面详尽的评价与分析。在此基础上，进行确定型决策和非确定型决策，并提出落实中选方案的措施，以保证其付诸实施。

5. 组织、监督方案的实施

以上的决策程序是通过预算来组织实施的,在实际工作中,决策分析与生产经营计划是交叉进行的,决策的结果要变成预算体现出来,然后将预算与实际比较,将发生的差异与存在的问题及时反馈出来,以便及时采取改进措施,以保证决策目标的实现。

## 二、相关收入与相关成本

### (一) 相关收入

相关收入是指与特定决策方案相联系的、能对决策产生重大影响的、在项目投资决策中必须予以充分考虑的收入,又称有关收入。如果某项收入只属于某个经营决策方案,即若有这个方案存在,就会发生这项收入,若该方案不存在,就不会发生这项收入,那么,这项收入就是相关收入。相关收入的计算,要以特定决策方案的单价和相关销售量为依据。相关收入包括差别收入、边际收入。

1. 差别收入

在进行方案的决策分析时,两个备选方案间预期收入的差异数称为差别收入,也称差量收入。对于单一决策方案,由预期产量增减所形成的收入差异也称为差量收入。

2. 边际收入

通常收入与业务量是紧密相关的,收入的增减会随业务量的增减而增减。因此,我们可以建立以收入为业务量的函数。在数学上,边际收入就是收入对于业务量的一阶导数,也即收入的差量与业务量的差量之比,当业务量的差量无限变小时的极限。在现实的经济活动中,业务量之差不会无限变小,最小只能小到一个单位,否则,就没有什么实际意义了。因此,在现实经济活动中,边际收入的计量,就是业务量增加或减少一个单位所引起的收入变动。因此,我们可以把边际收入看成是差别收入的特殊情况。

如果无论是否决定某决策方案,均会发生的某项收入,那么就可以断定该项收入是上述方案的无关收入。例如,单纯固定资产投资项目是以新增生产能力,提高生产效率为特征,相关收入是增加的营业收入,而原来已有的生产能力而创造的收入为无关收入。固定资产更新改造可分为以恢复固定资产生产效率为目的的更新项目和以改善企业经营条件为目的的改造项目两种类型,因使用新固定资产而增加的营业收入为相关收入,因使用新固定资产而增加的经营成本为相关成本。

### (二) 相关成本

相关成本是指与特定决策方案相联系的、能对决策产生重大影响的、在短期经营决策中必须予以充分考虑的成本。包括:增量成本(或差量成本)、边际成本、机会成本、估算成本、重置成本、付现成本、特定成本、可延缓成本、可避免成本等。

1. 差量成本(或增量成本、差别成本)

广义的差量成本是指不同方案之间预计成本的差额;狭义的差量成本是指由于生产能力的利用程度不同而表现在成本方面的差额。差量成本是经营决策中广泛应用的一个重要的成本概念,诸如产品生产对象决策、零件的自制或外购决策、应否接受特殊订货等,都要用到差别成本概念。例如,赣昌股份有限公司有某种设备,既可用来生产甲产品，也可以用来生产乙产品。如果用来生产甲产品，可以生产 3 000 件；如果用来生产乙产品，可以生产 3 300 件。经测算，生产甲产品的预计总成本为 65 000 元，生产乙产品的预计总成本为 63 000 元，则甲、乙两种产品的预计总成本之间的差额为 2 000 元，此即为甲、乙两种产品生产方案之间的差别成本。

2. 边际成本

经济学中的边际成本是指对连续型成本函数中的业务量所求的一阶导数。

在管理会计中，边际成本是指业务量以一个最小经济单位（如一个、一只、一件、一批、一组等）变动所引起的成本差量。

管理会计中的边际成本是增量成本的特殊形式。当业务量的增量为一个、一件或一台时，边际成本等于单位增量成本；当业务量的增量为一组或一批时，边际成本等于一组或一批的增量成本。例如，当某产品产量为 100 件时，生产成本总额为 1 000 元；当产量为 101 件时，生产成本总额为 1 020 元。因此，因产量增加一个单位而导致生产成本总额增加的 20 元即为边际成本。

3. 机会成本

决策时必须从多种可供选择的方案中选取一种最优方案，这时必须有一些次优方案要被放弃。因此要把已放弃的次优方案的可计量价值看作被选取的最优方案的"机会成本"加以考虑，才能对最优方案的最终利益做出全面的评价。

【例 10.14】赣昌股份有限公司有一台设备，既可以用来生产 A 产品，也可用来出租。如果用来生产 A 产品，可获得收入 50 000 元，相关的成本费用为 30 000 元，从而可获净利润 20 000 元；如果用来出租，可获得租金收入 16 000 元。在此决策中，如果选择用来生产 A 产品，则必须放弃可以出租的方案，此时，出租设备可获得的租金收入 16 000 元就成为将设备用来生产 A 产品的机会成本，由 A 产品负担。因此，将设备用于生产 A 产品的全部成本由两个部分构成：一部分是产品的生产成本 30 000 元，另一部分是机会成本 16 000 元。

4. 估算成本

估算成本（又称假计成本），是机会成本的特殊形式。估算成本的典型形式就是利息。例如，企业购置的生产设备所使用的资金，不论该项资金是借入的还是自有的，也不管其是否存入银行或进行某项投资，为了正确地分析、评价设备购置方案的经济性，均可将可能取得的存款利息或投资报酬视为该项资金的机会成本。

5. 重置成本

重置成本是指按照现在的市场价格购买目前所持有的某项资产所需支付的成本。在短期经营决策的定价决策和长期投资决策的以新设备替代旧设备的决策中，需要考虑以重置成本作为相关成本。

6. 付现成本

付现成本是指确定的某项决策方案中，需要以现金支付的成本。例如，赣昌股份有限公司急需某设备，现有甲、乙两个工厂可提供设备。其中，甲工厂售价为 60 000 元，要求货款一次付清；乙工厂售价为 75 000 元，货款可分期偿付，先支付 15 000 元，其余货款在半年内平均支付，即每月支付 10 000 元。该企业目前资金紧缺，仅有现金 20 000

元,而且再筹资有困难。在这种情况下应该选择从乙工厂购买该设备。因为虽然乙工厂设备售价比甲工厂高 15 000 元,但近期急需支付的现金比甲工厂低 45 000 元,只有 15 000 元,而且在企业目前的承受能力范围内,因此,这种选择是同企业目前的资金紧缺的现状相适应的。

#### 7. 特定成本

特定成本是指那些能够明确归属于特定决策方案的固定成本。特定成本的确认与取得,往往与取得相应资产的方式有关。例如,取得用来生产某产品的专用设备,则其特定成本就是取得该项设备的全部成本;租入设备,其特定成本则是与此相关联的租金成本等。

#### 8. 可延缓成本

可延缓成本是指在短期经营决策中对其暂缓开支不会对企业未来的生产经营产生重大不利影响的那部分成本,如粉刷墙壁。由于可延缓成本的发生时间具有一定的弹性,因此在决策中,特别是在资金不太充足的情况下,应充分考虑。

与可延缓成本相对应的是不可延缓成本。所谓不可延缓成本,是指与已经选定并马上实施的某方案相关联的有关成本。也就是说,该方案一经选定就马上要实施,否则,就会给企业的生产经营活动带来不利影响,此时,与该方案相关联的有关成本就是不可延缓成本。

#### 9. 可避免成本

可避免成本是指通过某项决策行动可以改变其数额的成本,其发生与否,完全取决于与之相关联的备选方案是否被选定。当方案被选定,则某项成本必然要发生;相反,当方案没有被采纳,则某项成本就不会发生。此时,该项成本就是可避免成本。

与可避免成本相对应的是不可避免成本。所谓不可避免成本,是指不同某一特定备选方案直接相关联的成本,其发生与否,与有关方案是否被选定无关。也就是说,无论最后选取的是哪一个方案,某项成本依然会发生。

### 三、短期经营决策方法

#### (一) 短期决策的含义及目标

短期经营决策是指决策结果只会影响或决定企业近期(一年或一个经营周期)经营实践的方向、方法和策略,侧重于从资金、成本、利润等方面对如何充分利用企业现有资源和经营环境,以取得尽可能大的经济效益而实施的决策,简称短期决策。短期经营决策的直接目标是尽可能取得最大的经济效益。判断某方案优劣的主要标志就是看该方案能否使企业在一年内获得更多的利润。

#### (二) 短期经营决策一般方法与应用

管理会计中关于决策的技术和方法有很多种,针对短期经营决策比较常见的决策方法有差量分析法、贡献毛益分析法以及成本无差别点分析法等。下面对这几种方法逐一进行介绍。

##### 1. 差量分析法

差量分析法是指了解各种备选方案而产生的预期收入与预期成本之间的差别的基

础上,从中选出最优方案的方法。差量分析法的两类因素是差量收入和差量成本。差量收入是一个备选方案的预期收入与另一个备选方案的预期收入的差额。差量成本是一个备选方案的预期成本与另一个备选方案的预期成本的差额。

如果差量收入大于差量成本,即差量损益为正数,则前一个方案是较优的;反之,如差量收入小于差量成本,即差量损益为负数,则后一个方案是较优的。

**【例 10.15】** 赣昌股份有限公司面临生产哪一种产品的决策,生产甲产品的单位变动成本为 80 元,预计销售量为 1 000 件,预计销售单价为 110 元;生产乙产品的单位变动成本为 220 元,预计销售量为 500 件,预计销售单价为 260 元。生产甲乙产品的固定成本相同。则生产甲产品与生产乙产品的计算分别如式(10.30)—式(10.32)所示:

$$差量收入 = (110 \times 1\,000) - (260 \times 500) = -20\,000 元 \quad (10.30)$$

$$差量成本 = (80 \times 1\,000) - (220 \times 500) = -30\,000 元 \quad (10.31)$$

$$差量损益 = (-20\,000 元) - (-30\,000 元) = 10\,000 元 \quad (10.32)$$

说明生产甲产品比生产乙产品可多获利润 10 000 元,生产甲产品对企业是有利的。

差量成本法在实务中多用于选择生产何种产品,零部件自制还是外购,亏损产品是否应该停产等决策中。应用时应根据不同的方案选用不同的原则:当进行利润大小的比较时,应采用"最大化"原则;当进行成本高低的比较时,应采用"最小化"原则。

2. 贡献毛益分析法

贡献毛益分析法是指通过比较不同备选方案贡献毛益大小的方法来选择最佳方案的决策分析方法。贡献毛益分析法又可以分为贡献毛益总量分析法和单位贡献毛益分析法。具体应用贡献毛益总量分析法时,首先需要确定的是各备选方案的总收入,进而确定各备选方案的变动成本,总收入与总变动成本之差即为贡献毛益总量;如果再除以耗用经济资源的数量,则可以得到单位贡献毛益。

**【例 10.16】** 赣昌股份有限公司准备利用现有设备生产甲产品或乙产品,与甲、乙两种产品生产相关的资料如表 10.6 所示,试做出生产那种产品的决策。

表 10.6　　　　　　　　　甲、乙两种产品生产相关的资料

| 项　　目 | 甲产品 | 乙产品 |
| --- | --- | --- |
| 单价(元/件) | 30 | 20 |
| 销售量/件 | 10 | 20 |
| 单位变动成本(元/件) | 10 | 15 |

甲产品变动成本总额为 100 元,乙产品变动成本总额为 300 元。则甲产品的贡献毛益总量为 200(300−100)元,单位贡献毛益为 20(200/10)元;乙产品的贡献毛益总量为 100(400−300)元,贡献毛益为 5(100/20)元。所以应生产甲产品。

3. 成本无差别点分析法

成本无差别点法是指在各备选方案的相关收入均为零,相关的业务量为不确定因

素时,通过判断不同水平上的业务量与无差别业务量之间的关系,来做出互斥方案决策的一种方法。通过应用于业务量不确定的零部件取得方式的决策和生产工艺技术方案的决策,选成本最低的方案。

成本无差别点法要求各方案的业务量单位必须相同,方案之间的相关固定成本水平与单位变动成本恰好相互矛盾(如第一个方案的相关固定成本大于第二个方案的相关固定成本,而第一个方案的单位变动成本又恰恰小于第二个方案的单位变动成本)否则无法应用该法。

成本无差别点业务量是指能使两方案总成本相等的业务量。记作 $x_0$。

设 A 方案的成本为:$y_1 = a_1 + b_1 x$ （10.33）

B 方案的成本为:$y_2 = a_2 + b_2 x$ （10.34）

令　　$y_1 = y_2$

即　　　　　　　　　　　$a_1 + b_1 x = a_2 + b_2 x$ （10.35）

解得成本平衡点:

$$x_0 = \frac{a_1 - a_2}{b_2 - b_1}$$ （10.36）

成本无差别点业务量($x_0$)=两方案相关固定成本之差/两方案相关单位变动成本之差=$(a_1 - a_2)/(b_2 - b_1)$

(1) 若业务量 $X > X_0$ 时,则固定成本较高的 A 方案优于 B 方案;
(2) 当业务量 $X < X_0$ 时,则固定成本较低的 B 方案优于 A 方案;
(3) 若业务量 $X = X_0$ 时,则两方案的成本相等,效益无差别。

【例 10.17】赣昌股份有限公司拟生产某产品,有新、旧两种生产方案可供选择,有关资料如表 10.7 所示。

表 10.7　　　　　　　　新、旧生产方案相关成本资料　　　　　　　　单位:元

| 方案 \ 成本 | 单位变动成本 | 固定成本总量 |
| --- | --- | --- |
| 新方案 | 360 | 420 000 |
| 旧方案 | 400 | 380 000 |

现在要求确定,从经济上考虑,该厂应该采用哪种方案来进行生产。
利用式(10.33)—式(10.36)计算成本无差别点,具体如式(10.37)—(10.39)所示:
设新、旧方案的总成本分别为 $y_1$ 和 $y_2$,则:

$$y_1 = 420\,000 + 360x$$ （10.37）
$$y_2 = 380\,000 + 400x$$ （10.38）

令 $y_1 = y_2$
则:

$$x = \frac{420\,000 - 380\,000}{400 - 360} = 1\,000(件) \tag{10.39}$$

即成本无差别点产量为 1 000 件。

(1) 当产量为 1 000 件时,新、旧两种方案的单位成本如式(10.40)和式(10.41)所示:

新方案: $$\frac{420\,000}{1\,000} + 360 = 780(元) \tag{10.40}$$

旧方案: $$\frac{380\,000}{1\,000} + 400 = 780(元) \tag{10.41}$$

此时,两个方案均可取。

(2) 当产量大于 1 000 件时,假定为 1 200 件,新、旧两种方案的单位成本如式(10.42)和式(10.43)所示:

新方案: $$\frac{420\,000}{1\,200} + 360 = 710(元) \tag{10.42}$$

旧方案: $$\frac{380\,000}{1\,200} + 400 = 716.67(元) \tag{10.43}$$

此时,新方案更可取。

(3) 当产量小于 1 000 件时,假设为 800 件,新、旧两种方案的单位成本如式(10.44)和式(10.45)所示:

新方案: $$\frac{420\,000}{800} + 360 = 885(元) \tag{10.44}$$

旧方案: $$\frac{380\,000}{1\,800} + 400 = 875(元) \tag{10.45}$$

此时,旧方案优于新方案。

## 第四节 长期投资决策分析

长期投资决策是指拟定长期投资方案,用科学的方法对长期投资方案进行分析、评价、选择最佳长期投资方案的过程。长期投资决策是涉及企业生产经营全面性和战略性问题的决策,其最终目的是为了提高企业总体经营能力和获利能力。因此,长期投资决策的正确进行,有助于企业生产经营长远规划的实现。

长期投资决策直接影响企业未来的长期效益与发展,有些长期投资决策还会影响国民经济建设,甚至影响全社会的发展。因此长期投资决策必须搞好投资的可行性研究和项目评估,从企业、国民经济和社会的角度进行研究论证,分析其经济、技术和财务的可行性。

## 一、长期投资决策分析的评价指标

### (一)长期投资决策分析评价指标的含义

长期投资决策分析评价指标是指用于衡量和比较长期投资项目优劣,以便据以进行方案的定量化标准与尺度,是由一系列综合反映投资效益、投入产出关系的量化指标构成的。主要包括原始投资回收率、投资利润率(也称为会计收益率或投资报酬率)、静态投资回收期、动态投资回收期、净现值、净现值率、现值指数、内部收益率、年均净现值等一系列指标。

### (二)长期投资决策分析评价指标的分类

长期投资决策分析评价指标可以根据不同的分类标准做出各种不同的分类,常用的分类标准主要有以下两种:

1. 按是否考虑货币的时间价值分类

以此为标准可将全部评价指标分为静态指标和动态指标两大类。

(1)静态指标。静态指标,也称非贴现指标,就是指在计算过程中不考虑货币时间价值因素的指标。主要包括原始投资回收率、投资报酬率、静态投资回收期等指标。

(2)动态指标。动态指标,也称贴现指标,是指在计算过程中必须充分考虑和利用货币时间价值、投资风险价值和通货膨胀补偿价值的指标。主要包括动态回收期、净现值、净现值率、获利指数、内部收益率、年均净现值等指标。

2. 按指标在决策中所处的地位不同分类

以此为标准可将全部指标和辅助指标。

(1)主要指标。主要指标是指在投资决策分析中作为取舍标准的指标,通常指净现值和内部收益率两个指标。

(2)辅助指标。辅助指标是指在投资决策中的参考指标,如所有的静态评价指标,动态指标中除了净现值和内部收益率外的其他指标。

当主要指标与辅助指标结论相反时,以主要指标为准;当主要指标之间结论相反时,就要考虑相关辅助指标以帮助决策。

除了两种分类标准以外,还有其他许多分类标准,如长期投资决策分析评价指标按指标性质不同可分为在一定范围内越大越好的正指标和越小越好的反指标,按指标本身的数量特征不同可分为绝对量指标和相对量指标等。

## 二、长期投资决策评价指标的应用:以固定资产更新为例

### (一)固定资产更新决策的含义

固定资产更新决策是指决定继续使用旧设备还是购买新设备,如果购买新设备,旧设备将以市场价格出售。这种决策的基本思路是:将继续使用旧设备视为一种方案,将购置新设备、出售旧设备视为另一种方案,并将这两个方案作为一对互斥方案按一定的方法来进行对比选优,如果前一方案优于后一方案,则不应更新改造,而继续使用旧

设备;否则,应该购买新设备进行更新。

固定资产更新的原因有两种:一是技术上原因,如原有旧设备有故障或有损耗,继续使用有可能影响公司正常生产经营,或增加生产成本。二是经济上原因,现代新技术日新月异,市场上出现的新设备能大大提升生产效率,降低生产成本。虽然旧设备仍能使用,但使用起来不经济,并且竞争不过其他使用新设备的企业。因此,也需要进行更新。

(二) 固定资产更新决策的方法

通常,根据新旧设备的未来使用寿命是否相同,可以采用两种不同的方法来进行决策分析:当新旧设备未来使用期限相等时,则可采用差额分析法,先求出对应项目的现金流量差额,再用净现值法或内含报酬率法对差额进行分析、评价;当新旧设备的投资寿命期不相等时,则分析时主要采用平均年成本法,以年成本较低的方案作为较优方案。

(三) 固定资产更新决策的应用

1. 新旧设备使用寿命相同的更新决策

在新旧设备未来使用期相同的情况下,一般普遍运用的分析方法是差额分析法,用以计算两个方案(购置新设备和继续使用旧设备)的现金流量之差以及净现值差额,如果净现值差额大于零,则购置新设备,否则继续使用旧设备。下面举例加以说明。

【例 10.18】假定赣昌股份有限公司有一台 5 年前购置的旧机器,正考虑用市场上一种新设备对其进行替换,以增加收益、降低成本。旧设备原值 60 000 元,已提折旧 30 000 元,还可使用 5 年,预计期满无残值。旧设备每年带来营业收入 80 000 元,每年的付现成本为 40 000 元。旧设备目前的市场价值为 20 000 元。新设备的市场价值为 100 000 元,预计使用年限为 5 年,预计净残值为 10 000 元。新设备每年可带来营业收入 120 000 元,每年的付现成本为 50 000 元,新旧设备均采用直线法计提折旧。公司所得税税率为 25%,资金成本为 10%,赣昌股份有限公司是否应该更新设备与继续使用旧设备的差量现金流量如下:

(1) 差量初始现金流量的计算:

新设备购置成本=−100 000(元)

旧设备变价收入=20 000(元)

旧设备出售税负节余=(30 000−20 000)×25%=2 500(元)

差量初始现金流量=−77 500(元)

(2) 差量经营现金流量的计算:

差量营业收入=120 000−80 000=40 000(元)

差量付现成本=50 000−40 000=10 000(元)

差量年折旧额=(100 000−1 000)/5−(600 000−30 000)/5=12 000(元)

差量经营现金流量=(40 000−10 000)×(1−25%)+12 000×25%
=25 500(元)

(3) 差量终结现金流量的计算:

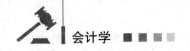

差量终结现金流量 = 25 500 + (10 000 − 0) = 35 500(元)

(4) 差量净现值的计算。

差量净现值 = 25 500 × (P/A,10%,4) + 35 500 × (P/S,10%,5) − 77 500
= 25 500 × 3.169 87 + 35 500 × 0.620 92 − 77 500
= 25 374.35(元)

更新设备与继续使用旧设备相比,可多获得 25 374.35 元的净现值,因此应该更新该设备。

2. 新旧设备使用寿命不相同的更新决策

固定资产的平均年成本是指该资产引起的现金流出的年平均值。如果不考虑时间价值,它是未来使用年限内的现金流出总额与使用年限的比值;如果考虑货币的时间价值,它是未来使用年限内现金流出总现值与年金现值系数的比值,即平均每年的现金流出。采用平均年成本法进行更新决策时,通过比较继续使用和更新后的平均年成本,以较低者为较好方案。在使用平均年成本法时要注意两点:

第一,平均年成本法是把继续使用旧设备和购置新设备看成是两个互斥的方案,而不是一个更换设备的特定方案。因此,不能将旧设备的变现价值作为购置新设备的一项现金流入。

第二,平均年成本法的假设前提是将来设备再更换时,可以按原来的平均年成本找到可代替的设备。

固定资产的平均年成本的计算公式如下:

设:$C$ 为固定资产原值;$S_n$ 为 $n$ 年后固定资产余值;$C_n$ 为第 $n$ 年运行成本;$n$ 为预计使用年限;$UAC$ 为固定资产平均年成本,具体如式(10.46)所示:

$$UAC = \frac{\left[C - \frac{S_n}{(1+i)^n} + \sum C_n (1+i)^n\right]}{p/A, i, n} \tag{10.46}$$

【例 10.19】赣昌股份有限公司正考虑用一台效率更高的新机器取代现有的旧机器。新旧设备的有关资料见表 10.8:

表 10.8　　　　　　　　　　新旧设备使用情况表

| 项　　目 | 旧 设 备 | 新 设 备 |
| --- | --- | --- |
| 原值(元) | 3 000 | 4 000 |
| 预计使用年限(年) | 10 | 10 |
| 已经使用年限(年) | 10 | 4 |
| 最终残值(元) | 200 | 500 |
| 变现价值(元) | 800 | 4 000 |
| 年运行成本(元) | 700 | 300 |

要求：假设公司投资本项目的最低报酬率为10%，请做出该公司是否应该更新设备的决策。

（1）采用式(10.47)计算新旧设备的平均年成本，具体如式(10.47)和式(10.48)所示。

$$\text{旧设备的平均年成本} = \frac{800 - 200 \times (P/C, 10\%, 6) + 700 \times (P/A, 10\%, 6)}{(P/A, 10\%, 6)}$$

$$= \frac{800 - 200 \times 0.564\,5 + 700 \times 4.355\,3}{4.355\,3}$$

$$= 857.76 (\text{元}) \tag{10.47}$$

$$\text{新设备的平均年成本} = \frac{4\,000 - 500 \times (P/S, 10\%, 10) + 300 \times (P/A, 10\%, 10)}{(P/A, 10\%, 10)}$$

$$= \frac{4\,000 - 500 \times 0.385\,5 + 300 \times 6.144\,6}{6.144\,6}$$

$$= 857.76 (\text{元}) \tag{10.48}$$

（2）对比新旧设备的平均年成本，做出决策。通过上述计算可知，使用旧设备的平均年成本857.76元低于使用新设备的平均年成本919.61元，因此该公司不宜更新设备。

## 三、长期投资的敏感性分析

### （一）长期投资的敏感性分析及其重要性

**1. 含义**

敏感性是指同某项目相关联的某一因素发生变动，对该项目的预期效果（结果）所具有的影响程度。某一因素变动不大或在较小范围内发生变动，而由此造成的影响却很大，表明该相关因素的敏感性很强。一旦将它们的敏感性程度测定后之后，人们就应对具有较强敏感性的有关因素予以特别的重视。

长期投资决策中的敏感性分析是指选定了某一最优投资方案后，为了保证决策的正确性和可靠性，防止相关联的有关因素发生变动而可能造成的不良影响与后果而进行的计量、测算。

**2. 长期投资决策中敏感性分析的重要性**

长期投资决策中敏感性分析的重要性有：

（1）测定涉及投资项目的若干因素中的一个或几个因素发生某种变化后，对该项决策所形成的影响及其影响程度，深入观察投资项目可行性及预期经济效益的变化。

（2）通过开展长期投资决策的敏感性分析，可以使企业管理者预见到有关因素在多大范围内变动，不会影响到原方案的可行性。

（3）一旦有关因素的变动使得原定的投资方案无利可图时，企业管理者能够主动采取相应的措施，就各该方案的某些特定方面进行必要的调整和修正。

(4) 借助于敏感性分析，企业管理当局可以重新认识和评价原定投资方案的有效性，避免因决策失误而给企业带来不应有的损失。

(二) 长期投资的敏感性分析方法

主要由两种：

1. 以净现值为基础的敏感性分析

净现值大于零，说明该方案的投资报酬率大于预定的贴现率，方案可行。但是如果方案的年现金流量或使用年限发生了变化，方案的可行性就将随之而发生变化。敏感性分析就是要解决这两个因素可以在多大的范围内变化。

2. 以内部报酬率为基础的敏感性分析

年净现金流入量和有效使用年限对内部报酬率的影响程度可用敏感系数表示。敏感系数是目标值的变动百分比与变量值的变动百分比的比值。敏感系数越大，表明该变量对目标值得影响程度也大，该变量因素为敏感因素；反之亦然。

(三) 长期投资的敏感性分析应用

【例 10.20】假设赣昌股份有限公司将投资甲项目，该项目的总投资额为 300 000 元，建成后预计可以使用 6 年，每年可收回的现金净流量为 80 000 元，折现率按 10% 计算。

根据上述材料，可以从两个方面进行敏感性分析。

1. 以净现值为基础的敏感性分析

按照折现率 10% 为方案的选择标准，该方案的净现值计算如式(10.49)所示：

$$\text{净现值} = 80\,000 \times (P/A, 10\%, 6) - 300\,000$$
$$= 80\,000 \times 4.355\,3 - 300\,000$$
$$= 348\,424 - 300\,000$$
$$= 48\,424(\text{元}) \quad (10.49)$$

净现值大于零，说明该方案的投资报酬率大于预定的贴现率，方案可行。

(1) 年净现金流入量的下限。假设使用年限是 6 年，每年净现金流入量的下限就是使该方案的净现值为零时的年净现金流入量，具体如式(10.50)所示：

$$\text{年净现金流入量下限} = \frac{300\,000}{(P/A, 10\%, 6)}$$
$$= \frac{300\,000}{4.355\,3}$$
$$= 68\,881.59(\text{元}) \quad (10.50)$$

可见，在使用年限不变的情况下，年净现金流入量下降至 68 881.59 元时，方案可行，但如果年净现金流入量小于 68 881.59 元，方案的净现值就将小于零，方案便不可行了。

(2) 方案有效使用年限的下限。假设方案在有效期使用年限内的年净现金流入量不变，仍然保持在 80 000 元的水平上，有效使用年限的下限即是使该方案的净现值为零的有效使用年限，即当 $80\,000 \times (P/A, 10\%, n) - 300\,000 = 0$ 时：

$$(P/A, 10\%, n) = \frac{300\,000}{80\,000} = 3.75$$

表明有效使用年限的下限在 4—5 年。

查表可知：$n=4$ 时，$(P/A, 10\%, n) = 3.169\,9$

$n=5$ 时，$(P/A, 10\%, n) = 3.790\,8$

用内插法计算，有效使用年限的下限 $n$ 为：

$$\begin{aligned} n &= 4 + \frac{3.75 - 3.169\,9}{3.790\,8 - 3.169\,9} \\ &= 4 + 0.934\,3 \\ &= 4.934\,3 (年) \end{aligned}$$

可见，在年净现金流入量不变的情况下，有效使用年限下降至 4.934 3 年时，方案仍然可行，但如果有效使用年限小于 4.934 3 年，方案的净现值就将小于零，方案便不可行了。

从上述计算可知，这两个因素都可影响方案的净现值，但它们的影响程度却无法通过上述计算得知。能够反映影响程度的指标是敏感系数。

2. 以内部报酬率为基础的敏感性分析

【例 10.20】的内部报酬率计算如下所示：

$$80\,000 \times (P/A, i, 6) - 300\,000 = 0$$

$$(P/A, i, 6) = \frac{300\,000}{80\,000} = 3.75$$

查年金现值系数表可知，方案的内部报酬率在 15%—16%。

内部报酬率为 15% 时，$(P/A, 15\%, 6) = 3.784\,5$

内部报酬率为 16% 时，$(P/A, 16\%, 6) = 3.684\,7$

采用内插法计算，内部报酬率 $i$ 为：

$$\begin{aligned} i &= 15\% + \frac{(16\% - 15\%) \times (3.784\,5 - 3.75)}{3.784\,5 - 3.684\,7} \\ &= 15\% + 0.346\% \\ &= 15.346\% \end{aligned}$$

上例中，年净现金流入量对内部报酬率的敏感系数为：

$$敏感系数(1) = \frac{(15.346\% - 10\%)/15.346\%}{(80\,000 - 68\,881.59)/80\,000} = 2.51$$

有效使用年限对内部报酬率的敏感系数为：

$$敏感系数(1) = \frac{(15.346\% - 10\%)/15.346\%}{(6 - 4.934\,3)/6} = 1.96$$

从上述计算可知，年净现金流入量的敏感系数比有效使用年限的敏感系数大，说明年净现值流入量对内部报酬率的影响比有效使用年限大。

# 章后知识点总结

本章学习的是决策分析,具体包括成本性态分析、本量利分析以及短期决策分析和长期决策分析。

成本性态分析是按照成本的性态划分为变动成本和固定成本,变动成本是指在一定期间和一定业务量范围内,其总额随着业务量的变动呈正比例变动的成本。固定成本是指在一定期间和一定业务量范围内,其总额不受业务量变动的影响而保持固定不变的成本。

本量利分析,是对成本、产量(或销售量)、利润之间关系的一种数学分析方法。它以数量化的模型或图形揭示企业的变动成本、固定成本、销售量以及销售单价之间的相互关系,帮助管理人员清晰地了解企业的获利情况,以便于管理者做出更加合理的经济决策。

短期决策是指决策结果只会影响或决定企业近期(一年或一个经营周期)经营实践的方向、方法和策略,侧重于从资金、成本、利润等方面对如何充分利用企业现有资源和经营环境,以取得尽可能大的经济效益而实施的决策。

长期投资决策是指拟定长期投资方案,用科学的方法对长期投资方案进行分析、评价、选择最佳长期投资方案的过程。长期投资决策是涉及企业生产经营全面性和战略性问题的决策,其最终目的是为了提高企业总体经营能力和获利能力。

# 本章关键词

成本性态　本量利分析　短期决策　长期决策

# 本章思考与练习

## 一、思考题

1. 贡献边际率指标的含义是什么?它和变动成本率的关系如何?
2. 简述长期投资决策分析中折现评价指标之间的关系。
3. 贡献边际率指标的含义是什么?它和变动成本率的关系如何?

## 二、小练习

1. 赣昌股份有限公司生产的甲产品7—12月份的产量及成本资料如下表所示:

|  | 7 | 8 | 9 | 10 | 11 | 12 |
| --- | --- | --- | --- | --- | --- | --- |
| 产量(件) | 40 | 42 | 45 | 43 | 46 | 50 |
| 总成本(元) | 8 800 | 9 100 | 9 600 | 9 300 | 9 800 | 10 500 |

要求:

(1) 采用高低点法进行成本性态分析;
(2) 采用回归直线法进行成本性态分析。

2. 赣昌股份有限公司只产销一种产品,2019年销售量为8 000件,单价为240元,单位成本为180元,其中单位变动成本为150元,该企业计划2020年利润比2019年增加10%。

要求:运用本量利分析原理进行规划,从哪些方面采取措施,才能实现目标利润(假定采取某项措施时,其他条件不变)。

3. 赣昌股份有限公司生产甲、乙、丙三种产品,其固定成本总额为19 800元,三种产品的有关资料如下:

| 品　种 | 销售单价(元) | 销售量(件) | 单位变动成本(元) |
|---|---|---|---|
| 甲 | 2 000 | 60 | 1 600 |
| 乙 | 500 | 30 | 300 |
| 丙 | 1 000 | 65 | 700 |

要求:(1) 采用加权平均法计算该厂的综合保本销售额及各产品的保本销售量。
(2) 计算该公司营业利润。

4. 赣昌股份有限公司常年生产需用的某部件以前一直从市场上采购。一直采购量在5 000件以下时,单价为8元;达到或超过5 000件时,单价为7元。如果追加投入12 000元专属成本,就可以自行制造该部件,预计单位变动成本为5元。

要求:用成本无差别点法为企业做出自制或外购A零件的决策,并说明理由。

5. 赣昌股份有限公司现有一台旧设备,尚可继续使用4年,预计4年后残值为2 400元,目前变价出售可获20 000元。使用该设备每年获营业收入500 000元,经营成本350 000元。市场上有一新型号设备,价值90 000元,预计4年后残值为5 000元。使用新设备不会增加收入,但可使每年经营成本降低25 000元。如果企业所得税率为33%。

要求:(1) 分别确定新旧设备的原始投资差额;
(2) 分别计算新旧设备的每年折旧差额;
(3) 分别计算新旧设备的每年净利润差额;
(4) 计算新旧设备残值的差额;
(5) 计算新旧设备各年的净现金流量NCF,并在此基础上计算两者之差ΔNCF;
(6) 直接按差量分析法计算ΔNCF。

6. 赣昌股份有限公司急需一不需要安装的设备,该设备投入使用后,每年可增加销售收入71 000元,经营成本50 000元,若购买,其市场价格为100 000元,经济寿命为10年,报废时无残值;若从租赁公司租用同样设备,只需每年末支付15 000元租金,可连续租用10年。已知赣昌股份有限公司的自有资金的资金成本为12%,适用的所得税率为33%。要求:

(1) 用净现值法和内部收益率法评价赣昌股份有限公司是否应当购置该项设备。
(2) 用净现值法对是否应当租赁设备方案做出决策。

## 章 后 案 例

### 案例分析名称：成本性态分析

**一、案例背景资料**

赣昌股份有限公司只生产一种产品，每个月的最大生产能力为200件，市场容量为250件。长期以来该公司在进行成本性态分析时都按以下程序进行，即：对各期总成本先按性态进行分类，将其分为固定成本、变动成本和混合成本三大类，然后再对混合成本按高低点法进行分解。

已知2019年2月的产销售量最低，为100件，当月总成本为82 500万元，按其性态分类的结果为：固定成本为60 000万元，变动成本为10 000万元，其余为混合成本。10月份的产销售量最高，为200件，当月总成本为95 000万元。当年公司的产销售量始终在相关范围内变动。

**二、案例分析要点**

1. 根据上述资料：试建立赣昌股份有限公司2019年成本性态模型。
2. 按高低点法进行分解案例中的混合成本。

## 参 考 书 目

[1] 梁红霞,李克红,刘雅娟等.管理会计[M].北京:清华大学出版社,2016.

[2] 刘俊勇.管理会计(第3版)[M].大连:东北财经大学出版社,2019.

[3] 刘运国.管理会计学(第3版)[M].北京:中国人民大学出版社,2018.

[4] 潘飞.管理会计(第4版)[M].上海:上海财经大学出版社,2020.

[5] 杨志慧,刘宏欣.管理会计[M].北京:机械工业出版社,2018.

[6] 袁水林.管理会计(第4版)[M].上海:上海财经大学出版社,2018.

# 第十一章 预算控制

> **开篇案例**
>
> 小马和小刘是大学同学,结婚后坚持做家庭预算,既保证了生活质量,又年年有结余,日子过得蒸蒸日上。
>
> 2019 年家庭开支预算 （单位：元）
>
> | 序号 | 消费项目 | 说明 | 预算 |
> |---|---|---|---|
> | 1 | 汽车消费 | 汽油/保险/维修 | 10 000 |
> | 2 | 服饰消费 | 老婆/老公/儿子 | 10 000 |
> | 3 | 耐用品消费 | 电脑/手机等单价大于100元的耐用品支出均列入此项目 | 10 000 |
> | 4 | 房贷消费 | 2027年还清 | 8 000 |
> | 5 | 通讯消费 | 手机/网络 | 5 000 |
> | 6 | 亲情消费 | 孝敬父母公婆/长辈,小辈礼物 | 15 000 |
> | 7 | 保险消费 | 全家意外保险 | 2 000 |
> | 8 | 春节周边旅游消费 | 吃/玩 | 2 000 |
> | 9 | 清明节回娘家消费 | 飞机票等 | 15 000 |
> | 10 | 国庆节回婆家消费 | 火车票等 | 3 000 |
> | 11 | 跟老公单位旅游消费 | 吃/住/纪念品等 | 3 000 |
> | 12 | 一年日常生活开支 | 水/电/气/菜/米/水果等 | 42 000 |
> |  | 合计 |  | 125 000 |
>
> 夫妻二人收入总和18—20万元。理论上,家庭的储蓄为收入的30%左右,让自己可以过得比较滋润又有合理的储蓄,所以这个12.5万的支出预算还是比价合理的。

## [学习目的与要求]

学完本章后,你应该能够:

1. 理解和掌握全面预算的构成内容。
2. 理解和掌握固定预算、弹性预算、零基预算、滚动预算的编制原理。
3. 理解和掌握销售预算、生产预算、直接材料预算、人工预算等全面预算的编制的方法。

## 第一节 预算的概述

### 一、预算的含义及作用

（一）预算的含义

预算就是以货币作为计量单位，把决策目标所涉及的各种经济资源的配置，用计划的形式具体地、系统地反映出来的过程，即预算就是将决策目标具体化。管理会计学中的预算就是指企业生产经营计划的数量说明，这一概念具有广泛的含义。

（1）预算是用货币的形式对企业未来一定时期的生产经营活动进行系统而详细的描述。取得相应的收入是企业从事各种经济活动的最终目的，而为了取得这些收入，往往要伴随着一定量的成本费用的发生。因此，企业的各种经济活动都要涉及现金的收与支，所以只有货币的形式才能准确描述企业对未来各种经济活动的具体安排。

（2）预算是企业为了完成特定的决策目标而对其各种经济资源的配置。企业资源的含义非常广泛，既包括通常意义上的人、财、物等有形资源，也包括各种对责、权、利进行划分的制度资源。为了完成特定的决策目标，必须赋予相关的责任人和责任单位一定的指挥调度各种经济资源的权利，保证其计划工作的有效实施。所以，对种种经济资源的安排以及责任权利的划分也是预算的重要内容。

（3）预算是对企业的经营计划及预期的各种经济活动的数量描述。现代管理日益追求管理过程上的精准，对企业未来的各种经济活动都要求做出详细的计划和安排。通常这些计划和安排都是用文字、图形、数字等具体形式表现出来的，如果用数量的形式对未来的计划和安排进行表述的话，就可以成为预算。

（4）预算能够对各种经济活动进行有效的控制。预算可以从两个方面对企业的经济活动进行有效的控制。一方面，预算对企业的种种经济活动进行了安排，并规定了各相关责任人或责任单位的职责权利以及各责任人或责任单位之间的关系。通过预算将经济活动的整个过程进行了初步的规范，在经济活动的执行过程中，可以依据这些规范来纠正可能产生的偏差。另一方面，预算对经济活动的结果做了比较合理的预计，这些预计可以作为经济活动结束后的业绩考核标准，如果企业业绩的考核与预算挂钩，奖惩的实施又与预算考核结果挂钩，那么，各责任中心及责任人出于对自身合理利益的追求一定会促使企业的经济活动按预算的要求执行。

（二）预算的作用

1. 明确计划期的工作目标和任务

预算的编制，就是把整个企业和多个职能部门在计划期间的工作分别定出目标，并详细说明要达到各目标所拟采取的措施。而企业总体目标的实现，需要各个职能部门的共同努力。通过编制全面预算，既反映了企业计划期间的总体目标，又将企业的总体目标分解和落实到各个职能部门，使各个职能部门了解企业的总目标，明确本部门的具体工作目标和任务。

2. 沟通和协调各个职能部门的工作

企业各个职能部门的经济活动与总体目标之间存在局部与整体的关系,局部的最优不一定会带来全局的最优化,只有各部门从整体利益出发,相互配合、相互协调地开展各项工作,才能争取实现企业最佳经济效益。通过预算的编制,让企业各部门看到了本部门与整个企业、其他部门的关系,从而使各部门更好地扮演纵向和横向沟通的角色,为实现企业的整体目标而奋进。

3. 控制企业日常营运活动

预算是控制企业日常营运活动的主要依据。通过将各个职能部门的实际执行情况与预算目标进行对比,及时找出实际与预算的差异数,并分析差异的原因,提出改进措施,对取得的成绩要肯定并加以巩固,挖掘内部潜力,改进存在的问题,消除薄弱环节,力争使预定目标更好地完成。

4. 考核、评估实际工作绩效

预算不仅是控制企业各项营运活动的主要依据,同时也是考核和评估各部门实际工作绩效的主要依据与重要标准。企业按照预算的要求,建立绩效评估体系,定期对各个部门的工作进行考评,促使各部门按预算要求完成自己的任务,确保企业总体目标的实现。

## 二、预算的分类

具体而言,全面预算包括业务预算、特种决策预算和财务预算。

### (一) 业务预算

业务预算也叫经营预算,是对企业日常生产经营过程中发生的各项经济活动的预算,旨在规划各项具体业务,又可进一步分为基本业务预算和特殊业务预算。

1. 基本业务预算

基本业务预算是指为供、产、销以及管理活动所编制,与企业日常业务直接相关的经营业务的各种预算。主要包括销售预算、生产预算、直接材料预算、直接人工预算、制造费用预算、产品成本预算、销售以及管理费用预算等内容。

2. 特殊业务预算

特殊业务预算是反映企业基本业务活动之外的特殊业务的预算,通常包括资本支出及其收益预算、融资预算等。

### (二) 特种决策预算

特种决策预算又叫专门决策预算,是指企业不经常发生的、需要根据特定决策临时编制的一次性预算。特种决策预算包括资本性支出预算和投资决策预算两种类型。

### (三) 财务预算

财务预算是预算体系中的最后环节,它是指企业在计划期内反映有关财务状况、经营成果和现金支出的预算。财务预算主要包括现金收支预算、预计利润表和预计资产负债表等。

### 小 贴 士

**全面预算管理制度——以中国石油为代表**

中国石油全面预算管理始于1994年,最初侧重资金预算,然后资金预算与利润预算并举,目前已形成一套完整的全面预算管理系统。

1. 编制预算

中国石油资金预算编制与其资金管理体制有关。中国石油资金管理体制包括四个要点:一是实行资产经营责任制;二是成立中油财务公司(简称财务公司),要求二级单位在财务公司开立结算账户;三是二级单位的债务全部集中到集团总部;四是二级单位需要资金时,须经集团总部批准,或者由集团总部拨付。中国石油的资金管理体制既非集权亦非分权,而是一种"权力共享",它不仅简化了资金预算的编制,而且保障资金预算既符合股东利益又体现高效率的原则。其结果不仅整肃和进一步防范资金管理的混乱,而且使整个集团公司渐入"统而不死、放而不乱"的佳境。

2. 监督预算执行

在中国石油的监督预算执行的要素中,最具特色的是计量,即通过财务结算中心和会计集中核算来反映预算执行的进度和结果。中国石油的财务结算中心(贡华章等,2005;清华大学课题组,2002)从基层到总部是一个体系。在总部就是资产财务部和财务公司。在中层,比如大庆油田,设有财务结算中心。一方面是大庆油田在财务公司开设的结算账户,另一方面又是大庆油田所属单位的"开户银行";中层财务结算中心与中油财务公司之间资金转移则借助一家事先约定的商业银行来完成。在基层,比如大庆油田钻井二公司,它必须在大庆油田财务结算中心开设结算账户,与其财务科的结算组相互对应,钻井二公司所属的物资公司、运输公司以及各钻井大队等单位作为相对独立的责任单位都分别在在财务科结算组开设结算账户。如果钻井二公司某钻井大队需要运输公司将从物资公司采购的某种物资运送到某钻井现场时,钻井二公司财务科结算组一方面在物资公司、运输公司和钻井大队之间结算路费和物资款,另一方面通过大庆油田财务结算中心对外支付物资价款。在这个过程中,钻井二公司财务科可用钻井二公司的预算来监督物资公司、运输公司和各钻井大队,大庆油田财务结算中心可用大庆油田预算来监督钻井二公司。理想状态下,财务公司还可用中国石油的预算来监督大庆油田。

3. 奖惩预算执行结果

中国石油的预算执行结果与其奖惩资源(主要是薪酬)紧密挂钩。奖惩制度的设计与兑现按集团公司、股份公司及其4个板块、油气田企业及其内部层级和单位、各专项业务公司及其内部层级和单位分别设计,其内容极其繁杂,恕不赘述。这里重点说明中国石油奖惩预算执行结果的特点(贡华章等,2005):一是预算指标——预算绝对数据(包括利润、销售收入、成本、控亏额、费用限额等)和根据预算数计算的数据(包括投资报酬率、自由现金流、增加值、资产保值增值率等)——直接与奖惩资源挂钩,以计算整个集团及其某个单位的奖金总额,在宏观上协调股东与职工的利益关系,其典型做法就是"两考两挂";二是预算指标作为职工个人(包括领导和普通员工)的业绩考核指标之一与个人奖惩资源挂钩,以计算每个职工从总奖惩资源中获得的份额,在微观上协调股东利益与职工权责利之间的关系。

资料来源:贡华章等.我国企业预算管理的引进与发展[J].会计研究,2008(9).

## 第二节 全面预算的编制

### 一、全面预算概述

（一）全面预算的含义

全面预算是企业对预算期内的经营决策目标所做的全面综合的财务描述,又称为总预算,是企业整体的综合性计划。它是根据企业目标所编制的经营、资本、财务等年度收支总体计划,主要包括销售预算、生产预算、成本预算和现金收支预算等方面,形成一个完整的体系。全面预算的最终反映是一整套预计的财务报表和其他附表,主要是用来规划计划期内企业的全部经济活动及其相关财务结果。它与企业的经营决策和投资决策既相互联系,又相互作用。通过编制全面预算以保证企业整体目标的实现,已成为现代企业管理的大势所趋。

（二）全面预算的编制程序

全面预算的编制是一项工作量大、涉及面广、时间性强与操作复杂的工作。为了保证编制工作有条不紊的进行,一般要在企业内部专设一个预算委员会负责预算编制并监督实施。它通常由总经理和分管销售、生产、财务等方面的副总经理及总会计师等高级管理人员组成。全面预算是以企业总体目标为依据,通过对总体目标进行分解,以确定各部门的具体目标并协调各单位和各方面的工作。各种预算之间应该互相联系、密切配合,构成一个完整的预算体系。因此,预算的编制应采取自上而下、自下而上的方法,不断地反复和修正,最后,由有关机构综合平衡,以书面形式传达,作为正式的预算落实到各有关部门付诸实施。

全面预算的编制过程可以归结为以下五个步骤:

（1）在预测与决策的基础上,拟定企业预算的总方针、预算的政策及企业总目标和分目标。

（2）组织各生产业务部门按具体目标要求编制本部门预算草案。

（3）各职能部门汇总、协调本部门的预算,继而汇总出企业的全面预算。

（4）主要预算指标报告从审议机构到董事会或上级主管部门逐层讨论通过或驳回修改。

(5) 将批准后的预算下达给各部门执行。

（三）全面预算的编制方法

1. 固定预算

固定预算又称静态预算,是指在编制预算时,以预算期内正常的、可能实现的某一业务量（如生产量、销售量）水平作为唯一基础,不考虑预算期内生产活动可能发生的变动而编制预算的方法。一般情况下,对不随业务量变化而变化的固定成本（如企业管理费用）的预算多采用固定预算方法进行编制;但对于变动成本、费用等随业务量的变化而变化的项目,在编制预算时不宜采用此法。

**【例 11.1】** 某种产品的固定预算,见表 11.1。该产品实际完成 700 件,实际总成本为 6 300 元,其中直接材料为 4 300 元,直接人工为 1 200 元,制造费用为 800 元,单位成本为 9.00 元。如果把实际费用与固定预算相比,则超支很大;如果把实际费用与按产量调整后的固定预算相比,又节约很多。

表 11.1　　　　　　　　　　　固定预算表　　　　　　　　　　　单位:元

| 成本项目 | 总　成　本 | 单位成本 |
|---|---|---|
| 直接材料 | 3 000 | 6 |
| 直接人工 | 1 000 | 2 |
| 制造费用 | 1 000 | 2 |
| 合　　计 | 5 000 | 10 |

2. 弹性预算

弹性预算也称作动态预算,又称变动预算或滑动预算,是与固定预算相对而言的。它是指根据预算期内可以预见的各种业务量而编制的不同水平的预算。弹性预算主要用于各种间接费用预算,有些企业也用于利润预算。

编制弹性预算的表达方式,主要有列表法和公式法。

（1）列表法。列表法又称多水平法,是指通过列表的方式在相关范围内,每隔一定业务量范围计算相关的数值预算,来编制弹性成本预算的方法。

**【例 11.2】** 假设赣昌股份有限公司计划年度产品销售单价为 220 元,单位变动成本为 80 元,固定成本总额为 120 000 元,销售量变动范围为 1 900—2 400 件,以每 100 件销售量作为间隔,编制弹性利润预算表。如表 11.2 所示。

表 11.2　　　　　　　　　　　弹性利润预算表　　　　　　　　　　　单位:元

| 销售收入 | 418 000 | 440 000 | 462 000 | 484 000 | 506 000 | 528 000 |
|---|---|---|---|---|---|---|
| 减:变动成本 | 152 000 | 160 000 | 168 000 | 176 000 | 184 000 | 192 000 |
| 边际贡献 | 266 000 | 280 000 | 294 000 | 308 000 | 322 000 | 336 000 |
| 减:固定成本 | 120 000 | 120 000 | 120 000 | 120 000 | 120 000 | 120 000 |
| 利润 | 146 000 | 260 000 | 174 000 | 188 000 | 202 000 | 216 000 |

(2) 公式法。公式法是指通过确定公式 $y=a+bx$ 中的 $a$ 与 $b$ 来编制弹性预算的方法。任何成本都可以用公式"$y=a+bx$"来近似的表示，$a$ 表示固定成本，$b$ 表示单位变动成本，只要在预算中列示 $a$ 和 $b$，就可以随时利用公式计算任一业务量 $x$ 的预算总成本 $y$。

【例 11.3】赣昌股份有限公司按公式法编制制造费用弹性预算，如表 11.3 所示。

表 11.3　　　　　　　　　　　　制造费用弹性预算表　　　　　　　　　　　　单位：元

| 业务量范围(人工工时) | 50 000—100 000 小时 | |
| --- | --- | --- |
| 项　　目 | 固定成本($a$) | 单位变动成本($b$)(每人工工时) |
| 运输费 | — | 0.14 |
| 间接人工 | — | 1.00 |
| 辅助材料 | — | 0.30 |
| 维修费 | 5 000 | 0.20 |
| 水电费 | 300 | 0.24 |
| 折旧费 | 14 000 | — |
| 管理人员工资 | 14 000 | — |
| 合　　计 | 33 300 | 1.88 |

根据表 11.3，可利用公式 $y=33\,300+1.88x$ 计算出人工工时在 50 000 至 100 000 小时的范围内，任一业务量水平的制造费用预算总额及某一具体费用项目的预算额。

3. 零基预算

零基预算，又称零底预算，全称为"以零为基础的编制计划和预算的方法"，是指在编制预算时不考虑以往任何情况，对于所有的预算支出均以零为基础编制，从根本上研究和分析各项预算是否有支出的必要和支出数额的大小。

零基预算法特别适用于产出较难辨认的服务性部分费用预算的编制。其编制过程可以分为以下三个步骤：

(1) 提出费用开支方案。企业内部的各有关部门要根据企业的总体目标，结合本部门业务，提出各项开支费用，并对再次开支的性质、目的、必要性等做出详细的说明。

(2) 进行成本—效益分析。对各项费用或开支进行成本—效益分析，按照轻重缓急，划分不同等级并排列顺序。

(3) 落实预算资金。对于排好的预算次序，要结合企业资金的供给情况，分别落实预算资金。

【例 11.4】赣昌股份有限公司拟采用零基预算法编制下年度的销售及管理费用预算。已知企业可用于销售及管理方面的资金为 106 000 元，具体编制过程如下：

首先，销售及管理部门根据下年度的企业经营目标和本部门具体任务，经多次讨论后，提出费用开支方案如下：

房屋租金　　　　　　　　　40 000元
保险费　　　　　　　　　　35 000元
业务招待费　　　　　　　　 7 500元
培训费　　　　　　　　　　 6 000元
办公费　　　　　　　　　　20 000元

其中，房屋租金、保险费和办公费为不可避免的费用支出，业务招待费和培训费属于酌量性固定成本。

其次，根据历史资料对培训费和业务招待费进行成本—效益分析，分析结果如表11.4所示。

表11.4　　　　　　　　　　　成本—效益分析

| 费用项目 | 成本 | 收益 | 成本收益率 |
|---|---|---|---|
| 培训费 | 100 | 130 | 130% |
| 业务招待费 | 100 | 90 | 90% |

再次，根据上述分析，对上述的五项费用项目按照轻重缓急和效益大小进行排列。

第一层次，房屋租金、保险费和办公费，属于不可避免成本，是必须开支的项目，需保证全额，应首先满足。

第二层次，培训费属于可避免的酌量性固定成本，可根据预算期间企业资金情况酌情增减，又由于它的成本收益率大于业务招待费，故排在第二层次。

第三层次，业务招待费也属于可避免的酌量性固定成本，但成本收益率小于培训费，因此排列第三层次。

最后，分配预算资金。

第一，确定不可避免项目的预算金额，包括房屋租金、保险费和办公费，如式(11.1)所示：

$$不可避免项目的预算金额 = 40\,000 + 35\,000 + 20\,000 = 95\,000(元) \quad (11.1)$$

第二，确定尚可分配的金额，如式(11.2)所示：

$$尚可分配的金额 = 106\,000 - 95\,000 = 11\,000(元) \quad (11.2)$$

第三，按照成本效益率比重将尚可分配的资金在培训费和业务招待费之间分配，如式(11.3)、式(11.4)所示：

$$培训费预算数 = 11\,000 \times 1.3/(1.3+0.9) = 6\,500(元) \quad (11.3)$$
$$业务招待费预算数 = 11\,000 \times 0.9/(1.3+0.9) = 4\,500(元) \quad (11.4)$$

**4. 滚动预算**

滚动预算又称"永续预算"或"连续预算"，它与前面介绍的几种预算方法存在的区别在于前几种预算是按照确定的预算期间（一般为一个会计年度）来编制的，所以也称定期预算。而滚动预算脱离会计年度，并随着预算的执行不断延伸补充预算，逐期向后滚动,使预算期一直保持为一个固定期间的一种预算编制方法。

具体做法是:每执行完一个时间单位后(如一个月、一个季度),就要将这个时间单位内的经营成果与预算数对比,从中找出差异和原因,并据此对预算期(通常是一年)内剩余时间的预算进行调整,同时往后增加一个时间单位的预算,使新的预算期仍保持为一年,如表 11.5 所示。

表 11.5　　　　　　　　　　　逐月滚动预算示意图

| 2019 年度预算(一) | | | | | | | | | | | |
| --- | --- | --- | --- | --- | --- | --- | --- | --- | --- | --- | --- |
| 1月 | 2月 | 3月 | 4月 | 5月 | 6月 | 7月 | 8月 | 9月 | 10月 | 11月 | 12月 |
| 2019 年度预算(二) | | | | | | | | | | | 2020 年 |
| 2月 | 3月 | 4月 | 5月 | 6月 | 7月 | 8月 | 9月 | 10月 | 11月 | 12月 | 1月 |
| 2019 年度预算(三) | | | | | | | | | | | 2020 年 |
| 3月 | 4月 | 5月 | 6月 | 7月 | 8月 | 9月 | 10月 | 11月 | 12月 | 1月 | 2月 |

滚动预算的编制基本上可按其他预算方法进行,但对近期 3 个月内的预算比较详细具体,对其余 9 个月的预算较为粗略,滚动预算的延续工作要耗费大量的人力、物力,但也有几个显著优点:

(1) 能够保持预算的完整性、连续性、便于企业从动态预算中把握未来的发展趋势;

(2) 能够使企业各级各部门的管理人员以长远的目光来统筹规划企业的各项生产经营活动,将短期预算和长期预算很好地衔接起来,保证企业各项工作有条不紊地进行;

(3) 能增加企业对外提供的信息量,便于外部相关单位和个人对企业的经营状况的进一步了解;

(4) 企业不断根据生产经营情况的变化对预算进行调整修正,能使预算更加符合实际,有利于充分发挥预算的指导和控制作用,同时也有利于预算的执行和实施。

## 二、经营预算编制

### (一) 销售预算

销售预算是在销售预测的基础上,根据年度目标利润的要求,对企业一定期间内各种产品的销售量、单价和销售收入的预算。它是企业全面预算的关键,也是编制其他预算的基础。销售预算的主要内容是销售量、单价和销售收入的确定。其中,销售量主要是根据市场状况确定的,单价是通过价格决策确定的,销售收入是在销售预算中由销售量和单价相乘得到的。

销售预算中通常还包括预计现金收入的计算,其目的是为后面编制现金预算提供资料。本期的现金收入包括应在本期收回的前期应收账款额和本期销售中可能收回的款项。

**【例 11.5】** 赣昌股份有限公司 2018 年末的应收账款余额为 5 400 元,预计 2019 年各季度甲产品的销售量分别为 150 件、200 件、160 件、180 件。甲产品每件售价为 200 元,每季度销售收入的 60% 在当季收回,余下的 40% 在下季度收回,则赣昌股份有限公司甲产品销售预算及现金收入预算如表 11.6 所示。

表 11.6　　　　赣昌股份有限公司甲产品销售预算及现金收入预算表　　　　单位:元

| 项　　目 | 第一季度 | 第二季度 | 第三季度 | 第四季度 | 全　　年 |
|---|---|---|---|---|---|
| 预计销售量(件) | 150 | 200 | 160 | 180 | 690 |
| 预计单价(元) | 200 | 200 | 200 | 200 | — |
| 销售收入(元) | 30 000 | 40 000 | 32 000 | 36 000 | 138 000 |
| 上年应收账款(元) | 5 400 | | | | 5 400 |
| 第一季度销售收入 | 18 000 | 12 000 | | | 30 000 |
| 第二季度销售收入 | | 24 000 | 16 000 | | 40 000 |
| 第三季度销售收入 | | | 19 200 | 12 800 | 32 000 |
| 第四季度销售收入 | | | | 21 600 | 21 600 |
| 现金收入合计(元) | 23 400 | 36 000 | 35 200 | 34 400 | 129 000 |

**(二) 生产预算**

生产预算是在销售预算的基础上编制的,反映一定时期内生产数量和库存产品数量的预算。产量的确定以销售预算确定的销量为基础,同时考虑期初和期末存货的变化情况。具体计算公式如式(11.5)所示:

$$预计生产量 = 预计销售量 + 预计期末存货量 - 期初存货量 \tag{11.5}$$

**【例 11.6】** 依前例,赣昌股份有限公司预计甲产品各季度末存货量占下季度销售量的 10%,年初存货数量为 15 件,预计年末的存货量为 20 件,则 2019 年的生产预算如表 11.7 所示。

表 11.7　　　　　　赣昌股份有限公司甲产品生产预算表　　　　　　单位:件

| 项　　目 | 第一季度 | 第二季度 | 第三季度 | 第四季度 | 全　　年 |
|---|---|---|---|---|---|
| 预计销售量(件) | 150 | 200 | 160 | 180 | 690 |
| 加:期末存货 | 20 | 16 | 18 | 20 | 20 |
| 合计 | 170 | 216 | 178 | 200 | 710 |
| 减:期初存货 | 15 | 20 | 16 | 18 | 15 |
| 预计生产量 | 155 | 196 | 162 | 182 | 695 |

### (三) 直接材料预算

直接材料预算又称直接材料采购预算,是用来确定预算期内材料采购数量和金额的预算,它是以生产预算为基础编制的,根据生产预算所确定的产量来确定预算期的材料耗用量。每种产品耗用的某种材料的预计采购量可根据式(11.6)计算:

$$预计材料采购量 = 生产需要量 + 预计期末存料量 - 预计期初存料量 \quad (11.6)$$

【例 11.7】依前例,赣昌股份有限公司甲产品的材料消耗定额为 10 千克/件,计划单价为 5 元/千克,2019 年度材料采购的货款有 50% 在本季度内支付,余款在下季度付完,上年应付的购料款金额 2 500 元将在 2019 年第一季度支付。2019 年每季度期末库存材料按下一季度生产需用量的 20% 计算,年初库存材料量为 500 千克,年末库存材料量为 400 千克,根据上述材料,甲产品的直接材料预算表如表 11.8 所示。

**表 11.8　　　　　　　　　赣昌股份有限公司甲产品直接材料预算表**

| 项　　目 | 第一季度 | 第二季度 | 第三季度 | 第四季度 | 全　　年 |
|---|---|---|---|---|---|
| 预计生产量(件) | 155 | 196 | 162 | 182 | 695 |
| 产品单耗量(千克/件) | 10 | 10 | 10 | 10 | 10 |
| 生产需要量(千克) | 1 550 | 1 960 | 1 620 | 1 820 | 6 950 |
| 加:期末库存材料(千克) | 392 | 324 | 364 | 400 | 400 |
| 减:期初库存材料(千克) | 500 | 392 | 324 | 364 | 500 |
| 预计材料采购量(千克) | 1 442 | 1 892 | 1 660 | 1 856 | 6 850 |
| 材料计划单价(元/千克) | 5 | 5 | 5 | 5 | 5 |
| 材料采购金额 | 7 210 | 9 460 | 8 300 | 9 280 | 34 250 |
| 上年应付购料款 | 2 300 | | | | 2 500 |
| 第一季度购料款 | 3 605 | 3 605 | | | 7 210 |
| 第二季度购料款 | | 4 730 | 4 730 | | 9 460 |
| 第三季度购料款 | | | 4 150 | 4 150 | 8 300 |
| 第四季度购料款 | | | | 4 640 | 4 640 |
| 现金支出合计(元) | 6 105 | 8 335 | 8 880 | 8 790 | 32 110 |

### (四) 直接人工预算

直接人工预算是用来确定预算期内直接人工工时的消耗水平和人工成本水平的预算。它以生产预算为编制基础,根据预算期产量、单位产品人工工时和单位人工工时成本来确定预算期人工总工时和直接人工总成本,也能为编制现金预算提供资料。

【例 11.8】赣昌股份有限公司生产的甲产品单位产品工时为 6 小时,每小时工资为 5 元,则甲产品的直接人工预算如表 11.9 所示。

表11.9  　　　　　　　　　赣昌股份有限公司甲产品直接人工预算表

| 项　　目 | 第一季度 | 第二季度 | 第三季度 | 第四季度 | 全　　年 |
|---|---|---|---|---|---|
| 预计产量（件） | 155 | 196 | 162 | 182 | 695 |
| 单位产品工时（小时） | 6 | 6 | 6 | 6 | 6 |
| 人工总工时 | 930 | 1 176 | 972 | 1 092 | 4 170 |
| 每小时工资（元） | 5 | 5 | 5 | 5 | 5 |
| 人工总成本（元） | 4 650 | 5 880 | 4 860 | 5 460 | 20 850 |

（五）制造费用预算

制造费用预算是包括变动制造费用预算和固定制造费用预算两部分，是反映一定时期内企业的产品生产成本中除直接材料、直接人工以外的费用发生情况。企业可以采取变动成本法和完全成本法计算制造费用预算，若采取变动成本法，只需将变动制造费用计入产品生产成本，固定制造费用直接列入损益作为当期利润的一个扣除项，变动制造费用还要按业务量计算分配率，若采取完全成本法，则固定制造费用也要按业务量计算分配率，分配率的计算公式如式(11.7)所示：

变动或固定制造费用分配率
=预算期变动或固定制造费用预算总额/预算期生产总量或直接人工总工时
(11.7)

【例11.9】依上述各材料，赣昌股份有限公司2019年度制造费用预算表如表11.10所示。

表11.10  　　　　　　　　　赣昌股份有限公司制造费用预算表

| 项　　目 | 第一季度 | 第二季度 | 第三季度 | 第四季度 | 全　　年 |
|---|---|---|---|---|---|
| 直接人工工时（小时） | 930 | 1 176 | 972 | 1 092 | 4 170 |
| 变动制造费用分配率（元/小时） | 0.5 | 0.5 | 0.5 | 0.5 | 0.5 |
| 变动制造费用 | 465 | 588 | 486 | 546 | 2 085 |
| 固定制造费用 | 1 668 | 1 668 | 1 668 | 1 668 | 6 672 |
| 其中：修理费 | 368 | 368 | 368 | 368 | 1 472 |
| 折旧费 | 900 | 900 | 900 | 900 | 3 600 |
| 管理费 | 100 | 100 | 100 | 100 | 400 |
| 保险费 | 200 | 200 | 200 | 200 | 800 |
| 其他 | 100 | 100 | 100 | 100 | 400 |
| 合计 | 2 133 | 2 256 | 2 154 | 2 214 | 8 757 |

(续表)

| 项　　目 | 第一季度 | 第二季度 | 第三季度 | 第四季度 | 全　　年 |
|---|---|---|---|---|---|
| 减：折旧费 | 900 | 900 | 900 | 900 | 3 600 |
| 现金支出费用 | 1 233 | 1 356 | 1 254 | 1 314 | 5 157 |

（六）产品成本预算

产品成本预算是生产预算、直接材料预算、直接人工预算和制造费用预算的汇总。其主要内容包括产品的单位成本、生产成本、销售成本以及期初、期末产成品存货成本等。采用变动成本计算法的企业，单位生产成本只包括变动生产成本。编制这一预算一般包括存货预算和销货预算。

【例11.10】依前各例资料，赣昌股份有限公司2019年度甲产品成本预算和期末存货预算如表11.11所示。

表11.11　　　　　　　　赣昌股份有限公司产品成本预算和期末存货预算表

| 项　　目 | 单　价 | 单　耗 | 单位成本 | 总成本 |
|---|---|---|---|---|
| 本期生产成本（695件） | | | | |
| 直接材料 | 5 | 10千克 | 50 | 34 750 |
| 直接人工 | 5 | 6小时 | 30 | 20 850 |
| 变动制造费用 | 0.5 | 6小时 | 3 | 2 085 |
| 固定制造费用 | 1.6 | 6小时 | 9.6 | 6 672 |
| 合计 | | | 92.6 | 64 357 |
| 加：期初存货数量（15件） | | | 92.6 | 1 389 |
| 减：期末存货数量（20件） | | | 92.6 | 1 852 |
| 销售成本 | | | 92.6 | 63 894 |

（七）销售及管理费用预算

销售及管理费用预算是指为产品销售活动和一切行政管理活动编制的预算，类似于制造费用的预算编制，其费用的明细项目按成本性态分类可分为变动费用和固定费用两大类。

销售费用预算，主要以销售预算为基础，根据销售收入、销售利润和销售费用关系来编制。为了便于预算控制，编制销售及管理费用预算时应区分变动性费用和固定性费用。对于其中的混合成本项目，应将其分解为变动费用和固定费用两类，并分别列入预算中的相应部分。

【例11.11】承前例，假定赣昌股份有限公司2019年度预计销售及管理费用发生额为15 520元，其中变动性费用为5 520元，固定性费用为10 000元。变动性费用以及销售量为标准在各季分配，固定性费用在各季平均分配，折旧费以外的其他各项费用均于现金支付。根据以上资料编制的赣昌股份有限公司2019年度销售与管理费用预算如表11.12所示。

表 11.12　　　　　　　　　赣昌股份有限公司销售及管理费用预算表　　　　　　　单位：元

| 项　目 | | 分配率 | 第一季度 | 第二季度 | 第三季度 | 第四季度 | 全　年 |
| --- | --- | --- | --- | --- | --- | --- | --- |
| 变动性费用 | 销售佣金 | 5 | 750 | 1 000 | 800 | 900 | 3 450 |
| | 运输费 | 3 | 450 | 600 | 480 | 540 | 2 070 |
| | 合计 | 8 | 1 200 | 1 600 | 1 280 | 1 440 | 5 520 |
| 固定性费用 | 管理人员薪金 | | 600 | 600 | 600 | 600 | 2 400 |
| | 广告费 | | 1 000 | 1 000 | 1 000 | 1 000 | 4 000 |
| | 保险费 | | 400 | 400 | 400 | 400 | 1 600 |
| | 折旧费 | | 500 | 500 | 500 | 500 | 2 000 |
| | 合计 | | 2 500 | 2 500 | 2 500 | 2 500 | 10 000 |
| 预计现金支出 | 变动性费用 | | 1 200 | 1 600 | 1 280 | 1 440 | 5 520 |
| | 加：固定性费用 | | 2 500 | 2 500 | 2 500 | 2 500 | 10 000 |
| | 合计 | | 3 700 | 4 100 | 3 780 | 3 940 | 15 520 |
| | 减：折旧费 | | 500 | 500 | 500 | 500 | 2 000 |
| | 现金支出合计 | | 3 200 | 3 600 | 3 280 | 3 440 | 13 520 |

注：变动性费用分配率＝5 520/690＝8。

## 三、财务预算编制

### （一）现金收支预算

现金收支预算是为了反映企业在预算期内预计现金收支情况而编制的预算。一般来说，现金预算通常包括以下四个部分：

1. 现金收入

现金收入包括预算期间的期初现金余额以及本期预计可能产生的现金收入。其主要来源是销售收入和应收账款的收回。

2. 现金支出

现金支出包括预算期内可能发生的一切现金支出，如业务预算中的各项现金支出、支付缴纳所得税以及支付股利等。

3. 现金余缺

现金余缺是指可动用的现金总额减去现金支出总额，反映预算期内的现金余额状况。

4. 资金的筹集和运用

资金的筹集反映预算期内需要借入的资金额，以及偿还资金、支付利息等事项。

【例 11.12】赣昌股份有限公司预计所得税费用为每季度 4 000 元，第二季度和第四季度预计各发放股利 6 000 元，公司第二季度与第三季度购买设备分别预计花费 18 000

元和 2 000 元,公司规定持有金额不得低于 1 000 元,现金不足时可以从银行借入借款额为 1 000 元的倍数,借款年利率为 10%,利息在还款时支付,依前资料编制赣昌股份有限公司现金收支预算表如表 11.13 所示。

表 11.13　　　　　　　　　赣昌股份有限公司现金收支预算表　　　　　　　　　单位:元

| 项　目 | 第一季度 | 第二季度 | 第三季度 | 第四季度 | 全　年 |
|---|---|---|---|---|---|
| 期初余额 | 2 627 | 2 000 | 3 164 | 6 044 | 2 627 |
| 加:现金收入(表 11.5) | 23 400 | 36 000 | 35 200 | 34 400 | 12 900 |
| 可供使用现金 | 26 027 | 38 000 | 38 364 | 40 444 | 131 627 |
| 减:各项支出 | 19 188 | 47 171 | 24 274 | 29 004 | 119 637 |
| 其中:直接材料(表 11.7) | 6 105 | 8 335 | 8 880 | 8 790 | 32 110 |
| 　　直接人工(表 11.8) | 4 650 | 21 421 | 4 860 | 5 460 | 20 850 |
| 　　制造费用(表 11.9) | 1 233 | 1 356 | 1 254 | 1 314 | 5 157 |
| 销售及管理费用(表 11.11) | 3 200 | 3 600 | 3 280 | 3 440 | 13 520 |
| 所得税 | 4 000 | 4 000 | 4 000 | 4 000 | 16 000 |
| 购买设备 | | 18 000 | 2 000 | | 20 000 |
| 股利分配 | | 6 000 | | 6 000 | 12 000 |
| 现金余额或不足 | 6 839 | −9 171 | 14 090 | 11 440 | 11 990 |
| 向银行借款 | | 11 000 | | | 11 000 |
| 归还借款 | | | 11 000 | | 11 000 |
| 利息支付(年利率:10%) | | | 550 | | 550 |
| 期末现金余额 | 6 839 | 1 829 | 2 540 | 11 440 | 11 440 |

(二)预计利润表

预计利润表是反映企业预算期内预计的全部经营活动及其财务成果的预算,又称"利润预算",是控制企业经营活动和财务收支状况的依据。编制预计利润表主要是依据前述的各项相关预算指标。

【例 11.13】依据上述有关各项预算,编制赣昌股份有限公司 2019 年度的预计利润表如表 11.14 所示。

表 11.14　　　　　　　　　赣昌股份有限公司预计利润表　　　　　　　　　单位:元

| 项　目 | 金　额 |
|---|---|
| 销售收入(表 11.5) | 13 800 |
| 减:销售成本(表 11.10) | 63 894 |
| 毛利 | 74 106 |
| 减:销售及管理费用(表 11.11) | 15 520 |
| 财务费用(表 11.12) | 550 |

(续表)

| 项　　目 | 金　　额 |
|---|---|
| 利润总额 | 58 036 |
| 减：所得税（表 11.12） | 16 000 |
| 净利润 | 42 036 |

### (三) 预计资产负债表

预计资产负债表是用来反映企业在预算期末的财务状况而编制的预算。预计资产负债表的编制，应以其期末的资产负债表为基础，然后根据前述的有关预算进行调整。

**【例 11.14】** 根据上述各有关预算，编制赣昌股份有限公司 2019 年度的预计资产负债表如表 11.15 所示。

表 11.15　　　　　　　　　赣昌股份有限公司预计资产负债预算表　　　　　　　　　单位：元

| 资　产 | | | 负债和所有者权益 | | |
|---|---|---|---|---|---|
| 项　目 | 年初数 | 年末数 | 项　目 | 年初数 | 年末数 |
| 库存现金（表 11.12） | 2 627 | 11 440 | 应付账款 | 2 500 | 4 640 |
| 应收账款 | 7 400 | 14 400 | 预收账款 | 3 500 | 3 500 |
| 原材料（表 11.7） | 2 500 | 2 000 | | | |
| 产成品（表 11.10） | 1 389 | 1 852 | | | |
| 土地 | 15 000 | 15 000 | 普通股 | 2 000 | 2 000 |
| 房屋及设备 | 10 000 | 30 000 | 留存收益 | 26 916 | 56 952 |
| 累计折旧 | 4 000 | 7 600 | | | |
| 资产总额 | 34 916 | 67 092 | 负债和所有者权益 | 34 916 | 67 092 |

主要项目计算如下：

(1) 期末应收账款＝第四季度销售收入×(1－当季收款率)
　　　　　　　＝36 000×(1－60%)＝14 400(元)

(2) 期末原材料＝期末原材料库存×材料单价
　　　　　　＝400×5＝2 000(元)

(3) 期末房屋设备＝期初余额＋本期增加－本期减少
　　　　　　　＝10 000＋20 000＝30 000(元)

(4) 期末累计折旧＝期初累计折旧＋本期累计折旧
　　　　　　　＝4 000＋3 600＝7 600(元)

(5) 期末应付账款＝第四季度采购金额－第四季度已付金额
　　　　　　　＝9 280－4 640＝4 640(元)

(6) 期末留存收益＝期初留存收益＋本期净利润－本期支付股利
　　　　　　　＝26 916＋42 036－12 000＝56 952(元)

## 第三节 预算控制的方法

### 一、预算授权控制

(一) 预算授权控制含义

预算授权控制是一种事前控制,是指在某项事项发生前,按照既定的程序,对其是否正确、合理以及是否合法加以考量并决定是否让其发生所进行的控制。通过预算授权控制,可以有效地将一切不正确、不合理、不合法的与经济有关的行为控制在发生之前。

(二) 预算授权控制的内容

预算授权控制可以进一步分为预算权分配、预算内授权和预算外授权。

1. 预算权分配

预算权分配是指在预算管理运行中的决策权在企业内部各级层是如何进行界定的。预算权分配涉及预算控制主体的权责界定,在我国经济实务中,预算控制权主要赋予三个层次,首先是监事会,其次是财务总监,最后是相关职能管理部门。

2. 预算内授权

预算内授权是指由企业内部级别较低的管理人员按照既定的预算、计划、制度等标准,在其权责范围之内对合理的经济行为进行的授权。

预算内授权在大量企业都存在,由于上一年度末上级已经通过反复的沟通审核批准了下级本年度的经营计划和预算,所以在预算执行过程中,为了提高工作效率,保证经济活动的灵活性和主动性,只需要把预算内额度的使用权授权给较低级别的管理人员即可。

3. 预算外授权

预算外授权是指对非经常性经济行为进行专门研究做出的授权。与预算内授权不同,预算外授权的对象是某些特殊的经济业务。预算外授权在企业内不太常见,并且无章可依。通常,较低级别的管理人员无权处理,必须专项向上层领导乃至最高层领导汇报,由上级做出指示再进行处理。

预算授权制度条款必须清楚明确、定量适宜、表达简洁明了以便于操作,以免引起争议影响实施。

### 二、预算审核控制

(一) 预算审核控制含义

预算审核控制是指对预算的编制方案进行的审查核定。预算审核是预算管理的重要组成部分,预算审核是否到位,直接影响预算编制的科学性、准确性以及合理性,进而影响到预算执行的效果,体现预算管理的水平。

（二）预算审核控制的内容

预算审核控制的内容一般分以下三个方面：

(1) 审核预算编制的形式,编制方法,编制内容是否合理合规；

(2) 审核收入项目是否符合国家的规定；

(3) 审核各部门预算上报的基础数据是否真实可靠。

## 三、预算调整控制

（一）预算调整控制的含义

预算调整控制是指在预算正式批准下达以后,为了提高预算的可行性,依据规定的程序对预算进行修改、完善的过程控制。

（二）预算调整控制的必要性与严肃性

在预算的执行过程中,由于主客观条件发生变化,为了保证预算的科学性、严肃性与可操作性,对预算的调整是十分必要的,这种调整实际上是对预算的一种完善、提升与控制。如果发现某项预算编制的基础发生了变化,仍然按照原来的预算去执行,显然违背了预算作为管理监控系统的初衷,因此,对预算进行调整控制是十分必要的。

预算的调整如同预算的制定一样,是预算管理的一个重要、严肃的环节,必须经过严格规范的审批程序,否则不能随意进行调整。预算具有可调性,也具有严肃性。预算的调整必须谨慎严肃,严格执行预算调整的程序和原则,端正预算编制态度,增强预算的准确性。

（三）预算调整控制的原则

企业进行预算调整时,应当遵循以下四个原则：

1. 符合性原则

预算的调整应该符合企业发展的战略,年度计划目标以及当前的现实状况。

2. 谨慎性原则

预算调整不能随意为之,不能成为预算执行过程中的普遍现象,必须谨慎从事,严格控制调整幅度和调整频率。

3. 最优化原则

预算调整方案应当合理客观,在经济上能实现最优化,使得预算越调越好。

4. 双向原则

预算调整不仅能把预算指标调低,也能把预算指标调高,使预算指标合理是预算调整的目标。

（四）预算调整控制的程序

预算调整和预算编制一样,必须建立严格规范的调整审批制度和审批程序。一般而言,预算调整需要经过以下几个程序：

1. 申请

预算调整申请由预算执行部门或预算编制部门向公司预算管理部门提出,申请报告主要包括以下六个部分：
(1) 现在预算执行的情况；
(2) 预算调整的理由；
(3) 建议的预算调整方案；
(4) 预算调整前后的对比；
(5) 预算调整后对企业的总体影响；
(6) 预算调整后的措施。

2. 审议

预算管理部门应当对各预算执行部门提交的预算调整申请报告进行审核分析，集中编制预算原则方案，提交公司预算管理委员会审议。

3. 批准

经过审议后的预算调整申请，需要根据预算调整事项性质或预算调整金额的不同，根据授权进行审批，然后下达执行。

## 章后知识点总结

本章学习的是预算控制，预算就是以货币作为计量单位，把决策目标所涉及的各种经济资源的配置，用计划的形式具体地、系统地反映出来，即预算就是将决策目标具体化。管理会计学中的预算就是指企业生产经营计划的数量说明，这一概念具有广泛的含义。本章的内容具体包括预算的概念，全面预算的编制以及预算控制的方法。

全面预算是企业对预算期内的经营决策目标所做的全面综合的财务描述，又称为总预算，是企业整体的综合性计划。它是根据企业目标所编制的经营、资本、财务等年度收支总体计划，主要包括销售预算、生产预算、成本预算和现金收支预算等各个方面，形成一个完整的体系。

预算控制包括预算授权控制，预算审核控制和预算调整控制。

## 本章关键词

预算　全面预算　预算控制

## 本章思考与练习

一、思考题

1. 简述全面预算的作用。
2. 简述全面预算体系的构成及各组成部分之间的关系。
3. 什么是现金预算？其组成内容是什么？
4. 在运用弹性预算法时，业务量范围应如何选择？
5. 零基预算的优点有哪些？

二、小练习

1. 假设赣昌股份有限公司2019年期末现金最低库存15 000元，现金短缺主要以银行借款解决，贷款最低起点1 000元，企业于期初贷款，于季末归还贷款本息。贷款利率5%。

要求：将现金预算表中的空缺项(1)—(15)填列出来。

**现金预算表**

| 摘　要 | 第一季度 | 第二季度 | 第三季度 | 第四季度 | 全年合计 |
|---|---|---|---|---|---|
| 期初现金余额 | 18 000 | (4) | 15 691 | (10) | 18 000 |
| 加：现金收入 | 120 500 | 140 850 | (6) | 121 650 | 526 250 |
| 可动用现金合计 | (1) | 156 591 | 158 941 | 138 802 | 544 250 |
| 减：现金支出 | | | | | |
| 　　直接材料 | 25 424 | 34 728 | 34 576 | (11) | 126 976 |
| 　　直接人工 | 13 200 | 15 600 | 12 900 | 13 900 | 55 600 |
| 　　制造费用 | 6 950 | 7 910 | 6 830 | 7 230 | 28 920 |
| 　　销售费用 | 1 310 | 1 507 | 1 358 | 1 075 | 5 250 |
| 　　管理费用 | 17 900 | 17 900 | 17 900 | 17 900 | 71 600 |
| 　　购置设备 | 48 000 | 33 280 | —— | —— | 81 280 |
| 　　支付所得税 | 27 125 | 27 125 | 27 125 | 27 125 | 108 500 |
| 　　支付股利 | 10 850 | 10 850 | 10 850 | 10 850 | 43 400 |
| 现金支出合计 | 150 759 | 148 900 | 111 539 | 110 328 | 521 526 |
| 现金余缺 | (2) | 7 691 | 47 402 | (12) | 22 724 |
| 银行借款 | (3) | 8 000 | —— | —— | 36 000 |
| 借款归还 | —— | —— | (7) | (13) | (36 000) |
| 支付利息 | —— | —— | (8) | (14) | (1 337.5) |
| 合计 | 28 000 | 8 000 | 30 250 | 7 087.5 | (1 337.5) |
| 期末现金余额 | 15 741 | (5) | (9) | 21 386.5 | (15) |

2. 赣昌股份有限公司2019年度现金预算部分数据如下表：

如该企业规定各季末必须保证有最低的现金余额5 000元。

要求：将赣昌股份有限公司2019年度现金预算表中的空缺项逐一填列出来。

**现金预算表**

| 摘　要 | 第一季度 | 第二季度 | 第三季度 | 第四季度 | 全年合计 |
|---|---|---|---|---|---|
| 期初现金余额 | 8 000 | | | | |
| 加：现金收入 | | 70 000 | 96 000 | | 321 000 |
| 可动用现金合计 | 68 000 | 75 000 | | 100 000 | |
| 减：现金支出 | | | | | |
| 　　直接材料 | 35 000 | 45 000 | | 35 000 | |
| 　　制造费用 | | 30 000 | 30 000 | | 113 000 |
| 　　购置设备 | 8 000 | 8 000 | 10 000 | | 36 000 |
| 　　支付股利 | 2 000 | 2 000 | 2 000 | 2 000 | |
| 现金支出合计 | | 85 000 | | | |

(续表)

| 摘　要 | 第一季度 | 第二季度 | 第三季度 | 第四季度 | 全年合计 |
| --- | --- | --- | --- | --- | --- |
| 现金余缺 | （2 000） | | 11 000 | | |
| 银行借款(期初)<br>归还本息(期末)<br>合计 | —— | 15 000 | —— | （17 000） | |
| 期末现金余额 | | | | | |

# 章后案例

## 案例名称：全面预算管理编制

### 一、案例背景资料

杭州钢铁集团公司全面预算管理

1. 公司概况

杭州钢铁集团公司（下称杭钢集团），是目前浙江省最大的工业企业，拥有全资、控股企业38家，总资产92亿元，净资产41亿元，以钢为主业，并涉足国内外贸易、机械制造、建筑安装、工业设计、房地产、电子信息、环保、旅游餐饮、教育等产业。2009年实现销售收入73.13亿元，实现利润4.8亿元，分别比2000年增长19.67%和19.17%。长期以来，公司坚持"企业管理以财务管理为中心，财务管理以资金管理为中心"的指导思想，紧紧抓住资金、成本两个管理中心环节，追求综合效益的最优化。近年来，通过对全面预算的不断探索和实践，保证了企业资金的有序控制，为企业持续发展提供了可靠保证。

2. 全面预算管理的基本框架

（1）预算控制组织体系。为了确保预算的权威性以及杭钢集团整体目标与局部目标的协调统一，根据全面预算管理的特点，结合生产经营管理的要求，建立了集团预算委员会，由集团主要领导及各专业主管部门领导组成，下设办公室；各二级单位根据集团的有关规定设立相应的组织机构，由集团赋予相应的权限和职责。

预算委员会办公室设在财务部，是预算委员会的日常办事机构。为此，财务部成立了预算成本科，该科担负着两大管理职能，即负责公司预算和经济责任制的编制、分解、分析和考核。这样，既克服了经济责任制管理方式中存在的部门之间难以达到良好沟通的缺陷，又使财务部在履行预算委员会赋予的管理职能时，可以按照公司预算控制的程序认真协调好各管理职能部门之间的业务关系。

（2）授权批准制度。为保证各级组织机构认真履行职责，对生产经营活动进行有效控制，集团严格遵循不相容职务相分离和授权批准控制的原则。集团全面预算管理制度强调，预算编制必须坚持从集团实际出发、实事求是、科学合理地确定各项技术经济指标；并对预算编制的原则、编制程序、审批权限、预算调整、控制及考核等做出了明确的规定。主要体现在：集团预算委员会由董事会领导，其成员由董事会任免；集团董事会授权预算委员会组织财务部编制公司全面预算方案，协调预算编制中出现的问题，并对方案进行平衡、审核后上报集团董事会审批；预算的最终审批权属于集团董事会，批准后的预算方案由预算委员会负责组织实施；预算的整个编制过程按照"自上而下，自下而上""谁花钱，谁编预算，谁控制，谁负责"等原则逐级编制上报；各专业主管部门只能在授权的职责范围内，对预算编制过程中或经批准实施的相关指标有权进行审核或做出批准；集团预算的调整必须按预算编制程序的规定逐级上报，除涉及集团重大经营方针、政策、技改及投资项目的调整由集团董事会批准外，其他项目的调整由董事会授权预算委员会审核批准。除上述授权批准以外，任何人、任何单位均无权对预算做出调整。这套有效的组织及机构管理原则，保证了预算编制和实施过程中，各个层次、各个环节都始终围绕集团经营总目标而展开，层层审核把关，环环相扣又相互制约，为预算责任的分解落实、有效控制奠定了基础。

（3）预算管理的内容。杭钢集团全面预算管理的主要内容包括损益预算、现金流量预算和投资预算。

损益预算包括销售预算、生产预算、物资采购预算、人工费用预算、制造及期间费用预算及其他项目预算。损益预算以销售预算为起点，按集团确定的利润目标倒挤出产品销售成本，然后以经济责任制形式分解、落实，达到对生产经营活动全过程的控制，以保证集团总目标的实现。

现金流量预算的主要内容有现金流入、现金流出、现金多余或不足的计算，以及对现金不足的部分的筹措或多余部分的运用方案等。现金流量控制是集团预算管理的核心内容，资金集中管理为编制现金流量预算奠定了基础，"收支两条线、量入而出、确保重点、略有节余"是现金流量预算编制的原则。

投资预算是根据集团中长期发展规划的要求确定预算期投资项目所需的现金流出量。投资项目所需现金流量是集团整个现金流量预算的一部分，纳入集团预算综合平衡后最终确定。

## 二、案例分析要点

通过杭州钢铁集团公司全面预算管理案例分析：
1. 简述全面预算管理的意义；
2. 简述全面预算管理的技术原理；
3. 简述全面预算的编制方法，本案例采用的是什么方法？
4. 分析实施全面预算管理应注意的问题。

# 参 考 书 目

[1] 陈万江,李来儿.管理会计(第2版)[M].成都：西南财经大学出版社,2016.
[2] 崔婕.管理会计[M].北京：清华大学出版社,2017.
[3] 刘萍,于树彬,洪富艳.管理会计(第4版)[M].大连：东北财经大学出版社,2019.
[4] 钱逢胜.管理会计[M].上海：上海财经大学出版社,2016.

[5] 隋静,高樱.管理会计学(第2版)[M].北京:清华大学出版社,2018.
[6] 孙茂竹.管理会计(第2版)[M].北京:中国人民大学出版社,2015.
[7] 张晓雁,秦国华.管理会计(第2版)[M].厦门:厦门大学出版社,2020.

# 第十二章 责任会计

### 开篇案例

利康食品公司主要生产速冻食品。由于该公司生产的产品物美价廉,在市场上非常畅销,特别是春节前后,产品供不应求。今年春节,销售部门要求突击生产,加班加点,以增加销售。然而,生产部门却又反对,认为节假日加班要双倍甚至三倍工资,会大幅度增加生产成本,在对产品成本考核时,对生产部门不利。销售部门却反问生产部门是否愿意承担失去大量顾客的责任,是否考虑了收入和利润指标?双方争论不休,最后找到公司总经理。总经理请财务部门提出意见,是否接受加班加点的生产建议,如何处理生产部门与销售部门在考核责任上的矛盾。如果你是财务经理,应该如何回答这个问题呢?

### [学习目的与要求]

学完本章后,你应该能够:
1. 了解责任会计制度的建立和实施程序,理解建立责任会计制度的基本原则。
2. 掌握不同责任中心的特点和业绩评价方法。
3. 掌握制定内部转移价格的主要方法。

## 第一节 责任会计概述

### 一、责任会计的概念

责任会计是为了强化内部经营管理责任,将企业内部划分为各个责任中心,并以各个责任中心为会计主体,以责任中心可控的资金运动为对象,对责任中心进行核算、分析、控制和考核的一种会计管理制度,它是管理会计的一个子系统。

### 二、责任会计的基本内容

责任会计的内容可以根据其具体的实施流程,分为两大部分:责任会计制度的建立和责任会计制度的实施。

**(一) 责任会计制度的建立**

责任会计制度的建立是有效实施责任会计的基础,它包括五个重要的内容。

1. 合理划分责任中心,明确规定权责范围

责任中心是指企业内部拥有特定管理责任的部门和单位,每个责任中心都必须有十分明确的由其控制的经济活动范围。将企业内部单位划分为一定的责任中心,并明确责任与权利,这是采用责任会计制度的首要条件。首先,按其所负责任的大小及类型,合理划分责任中心,只有明确了责任中心,才能明确权责范围,做到分工协作。其次,依据各个责任中心生产经营的具体特点,明确规定其权利与责任,这样才能更好地在组织内部发挥作用。

2. 区分责任中心的可控成本和不可控成本

责任中心所承担的只限于能对其工作好坏有影响的可控成本,不能把不应由它负责的不可控成本作为考核项目。因此,企业发生的各种成本首先应正确划定归属,其次区分其可控性,最后将归属于责任中心的可控成本落实到各个责任中心。

3. 确定业绩考核与评价方法

(1) 确定代表责任中心目标的一般衡量标准。责任中心的类别不同,它的目标衡量标准就不同。销售收入、可控成本、净利润或投资收益率都可以作为责任中心的目标衡量标准。

(2) 确定责任中心目标衡量标准的唯一解释方法。例如,什么是销售额,是总销售额还是扣除销售折让的销售额。

(3) 确定业绩考核标准的计量方法。例如,成本如何分摊,相互提供劳务和产品使用的内部转移价格,使用历史成本还是重置成本。

(4) 规定预算标准。例如,使用固定预算还是弹性预算,是宽松的预算还是严格的预算。

(5) 确定业绩报告的内容、时间、详细程度等。

4. 合理制定内部转移价格

对各责任中心之间相互提供产品或劳务应合理制定内部转移价格,便于分清经济责任,正确评价各个责任中心的工作成果,有利于调动各责任中心的积极主动性,也有利于实现局部和整体之间的目标一致。

5. 制定合理的奖惩制度

设立责任中心的最终目的是为了激励各部门的工作,提高工作效率。因此,要制定合理的奖惩制度,对各责任单位的实际工作成果的完成情况进行奖惩。

**(二) 责任会计的实施**

1. 编制责任预算,确定各责任中心的业绩考核

编制责任预算就是将企业的生产经营总目标按责任中心进行分解、落实和具体化。将责任预算作为开展日常经营活动的准绳和评价其工作成果的基本标准。业绩考核标准应当具有可控性、可计量性和协调性,即考核的内容应是责任中心能够控制的因素;考核指标的实际执行情况可以准确计量,并能使各个责任中心在完成企业总的目标中,

明确各自的目标和任务，以实现局部和整体的统一。

2. 建立跟踪系统，进行及时的反馈控制

责任中心以及其责任预算一经确定，就要按责任中心建立有关责任预算执行情况的信息跟踪系统，对实际执行情况进行跟踪反映，并定期编制"业绩报告"，将实际数与预算数对比，据以找出差异，分析原因，并通过信息反馈控制和调节经营活动，以保证企业总体目标的实现。

3. 评价和考评实际工作业绩

根据业绩考核标准与各责任中心的实际工作成绩进行评价，据此找出差异，分析原因，判明责任，采取有效措施，巩固成绩，改进不足。

### 三、责任会计的基本原则

为了更好地发挥责任会计的作用，在组织责任会计的核算时，应遵循下列基本原则：

（一）权责利相结合原则

在责任会计系统中，应当明确各个责任中心的管理权利，以及应当承担的与管理权利相对应的责任，并且还要根据责任完成情况进行适当的赏罚。在责、权、利三者的关系中，责任中心承担的责任是实现企业总体目标的重要保证，赋予各个责任中心相应的权利是履行并完成责任的前提条件，在责与权的基础上对责任中心的经营成果予以赏罚是一种激励因素。

（二）目标一致原则

各个责任中心由于利益出发点不同，容易存在利益上的冲突，而此时就应该遵循目标一致原则，使责任中心的局部利益与企业整体利益保持一致，从而有效地实现企业总体的目标。

（三）可控性原则

各责任中心只对自己可以控制和管理的经济活动负责。对于权利不及、控制不了的经济活动，不承担经济责任。在业绩考核中，也应尽可能排除责任中心不能控制的因素，做到权责分明，奖惩合理。

（四）公平性原则

各责任中心的利益出发点不同，在处理各责任中心相互关系时应该坚持公平合理原则，只有这样才能调动各责任中心的积极性。根据这一原则，在编制责任中心责任预算时，应注意预算的协调性，避免出现因为内部结算价格不当而导致不能等价交换的情况。

（五）反馈原则

各责任单位在执行预算过程中，应对各项经济活动发生的信息，及时、准确地进行计量、记录、计算和反馈，以便发现问题、解决问题，达到强化管理的目的。这种反馈主要包括两方面：一是向各责任中心反馈，使其能够及时了解预算的执行情况，不断调整偏离目标或预算的差异，实现规定的目标；二是向其上一级责任中心反馈，以便上一级责任中心能及时了解所辖各个责任中心的情况。

### （六）重要性原则

各责任中心对其生产经营过程发生的重点差异进行分析、控制。贯彻重要性原则，有利于管理者集中时间和精力，对责任会计中的关键性问题进行研究。重点差异有两层含义：一是对实现企业总体预算、责任中心责任预算或对社会效益有实质性影响的差异。这类差异无论数额大小，都应列为重点进行分析、控制。二是数额比较大的差异。通过对这类差异的分析、控制，能够花费较少的精力解决较大的问题，达到事半功倍的效果。此外，重点差异包括有利差异和不利差异。不论是有利还是不利，只要是重点差异，均应深入分析其产生的原因。

## 第二节　责任中心

企业内部怎样设置责任中心，应设置多少责任中心，完全取决于企业内部控制、考核的需要。不同的内部单位，因生产经营特点和相应的控制范围不同，可以成为不同的责任中心。根据企业内部责任单位的权限范围以及生产经营活动的特点，责任中心一般可以分为收入中心、成本中心和利润中心、投资中心等。每一种责任中心，均对应分配了不同的决策权力，同时对应着不同的业绩评价指标。在每种情况下，决策权都与执行这些权力所必需的专门技能、专业知识联系在一起。

### 一、收入中心

#### （一）收入中心含义

收入中心（revenue center）：收入中心是对收入负责任的中心，其特点是所承担的经济责任只有收入，它并不控制所销售产品或提高的服务的生产成本和获取成本，也不能控制责任中心的投资规模，因此，对收入中心只考核其收入实现情况。

#### （二）确认收入中心的目的

确定收入中心的目的是为了组织营销活动。典型的收入中心通常是从生产部门取得产成品并负责销售和分配的部门，如公司所属的销售分公司或销售部。若收入中心有制定价格的权力，则该中心的管理者就要对获取的毛收益负责；反之，则该中心的管理者只需对实际销售量和销售结构负责。

为使收入中心不仅仅是追求销售收入达到最大，更重要的是追求边际贡献达到最大，因而在考核收入中心业绩的指标中，应包括某种产品边际成本等概念。随着分配、营销和销售活动中作业成本法的逐渐采用，销售单位能够把它们的销售成本和对每个消费者提供服务的成本考虑进去，这样企业就能够用作业成本制度把履行营销和销售活动的收入中心变成利润中心，从而可以对销售部门的利润贡献加以评估。因而，将许多分散的经营单位仅仅作为收入中心的情况越来越少了。

#### （三）对收入中心的控制

对收入中心的控制，主要包括三个方面：

1. 要切实控制企业销售目标的实现

(1) 核查各收入中心的分目标与企业整体的销售目标是否协调一致。保证依据企业整体目标利润所确定的销售目标得到落实。

(2) 检查各收入中心是否为实现其销售分目标制定了确实可行的推销措施。包括推销策略、推销手段、推销方法、推销技术、推销力量，以及了解市场行情等。

2. 控制销售收入的资金回笼

销售过程是企业的成品资金向货币资金转化的过程，对销售款回笼的控制要求主要有：

(1) 各收入中心对货款的回收必须建有完善的控制制度，包括对销售人员是否都订有明确的收款责任制度，对已过付款期限的客户是否订有催款制度。

(2) 对销货款的回收列入各收入中心的考核范围，将收入中心各推销人员的个人利益与销货款的回收情况有效地结合起来考核。

(3) 收入中心与财务部门应建立有效的联系制度，以及时了解掌握销货款的回收情况。

3. 控制坏账的发生，使企业尽量避免损失

(1) 每项销售业务都要签订销售合同，并在合同中对有关付款的条款做明确的陈述。

(2) 在发生销售业务时，特别是与一些不熟悉的客户初次发生重要交易时，必须对客户的信用情况、财务状况、付款能力和经营情况等进行详细的了解，以预测销货款的安全性和及时回收的可能性。

(四) 收入中心的业绩考核指标

一般而言，收入中心的考核指标主要有：销售收入完成百分比、销售账款回收天数。其计算公式如式(12.1)、式(12.2)所示：

$$销售收入完成百分比 = \frac{实际完成销售收入}{目标销售收入} \times 100\% \quad (12.1)$$

$$销售账款回收天数 = \frac{\sum(销售收入 \times 回收天数)}{销售收入总额} \quad (12.2)$$

此外，还有一些指标可以考核收入中心业绩，比如现金销售率、坏账发生率，具体计算公式如式(12.3)、式(12.4)所示：

$$现金销售率 = \frac{现金销售收入}{销售收入总额} \times 100\% \quad (12.3)$$

$$坏账发生率 = \frac{某期间坏账发生额}{该期间销售收入总额} \times 100\% \quad (12.4)$$

## 二、成本中心

(一) 成本中心含义

成本中心(cost center)：是责任人控制成本但并不控制收入或投资水平的责任中

心,是成本发生的单位,一般没有收入,或仅有无规律的少量收入。因此,成本中心只需对成本负责,无需对收入、利润或投资效果承担责任。成本中心的应用范围最广,事实上,服务过程中的每一个步骤或是制造业的每一个车间都被视为成本中心,总之,任何对成本费用负有责任的部门都可以是成本中心。在一个成本中心里,可以再细分几层成本中心。例如,一个分厂可以作为成本中心,它所属的车间是次一级的成本中心,车间下属的工段又是次一级的成本中心,班组甚至是个人是最低层次的成本中心。

(二) 成本中心的类型

企业的成本中心可以按照投入产出关系时候明确,进一步分为标准成本中心和费用中心。

1. 标准成本中心

标准成本中心又称技术成本中心,是指发生的数额通过技术分析可以相对可靠地估算出来的成本,如产品生产过程中发生的直接材料、直接人工、间接制造费用等。技术性成本在投入量与产出量之间有着密切联系,可以通过弹性预算予以控制。标准成本中心的主要形式是企业的生产车间。

2. 费用中心

费用中心又称酌量性成本中心,是指投入与产出关系不密切的责任中心。酌量性成本是否发生以及发生数额的多少是由管理人员的决策所决定的,主要包括各种管理费用和某些间接成本项目,如研究开发费用、广告宣传费用、职工培训费等。酌量性成本在投入量与产出量之间没有直接关系,其控制应着重于预算总额的审批上。

(三) 成本中心的特点

1. 成本中心只对可控成本负责

成本中心所发生的各项成本,对成本中心来说,有些是可以控制的,即可控成本;有些则是无法控制的,即不可控成本。显然,成本中心只能对其可控成本负责,对不可控成本无能为力。一般来讲,可控成本应该同时符合以下三个条件:

(1) 成本中心能够通过一定的方式预知将要发生什么性质的成本;
(2) 成本中心能够对其进行计量;
(3) 成本中心能够控制和调节成本发生的数额。

凡是不能同时符合上述三个条件的,即为不可控成本,一般不在成本中心的责任范围之内。

必须指出的是,成本的可控与不可控是相对而言的。某项耗费是否属于可控成本,不是由费用本身决定的,而是相对于成本中心而言的,这与责任中心输出管理层次的高低、管理权限的大小以及控制范围的大小有直接关系。上一层责任中心的可控成本,对其下属的责任中心的可控成本,可能就是不可控成本;相反,对较低层次的责任中心的可控成本,也一定是上层责任中心的可控成本。对于企业整体来说,几乎所有的成本都可以被视为可控成本,一般不存在不可控成本;而对于企业内部的各个部门、车间、工段、班组乃至职工个人来说,则既有其各自专属的可控成本,又有其各自的不可控成本。例如,生产车间发生的折旧费用对于生产车间这个成本中心而言属于可控成本,但对于其下属的班组这一层次的成本中心来说则属于不可控成本。

## 2. 责任成本是对成本中心进行控制和考核的主要内容

成本中心当期发生的各项可控成本的总和，构成了其责任成本，成本中心控制和考核的内容就是其责任成本，而不是产品成本。因此，成本中心的主要责任就是控制和降低其责任成本。

产品成本包括了从事产品生产的各个责任中心为生产该种产品而发生的成本，其中既包括各责任中心的可控成本，也包括各责任中心的不可控成本。就责任成本与产品成本的联系而言，两者的性质上是相同的，同为企业在生产经营过程中的资源耗费。而作为生产产品的成本中心，其责任成本核算与传统的产品成本核算有着很大的区别，主要表现在：

(1) 成本核算的对象不同。责任成本以责任中心作为计算对象，而产品成本则按产品进行计算。

(2) 成本核算的原则不同。责任成本的计算原则是"谁负责、谁承担"，而产品成本以"谁收益、谁承担"为计算原则，产品成本既包括责任中心的可控成本，也包括责任中心的不可控成本。

(3) 成本核算的目的不同。产品成本核算旨在为考核产品成本计划执行情况及计算利润、制定产品价格提供依据，而责任成本旨在评价和考核责任预算执行情况，作为控制生产耗费和贯彻企业内部经济责任制的重要手段。

在进行责任成本核算时，责任成本是由不同层次的责任成本逐级汇总计算的。某一层次的责任成本等于其所属的下一责任层次的责任成本之和加上本层次的可控成本。

### (四) 成本中心的业绩考核指标

在成本中心的业绩报告中，应从全部成本中区分出可以控制的责任成本，将其实际发生额同预算额进行比较、分析、揭示产生差异的原因，据此对责任中心的工作成绩进行评价考核。可通过"成本(费用)变动额""成本(费用)变动率"指标来考核，如式(12.5)、式(12.6)所示：

$$成本(费用)变动额 = 实际责任成本(费用) - 预算责任成本(费用) \quad (12.5)$$

$$成本(费用)变动率 = \frac{成本(费用)变动额}{预算责任成本(费用)} \quad (12.6)$$

我们在用责任成本对成本中心进行评价时，必须关注产品计划产量是否已经完成；同时，我们应当注意的是，成本中心必须设立质量和时间标准，并要求管理者严格执行。虽然成本中心只需对其可控成本负责，但如果某成本中心产出的产品不符合质量标准，或者未能按计划组织生产，该责任中心就会对其企业内其他责任单位的经营活动产生不利影响。

【例 12.1】成本中心考核指标计算

赣昌股份有限公司的成本中心生产 A 产品。其预计产量为 1 500 件，单位标准材料成本为 100 元/件(100 元/件=10 元/千克×10 千克/件)；实际产量为 2 000 件，实际单位材料成本 99 元/件(99 元/件=11 元/千克×9 千克/件)。假定其他成本暂时忽略不计。

要求：根据该成本中心消耗的直接材料责任成本的变动情况，分析该成本中心的成本控制情况。

解：成本（费用）变动额 $= 99 \times 2\,000 - 100 \times 2\,000 = -2\,000$（元）

$$成本（费用）变动率 = \frac{-2\,000}{100 \times 2\,000} \times 100\% = -1\%$$

计算成果表明，该成本中心的成本降低额为 2 000 元，降低率为 1%。其原因分析如下：

第一，由于材料价格上升对成本的影响，其计算如式(12.7)所示：

$$(11-10) \times 9 \times 2\,000 = 18\,000（元） \tag{12.7}$$

从式(12.7)可以看出，由于材料采购价格上升致使成本超支了 18 000 元，这属于不可控成本，应将此超支责任转出，由采购部门承担。

第二，由于材料用量降低对成本的影响，其计算如式(12.8)所示：

$$10 \times (9 \times 2\,000 - 10 \times 2\,000) = -20\,000（元） \tag{12.8}$$

从式(12.8)可以看出，由于材料用量的降低使得成本节约了 20 000 元，属于该中心取得的成绩。

### 三、利润中心

#### （一）利润中心含义

利润中心（profit center）是责任人对其责任区域内的成本和收入均要负责的责任中心。利润中心的责任人既能控制其成本，又能控制其收入，但不能控制投资活动。利润中心属于企业中较高层次的责任中心，与收入中心和成本中心相比具有更大的自主经营权。它就像一个独立的企业，只有一点不同，即在企业中是由高级管理层而不是责任中心的经理来控制责任中心的管理水平。例如，折扣连锁集团中的一家商店的经理有责任进行产品的定价、选择产品、采购和促销，但是不负责商店的投资水平，这样的商店就满足作为一个利润中心的条件。

#### （二）利润中心的类型

按照收入来源的性质不同，利润中心可分为自然的利润中心和人为的利润中心两大类。

1. 自然利润中心

自然利润中心是指对外销售产品而取得实际收入为特征的利润中心。自然利润中心必须拥有产品的销售权，能够根据市场的需求决定销售什么产品，销售多少产品，在哪个地区销售以及以什么方式销售等。为了保证自然利润中心对其实现利润的可控性，还应赋予其相应的价格制定权、材料采购权和生产决定权。一般来说，只有独立核算的企业才能具备作为完全的自然利润中心的条件，企业内部的自然利润中心应属于不完全的自然利润中心。

2. 人为利润中心

人为利润中心一般不直接对外销售产品或提供劳务，只在本企业单位内部各责任中心互相转移产品或者劳务，并按照确定的内部转移价格进行内部结算，视其收入实现，并确认其成本和利润。从这个意义上说，任何一个成本中心均可通过其产品确定一个内部价格而成为人为的利润中心。

(三) 利润中心的成本计算

有些收入的形成涉及多个利润中心，故不能清楚的划归某一中心所有，这就是共同收入。与之相对应的共同成本主要是指辅助生产部门（如动力部门、维修部门）等服务部门为各生产部门提供服务所发生的成本，这些服务使各生产部门，包括企业的管理部门共同受益。由于这些服务成本受益对象比较多，故称之为共同成本。

对利润中心的成本计算，通常有两种方式可供选择：

1. 在共同成本难以合理分摊或者无需分摊的成本计算

在共同成本难以合理分摊或者无需分摊的情况下，人为利润中心通常只计算可控成本，而不分担不可控成本。

2. 在共同成本易于合理分摊或者不存在共同成本分摊的成本计算

在共同成本易于合理分摊或者不存在共同成本分摊的情况下，自然利润中心不仅计算可控成本，也应计算不可控成本。

企业采用利润中心，事实上就是实施分权的制度，企业为追求未来的发展与营运绩效，现行的功能性组织已无法适应。利润中心制度之推行，在于变革组织结构以达成公司的策略规划。利润中心的利润指标是衡量利润中心业绩好坏的主要指标。利润中心的建立可进一步促进其下属的收入中心增加收入，成本中心降低成本，提高各自业绩。但是，企业内的各利润中心也应互相协调、沟通，避免因短期行为而损害企业的长远利益。

(四) 利润中心的业绩考核指标

由于利润中心既对成本负责，又对收入和利润负责，因而对利润中心的业绩考核一般是先将预定的成本目标、销售目标同实际完成情况进行比较，再集中计量、分析和考核利润目标的完成情况。但由于成本计算方式不同，各利润中心的利润指标的表现形式也不相同。

(1) 当利润中心不计算共同成本或不可控成本时，其考核指标见式(12.9)：

$$\text{利润中心边际贡献的总额} = \text{该利润中心销售收入总额} - \text{该利润中心可控成本总额} \qquad (12.9)$$

(2) 当利润中心计算共同成本或不可控成本，并采取变动成本法计算成本时，其考核指标主要是以下四种，见式(12.10)、式(12.11)、式(12.12)、式(12.13)：

$$\text{利润中心边际贡献总额} = \text{该利润中心销售收入总额} - \text{该利润中心变动成本总额} \qquad (12.10)$$

$$\begin{matrix}\text{利润中心负责人}\\ \text{可控利润总额}\end{matrix} = \begin{matrix}\text{该利润中心}\\ \text{边际贡献总额}\end{matrix} - \begin{matrix}\text{该利润中心负责人}\\ \text{可控固定成本总额}\end{matrix} \quad (12.11)$$

$$\begin{matrix}\text{利润中心}\\ \text{可控利润总额}\end{matrix} = \begin{matrix}\text{该利润中心负责人}\\ \text{可控利润总额}\end{matrix} - \begin{matrix}\text{该利润中心负责人}\\ \text{不可控固定成本总额}\end{matrix} \quad (12.12)$$

$$\text{公司利润总额} = \begin{matrix}\text{各利润中心可控}\\ \text{利润总额}\end{matrix} - \begin{matrix}\text{公司不可分摊的各种}\\ \text{管理费用、财务费用}\end{matrix} \quad (12.13)$$

为了考核利润中心负责人的经营业绩，应针对经理人员的可控成本费用进行考核评价。这就需要将各利润中心的固定成本进一步区分为可控的固定成本和不可控的固定成本。这主要考虑某些成本费用可以划归、分摊到有关利润中心，却不能为利润中心所控制，如广告费、保险费等。在考核利润中心负责人业绩时，应将其不可控的固定成本从中剔除。

**【例 12.2】** 利润中心考核指标的计算

已知：赣昌股份有限公司的第一车间是一个人为利润中心。本期实现内部销售收入 600 000 元，变动成本为 300 000 元，该中心负责人可控固定成本为 60 000 元，中心负责人不可控、但应由该中心负担的固定成本为 70 000 元。

要求：计算该利润中心的实际考核指标。

解：利润中心边际贡献总额＝600 000－300 000＝300 000(元)

利润中心负责人可控利润总额＝300 000－60 000＝240 000(元)

利润中心可控利润总额＝240 000－70 000＝170 000(元)

### 四、投资中心

#### (一) 投资中心含义

投资中心(investment center)是指对投资负责的责任中心。其特点是不仅要对成本、收入和利润负责，还要对投资效果负责。投资中心是处于企业最高层次的责任中心，它具有最大的决策权，也承担最大的责任。投资中心的管理特征是较高程度的分权管理。一般而言，大型集团所属的子公司、分公司、事业部往往都是投资中心。由于投资中心要对其投资效益负责，为保证其考核结果的公正、公平和准确，各投资中心应对其共同使用的资产进行划分，对共同发生的成本进行分配，各投资中心之间相互调剂使用的现金、存货、固定资产等也应实行有偿使用。

#### (二) 投资中心考核与评价的内容

投资中心考核与评价的内容是利润及投资效果。因此，投资中心除了考核和评价利润指标外，更需要计算、分析利润与投资额的关系性指标，即投资利润率和剩余收益。

**1. 投资利润率**

投资利润率(return on investment，ROI)又称投资报酬率，是指投资中心所获得的利润与投资额之间的比率。其计算公式见式(12.14)：

$$投资利润率 = 利润/投资额 \times 100\%$$
$$= (销售收入/投资额) \times (利润/销售收入)$$
$$= 总资产周转率 \times 销售利润率$$
$$= (销售收入/投资额) \times (成本费用/销售收入) \times (利润/成本费用)$$
$$= 总资产周转率 \times 销售成本率 \times 成本费用利润率 \quad (12.14)$$

该公司中投资额是指投资中心可以控制并使用的总资产。所以,该指标也可以称为总资产利润率,它主要说明投资中心运用每一元资产对整体利润贡献的大小,主要用于考核和评价由投资中心掌握、使用的全部资产的盈利能力。

为了考核投资中心的总资产运用状况,也可以计算投资中心的总资产息税前利润率,其计算公式见式(12.15):

$$总资产息税前利润率 = 息税前利润/总资产占用额 \times 100\% \quad (12.15)$$

值得说明的是,由于利润或者息税前利润是期间性指标,故上述投资额或总资产占用额应按平均投资额或平均占用额计算。

投资利润率是广泛采用的评价投资中心业绩的指标,具有以下优点:

(1) 投资利润率能反映投资中心的综合盈利能力。从投资利润率的分解公式可以看出,投资利润率的高低与收入、成本、投资额和周转率有关,提高投资利润率应通过增收节支、加速周转和减少投入来实现。

(2) 投资利润率具有横向可比性。投资利润率将各投资中心的投入和产出进行比较,剔除了因投资额不同而导致的利润差异的不可比因素,有利于进行各投资中心经营业绩比较。

(3) 投资利润率可以作为选择投资机会的依据,有利于调整资产的存量,优化资源配置。

(4) 以投资利润率作为评价投资中心经营业绩的尺度,可以正确引导投资中心的经营管理行为,使其行为长期化。由于该指标反映了投资中心运用资产并使资产增值的能力,如果投资中心资产运用不当,会增加资产或投资占用规模,也会降低利润。因此,以投资利润率作为考核与评价的尺度,将促使各投资中心盘活闲置资产,减少不合理资产占用,及时处理过时、变质、毁损资产等。

投资利润率作为投资中心的业绩指标得到了广泛的应用。但该指标也存在一定的局限性。一是世界性的通货膨胀,使企业资产账面价值失真、失实,以致相应的折旧少计,利润多计,使计算的投资利润率无法揭示投资中心的实际经营能力。二是使用投资利润率往往会使投资中心只顾本身利润而放弃对整个企业有利的投资项目,造成投资中心的近期目标与整个企业的长远目标的背离。各投资中心为达到较高的投资利润率,可能会采用减少投资的行为。三是投资利润率的计算与资本支出预算所用的现金流量分析方法不一致,不便于投资项目建成投产后与原定目标的比较。四是从控制角度看,由于一些共同费用无法为投资中心所控制,因而投资利润率的计量不全是投资中心所能控制的。为了克服投资利润率的某些缺陷,应采用剩余收益作为主要评价指标。

## 2. 剩余收益

剩余收益(residual income，RI)是一个绝对数的指标，是指投资中心获得的利润扣减最低投资收益后的余额。最低投资收益是投资中心的投资额(或资产占用额)按规定或预期的最低收益率计算的收益。其计算公式见式(12.16)：

$$剩余收益 = 息税前利润 - 总投资额 \times 规定或预期的最低投资收益率 \quad (12.16)$$

如果考核指标是总资产息税前利润率时，则剩余收益计算公式应做相应调整，其计算公式见式(12.17)：

$$剩余收益 = 息税前利润 - 总资产占用额 \times 规定或预期的总资产息税前利润率 \quad (12.17)$$

这里所说的规定或预期的最低收益率和总资产息税前利润率通常是指企业为保证其生产经营正常、持续进行所必须达到的最低收益水平，一般可按整个企业各投资中心的加权平均投资收益率计算。只有投资项目收益高于要求的最低收益率，就会给企业带来利润，也会给投资中心增加剩余收益，从而保证投资中心的决策行为与企业总体目标一致。

剩余收益指标具有两个特点：

(1) 体现投入产出关系。由于减少投资(或降低资产占用)同样可以达到增加剩余收益的目的，因而与投资利润率一样，该指标也可以用于全面考核与评价投资中心的业绩。

(2) 避免本位主义。剩余收益指标避免了投资中心的狭隘本位倾向，即单程追求投资利润而放弃一些有利可图的投资项目。因为以剩余收益作为衡量投资中心工作成果的尺度，可以促使投资中心尽量提高声誉收益，即只有有利于增加剩余收益绝对额，投资行为就是可取的，而不只是尽量提高投资利润率。

## 第三节 内部转移价格

### 一、内部转移价格及其影响

#### (一) 内部转移价格的含义

内部转移价格又称"内部结算价格"或称"调拨价格"是指企业内部有关责任中心之间转移产品或劳务时所用的计价标准。

#### (二) 内部转移价格的影响

为什么要制定内部转移价格？从企业整体角度来看，因为内部转移价制定的高低只是企业整体利润在企业内部不同责任中心的重新划分，它只是会影响不同责任中心的利润，而不会影响企业整体利润。但是内部转移价格的高低、内部转移价格制定方法的选择不仅会影响各责任中心的利润,同时也会对企业的总体利润,整体价值产生很大影响。

第一,内部转移价格是一种价格信息,各责任中心的管理者会使用该价格信息进行生产经营决策,若内部转移价格不能反映中间产品或劳务的真实价值,据此制定的经营决策也就不会产生良好的经济效果,从而导致企业价值下降。

第二,不正确的内部转移价格会导致有的责任中心不劳而获,或打击有的责任中心的积极性,从而降低企业整体的价值。

第三,内部转移价格会影响公司的整体所得税税赋,对跨国公司尤其如此。通常情况下,公司会制定合适的转移价格,将收入尽可能多地转移到低税率国家,而将成本尽可能多地转移到高税率国家。

## 二、内部转移价格的制定原则

### (一)整体性原则

制定内部转移价格必须强调企业的整体利益高于各责任中心的利益。内部转移价格直接关系到各责任中心的经济利益的大小,每个责任中心必然会最大限度地为本责任中心争取最大的价格好处。在局部利益彼此冲突的情况下,企业和各责任中心应本着企业利润最大化的目标,合理地制定内部转移价格。

### (二)公平性原则

内部转移价格的制定应公平合理,应充分体现各责任中心的工作态度和经营业绩,防止某些责任中心因价格优势而获得额外的利益,某些责任中心因价格劣势而遭受额外的损失。因此,各责任中心采用内部转移价格能使其努力经营的程度与所得到的收益相适应。

### (三)自主性原则

在确保企业整体利益的前提下,只要可能,就应通过各责任中心的自主竞争或讨价还价来确定内部转移价格,真正在企业内部实现市场模拟,使内部转移价格能为各责任中心所接受。企业最高管理当局不宜过多地采取行政干预措施。

### (四)重要性原则

重要性原则即内部转移价格的制度应当体现"大宗细致、零星从简"的要求,对材料、半成品、产成品等重要物资的内部转移价格制定从细,而对劳保用品、修理用备件等数量繁多、价值低廉的物资,其内部转移价格制定从简。

## 三、内部转移价格的方法以应用

### (一)市场价格

1. 市场价格的概念及应用的前提条件

市场价格是在中间产品存在完全竞争市场的情况下,市场价格减去对外销售费用,是理想的转移价格。

采用市场价格作为内部转移价格的前提是存在完全竞争市场，这意味着企业外部存在中间产品的公平市场，生产部门被允许向外界顾客销售任意数量的产品，购买部门也可以从外界供应商那里获得任意数量的产品。

2. 按市场价格制定内部转移价格的原则

（1）提供产品或劳务的责任中心应将内部购买与外部购买相比较。它不应该从内部单位获得比向外界销售更多或更少的收入。

（2）接受产品或劳务的责任中心也应将内销与外销相比较。如果内部单位要价高于市价，则它可以舍内求外，而不必支付比向外部购买更多的代价。

（3）无论是提供还是接受产品或劳务的责任中心，在进行内外部购销时，都必须维护和增进企业的整体利益。

（4）内部购销优先原则。要求企业内部各责任中心在经济分析无明显差别的时，一般不应该依靠外部供应商，而应鼓励利用自己的内部的供应能力。

（5）没有必要考虑消除由市场价格带来的竞争压力。相反，保持适度的竞争压力有利于各责任中心勤勉工作，提高效率。

3. 以市场价格作为内部转移价格的优缺点

市价作为内部转移价格的依据，市场价格意味着客观公平，意味着在企业内部引用了市场机制，形成竞争气氛，使各责任中心各自经营、相互竞争，最终通过利润指标考核和评价其业绩。

但是，以市场价格作为内部转移价格也有其局限性，它需要以高度发达的外部竞争市场为存在的前提，而这种完全竞争市场在现实经济生活中是很难找到的，而且市场价格也是受到一定的限制，有些中间产品缺乏相应的市场价格作为其定价的依据。

（二）协商价格

1. 协商价格的概念及应用的前提条件

协商价格是指在正常的市场价格基础上，由企业内部责任中心通过定期共同协商所确定的为供求双方能够共同接受的价格。

采用协商价格的前提首先是责任中心转移的产品在非常竞争性市场上具有买卖的可能性，在这种市场内买卖双方有权自行决定是否买卖这种中间产品。其次，在谈判者之间能够共同分享所有的信息资源。最后，在必要时最高管理层能做出必要的干预。

2. 对协商价格的干预

如果发生以下情况时，企业高一级管理层需要出面进行必要的干预。

（1）价格不能由买卖双方自行决定；

（2）当协商的双方发生矛盾而不能自行解决时；

（3）双方协商确定的价格不符合企业利润最大化要求时。

这种干预应以有限，得体为原则，不能使整个协商谈判变成管理层的行政命令。

3. 协商价格水平的上下限范围

协商价格通常要比市场价格低。其最高上限是市价，下限是单位变动成本。当交易的产品或劳务没有适当的市价时,只能采用议价方式来确定。在这种情况下,可以通过各责任中心之间的讨价还价,形成企业内部的模拟"供应市价",以此作为计价的基础。

4. 以协商价格作为内部转移价格的优缺点

协商价格确定的过程中,供求双方当事人都可以在模拟的市场环境下讨价还价,充分发表意见,从而可调动各方面的积极性、主动性。

但协商价格的确定也存在一定的缺陷:首先,在协商定价的过程中要花费人力、物力和时间;其次,协商定价的各方往往会因各抒己见而相持不下,需要企业高层领导干预做出裁定。

(三) 双重内部转移价格

1. 双重价格的概念及应用的前提条件

双重价格就是针对供需双方分别采用不同的内部转移价格而制定的价格。如对产品的供应方,可按协商的市场价格计价,对使用方则按供应方的产品单位变动成本计价;两种价格产生的差额由会计部门调整计入管理费用。

采用双重价格的前提条件是内部转移的产品有外部市场,供应方有剩余生产能力,而且其单位变动成本低于市场价格。特别当采用单一的内部转移价格不能达到激励各责任中心的有效经营和保证责任中心与整个企业的经营目标达到抑制时,应采用双重价格。

2. 双重价格的形式

双重价格主要有以下两种形式:

(1) 双重市场价格,就是当某种产品或劳务在市场上出现几种不同的价格时,供应方采用最高市价,需求方采用最低市价。

(2) 双重转移价格,就是供应方按市场价格或溢价作为基础,而需求方按供应方的单位变动成本作为计价基础。

3. 双重价格作为内部转移价格的优缺点

可较好满足供应方和需求方的不同需要,有利于产品接受单位方正确地进行经营决策,避免接受单位因内部价格高于市场价格而不从内部购买,使内部产品的供应单位的部分生产能力遭到闲置。同时,采用双重价格也有利于提高供应单位在生产经营商的主动性和积极性。因此,双重价格是一种既不直接干预各责任中心的管理决策,又能消除职能失调行为的定价方法。

但是,确定双重价格标准过多,在应用过程中,会因此而形成差异,带来一定的麻烦。

(四) 以"成本"作为内部转移价格

1. 成本转移价格的概念

成本转移价格就是以产品或劳务的成本为基础而制定的内部转移价格。

2. 成本转移价格的种类

(1) 实际成本法。实际成本法是以中间产品生产时实际发生的生产成本作为其内部转移价格。实际成本数据比较容易获得,因为实际成本的资料是在企业成本核算的过程中自然产生的,具有现成可用的特点,不需要为制定内部转移价格增加任何费用,使用起来比较方便,但是它也具有局限性,首先买方因为不能得到卖方的实际成本数据,缺乏制订生产计划时的可靠依据;其次,把卖方的成本全部转移给买方,卖方可能会失去控制成本的动力。这使各责任中心的责任不易划分清楚,给责任中心的考核工作带来困难。

(2) 标准成本法。标准成本法是以各中间产品的标准成本作为其内部转移价格,进行责任中心之间内部转让的方法。用标准成本作内部转移价格,实际成本超过标准成本数,即不利差异,是卖方经营的"内部亏损",实际成本低于标准成本数,即有利差异,是卖方经营的"内部利润"。这种情况下的"内部利润"或"内部亏损"实际上是成本的节约额或超支额。

(3) 变动成本法。当中间产品或劳务不存在竞争的外部市场,或者企业内部生产较强的协作性致使市场价格不能作为内部转移价格的明智选择时,可以考虑采用中间产品或劳务的变动成本作为其内部转移价格。

这种转移价格有助于买方迅速地确定本中心有关产品的全部变动成本,会使买方尽可能地从企业内部购买中间产品或劳务,避免企业生产能力时,变动成本可以比较真实地代表其机会成本。

这种内部转移价格存在如下缺陷:

第一,固定成本不被重视,从而影响企业长期决策。企业进行长期决策时应考虑所有成本,应当使用完全成本资料。变动成本资料只对短期决策有用,没有提供有关长期决策的完全成本资料。

第二,成本性态分析困难,很难按产品分出其变动成本部分和固定成本部分,不正确的成本性态分析会影响变动成本法的使用效果。

第三,对责任中心只计算变动成本,会使买方的利润不实,影响利润中心的业绩评价,只适用于成本中心。

总之,以成本为基础制定的转移定价忽略了外部市场的存在,因此,各责任中心无法根据这一种价格决定中间产品应该对内转移还是对外转移,有时可能出现内部成本较高,整个公司利润已经受到不良影响,但是企业管理当局还没有察觉。

(五) 成本加成法

成本加成法就是在各中间产品的成本基础上加上一定比例的内部利润作为内部转移价格方法。成本加成转移价格的基础可以是完全成本,也可以是变动成本,加成是合理的利润,如果加成的基础是变动成本,加成因素还包括应补偿的固定成本。成本加成转移价格的计算公式见式(12.18):

$$成本加成转移价格 = 单位成本 \times (1 + 成本加成率) \qquad (12.18)$$

成本加成法成功实施的关键在于合理地核算和控制成本以及选择合适的成本加成率。成本加成率的选择应使各责任中心所获得的内部利润真正反映它们的贡献水平。目前价格制定和利润考核最常用的有两种利润率,即成本利润率和资金利润率。

这种定价方法的优点是能分清相关责任中心的责任,有利于成本控制。但确定加成利润率时,应由管理当局妥善制定,避免主观随意性。

（六）内部转移价格的应用

**【例12.3】** 赣昌股份有限公司有甲、乙两个生产部门,均为利润中心。甲部门生产的A部件既可以直接在市场上出售,也可以作为乙部门生产B产品的一种配件;乙部门生产的B产品作为最终产品向外部市场销售。A部件与B产品的投入产出比为1∶1。有关资料如表12.1所示。

表12.1　　　　　　　　赣昌股份有限公司甲、乙两个生产部门的有关资料

| 甲 部 门 | | 乙 部 门 | |
| --- | --- | --- | --- |
| A部件市场价格/(元/件) | 200 | B产品市价格/(元/件) | 400 |
| 单位变动成本/(元/件) | 150 | 单位加工费用(不含A部件成本)/(元/件) | 160 |
| | | 单位销售费用/(元/件) | 50 |
| | | 预计市场销售量/件 | 1 000 |

(1) 甲部门生产的A部件最大产量1 000件,全部可以在外部市场上找到销路,且该部门没有剩余的生产能力。

① 乙部门要求按甲部门的单位变动成本作为内部转移价格,即：甲部门按150元的单价将所生产的全部1 000件产品销售给乙部门,否则,乙部门将不予购买。则甲、乙两个生产部门边际贡献的计算如表12.2所示。

表12.2　　　　　　　甲、乙两个生产部门边际贡献的计算表

| 项　目 | 甲部门销售全部1 000件A部件 | | 乙部门销售B产品<br>（以150元单价<br>采购A部件） | 赣昌公司<br>获得的总<br>边际贡献 |
| --- | --- | --- | --- | --- |
| | 以150元单价<br>对内销售 | 以200元单价<br>对外销售 | | |
| 销售收入 | 150×1 000<br>=150 000 | 200×1 000<br>=200 000 | 400×1 000<br>=400 000 | 40 000 |
| 变动成本 | 150×1 000<br>=150 000 | 150×1 000<br>=150 000 | (150+160+50)×1 000<br>=360 000 | |
| 边际贡献 | 0 | 50 000 | 40 000 | |

从表12.2可知,如果甲乙双方按A部件的单位变动成本作为内部转移价格：

甲部门将会因此减少贡献边际50 000元(0-50 000);若甲部门从自身的利益出发,就不会将全部A部件卖给乙部门,而会优先考虑将其200元的单价对外销售。

从整个企业的角度看,如果按A部件的单位变动成本作为内部转移价格,总共可获得40 000元贡献边际(0+40 000),比乙部门不生产B产品而直接由甲部门对外销售A部件减少贡献边际10 000元(40 000-50 000)。

总之,在【例12.3】中,根据表12.2所得数据,无论从甲部门的角度还是整个企业的

角度,都不应当按照 A 部件的单位变动成本作为内部转移价格,而应考虑按其外销单价作为内部转移价格。

② 甲部门要求按 A 部件的外销单价作为内部转移价格,即:乙部门必须按 200 元的单价从甲部门购买 1 000 件 A 部件;否则,甲部门将不予对内销售。此时,甲、乙两个生产部门边际贡献的计算如表 12.3 所示。

表 12.3　　　　　　　　甲、乙两个生产部门边际贡献的计算表

| 项　　目 | 甲部门销售全部 A 部件(以 200 元单价销售) | 乙部门销售 B 产品 | | 赣昌公司获得的总边际贡献 |
| --- | --- | --- | --- | --- |
| | | 以 200 元单价采购 A 部件 | 以 150 元单价采购 A 部件 | |
| 销售收入 | 200×1 000 =200 000 | 400×1 000=400 000 | 400×0=0 | 40 000 |
| 变动成本 | 150×1 000 =150 000 | (200+160+50)×1 000 =410 000 | (150+160+50)×0 =0 | |
| 边际贡献 | 50 000 | −10 000 | 0 | |

从表 12.3 可知,如果甲乙双方按 A 部件的外销单价作为内部转移价格成交,乙部门将会因此减少贡献边际 10 000 元(10 000−0);若乙部门从自身利益出发,则不愿意从甲部门购买 A 部件,而是转向市场寻求较低价格的产品,或是转产其他产品。但这并不会妨碍甲部门按市场价格出售全部 1 000 件 A 部件。

在第二种情况下,根据表 12.3 的计算结果,如果甲乙双方按 A 部件的外销单价成交,企业虽然可获得 40 000 元(50 000−10 000)的贡献边际,但还是不如甲部门直接按市场价格出售全部 1 000 件 A 部件获得的 50 000 元(50 000+0)贡献边际多。

根据表 12.2、表 12.3 的计算,综合上述两种情况分析,可以得出结论:

在供应部门生产能力可以充分利用,市场销路不受限制的情况下,如果以市场价格为基础进行内部产品的转移,并不会对该部门的贡献边际产生影响,但会对需求部门的成本和贡献边际产生影响。

因为无论需求部门是否愿意购买,供应部门生产的半成品都可以实现对外销售,所以不应当以半成品的单位变动成本作为内部转移价格,而以外销的市场价格作为转移价格。

(2) 甲部门生产的 A 部件最大产量超过 2 000 件。尚有剩余的生产能力可以为乙部门额外生产 1 000 件 A 部件,但外部市场已经无法容纳这些产品。

① 甲部门要求按 A 部件的外销单价作为内部转移价格,即:乙部门必须按 200 元的单价从甲部门购买追加生产的 1 000 件 A 部件;否则,甲部门将不予对内销售。则甲、乙两个生产部门边际贡献的计算如表 12.4 所示。

从表 12.4 可知,如果甲乙双方按 A 部件的外销单价作为内部转移价格,乙部门只会得到边际贡献−10 000。若乙部门从自身利益出发,就会拒绝从甲部门购买追加生产的 1 000 件 A 部,而不是转向市场寻求较低价格的产品件,或是转产其他产品。

表 12.4　　　　　　　　甲、乙两个生产部门边际贡献的计算表

| 项　目 | 甲部门对内追加销售 1 000 件 A 部件 | | 乙部门销售 B 产品（以 200 元单价采购 A 部件） | 赣昌公司获得的总边际贡献 |
|---|---|---|---|---|
|  | 以 200 元单价对内销售 | 以 150 元单价对内销售 | | |
| 销售收入 | 200×1 000 =200 000 | 150×0=0 | 400×1 000=400 000 | 40 000 |
| 变动成本 | 150×1 000 =150 000 | 150×0=0 | (200+160+50)×1 000 =410 000 | |
| 边际贡献 | 50 000 | 0 | −10 000 | |

从整个企业的角度看,如果双方按 200 元价格成交,就可以得到总 40 000(50 000−10 000)元贡献边际,还是有利可图的。

如果甲部门坚持按 200 元价格结算,导致乙部门拒绝从甲部门采购,无法成交,就会造成甲部门的剩余生产能力的闲置或已生产出来的 A 部件积压,无法实现 50 000 元的贡献边际。

② 乙部门要求按甲部门的单位变动成本作为内部转移价格,即：甲部门按 150 元的单价将追加生产的 1 000 件产品销售给乙部门；否则,乙部门将不予购买。此时,甲、乙两个生产部门边际贡献的计算如表 12.5 所示。

表 12.5　　　　　　　　甲、乙两个生产部门边际贡献的计算表

| 项　目 | 甲部门以 150 元单价对内追加销售 1 000 件 A 部件 | 乙部门销售 B 产品 | | 赣昌公司获得的总边际贡献 |
|---|---|---|---|---|
|  |  | 以 150 元单价采购 A 部件 | 以 200 元单价采购 | |
| 销售收入 | 150×1 000 =200 000 | 400×1 000=400 000 | 400×0=0 | 40 000 |
| 变动成本 | 150×1 000 =160 000 | (150+160+50)×1 000 =360 000 | 410×0=0 | |
| 边际贡献 | 0 | 40 000 | 0 | |

从表 12.5 可知,如果甲乙双方按 A 部件的单位变动成本作为内部转移价格成交,甲部门只会得到零值的贡献边际。若甲部门从自身的利益出发,就会拒绝向乙部门出售追加生产的 1 000 件 A 部件,导致甲部门的生产能力闲置。

从整个企业的角度看,如果按 A 部件的单位变动成本成交,还是有利可图的。因为这样虽然甲部门只会得到零值的贡献边际,但乙部门却会因此得到 40 000 元的贡献边际,但整个企业多得到 40 000 元。

根据表 12.4、表 12.5 的计算,综合上述两种情况分析,得出结论：

在供应部门的生产能力有剩余,追加生产的半成品的市场销路有限的情况下,设法实现销售就是当务之急。

为刺激需求部门购买的欲望,不应当以半成品的市场价格作为内部转移价格,而应

以其单位变动成本作为转移价格。

③ 甲部门按外销单价 200 元与单位销售费用(20 元)之差 180 元作为内部转移价格,乙部门按单位变动成本 150 元作为内部转移价格。此时,甲、乙两个生产部门边际贡献及价格差额的计算如表 12.6 所示。

表 12.6　　　　　　甲、乙两个生产部门边际贡献及价格差额的计算表

| 项 目 | 甲部门以 180 元单价对内追加销售 1 000 件 A 部件 | 乙部门销售 B 产品 | | 赣昌公司获得的总边际贡献 |
| --- | --- | --- | --- | --- |
| | | 以 150 元单价采购 A 部件 | 企业管理部门负担的价格差异 | |
| 销售收入 | 180×1 000<br>=180 000 | 400×1 000=400 000 | | 40 000 |
| 变动成本 | 150×1 000<br>=150 000 | (150+160+50)×1 000<br>=360 000 | | |
| 贡献边际 | 30 000 | 40 000 | 30 000 | |
| 价格差额 | | | −30 000 | |

④ 为了鼓励甲部门充分利用闲置的生产能力和乙部门积极从企业内部采购,经甲乙双方协商,决定采取双方都能接受的 170 元作为内部转移价格。此时,甲、乙两个生产部门边际贡献的计算如表 12.7 所示。

表 12.7　　　　　　甲、乙两个生产部门边际贡献的计算表

| 项 目 | 甲部门以 170 元单价对内销售 1 000 件 A 部件 | 乙部门销售 B 产品<br>(以 170 元单价采购 A 部件) | 赣昌公司获得的总边际贡献 |
| --- | --- | --- | --- |
| 销售收入 | 170×1 000=170 000 | 400×1 000=400 000 | 40 000 |
| 变动成本 | 150×1 000=150 000 | (170+160+50)×1 000=380 000 | |
| 边际贡献 | 20 000 | 20 000 | |

通过以上例题计算分析可以看出,内部转移价格的制定过程,实际上是企业内部各责任中心利益分配的过程。为充分调动各责任中心的积极性,保证企业整体利益的最大化,各企业应具体问题具体分析,根据不同的情况选择适当的内部转移价格。

## 第四节　责任预算、责任报告与业绩考核

### 一、责任预算

(一)责任预算的含义

责任预算就是把总预算中确定的目标,按照企业内部各责任中心进行划分,以其可

控的成本、收入、利润和投资等为对象落实到各部门的每层组织,调动他们的积极性,从而保证实现整个企业总目标的预算体系。通过编制责任预算可以明确各责任中心的责任,并通过与企业总预算的一致性,以确保其实现。

（二）责任预算的指标构成

责任预算的指标是指通过对总预算中所规定的有关指标加以分解,并落实到企业内部各责任中心的经济责任指标。这些经济责任预算指标均是各责任中心在其责权范围内可以加以控制的,因为各责任中心只对其各控制的经济责任指标承担责任。一般来说,责任预算由各种责任指标组成。这些指标可分为主要责任指标和其他责任指标。

1. 主要责任指标

主要责任指标是指特定责任中心必须保证实现并能够反映不同类型的责任中心之间的责任和相应区别的责任指标,如责任成本、利润、投资报酬率等,这些指标反映了各种不同类型的责任中心之间的责任和相应的权力区别。

2. 其他责任指标

其他责任目标是指根据企业其他总目标分解而得到,或为保证主要责任指标完成而确定的责任指标,如责任中心的劳动生产率、设备完好率、出勤率、各种材料消耗的节约等指标。

（三）责任预算的编制

在企业实践中,责任预算对企业中预算起到了补充和具体化的作用,既为各责任中心提供了努力的目标和方向,也为控制和考核各责任中心提供了依据。所以,要更好地达到责任预算的效果,就要将各责任中心的责任预算与企业的总预算有机地融为一体。

1. 责任预算的编制程序有两种:

（1）在集权管理制度下的自上而下的层层分解程序。自上而下的编制程序是以责任中心为主体,将企业总预算目标自上而下地在各责任中心之间层层分解,进而形成各责任中心责任预算的一种常用程序。

自上而下的程序优点在于:可以使整个企业在编制各部门责任预算时,实现一元化领导,便于统一指挥和调度。

自上而下的程序的缺点在于:对于基层责任中心的积极性和创造性的发挥可能会有一定的限制作用。

在集权管理制度下,首先要按照责任中心的层次,自上而下地把公司总预算逐层向下分解,形成各责任中心的责任预算;然后建立责任预算执行情况的跟踪系统,记录预算执行的实际情况并定期由下而上把责任预算的实际执行数据逐层汇总,直到高层的利润中心或最高层的投资中心。

（2）在分权管理制度下的自下而上的层层汇总程序。自下而上的编制程序是由各责任中心自行列示各自的预算指标、层层汇总,最后由企业专门机构和人员进行汇总和协调,进而编制出企业总预算的一种程序。

自下而上的程序的优点在于:能充分调动和发挥各基层责任中心的积极性。

自下而上的程序的缺点在于:由于是由各责任中心自行列示各自的预算指标,各责任中心往往只注意到本中心的具体情况导致多从自身利益角度去考虑,同时,层层汇总的工作量较大,各中心之间相互支持少,容易造成彼此协调上的困难,可能影响到预算质量和编制实效。

在分权管理制度下,首先也应按责任中心的层次,将公司总预算从最高层向最底层逐级分解,形成各责任单位的责任预算;然后建立责任预算跟踪系统,记录预算实际执行情况,并定期从最基层责任中心把责任成本的实际数,以及销售收入的实际数,通过编制业绩报告逐层向上汇总,一直达到最高的投资中心。

2. 责任预算编制实例

【例12.4】赣昌股份有限公司组织结构采取分权管理方式,总公司下设X和Y两个分公司,每个分公司内部设销售部、制造部和行政部,且各成本中心发生的成本费用均为可控成本。

则总公司编制的总公司和X公司2019年度责任预算(简略形式)如表12.8—表12.12所示。

表12.8　　　　　　　　　总公司2019年度责任预算　　　　　　　　单位:万元

| 责任中心类型 | 项目 | 责任预算 | 责任人 |
| --- | --- | --- | --- |
| 利润中心 | X公司营业利润 | 6 000 | X公司经理 |
| 利润中心 | Y公司营业利润 | 5 000 | Y公司经理 |
| 利润中心 | 合　　计 | 11 000 | 公司总经理 |

表12.9　　　　　　　　　X公司2019年度责任预算　　　　　　　　单位:万元

| 责任中心类型 | 项目 | 责任预算 | 责任人 |
| --- | --- | --- | --- |
| 收入中心 | 销售部收入 | 11 200 | 销售部经理 |
| 成本中心 | 制造部可控成本 | 3 600 | 制造部经理 |
| 成本中心 | 行政管理部可控成本 | 700 | 行政管理部经理 |
| 成本中心 | 销售部可控成本 | 900 | 销售部经理 |
| 成本中心 | 合　　计 | 5 200 | X公司经理 |
| 利润中心 | 营业利润 | 6 000 | X公司经理 |

表12.10　　　　　　　　X公司销售部2019年度责任预算　　　　　　　单位:万元

| 责任中心类型 | 项目 | 责任预算 | 责任人 |
| --- | --- | --- | --- |
| 收入中心 | 中南地区收入 | 2 500 | 责任人甲 |
| 收入中心 | 东北地区收入 | 2 000 | 责任人乙 |
| 收入中心 | 东南地区收入 | 2 700 | 责任人丙 |
| 收入中心 | 西南地区收入 | 1 600 | 责任人丁 |
| 收入中心 | 西北地区收入 | 1 200 | 责任人戊 |

(续表)

| 责任中心类型 | 项 目 | 责任预算 | 责任人 |
|---|---|---|---|
| 收入中心 | 出口销售地区 | 1 200 | 责任人己 |
| 收入中心 | 收入合计 | 11 200 | 销售部经理 |

表 12.11　　　　　　　　　X 公司制造部 2019 年度责任预算　　　　　　　　　单位：万元

| 成本中心 | 项 目 | 责任预算 | 责 任 人 |
|---|---|---|---|
| 一车间 | 变动成本<br>直接材料<br>直接人工<br>变动制造费用 | 1 000<br>500<br>200 | 一车间负责人 |
| 一车间 | 小　计 | 1 700 | 一车间负责人 |
| 一车间 | 固定成本<br>固定制造费用 | 200 | 一车间负责人 |
| 一车间 | 成本合计 | 1 900 | 一车间负责人 |
| 二车间 | 变动成本<br>直接材料<br>直接人工<br>变动制造费用 | 700<br>500<br>200 | 二车间负责人 |
| 二车间 | 小　计 | 1 400 | 二车间负责人 |
| 二车间 | 固定成本<br>固定制造费用 | 200 | 二车间负责人 |
| 二车间 | 成本合计 | 1 600 | 二车间负责人 |
| 制造部 | 制造部其他费用 | 100 | 制造部经理 |
| 制造部 | 成本费用总计 | 3 600 | 制造部经理 |

表 12.12　　　　　　　X 公司行政部及销售部 2019 年度责任预算　　　　　　　单位：万元

| 成本中心 | 项 目 | 责任预算 | 责 任 人 |
|---|---|---|---|
| 行政部 | 工资费用 | 400 | 行政部经理 |
| 行政部 | 折旧 | 200 | 行政部经理 |
| 行政部 | 办公费 | 40 | 行政部经理 |
| 行政部 | 保险费 | 60 | 行政部经理 |
| 行政部 | 合　计 | 700 | 行政部经理 |

(续表)

| 成本中心 | 项 目 | 责任预算 | 责 任 人 |
|---|---|---|---|
| 销售部 | 工资费用<br>办公费<br>广告费<br>其他 | 500<br>100<br>240<br>60 | 销售部经理 |
| | 合 计 | 900 | |

## 二、责任报告

### （一）责任报告的含义

责任中心的业绩考核是通过编制责任报告来完成的。责任报告也称业绩报告、绩效报告，是指为每一个责任中心就其控制的成本、收入、利润和资产等内容定期编制的概括反映责任预算实际执行情况，揭示责任预算与实际结果之间差异的一种书面报告。它着重于对责任中心管理者的业绩评价，其本质是要得到一个结论：与预期的某种标准相比较，责任中心管理者干得怎么样。

### （二）责任报告的目的和要求

**1. 责任报告的目的**

（1）形成一个正式的报告制度，将责任中心的实际业绩与其在特定环境下本应取得的业绩进行比较，这样当员工明确知道考核目标并知道要面临考核，会尽力为达到目标而努力。

（2）责任报告可以将实际业绩与预期业绩之间差异的原因予以澄清，并且可以做到尽可能的数量化，这样可以显示过去工作的状况，提供改进工作的线索，并指明方向。

**2. 责任报告的要求**

（1）报告的内容应与其责任范围一致；

（2）报告的信息要适合使用者的需求；

（3）报告的时间要符合控制的要求；

（4）报告列示要简明、清晰、实用。

总之，一份合格的报告应当传递出关于实际业绩的信息、关于预期业绩的信息以及关于实际业绩与预期业绩之间差异的信息。同时也要符合：①与个人责任相联系；② 实际业绩应当与最佳标准相比较；③ 重要信息应当予以突出显示的这三个特征。

### （三）收入中心的责任报告

收入中心的首要目标是对销售收入负责，若其没有制定价格的权利，则只对销售数量和销售结构负责。有时候收入中心还对一些非财务指标负责，比如有些公司要求其收入中心承担市场占有率、市场排名等责任。收入中心业绩报告的通常格式如表12.13所示：

表12.13　　　　　　　　　　　收入中心业绩报告样式
××收入中心业绩报告
××年×月　　　　　　　　　　　　　　　　　　　　　单位：元

| 项　　目 | 预　　算 | 实　　际 | 差　　异 |
|---|---|---|---|
| 主营业务收入 | 120 000 | 117 000 | 3 000(U) |
| 其他业务收入 | 30 000 | 35 000 | 5 000(F) |
| 现金收入 | 5 000 | 6 000 | 1 000(F) |
| 应收账款 | 62 000 | 60 000 | 2 000(U) |

注："F"表示favorable，指有利差异，"U"表示unfavorable，指不利差异。

### （四）成本中心的责任报告

由于成本中心是企业最基础、最直接的责任中心，它的业绩考核指标为可控成本之和。因此，对于成本中心而言，它的业绩报告中应当包含大量的可控成本的数据。

成本中心编制的责任报告一般包括三栏：该中心各项可控成本的预算额、实际发生额及其差异额，并按成本或费用的项目分别列示，其表格如12.7所示。报告中所反映的项目并非仅限于金额指标，还可包括实物量、时间等对评价责任中心业绩有帮助的其他指标。对预算额和实际发生额之间的差异需要进行分析。这种分析可作为业绩报告的附注，也可在"差异额"一栏之后增设"差异原因分析"栏逐项说明。对差异原因的分析是一项非常重要的内容，有助于各成本中心在今后的工作中扬长避短，对有关的生产经营活动实施有效的控制和调节，从而有效地控制成本，提高企业经济效益。业绩报告中一般不列示不可控成本，当有时为了使管理当局能够了解该成本中心在一定期间内消耗的全貌，可将不可控成本项目作为参考资料列示。成本中心业绩报告的通常格式如表12.14所示。

表12.14　　　　　　　　　　　成本中心业绩报告样式
××成本中心业绩报告
××年×月　　　　　　　　　　　　　　　　　　　　　单位：元

| 项　　目 | 预　　算 | 实　　际 | 差　　异 |
|---|---|---|---|
| 下属成本中心转来的责任成本 | | | |
| 　　第一车间 | 18 300 | 18 000 | 300(F) |
| 　　第二车间 | 17 000 | 17 500 | 500(U) |
| 　　小　　计 | 35 300 | 35 500 | 200(U) |
| 本成本中心可控成本 | | | |
| 　　直接材料 | 65 000 | 65 500 | 500(U) |
| 　　直接人工 | 32 800 | 32 500 | 300(F) |
| 　　管理人员工资 | 16 300 | 16 200 | 100(F) |
| 　　维　修　费 | 7 000 | 6 900 | 100(F) |
| 　　其　　他 | 500 | 660 | 160(U) |

(续表)

| 项 目 | 预 算 | 实 际 | 差 异 |
|---|---|---|---|
| 小 计 | 121 600 | 121 760 | 160(U) |
| 本成本中心责任成本合计 | 156 900 | 157 260 | 360(U) |

注:"F"表示 favorable,指有利差异,"U"表示 unfavorable,指不利差异。

(五)利润中心的责任报告

利润中心既对收入负责、也对成本负责,因此,其责任预算包括收入、成本和利润三部分内容,由于利润指标本身并不是一个非常明确的概念,因此在实务中随着所确认的责任成本范围的不同,利润指标的选择也有所不同,具体可以划分为以下四个利润指标:边际贡献、可控贡献、中心毛利和税前利润。因此,对于利润中心而言,它的业绩报告通常包括以上四个利润指标。利润中心业绩报告的通常格式如表 12.15 所示。

表 12.15　　　　　　　　　　　利润中心业绩报告样式

××利润中心业绩报告
××年×月　　　　　　　　　　　　　　　　　　　　单位:元

| 项 目 | 预 算 | 实 际 | 差 异 |
|---|---|---|---|
| 销售收入 | 260 000 | 336 000 | 76 000(F) |
| 变动成本: | | | |
| 　　变动制造成本 | 60 000 | 80 000 | 20 000(U) |
| 　　变动销售成本 | 55 000 | 85 000 | 30 000(U) |
| 　　变动管理成本 | 10 000 | 9 000 | 1 000(F) |
| 变动成本小计 | 125 000 | 174 000 | 49 000(U) |
| 边际贡献 | 135 000 | 162 000 | 27 000(F) |
| 可控固定成本: | | | |
| 　　固定制造成本 | 25 600 | 22 500 | 3 100(F) |
| 　　固定销售成本 | 13 000 | 13 300 | 300(U) |
| 　　固定管理成本 | 32 800 | 31 600 | 1 200(F) |
| 可控固定成本小计 | 71 400 | 67 400 | 4 000(F) |
| 可控边际贡献 | 63 600 | 94 600 | 31 000(F) |
| 不可控固定成本: | | | |
| 　　固定制造成本 | 1 000 | 1 000 | 0 |
| 　　固定销售成本 | 3 100 | 2 500 | 600(F) |
| 　　固定管理成本 | 5 000 | 5 700 | 700(U) |
| 不可控固定成本小计 | 9 100 | 9 200 | 100(U) |
| 营业利润(税前) | 54 500 | 85 400 | 30 900(F) |

注:"F"表示 favorable,指有利差异,"U"表示 unfavorable,指不利差异。

## 三、业绩考核

### (一) 业绩考核的含义

业绩考核是以责任报告为依据,对责任中心各项责任预算执行结果进行分析与评价,总结成功的经验,揭示存在问题与不足,并给予合理的奖惩,以利于加强管理,完成责任预算,提高经济效益的过程。

### (二) 业绩考核分类

**1. 狭义的业绩考核与广义的业绩考核**

以责任中心的业绩考核的口径为分类标志,可将业绩考核划分为狭义的业绩考核和广义的业绩考核两类。狭义的业绩考核仅指对各责任中心的价值指标,如成本、收入、利润以及资产占用等责任指标的完成情况进行考评。广义的业绩考评除这些价值指标外,还包括对各责任中心的非价值责任指标的完成情况进行考核。

**2. 年终的业绩考核与日常的业绩考核**

以责任中心的业绩考核时间为分类标志,可将业绩考核划分为年终的业绩考核与日常的业绩考核两类。年终的业绩考核通常是指一个年度终了(或预算期终了)对责任预算执行结果的考评,旨在进行奖罚并为下一年度(或下一个预算期)的预算提供依据。日常的业绩考核通常是指在年度内(或预算期内)对责任预算执行过程的评价,旨在通过信息反馈,控制和调节责任预算的执行偏差,确保责任预算的最终实现。业绩考核时可根据不同责任中心的特点进行。

### (三) 业绩考核的一般原则和方法

**1. 业绩考核的一般原则**

(1) 可控性原则。业绩考核的首要问题是与责任中心有关,选择可控性的因素进行评价。有时为了报告的完整,也列示了不可控因素,但在进行考核时,只对可控内容加以评价。

(2) 重要性原则。在所列的差异中,正常的差异作一般的评价,对异常的差异予以重点评价,揭示其中的原因。

(3) 客观性原则。对业绩的考核应持客官、善意和建设性的态度,切忌消极评价和指责。

**2. 业绩考核的方法**

(1) 比较法。它包括实际与预算比较,可以说明预算的执行情况;实际与标准的比较,可以发现脱离标准的差异及其动因;不同时期实际数的比较,可以发现企业生产经营活动在变动趋势及其变化规律;不同企业同一指标的比较,可以发现企业的工作业绩和存在的问题等。

(2) 比率法。通过一系列的比率来衡量企业的经营状况,帮助企业做出正确的决策。

### (四) 责任中心的考核

责任会计的业绩考核也就是对各个责任中心的预算执行结果的考核。对责任预算执行结果的分析,实际上就是对责任预算数与是实际完成数之间的差异进行分析。按照重要性原则,首先应当侧重于重点差异的分析。重点差异可分为不利差异和有利差异两类。分析不利差异,可使企业找出存在问题的原因,对症下药,为实现总体目标扫清障碍。分析有利差异,可使企业总结经验,为进一步提高企业经济效益打下基础。但是,在分析过程中,要特别注意那些明为有利因素实为隐性不利因素的差异,以防止盲目乐观,忽视了潜在隐患。

对责任中心责任预算执行结果进行正确的分析,也是对各责任中心进行合理奖惩的前提,同时也可为编制下期责任预算提供有价值的依据。具体分析内容,主要包括责任成本与责任利润的分析两方面:

1. 责任成本预算完成情况的分析

进行责任成本预算完成情况分析,主要是分析责任成本节约或者超支的具体原因。

2. 责任利润预算完成情况的分析

进行责任利润预算完成情况分析,主要是将各利润中心的实际责任利润与预算数进行比较,确定责任利润的增减,并进一步分析增减的具体原因。

(五)责任中心业绩考核的奖惩

在对各责任中心的业绩进行考核后,应当对其工作成果做出科学的、合理的评价,并与经济利益挂钩起来,给予适当的奖励或惩罚。主要有以下三个步骤:

(1)最低层次的责任中心应当根据责任报告对其工作成果进行自我分析评价,并向上级中心报送责任报告;

(2)由其上级责任中心根据所属各责任中心的责任报告,对各该责任中心的工作成果进行分析、检查,明确其成绩,并指出其不足;

(3)该上级责任中心要编制本责任中心的责任报告,对本身的工作成果进行自我分析评价,并向上一级责任中心报送责任报告。

通过这样层层汇总、分析和评价,直至企业最高领导者,全面反映企业各层次责任中心的责任预算执行的结果。对于完成责任预算的责任中心应给予奖励,完不成的则应予以处罚,奖惩的办法可以视具体情况而定。总之,责任会计的业绩考核是保证责任会计体系能够贯彻实施的重要条件,也是调动各责任中心及全体职工的积极性,不断提高企业经济效益的重要保证。

# 章后知识点总结

本章学习的是责任会计,责任会计是为了强化内部经营管理责任,将企业内部划分为各个责任中心,并以各个责任中心为会计主体,以责任中心可控的资金运动为对象,对责任中心进行核算、分析、控制和考核的一种会计管理制度,它是管理会计的一个子系统。

责任中心一般可以分为收入中心、成本中心和利润中心、投资中心等。每一种责任中心,均对应分配了不同的决策权力,同时对应着不同的业绩评价指标。在每种情况下,决策权都与执行这些权力所必需的专门技能、专业知识联系在一起。

内部转移价格又称"内部结算价格"或称"调拨价格"是指企业内部有关责任中心之

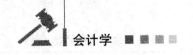

间转移产品或劳务时所用的计价标准。内部转移价格的高低、内部转移价格制定方法的选择不仅会影响各责任中心的利润,同时也会对企业的总体利润,整体价值产生很大影响。

责任预算是把总预算中确定的目标,按照企业内部各责任中心进行划分,以其可控的成本、收入、利润和投资等为对象落实到各部门的每层组织,调动他们的积极性,从而保证实现整个企业总目标的预算体系。通过编制责任预算可以明确各责任中心的责任,以确保总预算的落实。

## 本章关键词

责任会计　责任中心　内部转移价格　责任预算

## 本章思考与练习

### 一、思考题

1. 简述责任会计制度的构成。
2. 简述建立责任会计制度应遵循的原则。
3. 如何评价投资中心的经营业绩?

### 二、小练习

1. 某投资中心投资额为 100 000 元,年净利润为 20 000 元,公司为该投资中心规定的最低投资报酬率为 15%。请计算该投资中心的投资报酬率和剩余收益。

2. 赣昌公司 2019 年的销售收入为 40 000 元,营业资产为 16 000 元;昌盛公司 2019 年的销售收入为 1 000 000 元,营业资产为 20 000 元。如果两家公司均希望其 2019 年的投资利润率达到 15%。

要求:分别计算赣昌公司、昌盛公司在 2019 年的销售利润率。

3. 赣昌公司某投资中心 A 原投资利润率为 18%,营业资产为 500 000 元,营业利润为 100 000。现有一项业务,需要借入资金 200 000 元,可获利 68 000 元。

要求:

(1) 若以投资利润率作为评价和考核投资中心 A 的依据,作出 A 投资中心是否愿意投资于这项新的业务的决策。

(2) 若以剩余收益作为评价和考核投资中心 A 工作成果的依据,新项目要求的最低收益率为 15%,作出 A 投资中心是否愿意投资于这个新项目决策。

## 章后案例

### 案例分析名称:业绩评价:成本中心 or 利润中心?

#### 一、案例背景资料

假定你是某咨询公司的一个顾问,你接受了某铅笔公司的咨询。这个铅笔公司生产一种经过特殊设计的铅笔,这种铅笔的使用年限是普通铅笔的 10 倍。铅笔公司的经理要求你了解一下公司的成本会计制度,这有助于弄清楚为什么在最近一个时期内成本的增加是必要的。此外，经理认为问题是发生在某生产管理人员身上。该生产管理人员没有能够使产品的实际成本按照预计的经营成本进行开支。他曾抱怨过他的工作负担太重了，并且他认为他工作得已经很努力了。根据你提出的要求，你得到的有关该公司过去经营情况的一些数据和资料如下：

1. 该公司的简化组织结构图：

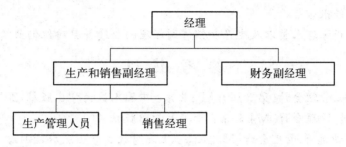

2. 其他数据如下表：

|  | 预 算 数 | 实 际 数 |
|---|---|---|
| 销售数量(个) | 600 | 625 |
| 销售价格(元) | 150 | 152 |
| 生产数量(个) | 600 | 625 |
| 单位产品直接材料(元) | 35 | 37 |
| 单位产品直接劳动小时(小时) | 4 | 4.1 |
| 直接人工工资率(元) | 7 | 7 |
| 变动制造费用(元) |  |  |
|   间接材料 |  |  |
|   间接人工 | 3 | 3.05 |
|   物料用品 | 10.05 | 10.75 |
|   装置费 | 1.25 | 1.25 |
|   修理费 | 2.50 | 2.65 |
| 固定制造费用(元) | 2 | 2.05 |
|   折旧费(直线法) | 3 000 | 3 000 |
|   管理人员工资 | 4 000 | 4 175 |
| 销售费用(元/每单位) | 4 | 2 575 |
| 管理费用(元) | 12 000 | 11 500 |

3. 其他资料：

(1) 在这段时间内所有生产出的产品全部销售出去。

(2) 上面所列的销售费用以及管理费用的数字，反映的是这些项目总支出的一部分。这部分支出是可以由生产和销售的副经理控制的。对副经理的业绩考核是以利润为基础的。

（3）生产管理人员是责任会计制度下的费用中心的负责人。

## 二、案例分析要求

1. 请简述成本中心与利润中心的含义；
2. 编制责任报告；
3. 评价生产管理人员以及生产和销售副经理的业绩并且对他们业绩进行评论。

# 参考书目

[1] 冯巧根.管理会计(第3版)[M].北京：中国人民大学出版社,2016.

[2] 孔祥玲.管理会计[M].北京：清华大学出版社,2019.

[3] 刘洋,曲远洋.管理会计[M].上海：上海财经大学出版社,2017.

[4] 吴大军.管理会计(第5版)[M].大连：东北财经大学出版社,2018.

[5] 杨洁.管理会计(第2版)[M].北京：清华大学出版社,2015.

[6] 赵贺春,于国旺,洪峰.管理会计[M].北京：清华大学出版社,2017.

**图书在版编目(CIP)数据**

会计学/张蕊主编. —2 版. —上海：复旦大学出版社，2021.1
信毅教材大系. 会计学系列
ISBN 978-7-309-15160-2

Ⅰ.①会… Ⅱ.①张… Ⅲ.①会计学-高等学校-教材 Ⅳ.①F230

中国版本图书馆 CIP 数据核字(2020)第 121725 号

会计学(第二版)
张　蕊　主编
责任编辑/方毅超

复旦大学出版社有限公司出版发行
上海市国权路 579 号　邮编：200433
网址：fupnet@fudanpress.com　http://www.fudanpress.com
门市零售：86-21-65102580　团体订购：86-21-65104505
外埠邮购：86-21-65642846　出版部电话：86-21-65642845
上海四维数字图文有限公司

开本 787×1092　1/16　印张 23.75　字数 534 千
2021 年 1 月第 2 版第 1 次印刷

ISBN 978-7-309-15160-2/F·2710
定价：58.00 元

如有印装质量问题，请向复旦大学出版社有限公司出版部调换。
版权所有　侵权必究